REVISTA
TRIMESTRAL DE
DIREITO PÚBLICO

54

MALHEIROS EDITORES

INSTITUTO DE DIREITO ADMINISTRATIVO PAULISTA
IDAP

Revista Trimestral de Direito Público

Órgão do

INSTITUTO DE DIREITO ADMINISTRATIVO PAULISTA
IDAP

• As colaborações devem ser encaminhadas à Comissão Editorial, para o endereço *rtdp@idap.org.br*

RTDP
Publicação trimestral de
MALHEIROS EDITORES LTDA.
Rua Paes de Araújo, 29, cj. 171
CEP 04531-940 - São Paulo, SP - Brasil
Tel.: (011) 3078-7205 - Fax.: (011) 3168-5495
Diretor responsável: Álvaro Malheiros
Diretora: Suzana Fleury Malheiros

Assinaturas e comercialização:
CATAVENTO DISTRIBUIDORA DE LIVROS S.A.
Rua Conselheiro Ramalho, 928
CEP 01325-000 - São Paulo, SP - Brasil
Tel.: (011) 3289-0811 - Fax.: (011) 3251-3756
Supervisão Gráfica: Vânia Lúcia Amato
Editoração Eletrônica: Letra por Letra Studio

SUMÁRIO

DOUTRINA

LA DEMOLICIÓN DEL ESTADO DE DERECHO Y LA DESTRUCCIÓN DE LA DEMOCRACIA EN VENEZUELA 5
– Allan R. Brewer-Carías

REVOCACIÓN DEL ACTO ADMINISTRATIVO POR RAZONES DE LEGITIMIDAD Y DERECHOS ADQUIRIDOS 35
– Carlos E. Delpiazzo

LA ECUACIÓN ECONÓMICA-FINANCIERA EN LOS CONTRATOS DE INFRAESTRUCTURA PÚBLICA 46
– Pablo O. Gallegos Fedriani

SERVIÇO PÚBLICO E TELECOMUNICAÇÕES 52
– Celso Antônio Bandeira de Mello

A CONCESSÃO URBANÍSTICA NO MUNICÍPIO DE SÃO PAULO 61
– Adilson Abreu Dallari

CONTRATAÇÃO DE SERVIÇOS BANCÁRIOS PELA ADMINISTRAÇÃO PÚBLICA 70
– Carlos Pinto Coelho Motta

FORTUITOS INTERNOS E EXTERNOS E A RESPONSABILIDADE CIVIL DO ESTADO 95
– Luis Manoel Fonseca Pires

CARREIRA NOTARIAL E REGISTRAL: POSSIBILIDADE, CONVENIÊNCIA OU NECESSIDADE? 105
– Maurício Zockun

PARECERES

ADMINISTRAÇÃO TRIBUTÁRIA MUNICIPAL – IPTU – PROMESSA DE COMPRA E VENDA – CERTIDÃO NEGATIVA DE DÉBITOS TRIBUTÁRIOS – EXISTÊNCIA DE DÉBITOS TRIBUTÁRIOS DO PROMITENTE VENDEDOR – DIREITO DE CERTIDÃO DO PROMITENTE COMPRADOR 116
– Vladimir da Rocha França

CONCESSÃO DE USO DE BEM PÚBLICO PARA GERAÇÃO DE ENERGIA ELÉTRICA – CONSTITUIÇÃO DE CONSÓRCIO NA CONDIÇÃO DE PRODUTORAS INDEPENDENTES – DESAPROPRIAÇÃO DE IMÓVEIS DECLARADOS DE UTILIDADE PÚBLICA – INCIDÊNCIA, OU NÃO, DO ITR E DO IPTU 123
– Leonardo Varella Giannetti e Maria Fernanda Pires de Carvalho Pereira

ESTUDOS E COMENTÁRIOS

FISCALIZAÇÃO ABSTRATA DE CONSTITUCIONALIDADE E MEDIDA CAUTELAR 140
– Edilson Pereira Nobre Jr.

A DISCIPLINA TRIBUTÁRIA CONSTITUCIONAL DO TERCEIRO SETOR 167
– Fernando L. Lobo d'Eça

ARBITRAGEM E ADMINISTRAÇÃO PÚBLICA: CONTRIBUIÇÃO PARA O SEPULTAMENTO DO TEMA 194
– Ricardo Marcondes Martins

DEMOCRACIA E CONCESSÃO DE SERVIÇO PÚBLICO 210
– José Guilherme Giacomuzzi

JURISPRUDÊNCIA SELECIONADA

HÁ DIREITO ADQUIRIDO OU EXPECTATIVA DE DIREITO À NOMEAÇÃO NA HIPÓTESE DE O CANDIDATO TER SIDO APROVADO DENTRO DO NÚMERO DE VAGAS PREVISTO NO EDITAL? 229
– Repercussão Geral em RE n. 598.099

REQUISITOS PARA O PODER PÚBLICO CONTRATAR, COM DISPENSA OU INEXIGIBILIDADE DE LICITAÇÃO, ADVOGADO PARA DEFENDER OS INTERESSES DO PODER PÚBLICO. REQUISITOS PARA A QUALIFICAÇÃO DE PROFISSIONAL JURÍDICO COMO NOTORIAMENTE ESPECIALIZADO 234
– RE n. 703.656

LA DEMOLICIÓN DEL ESTADO DE DERECHO Y LA DESTRUCCIÓN DE LA DEMOCRACIA EN VENEZUELA[1]

ALLAN R. BREWER-CARÍAS

Profesor de la Universidad Central de Venezuela
– *Adjunct Professor of Law, Columbia Law School*

I

El Estado de Derecho en Venezuela, desde que se sancionó la Constitución de 1999, ha venido siendo objeto de un despiadado proceso de demolición continua, que comenzó, precisamente, con la convocatoria de la Asamblea Nacional Constituyente en 1999, que le dio origen. Y, con la demolición del Estado de Derecho, durante la última década se ha producido la destrucción de la democracia como régimen político.[2]

Esta última, en efecto, no se agota en la celebración de elecciones periódicas, libres, justas y basadas en el sufragio universal y secreto, como expresión de la soberanía del pueblo; sino que, conforme a la *Carta Democrática Interamericana* de 2001, exige, en paralelo, el respeto a los

1. Este trabajo tiene su origen en el texto de la Conferencia sobre el mismo tema dictada en la *Procuradoria Geral do Estado do Rio de Janeiro*, Río de Janeiro, 26.8.2009.

2. V. en general: Allan R. Brewer-Carías, "El autoritarismo establecido en fraude a la Constitución y a la democracia y su formalización en Venezuela mediante la reforma constitucional (de cómo en un País democrático se ha utilizado el sistema eleccionario para minar la democracia y establecer un régimen autoritario de supuesta 'dictadura de la democracia' que se pretende regularizar mediante la reforma constitucional)", en el libro *Temas Constitucionales. Planteamientos ante una Reforma*, Caracas, Fundación de Estudios de Derecho Administrativo FUNEDA, 2007, pp. 13-74; "La demolición del Estado de Derecho en Venezuela. Reforma constitucional y fraude a la Constitución (1999-2009)," en *El Cronista del Estado Social y Democrático de Derecho* 6/52-61, Madrid, Editorial Iustel, 2009.

derechos humanos y las libertades fundamentales; el acceso al poder y su ejercicio con sujeción al Estado de Derecho; el régimen plural de partidos y organizaciones políticas; la necesaria existencia de un régimen de "separación e independencia de los Poderes Públicos" (art. 3); la transparencia de las actividades gubernamentales y la probidad y responsabilidad de los gobiernos en la gestión pública; el respeto por los derechos sociales y la libertad de expresión y de prensa; la subordinación constitucional de todas las instituciones del Estado a la autoridad civil legalmente constituida, y el respeto al Estado de Derecho de todas las entidades y sectores de la sociedad (art. 4). La democracia, por tanto, es mucho más que las solas elecciones y votaciones: estas últimas, en Venezuela, las hemos tenido *ad nauseam*, pero a costa de destruir la propia democracia y demoler el Estado de Derecho.

Este proceso sistemático y permanente comenzó con la elección en 1999 de una Asamblea Nacional Constituyente, que si buen no derivó, ella misma, de un golpe de Estado o de una revolución, como había sido la tradición en la historia constitucional venezolana precedente,[3] fue producto de un fraude a la Constitución de 1961 cometido por los recién-Poderes constituidos en 1998, luego de que la misma Asamblea Constituyente diera un golpe de Estado en 1999, precisamente contra la Constitución cuya "interpretación" había permitido su convocatoria.[4]

En efecto, una vez que el teniente coronel retirado Hugo Chávez Frías se posesionó en su cargo del Presidente de la República, el día 2.2.1999, después de haber sido electo en diciembre/1998, procedió a convocar un referendo consultivo sobre la convocatoria de una Asamblea Constituyente, que no estaba regulada en la Constitución de 1961 con la cual se había iniciado el sistema democrático en el País. Con ello, por supuesto, comenzó una batalla legal para encauzar el proceso constituyente dentro del marco de la constitucionalidad, de manera que la convocatoria de la Asamblea Constituyente, que lucía como un proceso necesario, se hiciese sin la ruptura constitucional que había caracterizado las anteriores.

II

Esa convocatoria se hizo siguiendo la pauta dada, aún cuando en forma bastante ambigua, por la antigua Corte Suprema de Justicia en Sala Político-Administrativa, en sentencias dictadas el 19.1.1999 (casos: "Referendo Consultivo I y II"), dictadas con motivo de resolver sendos recursos de interpretación que se le habían formulado primero, sobre la posibilidad de convocar un referendo consultivo sobre la Asamblea Constituyente conforme al art. 181 de la Ley Orgánica del Sufragio, y segundo sobre la posibilidad de convocar dicha

3. V., sobre las Asambleas Constituyentes y sus actos en la historia de Venezuela: Elena Plaza y Ricardo Combellas (coords.), *Procesos Constituyentes y Reformas Constitucionales en la Historia de Venezuela: 1811-1999*, 2 ts., Caracas, Universidad Central de Venezuela, 2005; Allan R. Brewer-Carías, *Las Constituciones de Venezuela*, 2 vols., Caracas, Academia de Ciencias Políticas y Sociales, 2008; *Historia Constitucional de Venezuela*, 2 vols., Caracas, Editorial Alfa, 2008.

4. V. Allan R. Brewer-Carías, "Constitution making in defraudation of the Constitution and authoritarian government in defraudation of democracy. The recent venezuelan experience", en *Lateinamerika Analysen* 19(1)/119-142, Hamburg, Germa Institute of Global and Area Studies-GIGA/Institute of Latin American Studies, 2008.

Asamblea, que no estaba prevista en la Constitución de 1961, sin previamente reformarla.[5]

En cuanto a lo primero, era evidente que nada impedía que se pudiera convocar a un referendo consultivo para consultar al pueblo sobre el tema de la convocatoria a una Constituyente; pero para efectivamente convocarla también era evidente que la Constitución de 1961 debía ser objeto de una reforma puntual para regular la Asamblea Nacional Constituyente como un instrumento político para la reforma constitucional, pues dicha institución no se encontraba dentro de los mecanismos de revisión de la Constitución, y estos no podían derivarse de una simple consulta popular. Se trataba de un dilema entre soberanía popular y supremacía constitucional, que debía resolverse de acuerdo con la Constitución. El mismo dilema que se planteó en Honduras en 2009 y que los jueces contencioso administrativos resolvieron prohibiendo la realización de la consulta popular.[6] Diez años antes, sin embargo, en Venezuela, el juez contencioso administrativo (Sala Político-Administrativa de la Corte Suprema) se abstuvo de resolverlo.

En efecto, como se dijo, sólo dos preguntas se formularon en los recursos de interpretación en relación con los alcances del referendo consultivo que estaba previsto en el art. 181 de la Ley Orgánica del Sufragio y Participación Política: primero si se podía convocar un referendo consultivo sobre el tema de una Asamblea Constituyente, sobre lo cual la Corte resolvió que era "procedente convocar a un referendo en la forma prevista en el art. 181 de la Ley Orgánica del Sufragio y Participación Política, para consultar la opinión mayoritaria respecto de la posible convocatoria a una Asamblea Constituyente, en los términos expuestos en este fallo"; y segundo, si era posible convocar dicha Asamblea Constituyente sin reformar previamente la Constitución para regularla, sobre lo cual la Corte simplemente no resolvió nada expresamente; es decir, no se respondió judicialmente la solicitud de los recurrentes de si "con fundamento en dicha norma puede convocarse un referendo que sirva de base para la convocatoria de una Asamblea Constituyente *sin que medie una enmienda o una reforma de la Constitución*".[7]

De las sentencias, en realidad, lo que ocurrió fue que eso fue lo que "se dedujo" de las mismas, particularmente por la opinión pública, con base en la parte motiva de las sentencias, en las cuales la Corte formuló amplísimas consideraciones so-

5. V. el texto de las sentencias en Allan R. Brewer-Carías, *Poder Constituyente Originario y Asamblea Nacional Constituyente*, Caracas, Editorial Jurídica Venezolana, 1998, pp. 25-53. Y v. los comentarios a dichas sentencias en ese mismo libro, pp. 55-114, y en Allan R. Brewer-Carías, *Asamblea Constituyente y Ordenamiento Constitucional*, Caracas, Academia de Ciencias Políticas y Sociales, 1999, pp. 153-228. Igualmente en *Revista de Derecho Público* 77-80/56 y ss. y 68 y ss., Caracas, Editorial Jurídica Venezolana, 1999.

6. V. Allan R. Brewer-Carías, *Reforma Constitucional, Asamblea Constituyente y Control Judicial: Honduras (2009), Ecuador (2007) y Venezuela (1999)*, Bogotá, Universidad Externado de Colombia, 2009.

7. *Idem*. Sobre esta decisión de la sentencia, Lolymar Hernández Camargo señala: "Lejos de dar una respuesta directa a la importante interrogante planteada, abre la posibilidad para que se realice el referendo consultivo, pero no establece con precisión el mecanismo que permita tal convocatoria, sino que entrega tal cometido a los 'órganos competentes'" (en *La Teoría del Poder Constituyente. Un Caso de Estudio: el Proceso Constituyente Venezolano de 1999*, San Cristóbal, UCAT, 2000, pp. 54-63).

bre el derecho inherente de las personas a la participación política, sobre el poder constituyente y los poderes constituidos y sobre las reformas constitucionales, tocando aspectos esenciales del Constitucionalismo. En esa forma se abrió el camino para la estructuración de una tercera vía para reformar la Constitución de 1961, distinta a la reforma general y la enmienda que preveían sus arts. 245 y 246, como consecuencia de una "consulta" popular para convocar una Asamblea Constituyente.[8]

III

La iniciativa la tomó entonces el Presidente de la República, quien en 1998 había basado su campaña presidencial precisamente con la propuesta de convocar la Asamblea Constituyente, y en fraude a la Constitución dictó el día 2.2.1999, el mismo día que tomó posesión de su cargo, el Decreto 3, mediante el cual decretó "la realización de un referendo para que el pueblo se pronunciase sobre la convocatoria de una Asamblea Nacional Constituyente" (art. 1); "con el propósito de transformar el Estado y crear un nuevo ordenamiento jurídico que permita el funcionamiento efectivo de una democracia social y participativa"(primera pregunta); y, además, buscando que el pueblo lo autorizara, pura y simplemente, para que él mismo "mediante un acto de gobierno fije, oída la opinión de los sectores políticos, sociales y económicos, las bases del proceso comicial en el cual se elegirán los integrantes de la Asamblea Nacional Constituyente" (segunda pregunta).[9] De ese sólo contenido resultaba entonces que el decreto violaba el art. 181 de la Ley Orgánica del Sufragio y Participación Política, que se había invocado como su base legal, en virtud de qué las preguntas evidenciaban que, en lugar de convocarse un referendo "consultivo," lo que el Presidente estaba convocando, en realidad, era un *referendo decisorio y autorizatorio*, no regulado ni previsto en dicha norma legal,[10] no para que la Asamblea reformara la Constitución, sino para que asumiera un poder total y pudiera incluso sustituir a los Poderes constituidos aún antes de la aprobación de la reforma constitucional, delegando además en el Presidente de la República el poder soberano de decidir sobre las bases comiciales de la Constituyente, lo que vulneraba los principios más elementales del Estado de Derecho y era incompatible con los valores supremos de una sociedad democrática.

Como era de esperarse, a las pocas semanas, el Decreto 3, tratándose como era de un acto administrativo, fue impugnado por inconstitucionalidad ante la Sala Político-Administrativa de la Corte Suprema de Justicia,[11] por ser un instru-

8. V. Allan R. Brewer-Carías, "La configuración judicial del proceso constituyente o de cómo el guardián de la Constitución abrió el camino para su violación y para su propia extinción", *Revista de Derecho Público* 77-80/453 y ss., Caracas, Editorial Jurídica Venezolana, 1999; y *Golpe de Estado y Proceso Constituyente en Venezuela*, México, UNAM, 2001, pp. 60 y ss.

9. V. en *Gaceta Oficial* 36.634, 2.2.1999.

10. Como lo señaló Ricardo combillas: "Estamos hablando de un referendo consultivo, no de un referendo decisorio, cuya aprobación demanda necesariamente en Venezuela, tal como lo propuso con visión avanzada la Comisión Bicameral, una reforma constitucional" (en *¿Qué es la Constituyente? Voz para el Futuro de Venezuela*, Caracas, COPRE, 1998).

11. V. un texto de la acción de nulidad en Allan R. Brewer-Carías, *Asamblea Constituyente y Ordenamiento Constitucional*, Academia de Ciencias Políticas y Sociales, Caracas, 1999, pp.

mento que podía servir para un fraude a la Constitución, e igualmente fueron impugnados los actos del Consejo Supremo Electoral convocando el referendo. Una de dichas acciones de nulidad fue decidida por la Sala Político-Administrativa en sentencia de 18.3.1999, mediante la cual se anuló la segunda pregunta de la convocatoria al referendo;[12] afirmándose que la actuación de la Asamblea Constituyente *era posible porque lo permitía la Constitución de 1961*, lo que implicaba afirmar que esta última no podía perder vigencia alguna durante la actuación de la Asamblea Nacional Constituyente, la cual debía encontrar en dicho texto el límite de su actuación, lo que significaba que los Poderes constituidos, durante el funcionamiento de la Asamblea, debían continuar actuando conforme a la Constitución que estaba vigente, no pudiendo la Asamblea ni disolverlos ni asumir directamente sus competencias constitucionales.[13]

Días antes de ser publicada dicha sentencia, el día 10.3.1999, sin embargo y sin duda ya advertido, el Presidente de la República emitió un nuevo acto administrativo reformatorio del Decreto 3, mediante el cual ordenó publicar en *Gaceta Oficial* la propuesta del Ejecutivo Nacional mediante la cual fijaba las bases de la convocatoria de la Asamblea Nacional Constituyente, para ser *sometida para la aprobación del pueblo en el referendo* convocado.[14] En esas bases, sin embargo, se incorporó una, la Décima, en la cual se afirmaba que: "Una vez instalada la Asamblea Nacional Constituyente, *como poder originario que recoge la soberanía popular*, deberá dictar sus propios estatutos de funcionamiento, teniendo como límites los valores y principios de nuestra historia republicana, así como el cumplimiento de los tratados internacionales, acuerdos y compromisos válidamente suscritos por la República, el carácter progresivo de los derechos fundamentales del hombre y las garantías democráticas dentro del más absoluto respeto de los compromisos asumidos".

Este texto fue reproducido por el Consejo Nacional Electoral en la nueva convocatoria que tuvo que hacer para el referendo, de manera que la resolución respectiva que dictó de nuevo fue impugnada, por considerarse que desacataba el fallo de la Corte Suprema del 18.3.1999, cuando le pretendía atribuir "carácter originario" a la futura Asamblea Nacional Constituyente.

Dicha impugnación fue resuelta por la Sala Político-Administrativa en la sentencia de 13.4.1999,[15] en la cual observó que ciertamente, "en la sentencia dictada por esta Sala el 18 de marzo de 1999 se

255-321. V. la relación de todas las acciones de nulidad intentadas en Carlos M. Escarrá Malavé, *Proceso Político y Constituyente*, Caracas, 1999, Anexo 4.

12. V. el texto de la sentencia en Allan R. Brewer-Carías, *Poder Constituyente Originario y Asamblea Nacional Constituyente*, Caracas, 1999, pp. 169-185. Igualmente en *Revista de Derecho Público* 77-80/73 y ss., Caracas, Editorial Jurídica Venezolana, 1999.

13. V. Allan R. Brewer-Carías, *Golpe de Estado y Proceso Constituyente en Venezuela*, cit., p. 160.

14. Contenido en un "Aviso Oficial" publicado en *Gaceta Oficial* 36.658, 10.3.1999, con las bases de la convocatoria de la Asamblea Nacional Constituyente, para ser sometida para la aprobación del pueblo en el referéndum convocado para el 25.4.1999.

15. V. el texto en Allan R. Brewer-Carías, *Poder Constituyente Originario y Asamblea Nacional Constituyente*, Caracas, 1999, pp. 190-198. Igualmente en *Revista de Derecho Público* 77-80/85 y ss., Caracas, Editorial Jurídica Venezolana, 1999.

expresó con *meridiana claridad* que la Asamblea Constituyente a ser convocada, 'no significa, en modo alguno, por estar precisamente vinculada su estructuración al propio espíritu de la Constitución vigente, bajo cuyos términos se producirá su celebración, la alteración de los principios fundamentales del Estado Democrático de Derecho', y que, 'en consecuencia, es la Constitución vigente la que permite la preservación del Estado de Derecho y la actuación de la Asamblea Nacional Constituyente, en caso de que la voluntad popular sea expresada en tal sentido en la respectiva consulta".

En consecuencia, a los efectos de que no se indujera "a error al electorado y a los propios integrantes de la Asamblea Nacional Constituyente, si el soberano se manifestase afirmativamente acerca de su celebración, en lo atinente a su alcance y límites", la Sala ordenó que se *eliminase* la frase "como poder originario que recoge la soberanía popular", a cuyo efecto corrigió y reformuló expresamente el texto de la base comicial octava, sin dicha frase.

IV

Después de todas estas vicisitudes judiciales, y de la corrección del Decreto 3, de 2.2.1999, que fue el primer acto violatorio de la Constitución de 1961 en todo aquél proceso, el proceso constituyente quedó abierto, habiéndose celebrado el referendo consultivo el 25.4.1999, en el cual votaron 4.137.509 de los 11.022.936 electores registrados, con una abstención electoral del 62,2%. La votación por el "Sí" representó un 92,4% y la votación "No" un 7,6%.[16]

En consecuencia, la Asamblea Nacional Constituyente fue electa el 25.7.1999, en una votación donde la abstención fue del 53,7%,[17] resultando, de un total de 131 constituyentes electos, 125 con el apoyo del Presidente Chávez, con lo qué la "oposición" quedó formada por sólo 6 constituyentes.[18]

La Asamblea, en todo caso, estaba sometida a las bases aprobadas por la voluntad popular expresada en el referendo consultivo del 25.4.1999; razón por la cual durante su funcionamiento debió haber respetado la vigencia de la Constitución de 1961, la cual sólo podía perder vigencia cuando el pueblo se pronunciara, mediante posterior referendo aprobatorio, sobre la nueva Constitución.

Sin embargo, ello no fue así, y si bien es cierto que el golpe de Estado que significó el inconstitucional Decreto 3, del 2.2.1999, de convocatoria del referendo consultivo, al irrumpir contra la Constitución, no llegó a materializarse, pues sus vicios fueron corregidos judicialmente; fue en cambio la Asamblea Nacional Constituyente la que en un proceso sucesivo materializó el golpe de Estado contra la Constitución, desacatando además las ordenes judiciales emanadas de la Corte Suprema, al haber asumido desde su instalación, en agosto/1999, un poder constituyente originario que no tenía conferido.

En efecto, la ruptura del hilo constitucional en Venezuela y el golpe de Estado

16. V. José E. Molina V. y Carmen Pérez Baralt, "Procesos electorales. Venezuela, abril, julio y diciembre de 1999", en *Boletín Electoral Latinoamericano* XXII, San José, CAPEL-IIDH, julio-diciembre/1999, 2000.

17. Idem, pp. 63 y ss.

18. Cuatro electos en la circunscripción nacional (Allan R. Brewer-Carías, Alberto Franceschi, Claudio Fermín y Jorge Olavarría) y dos en las circunscripciones regionales (Antonio Di'Giampaolo y Virgilio Avila Vivas).

contra la Constitución de 1961, que está en la génesis de la Constitución de 1999, puede decirse que lo dio la propia Asamblea Nacional Constituyente que se instaló el 3.8.1999,[19] al aprobar su Estatuto de Funcionamiento[20] e, inconstitucionalmente,[21] al declararse a si misma como "depositaria de la voluntad popular y expresión de su Soberanía con las atribuciones del Poder Originario para reorganizar el Estado Venezolano y crear un nuevo ordenamiento jurídico democrático", auto-atribuyéndose, además, potestad para, "en uso de las atribuciones que le son inherentes, *podrá limitar o decidir la cesación de las actividades de las autoridades que conforman el Poder Público*" (art. 1). Como consecuencia de ello, la Asamblea también resolvió que "todos los organismos del Poder Público *quedaban subordinados*" a la misma y, en consecuencia, que estaban en la obligación de *cumplir y hacer cumplir* los "actos jurídicos estatales" que emitiera (§ 1º del art. 1).

En esta forma, la Asamblea se auto-atribuyó potestades públicas por encima de la Constitución de 1961, cuyas normas, por disposición de la propia Asamblea, se dispuso que sólo se mantendrían en vigencia "en todo aquello que no colida o sea contrario con los actos jurídicos y demás decisiones de la Asamblea Nacional Constituyente" (§ 2º del art. 1º).[22]

Con la asunción de este poder, la Asamblea había consumado el golpe de Estado, pues se daba a sí misma una carta blanca para violar una Constitución que estaba vigente, y someter a todos los órganos del Poder Público constituido y electos a que le estuviesen "subordinados", imponiéndoles la obligación de cumplir sus "actos jurídicos estatales"; ruptura del hilo constitucional que luego se materializó mediante sucesivos actos constituyentes que la propia antigua Corte Suprema de Justicia no supo controlar hasta que fue cesada, víctima de su propia debilidad.

Notoria fue una confusa sentencia del 14.10.1999 (caso: "Impugnación del Decreto de Regulación de las Funciones del Poder Legislativo")[23] en la cual la Corte, cambiando el criterio que había sustentado en la sentencia anterior de la Sala Político-

19. En el acto de instalación, el discurso dado por quien venía de ser electo Presidente de la Asamblea concluyó con estas frases: "la Asamblea Nacional Constituyente es originaria y soberana" (en *Gaceta Constituyente (Diario de Debates), Agosto-Septiembre 1999*, Sesión 3.8.1999, n. 1, p. 4).

20. V. *Gaceta Constituyente (Diario de Debates), Agosto-Septiembre 1999*, Sesión 7.8.1999, n. 4, p. 151.

21. V. los votos salvados por razones de inconstitucionalidad respecto de la aprobación del Estatuto en Allan R. Brewer-Carías, *Debate Constituyente (Aportes a la Asamblea Nacional Constituyente)*, t. I (8.8-8.9.1999), Caracas, 1999, pp. 15-39. Así mismo en *Gaceta Constituyente (Diario de Debates), Agosto-Septiembre 1999*, Sesión 7.8.1999, n. 4, pp. 6-13.

22. V. en *Gaceta Constituyente (Diario de Debates), Agosto-Septiembre 1999*, Sesión 7.8.1999, n. 4, p. 144. V. el texto, además, en *Gaceta Oficial* 36.786, 14.9.1999. Como ha señalado Lolymar Hernández Camargo, con la aprobación del Estatuto "quedó consumada la inobservancia a la voluntad popular que le había impuesto límites a la Asamblea Nacional Constituyente (...). Se autoproclamó como poder constituyente originario, absoluto e ilimitado, con lo cual el Estado perdió toda razón de ser, pues si se mancilló la voluntad popular y su manifestación normativa (la Constitución), no es posible calificar al Estado como de Derecho ni menos aun Democrático" (en *La Teoría del Poder Constituyente. Un Caso de Estudio: el Proceso Constituyente Venezolano de 1999*, cit., p. 73).

23. V. en *Revista de Derecho Público* 77-80/111 y ss., Caracas, Editorial Jurídica Venezolana, 1999.

Administrativa del 18.3.1999, desligó a la Asamblea Constituyente de las previsiones de la Constitución de 1961, permitiendo que aquélla pudiera desconocerla, con lo qué, ilegítimamente, "legitimó" el golpe de Estado que la Asamblea había dado al desconocer la Constitución de 1961, particularmente mediante los diversos actos "constituyentes" e inconstitucionales que había adoptado en los dos meses precedentes.

V

Estos actos constituyentes que materializaron el golpe de Estado contra la Constitución de 1961[24] fueron los siguientes:

En *primer lugar*, el "decreto mediante el cual se declara la *reorganización de todos los órganos del Poder Público*", de fecha 12.8.1999,[25] para cuya emisión la Asamblea invocó que ejercía "el poder constituyente otorgado por este *[el pueblo]* mediante referendo (...)"; es decir, que ejercía un "poder constituyente" que supuestamente le había otorgado el "poder constituyente" (pueblo) en el "referendo", lo cual no era cierto.

Lo cierto es que la Asamblea se fundamentó, para aprobar el decreto, en "lo dispuesto en el art. 1º del Estatuto de esta Asamblea", en el cual la Asamblea se autoconfirió, a sí misma, el supuesto carácter de poder constituyente originario; autoatribuyéndose en el decreto la potestad de disponer "la intervención, modificación o suspensión de los órganos del Poder Público que así considere (...)". Con esta decisión, sin duda, la Asamblea había materializado, técnicamente, el golpe de Estado, con lo qué procedió a intervenir y a regular todos los órganos constituidos del Poder Público, comenzando por los órganos que ejercían el Poder Legislativo.

En *segundo lugar*, el 19.8.1999, la Asamblea Nacional Constituyente resolvió declarar "al Poder Judicial en emergencia" (art. 1º), creando una Comisión de Emergencia Judicial, que asumió el proceso de intervención,[26] lesionando la autonomía e independencia del Poder Judicial, y suplantando los órganos regulares del gobierno y administración de la Justicia.[27] El decreto tuvo la misma fundamentación que los anteriores en el sentido de que la Asamblea se había ido construyendo a la medida; el ejercicio del poder constituyente originario supuestamente otorgado por éste a la Asamblea mediante referendo; el art. 1º del Estatuto de Funcionamiento de la propia Asamblea y el art. único del decreto de la Asamblea que declaró la reorganización de todos los Poderes Públicos constituidos.

A este decreto de intervención del Poder Judicial lo siguieron otros como el "Decreto de Medidas Cautelares Urgentes de Protección al Sistema Judicial",[28] que inició el proceso de suspensión masiva de jueces y su sometimiento a procedimientos

24. V. en Allan R. Brewer-Carías, *Debate Constituyente (Aportes a la Asamblea Nacional Constituyente)*, cit., t. I, pp. 43-56; y en *Gaceta Constituyente (Diario de Debates), Agosto-Septiembre de 1999*, cit., Sesión 12.8.1999, n. 8, pp. 2-4. V. el texto del decreto en *Gaceta Oficial* 36.764, 13.8.1999.

25. *Gaceta Oficial* 36.764, 13.8.1999.

26. *Gaceta Oficial* 36.772, 25.8.1999, reimpreso en *Gaceta Oficial* 36.782, 8.9.1999.

27. V. en Allan R. Brewer-Carías, *Debate Constituyente (Aportes a la Asamblea Nacional Constituyente)*, cit., t. I, pp. 57-73; y en *Gaceta Constituyente (Diario de Debates), Agosto-Septiembre de 1999*, cit, Sesión 18.8.1999, n. 10, pp. 17-22. V. el texto del decreto en *Gaceta Oficial* 36.782, 8.9.1999.

28. *Gaceta Oficial* 36.825, 9.11.1999.

disciplinarios, de incorporación de suplentes, y de designación indiscriminada de "nuevos" jueces sin concursos, los cuales quedaron dependientes del nuevo Poder que los había designado.

Lo lamentable de todo este proceso de intervención política del Poder Judicial fue que la Corte Suprema de Justicia, en fecha 23.8.1999, adoptó un desafortunado Acuerdo[29] en el cual fijó posición ante el Decreto de Reorganización del Poder Judicial dictado por la Asamblea Nacional Constituyente; y sobre la designación de uno de sus propios magistrados como integrante de la ilegítima Comisión de Emergencia Judicial; con el cual, en definitiva, aceptó la inconstitucionalidad, lo que inexorablemente condujo a su disolución posterior.

En *tercer lugar*, en efecto, el 25.8.1999 la Asamblea dictó el "decreto mediante el cual *se regulan las funciones del Poder Legislativo*",[30] que reformó cinco días después, el 30.8.1999;[31] arrogándose esta vez directa y abiertamente un "poder constituyente originario" que nadie le había otorgado, sino ella misma en su propio Estatuto de Funcionamiento. Mediante este decreto, la Asamblea materialmente declaró la cesación de las Cámaras Legislativas (Senado y Cámara de Diputados), cuyos miembros habían sido electos en noviembre/1998, atribuyéndole además, inconstitucionalmente, la función legislativa del Estado a la Comisión Delegada del Congreso y a la propia Asamblea Constituyente.[32]

En el decreto de regulación del Poder Legislativo, la Asamblea también intervino y eliminó las Asambleas Legislativas de los Estados de la Federación, violando la Constitución y vulnerando la autonomía de los Estados al disponer que las funciones de las mismas serían ejercidas por unas Comisiones Delegadas de cada una, regulando la forma de su integración (art. 11); y, además, revocando el mandato de los diputados de las Asambleas que no integrasen las Comisiones Delegadas respectivas (art. 12). En cuanto a los Concejos Municipales de los Municipios del País, si bien no se los eliminó, se les prohibió realizar operación alguna con los ejidos municipales, y aprobar o modificar los Planes de Desarrollo Urbano Local (art. 14), lo que se configuraba en una lesión a la autonomía municipal que garantizaba la Constitución de 1961 (art. 30), la cual, de nuevo, resultó violada.

En *cuarto lugar*, el 26.8.1999 la Asamblea decretó la suspensión de las elecciones municipales que debían convocarse el 28.11.1999,[33] lo que constituía

29. V. nuestros comentarios sobre el Acuerdo en Allan R. Brewer-Carías, *Debate Constituyente (Aportes a la Asamblea Nacional Constituyente)*, cit., t. I, pp. 141 y ss. V., además, los comentarios de Lolymar Hernández Camargo, *La Teoría del Poder Constituyente. Un Caso de Estudio: el Proceso Constituyente Venezolano de 1999*, cit, pp. 75 y ss.

30. *Gaceta Oficial* 36.772, 25.8.1999.

31. *Gaceta Oficial* 36.776, 31.8.1999.

32. V. en Allan R. Brewer-Carías, *Debate Constituyente (Aportes a la Asamblea Nacional Constituyente)*, cit., t. I, pp. 75-113; y en *Gaceta Constituyente (Diario de Debates), Agosto-Septiembre 1999*, cit., Sesión 25.8.1999, n. 13, pp. 12-13 y 27-30, y Sesión 30.8.1999, n. 16, pp. 16-19. V. el texto del decreto en *Gaceta Oficial* 36.772, 26.8.1999.Con posterioridad, sin embargo, y con la intermediación de la Iglesia Católica, el 9.9.1999, la directiva de la Asamblea llegó a un Acuerdo con la directiva del Congreso, con lo cual, de hecho, se dejó sin efecto el contenido del decreto, siguiendo el Congreso funcionando conforme al régimen de la Constitución de 1961. V. el texto del Acuerdo en *El Nacional* 10.9.1999, Caracas, p. D-4.

33. *Gaceta Oficial* 36.776, 31.8.1999.

una decisión inconstitucional,[34] pues para que pudiera realizarse dicha suspensión debía haberse reformado la Ley Orgánica del Sufragio, que dispusiera que los alcaldes, concejales y miembros de juntas parroquiales electos en 1998 continuarían ejerciendo sus mandatos.

VI

Finalmente – y ello fue lo más grave de todo el proceso de golpe de Estado constituyente –, en *quinto lugar*, luego de que se discutió y sancionó la nueva Constitución de 1999, la cual fue aprobada junto con sus "Disposiciones Transitorias" en referendo aprobatorio realizado el 15.12.1999, una semana después, el 22.12.1999, la propia Asamblea Nacional Constituyente emitió un nuevo decreto "constitucional" no aprobado por el pueblo, el de "Régimen de Transición del Poder Público",[35] dos días después de la "proclamación" de la Constitución pero antes de su entrada en vigencia, pues la publicación de la Constitución en *Gaceta Oficial* había sido deliberadamente demorada hasta el 30.12.1999.[36]

Así, ante la deliberada ausencia de alguna regulación en las "Disposiciones Transitorias" de la nueva Constitución que se refiriera a cesación en sus cargos de los titulares de los órganos del Poder Público y al nombramiento de nuevos funcionarios para ello, y ante el afán sobrevenido en el nuevo Poder de sustituir a todos los titulares de los órganos del Estado sin esperar la elección de la nueva Asamblea Nacional, la Asamblea Nacional Constituyente quiso "hacer efectivo el proceso de transición hacia el régimen establecido en la Constitución de 1999", lo que no estaba escrito en norma alguna; y dictó un régimen constitucional transitorio no establecido en el texto de la nueva Constitución y sin someterlo a aprobación popular por la vía de referendo.

En este decreto, fundamentalmente, la Asamblea Nacional Constituyente tomó el siguiente conjunto de decisiones en cuanto a los órganos del Poder Público:

En *primer lugar*, decidió la definitiva disolución del Congreso, y acordó la cesación en las funciones de los senadores y diputados (art. 4) que habían sido electos un año antes. Esta decisión, violatoria del principio democrático, indudablemente creó un vacío constitucional, pues implicaba que hasta que se produjera la elección de los nuevos miembros de la nueva Asamblea Nacional la República carecía de órgano legislativo nacional. Por ello, para "suplir" el vacío que la misma Asamblea Nacional Constituyente ilegítimamente creaba, tomó otra decisión, que fue la de "crear" un nuevo órgano no previsto en la nueva Constitución aprobada por el pueblo, ni en la previa de 1961, para lo cual no tenía poder ni autoridad alguna, siendo, en consecuencia, totalmente ilegítimo. Se trató de una "Comisión Legislativa Nacional" (denominada "Congresillo"), a la cual le asignó el Poder Legislativo Nacional "hasta tanto se elijan y tomen posesión los diputados integrantes de la Asamblea Nacional" (art. 5), y cuyos

34. V. en Allan R. Brewer-Carías, *Debate Constituyente (Aportes a la Asamblea Nacional Constituyente)*, cit., t. I, pp. 115-122; y en *Gaceta Constituyente (Diario de Debates), Agosto-Septiembre 1999*, cit., Sesión 26.8.1999, n. 14, pp. 7-8, 11 y 13-14. V. el texto del decreto en *Gaceta Oficial* 36.776, 31.8.1999.

35. V. en *Gaceta Oficial* 36.859, 29.12.1999.

36. V. en *Gaceta Constituyente (Diario de Debates), Noviembre 1999-Enero 2000*, Sesión 22.12.1999, n. 51, pp. 2 y ss. V. *Gaceta Oficial* 36.859, 29.12.1999; y *Gaceta Oficial* 36.860, 30.12.1999.

miembros también fueron designados por la Asamblea (art. 5), a dedo, con integrantes afectos al nuevo Poder y a los partidos de gobierno.

En *segundo lugar*, la Asamblea Nacional Constituyente, en el decreto del 22.12.1999, también se burló de la nueva Constitución, cuando declaró la "disolución de las Asambleas Legislativas de los Estados" (art. 11), para lo cual no tenía autoridad alguna de carácter constitucional, al no haberse resuelto ello en esa forma en las "Disposiciones Transitorias" de la Constitución; pues ni siquiera ello estaba establecido en su Estatuto de Funcionamiento. Además, la Asamblea decidió la cesación en sus funciones de los diputados que integraban las Asambleas (art. 11). Pero la Asamblea Nacional Constituyente, al igual que lo que ocurrió con el Poder Legislativo Nacional, a nivel estadal también creó, sin competencia alguna, sendas "Comisiones Legislativas Estadales", atribuyendo el nombramiento de sus miembros, incluso, a la "Comisión Coordinadora de la Asamblea Nacional Constituyente" (art. 12). Ello no sólo era ilegítimo, al no estar prevista esa facultad en norma alguna, sino que también era violatorio de las bases comiciales aprobadas en el referendo del 25.4.1999, así como de la antes mencionada garantía democrática, que era uno de sus límites supra-constitucionales.

En *tercer lugar*, en cuanto a los órganos del Poder Municipal, el art. 15 del decreto de la Asamblea de fecha 22.12.1999[37] estableció que los Concejos Municipales y los Alcaldes "actuales" ejercerían sus funciones "bajo la supervisión y control de la Asamblea Nacional Constituyente o de la Comisión Legislativa Nacional" hasta tanto se eligieran popularmente sus nuevos integrantes; atribuyendo a la Comisión Coordinadora de la Asamblea Nacional Constituyente o la Comisión Legislativa Nacional la potestad de sustituir parcial o totalmente la integración de los Concejos Municipales, así como sustituir a los alcaldes, en los casos de graves irregularidades administrativas.

Esta norma también constituyó una burla a la nueva Constitución, pues violaba en su totalidad la garantía de la autonomía municipal prevista en la Constitución, así como el principio democrático respecto de las autoridades municipales, que impone que las mismas sólo pueden ser electas popularmente.

En *cuarto lugar*, el art. 17 del decreto dispuso, además, que la Corte Suprema de Justicia, sus Salas y dependencias desaparecían y pasaban a conformar el nuevo Tribunal Supremo de Justicia, por lo qué, además de las Salas Político-Administrativa, de Casación Penal y de Casación Civil de la Corte Suprema de Justicia, cuya extinción se decretó, la Asamblea creó las Salas Constitucional, Social y Electoral, que preveía la nueva Constitución y que aún no había entrado en vigencia.

En el art. 19 del decreto, la Asamblea, además, designó los magistrados que pasaban a integrar el Tribunal Supremo de Justicia, sin sujetarse a las condiciones establecidas en la nueva Constitución para dichos cargos, entre los cuales estaba quien en los dos últimos meses había sido el Presidente de la Corte Suprema de Justicia. Sus servicios habían sido reconocidos.

En *quinto lugar*, la Asamblea Nacional Constituyente, en el decreto sobre régimen de transición del Poder Público de 22.12.1999, no sólo nombró al Defensor del Pueblo (art. 34), que era para lo único que tenía competencia constitucional ex-

37. V. *Gaceta Constituyente (Diario de Debates), Noviembre 1999-Enero 2000*, cit., Sesión 22.12.1999, n. 51, p. 5.

presa en las "Disposiciones Transitorias" de la Constitución de 1999, sino, después de cesar a sus titulares designados por el Congreso un año antes, también nombró al Contralor General de la República (art. 36) y al Fiscal General de la República (art. 35), en forma provisional mientras la Asamblea Nacional, una vez que se eligiese, designara a los nuevos titulares.

Incluso, en el decreto le asignó al Contralor General de la República una competencia no prevista en norma alguna del ordenamiento, que era la posibilidad de *intervenir* en las Contralorías Estadales y Municipales y designar con carácter provisional a los titulares de esas entidades (art. 37), con lo cual violaba la autonomía de los Estados y Municipios garantizada en la nueva Constitución.

En *sexto lugar*, en cuanto al Poder Electoral, por último, la Asamblea Nacional Constituyente, careciendo totalmente de competencia para ello, y en forma ilegítima, en el decreto del 22.12.1999 se auto-atribuyó competencia para designar a los integrantes del Consejo Nacional Electoral (art. 40), designaciones que realizó días después, con carácter provisorio, al nombrar a personas, todas vinculadas al nuevo Poder y a los partidos que apoyaban al Gobierno, lo que incluso no garantizaba la imparcialidad electoral necesaria, burlándose del art. 296 de la nueva Constitución.

VII

El decreto sobre el régimen de transición del Poder Público fue por supuesto impugnado ante la Sala Plena de la antigua Corte Suprema de Justicia en fecha 29.12.1999, respecto a los nombramientos del Fiscal General de la República, Contralor General de la República, Magistrados del Tribunal Supremo de Justicia, Defensora del Pueblo, Directivos del Consejo Nacional Electoral y miembros de la Comisión Legislativa Nacional ("Congresillo"). Luego de la remisión del expediente a la nueva Sala Constitucional del nuevo Tribunal Supremo de Justicia, sus magistrados, que habían sido producto de dicho régimen transitorio que se impugnaba, en lugar de inhibirse, pasaron a decidir en causa propia, apresuradamente, mediante Sentencia n. 4, de fecha 26.1.2000 (caso: "Eduardo García"), considerando que el decreto era "un acto de rango y naturaleza constitucional" y, además "de naturaleza organizativa, por el cual se produjo la designación de altos funcionarios del Poder Público Nacional, el cual se fundamenta en los propósitos de reorganización del Estado, conferidos a la Asamblea Nacional Constituyente", desestimando el recurso, para lo cual concluyeron señalando que, "dado el *carácter originario del poder conferido por el pueblo* de Venezuela a la Asamblea Nacional Constituyente, mediante la Pregunta n. 1 y la Base Comicial Octava del referendo consultivo nacional, aprobado el 25.4.1999, y por tanto *la no sujeción de este Poder al texto constitucional vigente para la época*, la demanda propuesta, al fundamentar las presuntas transgresiones en la referida Constitución y no en los parámetros y principios consagrados en las bases fijadas en el citado referendo, conduce forzosamente a su improcedencia".[38]

En el País, entonces, y como consecuencia de esta y otras sentencias posteriores del Tribunal Supremo, existieron dos regímenes constitucionales paralelos: uno contenido en la Constitución de 1999, aprobada por el pueblo; y otro, dictado

38. V. en *Revista de Derecho Público* 81/93 y ss., Caracas, Editorial Jurídica Venezolana, 2000.

con posterioridad a dicha aprobación por la Asamblea Nacional Constituyente, no aprobado por el pueblo y de vigencia imprecisa hasta que se apruebe toda la legislación que prevé la propia Constitución de 1999, lo cual en 2009 aún no ha ocurrido.

El Tribunal Supremo de Justicia, lamentablemente, en lugar de cumplir con su deber como contralor de la constitucionalidad, al querer "resolver" el vacío creado por la Asamblea Constituyente después de aprobada por referendo popular la Constitución de 1999, violentó el ordenamiento constitucional y frustró la esperanza de que se afianzara el Estado de Derecho, precisamente cuando comenzaba a entrar en aplicación la nueva Constitución. En Sentencia n. 6, de fecha 27.1.2000, la Sala Constitucional decidió que, como el régimen de transición era un acto "publicado en la *Gaceta Oficial* n. 36.859, del 29.12.1999, esto es, con anterioridad a la vigencia de la Constitución de la República Bolivariana de Venezuela de 1999, *no está sujeto ni a ésta, ni a la Constitución de 1961*".[39] Luego en Sentencia de 28.3.2000 (caso: "Allan R. Brewer-Carías y Otros"), con motivo de declarar sin lugar la demanda de nulidad intentada contra el Estatuto Electoral del Poder Público dictado por la Asamblea Constituyente el 30.1.2000,[40] el Juez Constitucional ratificó su tesis de que la Asamblea Constituyente, en cuanto al régimen constitucional transitorio, podía elaborar unas "Disposiciones Transitorias" que formarían parte de la Constitución para ser aprobada por el pueblo mediante referendo; y, además, dictar actos constituyentes aparte, de valor y rango constitucional, que originarían un régimen transitorio constitucional paralelo, no aprobado por el pueblo.

Con ello, fue entonces la Sala Constitucional la que mutó ilegítimamente la Constitución, violando la soberanía popular, admitiendo que supuestamente un órgano del Estado podía dictar normas de rango constitucional no aprobadas mediante referendo por el pueblo,[41] con lo qué se inició un largo período de transitoriedad constitucional que 10 años después no ha concluido.

VIII

La Constitución de 1999, por tanto, no sólo tuvo su génesis en un golpe de Estado que fue el proceso constituyente de 1999, sino que aún antes de que entrada en vigencia comenzó a ser violada. Con posterioridad, la evolución de la misma nos la muestra como un texto que ha sido sucesivamente violentado, en la mayoría de los casos con la anuencia de la Jurisdicción Constitucional, la cual estaba llamada a ser su guardián, habiendo sido "adaptado" progresivamente para apuntalar un régimen autoritario como el que se ha desarrollado bajo su manto, todo en *fraude a la Constitución*.

39. V. en *Revista de Derecho Público* 81/81 y ss., Caracas, Editorial Jurídica Venezolana, enero-marzo/2000.

40. V. en *Gaceta Oficial* 36.884, 3.2.2000.

41. La Sala Constitucional llegó a afirmar que: "Tal disposición, emanada del poder constituyente *que podía lo más*, cual era la transformación del Estado, lo que iba a adelantar mediante la aprobación de una nueva Constitución y del régimen de transición, claro *que podía lo menos*, dentro de su cometido de transformación del Estado, cual era dictar las normas que permitirían la transición entre el sistema constitucional abrogado y el nuevo, que conforme al texto constitucional de 1999 no podía de inmediato constituirse en todas sus instituciones". V. en *Revista de Derecho Público* 81/86, Caracas, Editorial Jurídica Venezolana, enero-marzo/2000.

Este ocurre, como lo señaló la propia Sala Constitucional del Tribunal Supremo de Justicia en una Sentencia 74, de 25.1.2006, cuando se destruyen las teorías democráticas "mediante el procedimiento de cambio en las instituciones existentes aparentando respetar las formas y procedimientos constitucionales", o cuando se utiliza "del procedimiento de reforma constitucional para proceder a la creación de un nuevo régimen político, de un nuevo ordenamiento constitucional, sin alterar el sistema de legalidad establecido, como ocurrió con el *uso fraudulento de los poderes* conferidos por la ley marcial en la Alemania de la Constitución de *Weimar*, forzando al Parlamento a conceder a los líderes fascistas, en términos de dudosa legitimidad, la plenitud del poder constituyente, otorgando un poder legislativo ilimitado".[42]

Y precisamente lo ocurrido en los últimos 20 años en Venezuela ha sido un proceso de fraude continuo a la Constitución.

Por lo reciente y notorio, en esta línea, debe destacase el fraude cometido en el proceso de reforma constitucional que a iniciativa del Presidente de la República se llevó a cabo en 2007, la cual fue afortunadamente rechazada por el pueblo en el referendo del 2.12.2007. Dicha "reforma constitucional", con la cual se pretendía transformar radicalmente el Estado Democrático y Social de Derecho en un Estado Socialista, Centralizado, Policial y Militarista,[43] se adelantó en fraude a la Constitución, pues esas modificaciones sólo podían realizarse mediante la convocatoria de una Asamblea Nacional Constituyente (art. 347), habiendo sido la Sala Constitucional cómplice del fraude al haberse negado sistemáticamente a ejercer el control de constitucionalidad de los diversos actos preparatorios de la fraudulenta reforma.[44]

El pueblo, sin embargo, se ocupó de rechazar la reforma, pero de nuevo, en fraude a la Constitución y a esa manifestación de soberanía popular, tanto la Asamblea Nacional como el propio Poder Ejecutivo, de nuevo con la complicidad del guardián de la Constitución, han procedido a "implementar" muchos aspectos de la rechazada reforma,[45] mediante decre-

42. V. en *Revista de Derecho Público* 105/76 y ss., Caracas, Editorial Jurídica Venezolana, 2006.

43. V. Allan R. Brewer-Carías, "Hacia la consolidación de un Estado socialista, centralizado, policial y militarista. Comentarios sobre el sentido y alcance de las propuestas de reforma constitucional 2007", *Colección Textos Legislativos* n. 42, Caracas, Editorial Jurídica Venezolana, 2007.

44. V. el estudio de las respectivas sentencias en Allan R. Brewer-Carías, "El juez constitucional *versus* la supremacía constitucional. O de cómo la Jurisdicción Constitucional en Venezuela renunció a controlar la constitucionalidad del procedimiento seguido para la 'reforma constitucional' sancionada por la Asamblea Nacional el 2.11.2007, antes de que fuera rechazada por el pueblo en el referendo del 2.12.2007", en *Revista de Derecho Público* 112/661-694, Caracas, Editorial Jurídica Venezolana, 2007.

45. V. los trabajos de: Lolymar Hernández Camargo, "Límites del Poder Ejecutivo en el ejercicio de la habilitación legislativa: imposibilidad de establecer el contenido de la reforma constitucional rechazada vía habilitación legislativa", en *Revista de Derecho Público* 115/51 y ss. (*Estudios sobre los Decretos-Leyes*), Caracas, Editorial Jurídica venezolana, 2008; Jorge Kiriakidis, "Breves reflexiones en torno a los 26 decretos-leys de julio-agosto/2008, y la consulta popular refrendaria de diciembre/2007", *Revista de Derecho Público* 115/57 ss.; y José Vicente Haro García, "Los recientes intentos de reforma constitucional o de cómo se está tratando de establecer una dictadura socialista con apariencia

tos-leyes dictados en ejecución de la ley habilitante de febrero/2007,[46] tendientes, por ejemplo, a establecer la planificación centralizada,[47] implementar las bases del Estado Socialista y del sistema económico socialista[48] y transformar la Fuerza Armada en una Fuerza Armada Bolivariana con una Milicia no prevista en la Constitución,[49] todo lo cual había rechazado el pueblo; así como mediante otras leyes dictadas para regular la Administración Pública y el Distrito Capital como entidad territorial totalmente dependiente del Poder Nacional. En este último caso, por ejemplo, de acuerdo con la Ley Especial sobre el Distrito Capital,[50] el mismo, contrariando lo dispuesto en la Constitución, no tiene autoridades propias de gobierno, sino que es gobernado por el Poder Nacional mediante un "régimen especial (...) de gobierno", que consiste en que el ejercicio de la función legislativa en el Distrito está a cargo de la Asamblea Nacional, y que el órgano ejecutivo es ejercido por un Jefe de Gobierno (art. 3), el cual, de acuerdo con el art. 7 de la Ley Especial, es "de libre nombramiento y remoción" por parte del Presidente de la República, con lo qué en el mismo territorio del Municipio Libertador se le ha superpuesto una estructura nacional, mediante una ley nacional, totalmente inconstitucional. Se ha revivido, así, el desaparecido Distrito Federal en su esquema original de 1864.

Dos años antes, además, ya se había iniciado el proceso de transformación del Estado sin base constitucional, desmunicipalizandose el País y minando la democracia representativa, con la Ley de los Consejos Comunales,[51] y con ello minando la democracia representativa.

IX

En efecto, como es sabido, el Estado Venezolano está configurado como una Federación, que en la Constitución incluso se califica de "descentralizada" (art. 4), partiendo del supuesto de que para que haya efectiva participación política el Poder tiene que estar cerca del ciudadano. Sin embargo, lejos de reforzarse el federalismo y la descentralización política, lo que se ha presenciado en Venezuela es un proceso continuo de centralización del poder, paradójicamente, en nombre de una supuesta participación popular, que encubre un falaz discurso autoritario que pretende sustituir la propia democra-

de legalidad (a propósito del proyecto de reforma constitucional de 2007 y los 26 decretos-leyes del 31.7.2008 que tratan de imponerla)", *Revista de Derecho Público* 115/63 y ss.

46. *Gaceta Oficial* 38.617, 1.2.2007.

47. V., por ejemplo, Allan R. Brewer-Carías, "Comentarios sobre la inconstitucional creación de la Comisión Central de Planificación, centralizada y obligatoria", *Revista de Derecho Público* 110/79-89, Caracas, Editorial Jurídica Venezolana, abril-junio/2007.

48. Por ejemplo, Ley Orgánica de Seguridad y Soberanía Agroalimentaria y Ley para el Fomento y Desarrollo de la Economía Popular, *Gaceta Oficial* 5.890 Extraordinaria 31.7.2008.

49. V. Ley sobre la Ley Orgánica de la Fuerza Armada Nacional, *Gaceta Oficial* con fecha 31.7.2008.

50. *Gaceta Oficial* 39.156, 13.4.2009.

51. Ley de Consejos Comunales, *Gaceta Oficial* 5.806 Extraordinaria 10.4.2006. V. Allan R. Brewer-Carías, "El inicio de la desmunicipalización en Venezuela: la organización del Poder Popular para eliminar la descentralización, la democracia representativa y la participación a nivel local", en *AIDA, Opera Prima de Derecho Administrativo. Revista de la Asociación Internacional de Derecho Administrativo* 2007, México, Universidad Nacional Autónoma de México, pp. 49-67.

cia representativa por una "democracia participativa,"conduciendo en realidad a la propia destrucción de la democracia.[52]

La participación política, en efecto, no se contrapone a la representación como a veces se quiere hacer ver, sino a la "exclusión" política, de manera que la participación no puede quedar reducida a la democracia directa, ni puede conllevar a la eliminación de la representación. No puede existir en el mundo contemporáneo una democracia que sea sólo refrendaria, plebiscitaria o de cabildos abiertos permanentes; lo que no impide, por supuesto, que además de la representación se incorporen en las Constituciones, como ocurre con el caso venezolano, todos los tipos imaginables de referendos. Participar, en efecto, es estar incluido en, es ser parte de, es pertenecer, incorporarse, contribuir, es estar asociado, o comprometerse a; es tener un rol, tomar parte activa, estar envuelto o tener una mano en; o asociarse, compartir o tener algo que ver con, y en democracia ello sólo se logra mediante mecanismos de autogobierno en comunidades políticas que por esencia deben gozar de autonomía política. No hay por tanto efectiva participación si lo que se implementa es sólo pertenecer en asambleas de ciudadanos controladas por el poder central.[53] Al contrario, las mismas, como consecuencia de la descentralización política del poder, deben establecerse en los estamentos territoriales más reducidos, en el nivel local, comunal o municipal dotado de autonomía política, lo que implica que sus representantes deben ser electos popularmente.

Por tanto, la democracia participativa está real e indisolublemente ligada no a la democracia directa, sino a la descentralización política y, dentro de esta última, a la municipalización, y la misma no se puede materializar con solo propuestas de incorporación al régimen democrático de instrumentos como los referendos, las consultas o las iniciativas populares y las asambleas de ciudadanos.[54] Por ello, sin temor a equivocarnos, se puede afirmar que no sólo sin descentralización política o territorial, es decir, sin que exista una multiplicidad de poderes locales y regionales autónomos políticamente, no puede haber participación política, sino que en definitiva no puede haber una democracia participativa. La descentralización política es, por tanto, la base de la democracia participativa y, a la vez, el impulso del control del poder. El centralismo, en cambio, es la base de la exclusión política al concentrar el poder en unos pocos electos, y, a la vez, el motivo del desprestigio de la democracia representativa por más aditivos de democracia directa o refrendaria que se le implanten.[55]

52. V. los estudios "La opción entre democracia y autoritarismo (julio/2001)", pp. 41-59; "Democratización, descentralización política y reforma del Estado (julio-octubre/2001)", pp. 105-125; y "El Municipio, la descentralización política y la democracia (octubre/2001)", pp. 127-141, en Allan R. Brewer-Carías, *Reflexiones sobre el Constitucionalismo en América*, Caracas, Editorial Jurídica Venezolana, 2001.

53. V. Allan R. Brewer-Carías, "Democracia municipal, descentralización y desarrollo local", conferencia inaugural del XXVI Congreso Iberoamericano de Municipios, Organización Iberoamericana de Cooperación Intermunicipal, Ayuntamiento de Valladolid, Valladolid, 13-15.10.2004, en *Revista Iberoamericana de Administración Pública* 11/11-34, Madrid, INAP, julio-diciembre/2003.

54. V., por ejemplo, en Venezuela, el conjunto de estudios publicados en *Participación Ciudadana y Democracia*, Caracas, Comisión Presidencial para la Reforma del Estado, 1998.

55. Por ello, en la conferencia que dictamos en el XXV Congreso de la Organización

En el caso de la democracia venezolana, con la Constitución de 1999, lamentablemente, y a pesar del nominalismo "federativo" y "participativo," no se logró avanzar en la transformación política que era necesaria para afianzar la democracia, continuándose con el sistema de Federación centralizada que se había venido estructurando en las décadas anteriores.[56] Así, en cuanto a la Federación, se retrocedió institucionalmente al eliminarse el Senado, y con ello el principio de igualdad institucional de los Estados, estableciéndose por primera vez en la historia constitucional de Venezuela una Asamblea Nacional unicameral (art. 186). Además se permitió la posibilidad de establecer limitaciones a la autonomía de los Estados (art. 162) y de los Municipios (art. 168) mediante ley nacional, lo que se configura como una negación, de principio, de la idea misma de descentralización política, la cual al contrario tiene que estar basada en el concepto de autonomía territorial garantizada en la propia Constitución. Se estableció, además, un precario ámbito de las competencias estadales cuyo ejercicio, además, se sujetó a lo regulado en la legislación nacional; y una centralización tributaria que coloca a los Estados en una dependencia financiera más acentuada.

En cuanto al poder municipal, el excesivo uniformismo impidió acercar las instituciones locales autónomas al ciudadano, y se abandonó la idea de municipalizar el territorio, lo cual se selló la Ley Orgánica del Poder Público Municipal de 2005.[57] En su lugar por lo que optó fue por utilizar las "asambleas de ciudadanos

Iberoamericana de Municipios, en Guadalajara/Jalisco/México, en 2001, decíamos que "el debate contemporáneo en nuestros Países por más democracia tiene que centrarse en el rescate del proceso de descentralización política. Perfeccionar la democracia exige hacerla más participativa y más representativa, para lo cual la única vía posible que existe es acercando el Poder al ciudadano, y ello sólo puede lograrse descentralizando territorialmente el Poder del Estado y llevarlo hasta la más pequeña de las comunidades; es decir, distribuyendo el Poder en el territorio nacional". Y agregaba, además, que, "cualquiera que sea la forma de descentralización política, se trata de proyectos y propuestas contrapuestos radicalmente al centralismo de Estado y a la concentración del Poder, que son esencialmente antidemocráticos". En definitiva, la propuesta política que entonces formulamos, y ahora insistimos en ratificar, "busca el diseño, en nuestros Países, de un nuevo sistema político que la democracia exige, y que sólo puede tener por objeto hacerla más participativa, con gran presencia de la sociedad civil, y más representativa de las comunidades. Ello implica desparramar el Poder en todo el territorio, hasta la última de las comunidades, para que el ciudadano y sus sociedades intermedias puedan realmente participar". V. la conferencia sobre "El Municipio, la descentralización política y la democracia" en *XXV Congreso Iberoamericano de Municipios, Guadalajara, Jalisco, México, del 23 al 26.10.2001*, Madrid, Fundación Española de Municipios y Provincias, 2003, pp. 453 y ss.

56. V. Allan R. Brewer-Carías, "Federalismo y Municipalismo en la Constitución de 1999 (alcance de una reforma insuficiente y regresiva)", *Cuadernos de la Cátedra Allan R. Brewer-Carías de Derecho Público* 7, Caracas/San Cristóbal, Universidad Católica del Táchira/Editorial Jurídica Venezolana, 2001, 187 pp. V., además, Allan R. Brewer-Carías, "El 'Estado Federal descentralizado' y la centralización de la Federación en Venezuela. Situación y perspectiva de una contradicción constitucional", en *Revista de Estudios de la Administración Local (REAL)* 292-293/11-43, Madrid, mayo-diciembre/2003.

57. V. *Gaceta Oficial* 38.204, 8.6.2005. La Ley Orgánica fue objeto de una reforma en noviembre/2005, *Gaceta Oficial* 38.327, 2.12.2005; y luego en abril/2006, *Gaceta Oficial* 5.806 Extraordinaria 10.4.2006, reimpresa por error material en *Gaceta Oficial* 38.421, 21.4.2006. V. Allan R. Brewer-Carías *et al.*, *Ley Orgánica del Poder Público Municipal*, Caracas, Editorial Jurídica Venezolana, 2005.

cuyas decisiones (conforme a la Constitución) son de carácter vinculante" (art. 70), dictándose en 2006 una Ley de los Consejos Comunales,[58] en la cual se ha establecido un sistema institucional *centralizado* en paralelo al régimen municipal, para la supuesta participación popular, denominado "del Poder Popular", que ha ignorado la propia existencia del régimen municipal; e iniciado formalmente el proceso de eliminación de la democracia participativa.

En ese sistema centralizado, los Consejos Comunales se caracterizan porque no tienen ni por asomo autonomía política alguna, y sus miembros no son electos como representantes mediante sufragio, sino que son designados por una organización de Comisiones Presidenciales piramidales controladas directamente por el Poder Ejecutivo Nacional y el partido oficial del gobierno. En el mismo, a la "comunidad" se la concibe fuera del Municipio, cuando conforme a la Constitución este debe ser la unidad política primaria en la organización nacional; y en un supuesto "marco constitucional de la democracia participativa y protagónica", también supuestamente se ha pretendido regularlos como "instancias de participación, articulación e integración entre las diversas organizaciones comunitarias, grupos sociales y los ciudadanos", pero sin descentralización política alguna. Es decir, como se dijo, con esta estructura paralela *no autónoma*, a lo que se ha dado origen es al inicio del desmantelamiento de la democracia representativa en el País. Por lo demás, los Consejos Comunales no sólo se han establecido sin relación alguna con los Municipios ni la representación democrática, sino que se han organizado en un esquema piramidal de Comisiones Presidenciales que dirige directamente el Presidente de la República, quien controla la asignación de recursos. Es así como se ha pretendido que el pueblo organizado ejerza "directamente la gestión de las políticas públicas y proyectos orientados a responder a las necesidades y aspiraciones de las comunidades en la construcción de una sociedad de equidad y justicia social" (art. 2), bajo el control del Presidente de la República; con lo qué los alcaldes y los concejales miembros de Consejos Municipales, incluso electos por sufragio universal directo y secreto, están llamados a desaparecer ahogados por el esquema centralizante de los Consejos Comunales del Poder Popular, a los cuales se los ha involucrado en todas las políticas públicas nacionales.

Pero a nivel de la Federación el golpe de gracia contra la misma y contra la descentralización, una vez rechazada la reforma constitucional de 2007, lo dio el Tribunal Supremo de Justicia, al mutar ilegítimamente la Constitución para implementar, por la vía de su interpretación, uno de los aspectos de la rechazada reforma constitucional que el Presidente de la República había propuesto en 2007. En esta, en efecto, se buscaba "nacionalizar" o centralizar la competencia exclusiva que el art. 164,10 de la Constitución de 1999 atribuye a los Estados de la Federación en materia de la conservación, administración y aprovechamiento de autopistas y carreteras nacionales.[59] Sin embargo, a pesar de dicho rechazo, la Sala Constitucional del

58. V. en *Gaceta Oficial* 5.806 Extraordinaria 10.4.2006.

59. V. Allan R. Brewer-Carías, "La reforma constitucional de 2007. Comentarios al proyecto inconstitucionalmente sancionado por la Asamblea Nacional el 2 de noviembre de 2007", *Colección Textos Legislativos* n. 43, Caracas, Editorial Jurídica Venezolana, 2007, pp. 72 ss.; y "Hacia la consolidación de un Estado socialista, centralizado, policial y militarista. Comentarios

Tribunal Supremo, en Sentencia 565, de 15.4.2008,[60] dictada con motivo de decidir un recurso autónomo de interpretación de la norma constitucional formulado por el propio Procurador General de la República, pura y simplemente resolvió modificar el contenido de la norma constitucional, y dispuso, como interpretación vinculante de la misma, que esa "competencia exclusiva" *no es tal competencia exclusiva*, sino una competencia concurrente, la cual, incluso, el Poder Nacional puede revertir a su favor, eliminando toda competencia de los Estados.

La consecuencia de esta ilegítima "modificación constitucional," como lo señaló la Sala Constitucional, fue que "generaba una necesaria revisión y modificación de gran alcance y magnitud del sistema legal vigente," exhortando a la Asamblea Nacional para que "procediera a la revisión y correspondiente modificación de la normativa legal vinculada con la interpretación vinculante establecida en la presente decisión",[61] lo que efectivamente ocurrió, entre otras, con la sanción en marzo/2009 de la Ley Orgánica de Descentralización, Delimitación y Transferencia de Competencias del Poder Público,[62] a los efectos de eliminar las competencias exclusivas de los Estrados establecidas en los ordinales 3 y 5 del art. 11 de dicha ley. En esta forma, un nuevo fraude a la Constitución se había consumado, esta vez con la participación del Tribunal Supremo de Justicia.[63]

X

El fraude constitucional, por otra parte, también caracterizó el proceso de "enmienda constitucional" de 2009, mediante el cual se utilizó un procedimiento distinto al previsto en la Constitución para reformar uno de los principios fundamentales del gobierno de las entidades políticas del Estado consagrado en el art. 6 de la Constitución, referente a la necesidad de que siempre sea "alternativo", lo que implica limitación a la reelección presidencial. Se trata de un principio de los llamados pétreos, que no puede cambiarse y que en todo caso hubiera requerido la convocatoria de una Asamblea Constituyente para su consideración.

La reforma incluso ya se había propuesto en 2007 y había sido rechazada popularmente. Sin embargo, un año después se volvía a presentar mediante otro procedimiento; y entonces, con la complicidad de la Sala Constitucional, ocurrió un nuevo fraude constitucional, materializado en la Sentencia 53, de 3.2.2009,[64] que

sobre el sentido y alcance de las propuestas de reforma constitucional 2007", cit., *Colección Textos Legislativos* n. 42, pp. 41 y ss.

60. Cf. Sentencia de la Sala Constitucional 565, caso Procuradora General de la República, recurso de interpretación del art. 164,10 de la Constitución de 1999 de fecha 15.4.2008, en *http://www.tsj.gov.ve/decisiones/scon/Abril/565-150408-07-1108.htm.*

61. De ello resulta, según la sentencia, "la necesaria revisión general de la Ley Orgánica de Descentralización, Delimitación y Transferencia de Competencias del Poder Público, Ley General de Puertos y la Ley de Aeronáutica Civil, sin perjuicio de la necesaria consideración de otros textos legales, para adecuar su contenido a la vigente interpretación".

62. *Gaceta Oficial* 39.140, 17.3.2009.

63. V. Allan R. Brewer-Carías, "La Sala Constitucional como poder constituyente: la modificación de la forma federal del Estado y del sistema constitucional de división territorial del Poder Público", en *Revista de Derecho Público* 114/247-262, Caracas, Editorial Jurídica Venezolana, abril-junio/2008.

64. V. la Sentencia 53 de la Sala Constitucional, 2.2.2009 (caso: "Interpretación de los arts.

allanó el camino constitucional para la realización del referendo aprobatorio del 15.2.2009. En él se aprobó el proyecto de enmienda constitucional relativa a los arts. 160, 162, 174, 192 y 230 de la Constitución, que estableció en Venezuela, al contrario de la tradición constitucional anterior, el principio de la posibilidad de reelección continua de cargos electivos, eliminando el principio constitucional de la alternabilidad republicana (art. 6), violando, además, la prohibición constitucional de realizar una consulta popular sobre modificaciones a la Constitución ya rechazadas por el pueblo en un mismo período constitucional (art. 345).

XI

Esto confirma que, lamentablemente, las modificaciones a la Constitución en la década que ha transcurrido de su vigencia también han resultado de su falseamiento, que ocurre, como lo ha dicho la misma Sala Constitucional, cuando se otorga "a las normas constitucionales una interpretación y un sentido distinto del que realmente tienen, que es en realidad una modificación no formal de la Constitución misma".[65] Y ello es precisamente lo que ha ocurrido en múltiples sentencias precisamente de la misma Sala Constitucional en las cuales por la vía de la interpretación vinculante se ha producido una ilegítima mutación de la Constitución, en muchos casos incluso sin que las normas interpretadas hayan sido ambiguas, imprecisas, mal redactadas y con errores de lenguaje, legitimando y soportando la estructuración progresiva de un Estado autoritario.

Además de las "reformas" mencionadas en el régimen de la Federación[66] y del principio del gobierno alternativo, efectuadas falseado el contenido de la Constitución, mediante una "mutación"[67] ilegítima y fraudulenta de la misma,[68] ello ha ocurrido, por ejemplo, mediante el trastrocamiento del sistema de justicia constitucional, con lo cual la Sala ha venido asumiendo y auto-atribuyéndose competencias no previstas en la Constitución, no sólo en materia de interpretación constitucional al crearse el recurso autónomo de interpretación abstracta de la Constitución, sino en relación con los poderes de revisión constitucional de cualquier sentencia dictada por cualquier tribunal, incluso por las otras Salas del Tribunal Supremo de Justicia; con los amplísimos poderes de avocamiento en cualquier causa; con

340,6 y 345 de la Constitución"), en *http:/www.tsj.gov.ve/decisions/scon/Febrero/53-3209-2009-08-1610.html.*

65. V. en *Revista de Derecho Público* 105/76 y ss., Caracas, Editorial Jurídica Venezolana, 2006.

66. V. Allan R. Brewer-Carías, "El juez constitucional al servicio del autoritarismo y la ilegítima mutación de la Constitución: el caso de la Sala Constitucional del Tribunal Supremo de Justicia de Venezuela (1999-2009)", en *IUSTEL, Revista General de Derecho Administrativo* 21, junio/2009, Madrid, ISSN-1696-9650.

67. Una mutación constitucional ocurre cuando se modifica el contenido de una norma constitucional de tal forma que aún cuando la misma conserva su contenido recibe una significación diferente. V. Salvador O. Nava Gomar, "Interpretación, mutación y reforma de la Constitución. Tres extractos", en Eduardo Ferrer Mac-Gregor (coord.), *Interpretación Constitucional*, t. II, México, Editorial Porrúa/Universidad Nacional Autónoma de México, 2005, pp. 804 y ss. V. en general, sobre el tema, Konrad Hesse, "Límites a la mutación constitucional", en *Escritos de Derecho Constitucional*, Madrid, Centro de Estudios Constitucionales, 1992.

68. V. Néstor Pedro Sagües, *La Interpretación Judicial de la Constitución*, Buenos Aires, 2006, pp. 56-59, 80-81 y 165 y ss.

los supuestos poderes de actuación de oficio no autorizados en la Constitución; con los poderes de solución de conflictos entre las Salas; con los poderes de control constitucional de las omisiones del legislador; con la restricción del poder de los jueces de ejercer el control difuso de la constitucionalidad de las leyes; y con la asunción del monopolio de interpretar los casos de prevalencia en el orden interno de los tratados internacionales en materia de derechos humanos.[69]

Entre estas mutaciones constitucionales ilegítimas realizadas por la Jurisdicción Constitucional se destacan otras de enorme importancia que también se han realizado por la Sala Constitucional, estableciendo interpretaciones vinculantes. Ello ocurrió, por ejemplo, al cambiar el sentido del art. 72 de la Constitución, regulatorio de los referendos revocatorios de mandatos de todos los cargos de elección popular. Dicha norma, en efecto, dispone que la revocatoria por iniciativa popular se produce cuando en el referendo "*igual o mayor número de electores o electoras* que eligieron al funcionario o funcionaria hubieren votado a favor de la revocación".[70] La Sala Constitucional, sin embargo, en forma ilegítima, en Sentencia 2.750, de 21.10.2003 (Caso: "Carlos E. Herrera Mendoza, Interpretación del Art. 72 de la Constitución"), convirtió dicho referendo revocatorio en un referendo "ratificatorio," al considerar que no ocurría la revocación si "en el referendo obtuviese más votos la opción de la permanencia" del funcionario, en cuyo caso consideró que "debería seguir" en el cargo, "aunque votem en su contra el número suficiente de personas para revocarle el mandato".[71]

Otras mutaciones constitucionales ilegítimas no menos importantes han ocurrido en materia de protección de derechos humanos, también mediante sendas sentencias de la Sala Constitucional. En una de ellas, por ejemplo, la Sala Constitucional eliminó el rango supraconstitucional de los tratados internacionales en materia de derechos establecido en el art. 23 de la Constitución, tal como se había propuesto en la reforma constitucional rechazada popularmente en 2007, lo que se hizo con la Sentencia 1.939, de 18.12.2008 (Caso: "Gustavo Álvarez Arias y Otros"), en la

69. V. Allan R. Brewer-Carías, "*Quis custodiet ipsos custodes*: de la interpretación constitucional a la inconstitucionalidad de la interpretación", en *VIII Congreso Nacional de Derecho Constitucional, Perú*, Arequipa, Fondo Editorial 2005/Colegio de Abogados de Arequipa, septiembre/2005, pp. 463-489; y en *Revista de Derecho Público* 105/7-27, Caracas, Editorial Jurídica Venezolana, 2006. V., además, en "Crónica sobre la "in"justicia constitucional. La Sala Constitucional y el autoritarismo en Venezuela", *Colección Instituto de Derecho Público* n. 2, Caracas, Universidad Central de Venezuela, 2007.

70. Sentencia 2.750, 21.10.2003, Caso: "Carlos Enrique Herrera Mendoza, Interpretación del Art. 72 de la Constitución" (Exp. 03-1989). Sentencia 1.139, 5.6.2002 (Caso: "Sergio Omar Calderón Duque y William Dávila Barrios"). V. en *Revista de Derecho Público* 89-92/171, Caracas, Editorial Jurídica Venezolana, 2002. Criterio seguido en la Sentencia 137, 13.2.2003 (Caso: "Freddy Lepage Scribani y Otros") (Exp. 03-0287).

71. Exp. 03-1989. Neste cambio de la Constitución se evitó que el mandato del Presidente de República, Hugo Chávez, fuera revocado en 2004. El Presidente había sido electo en agosto/2000 con 3.757.774 votos, y por la revocación de su mandato votaron, en el referendo de 15.8.2004, 3.989.008 electores, por lo qué constitucionalmente su mandato había quedado revocado. Sin embargo, como votaron por la no revocación 5.800.629 electores, el Consejo Nacional Electoral decidió, conforme a la doctrina de la Sala Constitucional, "ratificar" al Presidente de la República en su cargo hasta 2007. V. *El Nacional* 28.8.2004, Caracas, pp. A-1 y A-2.

cual la Sala Constitucional, además, declaró inejecutable en Venezuela una sentencia de la Corte Interamericana de Derechos Humanos, de fecha 5.8.2008, dictada en el caso de los ex-Magistrados de la Corte Primera de lo Contencioso Administrativo ("Apitz Barbera y Otros – "Corte Primera de lo Contencioso Administrativo" – *versus* Venezuela").[72] En otra Sentencia, n. 1.492, de 15.7.2003 (Caso: "Impugnación de Diversos Artículos del Código Penal"), a pesar de que el mismo art. 23 de la Constitución dispone que los tratados internacionales en materia de derechos humanos son "de aplicación inmediata y directa por los tribunales y demás órganos del Poder Público" (art. 23), la Sala Constitucional, al contrario, les negó tal potestad a los tribunales, reservándose en exclusiva la competencia para "determinar cuáles normas sobre derechos humanos de esos tratados, pactos y convenios prevalecen en el orden interno; al igual que cuáles derechos humanos no contemplados en los citados instrumentos internacionales tienen vigencia en Venezuela".[73]

XII

Todo el anteriormente reseñado proceso de demolición del Estado de Derecho y destrucción de la democracia en Venezuela se ha completado con el proceso de desmantelamiento del principio cardinal que sustenta tanto el Estado de Derecho como la democracia, que es el de la separación de Poderes, el cual ha desaparecido en el País, por la centralización del poder en el Poder Ejecutivo a través del control de la Asamblea Nacional, y por la sujeción del Poder Judicial al mismo.

En este proceso ha jugado un papel fundamental el propio texto de la Constitución de 1999, el cual formuló un *marco institucional autoritario*, a pesar, incluso, de que haya, además de los tres clásicos Poderes del Estado (Legislativo, Ejecutivo y Judicial), dos más: el Poder Electoral y el Poder Ciudadano, que agrupa a la Contraloría General, al Ministerio Público y al Defensor del Pueblo (art. 136). En efecto, para que cualquier sistema de separación orgánica de Poderes pueda funcionar tiene que montarse sobre los principios de independencia y autonomía entre los mismos, de manera de asegurar la limitación y control del poder por el poder mismo. Ello, sin embargo, no se diseñó así en la Constitución, donde en cambio se encuentra una absurda distorsión que otorga a la Asamblea Nacional, como órgano político que ejerce el Poder Legislativo y de control, no sólo la potestad de nombrar, sino de *remover* de sus cargos a los altos funcionarios de los otros Poderes (con excepción del Presidente de la República), es decir, los Magistrados del Tribunal Supremo de Justicia, al Fiscal General de la República, al Contralor General de la República, al Defensor del Pueblo y a los Miembros del Consejo Nacional Electoral (arts. 265, 279 y 296); en algunos casos, incluso, por simple mayoría de votos.

Simplemente, no puede hablarse de independencia de los Poderes cuando la existencia misma de los titulares de los mismos depende de uno de ellos, el cual además es esencialmente de carácter político. Por ello, el sólo hecho de la previsión en el texto constitucional de tal poder de remoción en manos de la Asamblea Nacional hace nugatoria la consagración formal de la independencia de los Poderes, al tener conciencia sus titulares de que pueden ser removidos cuando efectivamente

72. V. en *http://www.tsj.gov.ve/decisiones/scon/Diciembre/1939-181208-2008-08-1572.html.*

73. V. en *Revista de Derecho Público* 93-96/135 y ss., Caracas, Editorial Jurídica Venezolana, 2003.

actúen con independencia,[74] lo que incluso, en la práctica, ya se ha manifestado en Venezuela en mas de una ocasión.[75] Ello ha producido una situación de "dependencia" fáctica de los órganos de control frente a la Asamblea Nacional, como ha sucedido con el Contralor General de la República o el Defensor del Pueblo, cuyas actuaciones son materialmente inexistentes.

Para consolidar este control de los Poderes por la Asamblea Nacional, las previsiones constitucionales que inicialmente se establecieron en 1999 para asegurar su autonomía, que previeron mecanismos participativos en la designación de sus titulares, lamentablemente también han sido fraudulentamente distorsionadas. La Constitución, en efecto, estableció unos Comités de Postulaciones que debían estar "integrados por representantes de los diversos sectores de la sociedad" para la selección de los candidatos a Magistrados del Tribunal Supremo de Justicia, a Fiscal General de la República, a Contralor General de la República, a Defensor del Pueblo y a Miembros (Rectores) del Consejo Nacional Electoral. Con esas previsiones constitucionales se pretendía limitar el poder discrecional que el órgano político-legislativo había tenido siempre, con sus acuerdos político-partidistas, para designar dichos altos funcionarios. Pero ello no se logró, pues la práctica política y legislativa desarrollada por la propia Asamblea Nacional en los últimos años en un evidente fraude a la Constitución ha conducido a que dichos Comités hayan quedado configurados como simples "comisiones parlamentarias ampliadas", integradas además de por diputados, los que por definición no podían formar parte de ellas por no ser representantes de la "sociedad civil", por algunas otras personas llamadas sus "representantes" pero escogidas por la propia Asamblea Nacional de "organizaciones no gubernamentales" estratégicamente seleccionadas.[76]

Pero si la primacía de la Asamblea Nacional sobre los Poderes Judicial, Ciudadano y Electoral es el signo más característico de la ejecución de la Constitución de 1999 en los últimos siete años, la distorsión de la separación de Poderes, convirtiéndola en un sistema de concentración del poder, también deriva de la primacía que desde el punto de vista político-partidista a la vez tiene el Poder Ejecutivo sobre la Asamblea Nacional. En la Constitución de 1999 el presidencialismo se ha exacerbado, entre otros factores, por la extensión del período presidencial a seis años; por la permisión después de la Enmienda Constitucional de 2009 de la reelección continua e indefinida del Presidente de la República (art. 230), lo que atenta contra el principio de la alternabilidad republicana; y por lo complicado del referendo revocatorio

74. V. "Democracia y control del poder", en Allan R. Brewer-Carías, *Constitución, Democracia y Control del Poder*, Mérida, Centro Iberoamericano de Estudios Provinciales y Locales/ Universidad de Los Andes, 2004.

75. Ello ocurrió con la Defensora del Pueblo y el Fiscal General de la República originariamente designados por la Asamblea Nacional Constituyente en 1999, quienes, por no apegarse a los dictados del poder, en 2000 fueron separados de sus cargos; y con Magistrados del Tribunal Supremo que se atrevieron a votar sentencias donde se cuestionaba el poder, lo que provocó que inmediatamente comenzaran a ser investigados y algunos de ellos incluso removidos de sus cargos, como ocurrió con el Primer Vicepresidente del Tribunal Supremo en junio/2004.

76. V. Allan R. Brewer-Carías, "La participación ciudadana en la designación de los titulares de los órganos no electos de los Poderes Públicos en Venezuela y sus vicisitudes políticas", en *Revista Iberoamericana de Derecho Público y Administrativo* 5-2005/76-95, Año 5, San José/ Costa Rica, 2005.

del mandato (art. 72), el cual, además de haber sido ilegítimamente mutado por el Tribunal Supremo, es prácticamente inaplicable.

Con este modelo presidencialista, al que se agrega la posibilidad de disolución de la Asamblea Nacional por el propio Presidente de la República (art. 236, 22), aún cuando en casos excepcionales cuando se aprueben tres votos de censura parlamentaria contra el Vicepresidente Ejecutivo (art. 240), se exacerbó el presidencialismo, que no encuentra siquiera contrapeso en el antiguo bicameralismo que se eliminó. El presidencialismo más bien se reforzó con otras reformas como la regularización de las leyes habilitantes o de delegación legislativa a los efectos de emisión de decretos-leyes y no sólo en materias económicas y financieras (art. 203), lo que constituye un atentado a la garantía constitucional de la reserva legal en la regulación de los derechos constitucionales. La práctica en los últimos 10 años lo que muestra es que la legislación fundamental que se ha dictado en el País está contenida en estos decretos-leyes dictados, incluso, sin que se hubiera respetado la exigencia constitucional de la consulta pública obligatoria requerida en la Constitución para los proyectos de ley.

Por otra parte, el presidencialismo se ha exacerbado adicionalmente con el esquema militarista que la Constitución de 1999 estableció, lo que ha conducido a que Venezuela, en la práctica, tenga un gobierno militar, aun cuando el mismo no haya sido originado en un clásico golpe militar, comandado por un ex-militar golpista en el cual la casi totalidad de los cargos públicos relevantes están ocupados por militares o ex-militares. Ese régimen militar se ha construido desde dentro del Estado, usando fraudulentamente instrumentos constitucionales. En cuanto a lo que se previó en la Constitución, en la misma se eliminó toda idea de sujeción o subordinación de la autoridad militar a la autoridad civil; dándose, al contrario, una gran autonomía a la autoridad militar y a la Fuerza Armada, con la posibilidad incluso de intervenir sin límites en funciones civiles, bajo la comandancia general del Presidente de la República. Ello se evidencia, por ejemplo, tanto de la incorporación de algunas regulaciones como de la ausencia de las mismas: Primero se eliminó la tradicional prohibición que existía en el Constitucionalismo histórico respecto del ejercicio simultáneo de la autoridad civil con la autoridad militar; segundo, se eliminó el control civil parlamentario en relación con la promoción de militares de altos rangos, y que había sido diseñado por los hacedores de la República a comienzos del siglo XIX. Esa promoción es ahora una atribución exclusiva de la Fuerza Armada. Tercero, se eliminó la norma que establecía el carácter apolítico de la institución militar y su carácter no deliberante, lo cual abrió el camino para que la Fuerza Armada delibere e intervenga en los asuntos que estén resolviendo los órganos del Estado; cuarto, se eliminó de la Constitución la obligación de la Fuerza Armada de velar por la estabilidad de las instituciones democráticas, que antes estaba prevista expresamente; quinto – y más grave aún –, se eliminó la obligación de la Fuerza Armada de obedecer a la Constitución y leyes, cuya observancia debía estar siempre por encima de cualquier otra obligación, como lo establecía la Constitución anterior; sexto, por vez primera en la historia del País se le concedió a los militares el derecho al voto, lo cual ha mostrado ser políticamente incompatible con el principio de obediencia; séptimo, la nueva Constitución estableció el privilegio de que el Tribunal Supremo de Justicia debe decidir si hay méritos para juzgar a los militares de alto rango de la Fuerza Armada, lo cual siempre había sido un privilegio procesal reservado a altos funcionarios civiles, como el Presidente de la República; octavo, se sujetó el uso de cualquier tipo de armas en el País a la autoridad de la Fuerza Armada, control éste que antes estaba atribuido a la administración civil; noveno, se estableció la posibilidad de poder atribuir a la Fuerza Armada funciones de policía administrativa; y, finalmente, décimo, se adoptó el concepto de la doctrina de seguridad nacional, definida de forma total, global y omnicomprensiva, conforme a la cual, como había sido desarrollada en los regímenes militares de América Latina en los 70, casi todo lo que suceda en la Nación concierne a la seguridad del Estado, aun el desarrollo económico y social.[77]

Todo esto, como se dijo, ha dado origen a un esquema militar que es una novedad constitucional y ha venido conduciendo a una situación en la cual la Fuerza Armada, con el soporte del Jefe de Estado, se ha apoderado de la administración civil del Estado, como ha venido ocurriendo en los últimos años. Todas estas disposiciones muestran un cuadro constitucional de militarismo verdaderamente único en la historia política y constitucional de América Latina, que no se encuentra ni siquiera en las Constituciones de los anteriores regímenes militares.

Con estos atentados al principio de la separación de Poderes, Venezuela, con su Constitución llena de contradicciones constitucionales (una Federación centralizada y sin Senado; un Poder Legislativo y una delegación legislativa ilimitada; y una penta división del Poder con una concentración inusitada del poder en el órgano político representativo), ha constitucionalizado el camino hacia el autoritarismo. La democracia, por tanto, con ese esquema constitucional difícilmente ha podido ser efectiva, y menos aún el Estado de Derecho.

XIII

En todo caso, los efectos de la dependencia de los Poderes del Estado respecto del Poder Ejecutivo, a través del control de la Asamblea Nacional, han sido particularmente catastróficos en relación con el Poder Judicial, el cual, después de haber sido intervenido por la Asamblea Nacional Constituyente en 1999, ha continuado siendo intervenido hasta el presente con la lamentable anuencia del propio Tribunal Supremo de Justicia, el cual se ha negado a asumir el completo gobierno del Poder Judicial, permitiendo que conviva con él una "Comisión de Reorganización del Poder Judicial" con poderes disciplinarios que son contrarios a lo que exige y manda la Constitución. A ello se suma el control político que la Asamblea Nacional ha asumido sobre los Magistrados del Tribunal Supremo, con la siempre "oportuna" advertencia de que pueden ser investigados y removidos incluso por mayoría de votos, como inconstitucionalmente se estableció en la Ley Orgánica del Tribunal Supremo de Justicia de 2004. Todo ello ha conducido a que la independencia del Poder Judicial venezolano ha venido siendo progresiva y sistemáticamente desmantelada.[78]

77. V., sobre el militarismo en la Constitución de 1999, Allan R. Brewer-Carías, "Razones para el voto NO en el referéndum sobre la Constitución" (Documento de 30.11.1999), *Debate Constituyente (Aportes a la Asamblea Nacional Constituyente)*, cit., t. III, pp. 325 y ss.

78. V., *en general*: Allan R. Brewer-Carías, "La progresiva y sistemática demolición de la autonomía e independencia del Poder Judicial en Venezuela (1999-2004)", en *XXX Jornadas*

Teóricamente, sin embargo, el art. 254 de la Constitución declara el principio de independencia del Poder Judicial y establece que el Tribunal Supremo de Justicia gozará de "autonomía funcional, financiera y administrativa". Para garantizar la independencia y autonomía de los tribunales y jueces, el art. 255 prevé un mecanismo específico para asegurar la independencia del nombramiento de los jueces y para garantizar su estabilidad. En este sentido, la función judicial se considera una carrera en la cual la admisión, así como la promoción de los jueces dentro de la misma, debe ser el resultado de un concurso o examen público para garantizar que los candidatos estén adecuadamente calificados Los candidatos deben ser electos por jurados de los circuitos judiciales y los jueces deben ser designados por el Tribunal Supremo de Justicia. La Constitución también crea un Comité de Postulaciones Judiciales (art. 270) para ayudar al Poder Judicial en la selección de los Magistrados del Tribunal Supremo de Justicia (art. 264) y para ayudar a las universidades de Derecho en la selección de jueces para tribunales inferiores. Éste Comité de Postulaciones Judiciales debe estar integrado por representantes de diferentes sectores de la sociedad, como lo establece la ley. La Constitución también garantiza la estabilidad de todos los jueces, previendo que sólo pueden ser removidos o suspendidos de sus cargos mediante los procedimientos disciplinarios llevados por jueces disciplinarios que deben conformar una Jurisdicción Disciplinaria Judicial (art. 255).

Sin embargo, en la actualidad, ninguna de estas disposiciones constitucionales relativas a la designación de jueces y a su estabilidad ha sido implementada, estando compuesto el Poder Judicial en más de un 90% por jueces temporales y transitorios, de remoción discrecional por la Comisión de Reestructuración y Funcionamiento del Poder Judicial y la Comisión Judicial del Tribunal Supremo.

En cuanto al Tribunal Supremo de Justicia, ignorando estas disposiciones constitucionales, como se ha dicho, la Asamblea Constituyente, al dictar el régimen de transición del Poder Público en diciembre/1999,[79] removió a los 15 Jueces de la antigua Corte Suprema de Justicia y designó, sin base constitucional o legal alguna, 20 nuevos Magistrados para el nuevo Tribunal Supremo de Justicia sin cumplir con las disposiciones constitucionales relativas a la postulación de candidatos por parte de un Comité de Postulaciones Judiciales integrado por

J. M. Dominguez Escovar, Estado de Derecho, Administración de Justicia y Derechos Humanos, Barquisimeto, Instituto de Estudios Jurídicos del Estado Lara, 2005, pp. 33-174; "El Constitucionalismo y la emergencia en Venezuela: entre la emergencia formal y la emergencia anormal del Poder Judicial", en Allan R. Brewer-Carías, *Estudios sobre el Estado Constitucional (2005-2006)*, Caracas, Editorial Jurídica Venezolana, 2007, pp. 245-269; y "La Justicia sometida al Poder. La ausencia de independencia y autonomía de los jueces en Venezuela por la interminable emergencia del Poder Judicial (1999-2006)", en *Cuestiones Internacionales. Anuario Jurídico Villanueva 2007*, Madri, Centro Universitario Villanueva/Marcial Pons, 2007, pp. 25-57, disponible en *www.allanbrewercarias.com* (Biblioteca Virtual, II.4. *Artículos y Estudios* 550/1-37, 2007). V. también Allan R. Brewer-Carías, *Historia Constitucional de Venezuela*, t. II, Caracas, Editorial Alfa, 2008, pp. 402-454.

79. *Gaceta Oficial* 36.859, 29.12.1999. Sobre el régimen transitorio, v. Allan R. Brewer-Carías, *La Constitución de 1999. Derecho Constitucional Venezolano*, vol. II, Caracas, Editorial Jurídica Venezolana, 2004, pp. 1.013-1.025.

representantes de los diferentes sectores de la sociedad.[80] Después de la elección de la nueva Asamblea Nacional en el año 2000, ésta tenía que cumplir con el mandato constitucional de promulgar la Ley Orgánica del Tribunal Supremo de Justicia, con el fin de determinar el número de Magistrados de cada una de sus Salas y disponer la composición, organización y funcionamiento del Comité de Postulaciones Judiciales, de forma a elegir, de manera definitiva, a los Magistrados del Tribunal Supremo de Justicia. Pero en lugar de promulgar tal Ley Orgánica, el 14.11.2000 la Asamblea Nacional adoptó una "Ley Especial para la Ratificación o Designación de los Funcionarios del Poder Ciudadano y Magistrados y Magistradas del Tribunal Supremo de Justicia para su Primer Período Constitucional",[81] mediante la cual creó una Comisión Parlamentaria integrada por una mayoría de parlamentarios si fuera la "Comisión de Postulaciones", que, en realidad, sólo podía estar exclusivamente integrada por representantes de diferentes sectores de la sociedad.

El Defensor del Pueblo en ese momento (que había sido uno de los altos funcionarios designados provisionalmente en diciembre/1999) interpuso una acción de inconstitucionalidad con una solicitud de amparo contra la "Ley Especial", a los fines de proteger los derechos de participación política de los ciudadanos,[82] la cual hasta el presente no ha sido decidida. Sin embargo, en una decisión cautelar de amparo, los Magistrados de la Sala Constitucional, en lugar de inhibirse, decidieron que las disposiciones constitucionales para su propia designación no les eran aplicables, pues supuestamente ellos debían ser "ratificados" y no "designados".[83] El Defensor del Pueblo que impugnó la Ley Especial no fue confirmado en su cargo. La "Ley Especial" consolidó así la designación política anticipada de los Magis-

80. V. Allan R. Brewer-Carías, "La participación ciudadana en la designación de los titulares de los órganos no electos de los Poderes Públicos en Venezuela y sus vicisitudes políticas", en *Revista Iberoamericana de Derecho Público y Administrativo* 5-2005/76-95, Año 5, San José/Costa Rica, 2005, *disponible en www.allanbrewercarias.com* (Biblioteca Virtual, II.4, *Artículos y Estudios* 469/1-48, 2005).

81. *Gaceta Oficial* 37.077, 14.11.2000.

82. V. *El Universal* 14.12.2000, pp. 1-2.

83. La Sala Constitucional adoptó el punto de vista de que ellos podían ser "ratificados" por la Ley Especial sin cumplir con la Constitución porque la Constitución sólo establecía la "postulación" de los Magistrados y no contemplaba la "ratificación" de los que ya estaban ocupando el cargo. La Sala decidió: "Consecuencia de la necesaria aplicación del régimen de transición de los Poderes Públicos, el cual – como lo ha señalado esta Sala – tiene rango constitucional, es que es sólo con respecto a los Magistrados del Tribunal Supremo de Justicia que se aplicará el concepto de ratificación *[concepto]* que no está previsto en la Constitución, como resultado de lo cual la frase en el art. 21 del régimen de transición de los Poderes Públicos, conforme al cual se harán ratificaciones definitivas de conformidad con la Constitución, es inaplicable, ya que, como lo ha señalado previamente esta Sala, la Constitución actual no establecía *[sic]* normas sobre ratificación de Magistrados para el Tribunal Supremo de Justicia". V. Tribunal Supremo de Justicia, Sala Constitucional, decisión del 12.12.2000, en *Revista de Derecho Público* 84/109, Caracas, Editorial Jurídica Venezolana, 2000. V. comentarios en Allan R. Brewer-Carías, "La participación ciudadana en la designación de los titulares de los órganos no electos de los Poderes Públicos en Venezuela y sus vicisitudes políticas", cit., en *Revista Iberoamericana de Derecho Público y Administrativo* 5-2005, Año 5, San José/Costa Rica, disponible en *www.allanbrewercarias.com* (Biblioteca Virtual, II.4. *Artículos y Estudios* 469/1-48, 2005).

trados del Tribunal Supremo de Justicia y el control político del Poder Judicial a través de un proceso extra-constitucional de designaciones.

La Asamblea Nacional finalmente promulgó la Ley Orgánica del Tribunal Supremo de Justicia en 2004,[84] aumentando a 32 el total de Magistrados, pero el "Comité de Postulaciones Judiciales", para su designación que se reguló, tampoco no quedó integrado exclusivamente por representantes de los diferentes sectores de la sociedad, como lo requería la Constitución, sino por una mayoría de parlamentarios, además de otras personas no parlamentarios designados. En todo caso, la postulación y designación por medio del nuevo "Comité de Postulaciones" fue controlada completamente por el Poder Ejecutivo, lo que fue reconocido públicamente por el Presidente de dicho Comité Parlamentario de Postulaciones, quien luego fue designado Ministro del Interior y Justicia, cuando en diciembre/2004.[85]

La influencia del Presidente sobre el Tribunal Supremo fue admitida por él mismo cuando se quejó públicamente de que el Tribunal Supremo de Justicia había dictado una importante Sentencia 301, del 27.2.2007,[86] en la cual "reformó" la Ley de Impuesto sobre la Renta sin haber consultado previamente al "líder de la Revolución" y advirtió a los Tribunales acerca de decisiones que se podían considerar "traición al Pueblo" o a "la Revolución".[87]

84. *Gaceta Oficial* 37.942, 20.5.2004. Para los comentarios sobre esta ley, v., *en general*, Allan R. Brewer-Carías, *Ley Orgánica del Tribunal Supremo de Justicia. Procesos y Procedimientos Constitucionales y Contencioso-Administrativos*, Caracas, 2004.

85. Declaró a la prensa: "Si bien los Diputados tenemos la potestad de esta escogencia, el Presidente de la República fue consultado y su opinión fue tomada muy en cuenta". Añadió: "Vamos a estar claros, nosotros no nos vamos a meter autogoles. En la lista había gente de la Oposición que cumple con todos los requisitos. La Oposición hubiera podido usarlos para llegar a un acuerdo en las últimas sesiones, pero no quisieron. Así que nosotros no lo vamos a hacer por ellos. En el grupo de postulados no hay nadie que vaya actuar contra nosotros". V. *El Nacional* 13.12.2004, Caracas. La Comisión Interamericana de Derechos Humanos sugirió en su *Informe* a la Asamblea General de la OEA para 2004 que "estas normas de la Ley Orgánica del Tribunal Supremo de Justicia habrían facilitado que el Poder Ejecutivo manipulara el proceso de elección de magistrados llevado a cabo durante 2004". V. Comisión Interamericana de Derechos Humanos, *Informe sobre Venezuela 2004*, § 180.

86. Tribunal Supremo de Justicia, Sala Constitucional, Decisión 301 del 27.2.2007 (Caso: "Adriana Vigilanza y Carlos A. Vecchio") (Exp. 01-2862), en *Gaceta Oficial* 38.635, 1.3.2007. V. comentarios en Allan R. Brewer-Carías, "El juez constitucional en Venezuela como legislador positivo de oficio en materia tributaria", en *Revista de Derecho Público* 109/193-212, Caracas, Editorial Jurídica Venezolana, 2007, disponible en *www.allanbrewercarias.com* (Biblioteca Virtual, II.4. *Artículos y Estudios* 508/1-36, 2007); y Allan R. Brewer-Carías, "De cómo la Jurisdicción Constitucional en Venezuela no sólo legisla de oficio, sino subrepticiamente modifica las reformas legales que 'sanciona', a espaldas de las partes en el proceso: el caso de la aclaratoria de la sentencia de reforma de la Ley de Impuesto sobre la Renta de 2007", en *Revista de Derecho Público* 114/267-276, Caracas, Editorial Jurídica Venezolana, 2008, disponible en *http://www.brewercarias.com/Content/449725d9-f1cb-474b-8ab2-41efb849fea8/Content/II.4.575.pdf*.

87. "Muchas veces llegan, viene el Gobierno Nacional Revolucionario y quiere tomar una decisión contra algo por ejemplo que tiene que ver o que tiene que pasar por decisiones judiciales y ellos empiezan a moverse en contrario a la sombra, y muchas veces logran neutralizar decisiones de la Revolución a través de un juez, o de un tribunal, o hasta en el mismísimo Tribunal Supremo de Justicia, a espaldas del líder de la Revolución, actuando por dentro contra la Revolución. Eso es,

Por otra parte, en cuanto al resto de la composición del Poder Judicial, al contrario de las disposiciones constitucionales, desde 1999 ha estado constituido casi exclusivamente por jueces temporales y provisorios,[88] y no se han implementado los procesos de concurso público para la designación de los jueces con participación ciudadana. Por lo tanto, en general, los jueces carecen de estabilidad y dado que la legislación no ha implementado las normas constitucionales que crean la jurisdicción disciplinaria judicial los asuntos de disciplina judicial actualmente están en manos de la "Comisión de Funcionamiento y Reestructuración del Sistema Judicial"[89] (no establecida en la Constitución, pero creada por la Asamblea Nacional Constituyente en 1999), que tiene facultad para remover jueces temporales sin las garantías del debido proceso, y en las de la Comisión Judicial del Tribunal Supremo de Justicia que también tiene facultades discrecionales para remover a todos los jueces temporales.[90]

Con estos atentados al principio de la separación de Poderes, Venezuela, con su Constitución llena de contradicciones constitucionales (una Federación centralizada y sin Senado; un Poder Legislativo y una delegación legislativa ilimitada; y una penta división del Poder con una concentración inusitada del poder en el órgano político representativo), ha constitucionalizado el camino hacia el autoritarismo. La democracia, por tanto, con ese esquema constitucional difícilmente ha podido ser efectiva, y menos aún el Estado de Derecho.

XIV

Como puede apreciarse de todo lo anteriormente expuesto, lamentablemente, la génesis de la Constitución de 1999 estuvo signada por el fraude constitucional cometido en la convocatoria de la Asamblea Nacional Constituyente, y luego cometido por esta misma al violentar el orden jurídico y dar un golpe de Estado

repito, traición al Pueblo, traición a la Revolución" (discurso en el Primer Encuentro con Propulsores del Partido Socialista Unido de Venezuela desde el teatro Teresa Carreño, 24.3.2007, disponible en *http://www.minci.gob.ve/alocuciones/4/13788/primer_encuentro_con.html, p. 45*).

88. Un juez provisorio es un juez designado mediante un concurso público. Un juez temporal es un juez designado para cumplir una tarea específica o por un período específico de tiempo. En 2003 la Comisión Interamericana de Derechos Humanos indicó que había sido "informada que sólo 250 jueces han sido designados por concurso de oposición de conformidad a la normativa constitucional. De un total de 1.772 cargos de jueces en Venezuela, el Tribunal Supremo de Justicia reporta que solo 183 son titulares, 1.331 son provisorios y 258 son temporales" (*Reporte sobre la Situación de Derechos Humanos en Venezuela*; OAS/Ser.L/V/II.118. doc.4rev.2; 29.12.2003, § 174, disponible en *http://www.cidh.oas.org/countryrep/Venezuela2003eng/toc.htm*). La Comisión también agregó que "un aspecto vinculado a la autonomía e independencia del Poder Judicial es el relativo al carácter provisorio de los jueces en el sistema judicial de Venezuela. Actualmente, la información proporcionada por las distintas fuentes indica que más del 80% de los jueces venezolanos son 'provisionales'" (idem, § 161).

89. La Sala Político-Administrativa del Tribunal Supremo de Justicia ha resuelto que la remoción de jueces temporales es una facultad discrecional de la Comisión de Funcionamiento y Reestructuración del Sistema Judicial, la cual adopta sus decisiones sin seguir procedimiento administrativo alguno. V. Decisión 00463-2007 del 20.3.2007; Decisión 00673-2008 del 24.4.2008 (citada en la Decisión 1.939, del 18.12.2008, p. 42). La Sala Constitucional ha establecido la misma posición en la Decisión 2.414 del 20.12.2007 y Decisión 280, del 23.2.2007.

90. V. Tribunal Supremo de Justicia, Decisión 1.939 del 18.12.2008 (Caso: "Gustavo Álvarez Arias *et al.*")

tanto contra la Constitución de 1961, cuya interpretación le había dado origen, como contra su producto final que fue la Constitución de 1999; y su evolución posterior ha estado también signada, por una parte, por el fraude a la Constitución tanto en el desarrollo de la rechazada "reforma constitucional" de 2007 como de la aprobada "Enmienda Constitucional" de 1999, y, por la otra, por el falseamiento o ilegítima mutación de la Constitución, obra de una Sala Constitucional controlada por el Poder Ejecutivo que ha estado al servicio del autoritarismo.

En esta forma, después de cuatro décadas de práctica democrática que tuvo Venezuela entre 1959 y 1999, durante esta última década entre 1999 y 2009, en fraude continuo a la Constitución efectuado por el legislador y por el Tribunal Supremo de Justicia, guiados por el Poder Ejecutivo, a pesar de las excelentes normas constitucionales que están insertas en el Texto Fundamental, se ha venido estructurando un Estado autoritario en contra de las mismas, que ha aniquilado toda posibilidad de control del ejercicio del poder y, en definitiva, el derecho mismo de los ciudadanos a la democracia.

Ello es lo único que puede explicar que un Jefe de Estado en pleno comienzo del siglo XXI pueda llegar a afirmar públicamente retando a sus opositores frente a las críticas por el uso desmedido de poderes de legislación delegada: "Yo soy la ley. Yo soy el Estado",[91] o "La ley soy yo. El Estado soy yo".[92] Por ello, pensar sólo que puedan pronunciarse por un Jefe de Estado de nuestros tiempos, lo que pone en evidencia es una tragedia institucional, precisamente caracterizada por la completa ausencia de separación de Poderes, de independencia y autonomía del Poder Judicial y, en consecuencia, de gobierno democrático y de derecho ciudadano a la democracia.[93]

Todo lo antes dicho pone en evidencia que la crisis política del País, precisamente la que estalló a partir de 1989 y que permitió el asalto al poder en 1999, 10 años después no ha concluido, y más bien se prolonga ante la vista de todos, en medio de la más grande destrucción institucional que se haya producido en toda nuestra historia política, donde todos los valores del Estado de Derecho y de la democracia han sido relegados con el mayor desprecio.

Agosto 2009.

91. Expresión del Presidente Hugo Chávezs Frís, el 28.8.2008. V. en Gustavo Coronel, "Las armas de coronel", 15.10.2008: *http://lasarmas decoronel.blogspot.com/2008/10/yo-soy-la-leyyo-soy-el-estado.html.*

92. V. en *El Universal* 4.12.2001, Caracas, pp. 1,1 e 2,1. Esas frases, repetidas por el Presidente de Venezuela en 2001 y 2008, fueron textualmente atribuidas en 1661 a Luis XIV, al asumir, a la muerte del Cardenal Mazarino, el ejercicio del poder sin nombrar un sustituto como ministro de Estado, quien sin embargo nunca la llegó a expresar. V. Yves Guchet, *Histoire Constitutionnelle Française (1789-1958)*, Paris, Ed. Erasme, 1990, p. 8. Es también lo único que puede explicar que un Jefe de Estado en 2009 pueda calificar a "la democracia representativa, la división de Poderes y el gobierno alternativo" como doctrinas que "envenenan la mente de las masas". V. la reseña sobre "Hugo Chávez seeks to cach them young", *The Economist* 22-28.8.2009, p. 33.

93. V. el resumen de esta situación en Teodoro Petkoff, "Election and political power. Challenges for the Opposition", en *Harvard Review of Latin America*, David Rockefeller Center for Latin American Studies/Harvard University, Fall 2008, p. 12. V. además Allan R. Brewer-Carías, "Los problemas de la gobernabilidad democrática en Venezuela: el autoritarismo constitucional y la concentración y centralización del poder," en Diego Valadés (coord.), *Gobernabilidad y Constitucionalismo en América Latina*, México, Universidad Nacional Autónoma de México, 2005, pp. 73-96.

REVOCACIÓN DEL ACTO ADMINISTRATIVO POR RAZONES DE LEGITIMIDAD Y DERECHOS ADQUIRIDOS

Carlos E. Delpiazzo

Doctor en Derecho y Ciencias Sociales por la Universidad Mayor de la República Oriental del Uruguay – Profesor de Derecho Administrativo – Profesor de Informática Jurídica y Director del Instituto de Derecho Informático en la Facultad de Derecho de dicha Universidad – Profesor de Derecho Administrativo, Director del Programa Master de Derecho Administrativo Económico (PMDAE) y Profesor de Derecho Informático en la Facultad de Derecho de la Universidad de Montevideo – Profesor Invitado del Instituto Nacional de Administración Pública (España) – Profesor Visitante de la Especialización en Derecho Administrativo de la Universidad de Belgrano (Argentina) – Profesor Extraordinario Visitante de la Universidad Católica de Salta (Argentina) – Autor de varios libros y múltiples trabajos sobre temas de su especialidad – Miembro del Instituto Uruguayo de Derecho Administrativo, del Instituto de Derecho Administrativo de la Universidad Notarial Argentina, de la Asociación Argentina de Derecho Administrativo, de la Asociación de Derecho Público del Mercosur, de la Asociación Andrés Bello de Juristas Franco-Latino-Americanos, de la Asociación Iberoamericana de Derecho Administrativo y de la Asociación Internacional de Derecho Administrativo – Secretario General del Foro Iberoamericano de Derecho Administrativo

1. Términos de la cuestión: 1.1 La revocación del acto administrativo – 1.2 Los derechos adquiridos. 2. Alcance de la revocabilidad del acto administrativo: 2.1 Razones y vías de revocación – 2.2 Estabilidad del acto administrativo – 2.3 Incidencia de la seguridad jurídica como principio general de Derecho. 3. Conclusión.

1. Términos de la cuestión

El examen del alcance de la revocabilidad del acto administrativo por razones de legitimidad cuando el mismo generó o amplió derechos incorporados al dominio de su titular supone, como punto de partida, referirse a los términos de la cuestión bajo análisis: el concepto de "revocación" y la noción de "derechos adquiridos".

1.1 La revocación del acto administrativo

La doctrina clásica del derecho administrativo uruguayo estudia la revocación como una de las formas de extinción del acto administrativo, junto a la anulación.[1]

Así, se ha dicho que se trata de "un acto jurídico administrativo esencialmente derivado que destruye total o parcialmente un acto primitivo en función de mérito o juridicidad".[2]

Para diferenciarla de la anulación, *desde el punto de vista conceptual*, antes de ahora he sistematizado el estado de la cuestión acudiendo a tres criterios principales,[3] a saber: (a) de acuerdo al criterio orgánico, cuando la extinción del acto opera mediante la actuación de un órgano administrativo se denomina revocación, mientras que cuando tiene lugar por obra de un órgano jurisdiccional se llama anulación; (b) conforme al criterio de la función, se entiende que hay revocación cuando la extinción del acto tiene lugar en ejercicio de la función administrativa mediante otro acto administrativo, en tanto que hay anulación cuando la extinción se verifica en ejercicio de la función jurisdiccional mediante el dictado de una sentencia; y (c) según el criterio del motivo, se sostiene que hay revocación cuando la extinción del acto administrativo obedece a razones de mérito y que hay anulación cuando ella responde a razones de juridicidad.

Sin perjuicio de tales deslindes doctrinarios, *atendiendo a nuestro derecho positivo*, resulta que ninguno de ellos se ajusta a la Constitución ya que, de acuerdo a la misma, el Tribunal de lo Contencioso Administrativo (órgano jurisdiccional) anula actos administrativos mediante sentencia dictada al cabo de un proceso en ejercicio de función jurisdiccional, por razones de legitimidad (art. 309), mientras que el Poder Ejecutivo (órgano administrativo) también anula actos administrativos mediante acto administrativo, por razones de legitimidad, cuando resuelve el llamado recurso de anulación interpuesto contra los actos de los órganos de los Servicios Descentralizados (art. 317).

En función de tales disposiciones de máximo rango normativo, se ha diferenciado a la anulación de la revocación señalando que la primera apunta a la validez del acto (o sea, a la regularidad jurídica de sus componentes), mientras que la segunda apunta a la eficacia del acto (es decir, a su capacidad de producir efectos).[4]

A su vez, considerando la terminología empleada por el Decreto-ley orgánico del Tribunal de lo Contencioso Administrativo 15.524, de 9.1.1984, se ha postulado que la revocación es la extinción del acto administrativo por el mismo órgano que lo dictó o por su jerarca (arts. 32, inciso 1º, 36 y 95), la que puede ser total o parcial (art. 36), tanto por razones de mé-

1. Enrique Sayagués Laso, *Tratado de Derecho Administrativo*, t. I, Montevideo, 1959, pp. 516 y ss.

2. Aparicio Méndez, "Notas para un estudio sobre los caracteres de la revocación", en *La Justicia Uruguaya* XVIII/27.

3. Carlos E. Delpiazzo, *Derecho Administrativo Uruguayo*, México, Editorial Porrúa/UNAM, 2005, pp. 168-169.

4. Augusto Durán Martínez, "Algunas reflexiones sobre la revocación y la anulación de los actos administrativos en el derecho administrativo uruguayo", en *Anales del Foro* 72-73/112 y ss.; y "Revocación del acto administrativo", en *Revista Uruguaya de Derecho Constitucional y Político* IV-21/159 y ss.

rito o de legitimidad (art. 95), mientras que la anulación es la extinción por un órgano ajeno al sistema orgánico, en ejercicio de función administrativa (art. 32, inciso 3º) o jurisdiccional (arts. 28 y 29).[5]

1.2 Los derechos adquiridos

Según se ha dicho, si bien la noción de "derecho adquirido" aparece muchas veces como algo inasible, es posible llegar a comprenderla fácilmente desde la realidad, a partir de la observación de la cual puede afirmarse que "se ha adquirido un derecho cuando ha ingresado al patrimonio de un sujeto".[6]

Por eso, el derecho adquirido se traduce en una situación jurídica más favorable que la situación precedente[7] y una vez que ha entrado en el dominio de alguien forma parte de él y no puede serle arrebatado por aquel de quien lo tiene.[8] De ocurrir tal cosa, se comprometería severamente la responsabilidad patrimonial de la Administración actuante.[9]

Es que, "desde el momento en que un acto crea un derecho o da nacimiento a una situación jurídica, sus efectos jurídicos son incorporados, entran al patrimonio individual de cada sujeto, formando parte de su estatuto personal. En íntima relación con ese estatuto personal se encuentra un valor que constituye un instrumento jurídico para su defensa: es la seguridad jurídica".[10] La misma es uno de los valores que persigue el Derecho y se concretiza por la existencia, en un ordenamiento jurídico dado, del conocimiento cierto de las normas aplicables – certeza de las reglas de Derecho aplicables – y de la inmutabilidad de esas mismas normas o de los efectos nacidos de su aplicación, que aseguren la estabilidad de las situaciones creadas.[11]

Siendo así, no puede volverse sobre lo ya incorporado y obtenido para suprimirlo sin consecuencias, por cuanto, si ello ocurre, queda inevitablemente comprometida la legitimidad del acto de desconocimiento o supresión.[12]

2. Alcance de la revocabilidad del acto administrativo

Para determinar el alcance de la revocabilidad del acto administrativo es necesario examinar las causas y vías de la revocación, ponderándolas frente a la estabilidad del acto administrativo.

2.1 Razones y vías de revocación

Es valor entendido que la revocación del acto administrativo puede obedecer a

5. Juan Pablo Cajarville Peluffo, *Sobre Derecho Administrativo*, t. II, Montevideo, FCU, 2007, pp. 120-121, nota 7.

6. Eduardo Soto Kloss, *Derecho Administrativo*, t. II, Santiago, Editorial Jurídica de Chile, 1996, pp. 224 y ss.

7. Jean Rivero, *Droit Administratif*, París, Dalloz, 1980, pp. 102-103.

8. Eduardo García Maynez, *Introducción al Estudio del Derecho*, México, Editorial Porrúa, 1960, p. 390.

9. José Roberto Dromi, *Derecho Subjetivo y Responsabilidad Pública*, Bogotá, Temis, 1980, pp. 17 y 20.

10. Eduardo Soto Kloss, *Derecho Administrativo*, cit., t. II, p. 222.

11. Eduardo Soto Kloss, "Seguridad jurídica e interpretación en el derecho público chileno", en AA.VV., *Derecho y Seguridad Jurídica*, Santiago, 1983, pp. 91 y ss.

12. Mariano R. Brito, "Los derechos adquiridos en la reciente jurisprudencia de la Suprema Corte de Justicia", en *Anales del Foro* 88-89/52.

razones de juridicidad o de mérito y que la misma puede verificarse, según los casos, de oficio o a iniciativa de parte, mediando recursos administrativos o no.[13]

Por lo que refiere a la revocación por *razones de juridicidad*, la misma obedece al desajuste del acto administrativo a la regla de Derecho (ilegitimidad), y respecto a su procedencia cabe distinguir según se hayan interpuesto o no recursos administrativos.

No mediando la interposición de recursos administrativos, un sector de la doctrina,[14] seguido por la jurisprudencia mayoritaria del Tribunal de lo Contencioso Administrativo,[15] postula que, desde que la Administración tiene conocimiento de la ilegitimidad de un acto administrativo causante de su invalidez, *tiene el deber* de revocarlo para ajustar su actuación al Derecho.

En cambio, la mayoría de los autores,[16] seguida por jurisprudencia aislada,[17] entiende que la Administración *tiene discrecionalidad* para disponer la revocación por ilegitimidad, ya que sostener que la misma es un acto debido para la Administración equivaldría a dejar sin sentido los plazos previstos por la Constitución y la ley para recurrir administrativamente y deducir la acción de nulidad, porque bastaría presentar en cualquier momento una denuncia de ilegitimidad para que la Administración debiera revocar.

En mi opinión, no existiendo una solución de derecho positivo, es preciso concluir que la revocación por ilegitimidad de un acto administrativo firme es una facultad discrecional que sólo puede ser ejercida cuando imperen graves razones de interés público, sin perjuicio de la estabilidad del acto, a que se hará referencia más adelante.

Mediando la interposición de recursos administrativos fundados en la ilegitimidad del acto, la revocación constituye un acto debido.[18]

13. Carlos E. Delpiazzo, *Derecho Administrativo Uruguayo*, cit., pp. 167-168.

14. Enrique Sayagués Laso, *Tratado de Derecho Administrativo*, cit., t. I, pág. 521; Alberto Ramón Real, "Extinción del acto administrativo creador de derechos", en *Estudios de Derecho Administrativo*, t. II, Montevideo, CED, 1967, pp. 33 y ss., y *Nuevos Estudios de Derecho Administrativo*, Montevideo, Acali, 1976, pp. 84 y ss.; y Julio A. Prat, "Revocación, suspensión y omisión del acto administrativo", en *Revista de la Facultad de Derecho y Ciencias Sociales* 1-2/688, Año X.

15. V. reseña en: Juan Pablo Cajarville Peluffo, *Sobre Derecho Administrativo*, cit., t. II, p. 126, nota 18.

16. Héctor Barbe Pérez, "El poder de revocar los actos administrativos", en *Revista de la Facultad de Derecho y Ciencias Sociales* 2/223-224, Año XIV; Horacio Cassinelli Muñoz, "Exposición en las *Jornadas de Derecho Comparado Chileno Uruguayas*", en *Revista de la Facultad de Derecho y Ciencias Sociales* 1-2/334, Año X; Augusto Durán Martínez, "Revocación del acto administrativo" cit., en *Revista Uruguaya de Derecho Constitucional y Político* IV-21/175; Jaime Ruben Sapolinski, "Vicios de la contratación administrativa", en Instituto de Derecho Administrativo, *Actualidad de la Contratación Administrativa*, Montevideo, FCU, 2000, p. 83; Felipe Rotondo Tornaría, *Manual de Derecho Administrativo*, Montevideo, Ediciones del Foro, 2000, p. 221; y Juan Pablo Cajarville Peluffo, *Invalidez de los Actos Administrativos*, Montevideo, Editorial Universidad, 1984, p. 11 – aunque lamentablemente rectificó su opinión en *Sobre Derecho Administrativo*, cit., t. II, pp. 128 y ss.

17. V. *La Justicia Uruguaya* 132, "Caso 15.166".

18. Juan Pablo Cajarville Peluffo, *Recursos Administrativos*, 3ª ed., Montevideo, FCU, 2000, p. 251; y Augusto Durán Martínez, Revocación del acto administrativo" cit., en *Revista Uruguaya de Derecho Constitucional y Político* IV-21/167.

En todos los casos, los efectos de la revocación por razones de legitimidad se proyectan hacia el pasado *ex tunc*.

En cuanto a la revocación por *razones de mérito*, ella no obedece a fundamentos de juridicidad sino de ajuste a máximas de orientación política no cristalizadas en normas de Derecho, satisfaciendo los valores de oportunidad, conveniencia, utilidad y justicia en la realización de los fines públicos.

Medie o no la interposición de recursos administrativos, los límites de la discrecionalidad administrativa para revocar por razones de mérito están dados por la estabilidad del acto administrativo.[19]

Ordinariamente, los efectos de la revocación por razones de mérito operan sólo para el futuro, *ex nunc*.

2.2 Estabilidad del acto administrativo

Aunque ya nadie sostiene la libre revocabilidad de los actos administrativos como regla, el alcance de la estabilidad del acto administrativo merece ser analizado desde un triple enfoque: conceptual, de Derecho Comparado y de derecho positivo nacional.

Desde el punto de vista conceptual, sabido es que históricamente algunos autores han postulado la existencia de una "cosa juzgada administrativa", como prolongación o extensión de la cosa juzgada que es atributo de las sentencias.

Si bien tal expresión no ha sido usada por la doctrina y jurisprudencia nacionales, que han preferido referirse a la estabilidad o inmutabilidad del acto administrativo, es preciso realizar algunos deslindes terminológicos y de fondo a fin de delimitar el preciso alcance de este carácter. En tal sentido, se impone distinguir las nociones de *definitividad*, *firmeza* y *estabilidad*.[20]

En primer lugar, la *definitividad* refiere al agotamiento de la vía administrativa, mediante la interposición de los recursos administrativos pertinentes, como requisito previo para deducir la acción de nulidad ante el Tribunal de lo Contencioso Administrativo.[21]

Conforme a nuestra Constitución, un acto administrativo adquiere la nota de definitividad cuando respecto de él se ha agotado la vía administrativa por medio de la interposición de los recursos correspondientes y la autoridad competente se ha pronunciado (expresa o fictamente) sobre los mismos (arts. 309, 317, 318 y 319).

Coincidentemente, el art. 24 del Decreto-ley orgánico del Tribunal de lo Contencioso Administrativo 15.524, de 9.1.1984, establece que: "Los actos administrativos, a los efectos de la acción anulatoria, adquieren carácter de definitivos cuando a su respecto se ha agotado la vía administrativa con la resolución expresa o ficta sobre el o los recursos que correspondan. (...) Dichos actos constituyen la última expresión de voluntad" de la Administración.

En segundo lugar, la *firmeza* dice relación con la inimpugnabilidad del acto administrativo, situación que se produce en alguno de los tres momentos siguientes:[22] (a) si no se recurre en tiempo contra

19. Silvana Nessar de Lenoble, "La revocación de oficio de los actos administrativos", en *Anuario de Derecho Administrativo* X/119-122.

20. Carlos E. Delpiazzo, *Derecho Administrativo Uruguayo*, cit., pp. 154-155.

21. Héctor Giorgi, *El Contencioso Administrativo de Anulación*, Montevideo, 1958, pp. 161-162.

22. Horacio Cassinelli Muñoz, "Recurso erróneo contra un acto administrativo firme", en

un acto administrativo originario; (b) si no se deduce la acción de nulidad en tiempo contra un acto administrativo definitivo; y (c) si pasa en autoridad de cosa juzgada una sentencia contencioso-administrativa que confirma un acto impugnado.

Quiere decir que las nociones de *definitividad* y de *firmeza* no coinciden, ya que puede haber actos definitivos que no sean firmes (como cuando, agotada la vía administrativa, no se produjo aún la caducidad del plazo para deducir la acción de nulidad) y puede haber actos firmes que no sean definitivos (como cuando no se interponen los recursos administrativos pertinentes en tiempo).

En tercer lugar, la *estabilidad* refiere a la inmutabilidad de la situación creada por el acto administrativo y no deriva de la definitividad ni de la firmeza del mismo, sino de las reglas de fondo que rigen esa situación y, en particular, de la existencia de derechos adquiridos. Su fundamento radica en la seguridad jurídica.[23]

Desde el punto de vista del Derecho Comparado, superada la etapa de la revocación sin límites del acto administrativo, la legislación muestra soluciones de revisión limitada en atención a la existencia de derechos adquiridos.[24]

Así, en *Argentina*, la Ley Nacional de Procedimientos Administrativos 19.549, con las reformas introducidas por la Ley 21.686, dispone en su art. 17 que: "El acto administrativo afectado de nulidad absoluta se considera irregular y debe ser revocado o sustituido por razones de ilegitimidad aún en sede administrativa". Pero agrega: "No obstante, si el acto estuviera firme y consentido y hubiere generado derechos subjetivos que se estén cumpliendo, sólo se podrá impedir su subsistencia y la de los efectos aún pendientes mediante declaración judicial de nulidad".[25]

De este modo, superando la doctrina tradicional imperante hasta mediados del siglo XX,[26] la norma se inscribe en la línea de los autores que proclaman que la revocabilidad del acto administrativo no es inherente a su esencia ni puede constituir la regla, sino que es una medida de excepción en casos concretos y ante norma expresa.[27]

Por su parte, en *España*, la Ley de Régimen Jurídico de las Administraciones Públicas y del Procedimiento Administrativo Común 30/1992 prevé en su art. 106 que: "Las facultades de revisión no podrán ser ejercitadas cuando, por prescripción de acciones, por el tiempo transcurrido o por otras circunstancias, su ejercicio resulte contrario a la equidad, a la buena fe, al derecho de los particulares o a las leyes".

Revista de Derecho, Jurisprudencia y Administración 55/36 y ss.

23. Augusto Durán Martínez, "Cosa juzgada administrativa", en Dante Barrios de Ángelis y Augusto Durán Martínez, *Cosa Juzgada y Cosa Juzgada Administrativa*, Montevideo, 1998, pp. 31-32.

24. José Roberto Dromi, *Revisión del Acto Administrativo*, Tucumán, UNSTA, 1981, p. 55.

25. Julio Rodolfo Comadira, *Procedimientos Administrativos*, t. I, Buenos Aires, La Ley, 2002, pp. 333 y ss.; *La Anulación de Oficio del Acto Administrativo*, Buenos Aires, Astrea, 1981, pp. 151 y ss.; y El Acto Administrativo en la *Ley Nacional de Procedimientos Administrativos*, Buenos Aires, La Ley, 2003, pp. 183 y ss.

26. Rafael Bielsa, *Derecho Administrativo*, 6ª ed., t. II, Buenos Aires, 1964, p. 122.

27. Juan Francisco Linares, *Fundamentos de Derecho Administrativo*, Buenos Aires, Depalma, 1975, pp. 343 y ss.; Miguel S. Marienhoff, *Tratado de Derecho Administrativo*, t. II, Buenos Aires, Abeledo Perrot, 1966, pp. 579 y ss.; Agustín Gordillo, *Tratado de Derecho Administrativo*, 4ª ed., t. 3, Buenos Aires, FDA, 1999, Capítulo VI;

Comentando esta disposición, se ha señalado que la misma constituye una ratificación del carácter restrictivo con que debe ejercitarse la potestad revisora, ya que "el enfrentamiento entre los dos principios jurídicos básicos, de legalidad y de seguridad jurídica, exige una gran ponderación y cautela a la hora de fijar el concreto punto de equilibrio, que evite tanto el riesgo de consagrar situaciones ilegítimas de ventaja como el peligro opuesto a que alude la vieja máxima *summum ius, summa iniuria*".[28]

Desde el punto de vista del Derecho nacional, a falta de texto expreso positivo, es preciso acudir a los principios generales de Derecho – también regla de Derecho[29] –, y, entre ellos, al principio de seguridad, que es el fundamento de la estabilidad del acto administrativo.

Según se ha enseñado: "Cuando la Administración se aboca a decidir sobre la revocación o reforma de un acto administrativo, sus potestades en cuanto al fondo pueden depender de dos factores: (a) la estabilidad del acto recurrido y (b) la circunstancia de que el órgano actuante proceda de oficio o medie la interposición válida de recursos administrativos". Con relación al primer aspecto: "No todo acto administrativo es discrecionalmente revocable o modificable por la Administración; algunos adquieren un grado mayor o menor de inmutabilidad, de manera que la Administración no puede revocarlos o modificarlos espontáneamente, o no puede hacerlo sino en determinadas condiciones. No se trata de la firmeza del acto, sino de su estabilidad. La firmeza sólo tiene relación con la impugnabilidad del acto, y no con su revocabilidad o mutabilidad. La estabilidad, en cambio, refiere a la inmutabilidad de la situación creada por el acto, y depende de las reglas de fondo que rigen esa situación. La falta de firmeza – impugnabilidad – del acto no autoriza a la Administración revocarlo o modificarlo si las normas de fondo no se lo permiten; y, a la inversa, la firmeza – inimpugnabilidad – del acto no impide a la Administración modificar la situación, si ésta carece de estabilidad".[30]

Coincidentemente, aún quienes admiten a nivel comparado que la Administración está obligada a revocar sus actos ilegítimos señalan límites a ese proceder cuando se trata de actos ampliatorios de derechos del administrado, tales como el transcurso del tiempo y la buena fe.[31]

2.3 Incidencia de la seguridad jurídica como principio general de Derecho

Como ya he tenido oportunidad de señalarlo en reiteradas oportunidades,[32] la

y Juan Carlos Cassagne, *Derecho Administrativo*, 5ª ed., t. II, Buenos Aires, Abeledo Perrot, 1996, pp. 271 y ss.

28. Eduardo García de Enterría y Tomás-Ramón Fernández, *Curso de Derecho Administrativo*, 12ª ed., t. I, Madrid, Thomson Civitas, 2004, pp. 668-669.

29. Carlos E. Delpiazzo, "Recepción de los principios generales de Derecho por el derecho positivo uruguayo", en *Actas del VII Foro Iberoamericano de Derecho Administrativo*, La Coruña, Netbiblo, 2008, pp. 607 y ss.

30. Juan Pablo Cajarville Peluffo, *Sobre Derecho Administrativo*, cit., t. II, pp. 124-125.

31. Weida Zancaner, *Da Convalidação e da Invalidação dos Atos Administrativos*, São Paulo, Malheiros Editores, 2008, pp. 73 y ss.

32. Carlos E. Delpiazzo, "El principio de seguridad jurídica en el mundo virtual", en *Revista de Derecho de la Universidad de Montevideo* 11/7 y ss., Año VI, Montevideo, 2007; *Derecho Informático*, t. VII, Montevideo, FCU, 2007, pp. 25 y ss.; y *Derecho Administrativo Especial*, vol. 1, Montevideo, AMF, 2006, pp. 289 y ss.

primera de las disposiciones de la Sección II de nuestra Constitución, titulada "Derechos, Deberes y Garantías", prevé que: "Los habitantes de la República tienen derecho a ser protegidos en el goce de su vida, honor, libertad, *seguridad*, trabajo y propiedad. Nadie puede ser privado de estos derechos sino conforme a las leyes que se establecieren por razones de interés general" (art. 7º).

Según lo destacara el máximo comentarista de nuestra Carta Constitucional: "El derecho a la protección de la seguridad es un concepto muy amplio, que abarca el derecho a ser amparado por todas las normas de garantía relativas a los demás derechos constitucionalmente consagrados, y por las disposiciones legales que se dicten con la misma finalidad, en ejecución de los mandatos del constituyente".[33]

Más adelante la Constitución particulariza respecto a distintos aspectos de la seguridad, tales como la *seguridad individual* (art. 31), la *seguridad en lo exterior* (art. 168, n. 1º), la *seguridad social* (art. 195) y la *seguridad pública* (art. 262).

Respecto a la noción de *seguridad*, cabe decir que: "Es un sustantivo que traduce un estado institucional y/o personal. Proviene del Latín *securitas*, que dice de sus propiedades o de los componentes de lo propio, en tanto se refiere a lo cierto, lo confiable, lo indemne, lo conocido, lo indubitable, lo responsable, lo sólido, lo infalible, lo estable, lo continuo, lo transparente, lo tranquilo, lo protegido, lo amparado, de y en la vivencia y la convivencia".[34]

La misma se traduce "como la certidumbre del individuo de que su persona, bienes y derechos están a salvo de ataques violentos e indebidos y, en el peor de los casos, de efectuarse, se harán cesar con premura y los daños le serán resarcidos; la seguridad es, por tanto, punto de partida del Estado y puerto de arribo del Derecho".[35]

Apreciada en sus caracteres, la seguridad como indicativa de la calidad de seguro, es decir, libre y exento de todo peligro, daño o riesgo, busca la salvaguarda de la unicidad de la persona humana, es reclamo de su dignidad inherente, y no halla su razón de ser en el Estado ni en la sociedad, sino en el hombre como fin.[36]

Dentro de tal concepto genérico de seguridad, la *seguridad jurídica* alude a la certeza, el orden, la firmeza y la confianza en el ordenamiento,[37] no sólo en las relaciones jurídicas entre particulares, sino especialmente en las relaciones entre el ciudadano y el Estado.

Según se ha dicho, la seguridad jurídica tiene un componente objetivo fincado en la certeza de la positividad del Derecho y su observancia, y en su aspecto subjetivo tiene en cuenta la confianza puesta por la persona en el comportamiento correcto de quienes deben aplicarlo.[38]

33. Justino Jiménez de Aréchaga, *La Constitución Nacional*, t. I, Montevideo, Cámara de Senadores, 1991, p. 340.

34. Luciano Parejo Alfonso y Roberto Dromi, *Seguridad Pública y Derecho Administrativo*, Buenos Aires/Madrid, ECA/Marcial Pons, 2001, p. 201.

35. Jorge Fernández Ruiz, "Apuntes para una teoría jurídica de la seguridad", en *Anuario de Derecho Administrativo* X/39.

36. Mariano R. Brito, "Seguridad. Visión desde una óptica unitaria", en Jorge Fernández Ruiz (coord.), *Derecho Administrativo. Memoria del Congreso Internacional de Culturas y Sistemas Jurídicos Comparados*, México, UNAM, 2005, pp. 591 y ss.

37. Federico A. Castillo Blanco, "El principio de seguridad jurídica: especial referencia a la certeza en la creación del Derecho", en *Documentación Administrativa* 263-264/33, Madrid, INAP, 2002.

38. Pedro José Jorge Coviello, *La Protección de la Confianza del Administrado*, Buenos Aires,

Precisamente, el fundamento de la estabilidad del acto administrativo radica en la seguridad jurídica, reconocida como principio general de Derecho por el art. 72 de la Constitución.[39]

Si bien podría cuestionarse la inmutabilidad cuando el acto administrativo es ilegítimo, lo cierto es que – como acertadamente se ha destacado – "la cuestión no se resuelve oponiendo sin más seguridad jurídica *versus* legitimidad porque ¿no se compromete acaso la legitimidad cuando se quebranta la seguridad?".[40] Es que, según la enseñanza de la jurisprudencia francesa a partir del caso de la "Dame Cachet", aún cuando por un lado parece deseable que los actos ilegales puedan ser dejados sin efecto por la Administración cuando ésta percibe la ilegalidad cometida, por otro lado la seguridad jurídica se vería seriamente comprometida si derechos adquiridos por los particulares, aún irregularmente, pudieran en cualquier momento ser cuestionados por la Administración.[41]

Aún desde el punto de vista de la llamada *teoría de la ponderación de intereses*, cuando se contraponen el interés general en eliminar un acto administrativo ilegítimo y el interés privado en el mantenimiento de la posición jurídica otorgada por aquél, la mera disconformidad del acto con el ordenamiento aplicable no legitima su revocación porque ese conflicto de intereses es traducción de la oposición entre los principios de juridicidad y de seguridad jurídica, la que debe resolverse no en términos de automatismo sino de conciliación, tal como lo hace la jurisprudencia comunitaria europea al respecto.[42]

En nuestro Derecho la seguridad jurídica sustenta la estabilidad del acto administrativo, porque sostener el deber de la Administración de revocar los actos ilegítimos generadores de derechos sería dejar sin sentido los plazos previstos por la Constitución y la ley para recurrir administrativamente y deducir la acción de nulidad. Si el acto ha adquirido firmeza, para su revocación no bastará alegar su ilegitimidad, sino que deberá contemplarse si ello es posible en atención a las situaciones jurídicas favorables creadas por el mismo. En cambio, si el acto no ha adquirido firmeza, debe tenerse en cuenta que los recursos levantan las restricciones a la estabilidad del acto, debiendo distinguirse – según se hizo antes (*supra*, n. 2.2) – si los mismos responden a razones de legitimidad o de mérito.

Coadyuvantemente, el principio de confianza legítima es también un límite al principio de juridicidad para evitar que el rigorismo de éste pueda afectar a los particulares que hubieran creído en la validez de la conducta de la Administración, aún cuando se tratara de actos ilícitos.[43]

Lexis Nexis, 2004, pp. 293 y ss., y "La confianza legítima", en *VII Jornadas Internacionales de Derecho Administrativo Allan R. Brewer-Carías*, t. I, Caracas, FUNEDA, 2004, pp. 295 y ss.

39. Augusto Durán Martínez, *Cosa Juzgada Administrativa*, cit., pp. 32 y ss.

40. Mariano R. Brito, "Los derechos adquiridos en la reciente jurisprudencia de la Suprema Corte de Justicia", cit., en *Anales del Foro* 88-89/55.

41. Augusto Durán Martínez, "Del fallo 'Dame Cachet' al Decreto 83-1.025 de 28.11.1983", en *Revista Uruguaya de Derecho Constitucional y Político* III-18/377 y ss.

42. Arzoz Santiesteban, "La revocación de los actos administrativos comunitarios en la jurisprudencia comunitaria", en Francisco Sosa Wagner (coord.), *El Derecho Administrativo en el Umbral del Siglo XXI. Homenaje al Profesor Ramón Martín Mateo*, t. II, Valencia, Tirant lo Blanch, 2000, pp. 1.625 y ss.

43. Pedro José Jorge Coviello, *La Protección de la Confianza del Administrado*, cit., p. 15.

3. Conclusión

De las consideraciones hasta aquí expuestas fluye naturalmente la conclusión de que no procede la revocación de oficio por razones de legitimidad del acto administrativo generador o ampliatorio de derechos adquiridos de buena fe por quien confió en la Administración.

Dicha conclusión resulta abonada por el principio personalista y la servicialidad de la Administración que caracterizan nuestro régimen jurídico.

En efecto, la Constitución uruguaya está cimentada en la *centralidad de la persona humana*,[44] a partir de la cual se reconocen los derechos fundamentales y se edifica el sistema del Estado de Derecho Democrático y Social. Dicha centralidad consiste en la afirmación de la primacía de la persona humana,[45] tanto en su dimensión individual como social, material y espiritual, sustentada en su eminente dignidad[46] y manifestada en el respeto, tutela y garantía debidos a todos los derechos.[47]

Como contrapartida de este principio, se destaca la *servicialidad administrativa*,[48] ya que la razón de ser de la Administración es el servicio a la sociedad como tal y a cada uno de sus integrantes y grupos intermedios, de lo que deriva su naturaleza instrumental,[49] su ser para otros,[50] a fin de que los componentes del cuerpo social – todos sin excepción – puedan alcanzar plenamente sus fines propios.

No obstante, desde la doctrina tradicional se ha objetado que no pueden existir derechos contra la legalidad.[51]

Sin embargo, desde la perspectiva tutelar de los derechos fundamentales y teniendo en cuenta que los principios generales de Derecho también son reglas

44. Carlos E. Delpiazzo, *Dignidad Humana y Derecho*, Montevideo, UM, 2001, pp. 27 y ss.; y "Marco constitucional del derecho administrativo Uruguayo", en *V Foro Iberoamericano de Derecho Administrativo*, Quito, 2006, pp. 105 y ss.

45. José Aníbal Cagnoni, *La Primacía de la Persona: el Principio Personalista*, pp. 135 y ss.; y Eduardo Soto Kloss, "La primacía de la persona humana, principio fundamental del derecho público chileno", en *Estudios Jurídicos en Memoria de Alberto Ramón Real*, Montevideo, FCU, 1996, pp. 507 y ss.

46. Héctor Gros Espiell, "La dignidad humana en los instrumentos internacionales de derechos humanos", en Cátedra UNESCO de Derechos Humanos, *Dignidad Humana*, Montevideo, Universidad de la República, 2003, pp. 9 y ss.; y José Aníbal Cagnoni, "La dignidad humana. Naturaleza y alcances", en Cátedra UNESCO de Derechos Humanos, *Dignidad Humana*, cit., pp. 65 y ss., y en *Revista de Derecho Público* 23/11 y ss., Montevideo, 2003.

47. María Elena Rocca, "Toda nuestra Constitución reposa sobre la noción de persona", en *Revista de Derecho Público* 24/139 y ss., Montevideo, 2003.

48. Eduardo Soto Kloss, *Derecho Administrativo*, cit., t. I, pp. 83 y ss.; y "La primacía de la persona humana, principio fundamental del derecho público chileno", cit., en *Estudios Jurídicos en Memoria de Alberto Ramón Real*, pp. 507 y ss.

49. Mariano R. Brito, "Principio de legalidad e interés público en el derecho positivo uruguayo", en *La Justicia Uruguaya* XC/11 y ss., sección "Doctrina", y en *Derecho Administrativo. Su Permanencia, Contemporaneidad, Prospectiva*, Montevideo, UM, 2004, pp. 257 y ss.

50. Mariano R. Brito, "Planificación y libertad en el Estado social de Derecho", en *Revista Uruguaya de Estudios Administrativos* 1/35 y 40 y ss., Año I, Montevideo, 1977, y en *Derecho Administrativo. Su Permanencia, Contemporaneidad, Prospectiva*, cit., pp. 217 y ss.; y "El Estado de Derecho en una perspectiva axiológica", en *Ius Publicum* 6/63 y ss., Santiago, 2001.

51. Alberto Ramón Real, "Extinción del acto administrativo creador de derechos" cit., en *Estudios de Derecho Administrativo*, t. II, pp. 43 y ss.

de Derecho, es preciso concluir que *la aplicación de la seguridad jurídica, la confianza legítima y la buena fe* abogan a favor de las situaciones creadas por actos administrativos aún contrarios a normas jurídicas. La mera disconformidad del acto a la norma no habilita su revocación sin más.

La estabilidad del acto administrativo impide la revisión de los que han quedado firmes y han generado derechos, ya que no es admisible la "ilimitada inestabilidad",[52] siendo improcedente la revocación de oficio del acto administrativo firme favorable al administrado, sea legítimo o no en su origen. Ello no implica el cercenamiento del principio de juridicidad ya que, según se dijo, se compromete la regularidad jurídica del obrar administrativo cuando se quebranta la seguridad jurídica.

Como bien se ha destacado: "En el Estado de Derecho la seguridad jurídica asume unos perfiles definidos como: presupuesto del Derecho, pero no de cualquier forma de legalidad positiva, sino de aquella que dimana de los derechos fundamentales, es decir, los que fundamentan el entero orden constitucional; y función del Derecho que asegura la realización de las libertades".[53]

52. Jaime Ruben Sapolinski, "Vicios de la contratación administrativa" cit., en Instituto de Derecho Administrativo, *Actualidad de la Contratación Administrativa*, p. 83.

53. Antonio Pérez Luño, *La Seguridad Jurídica*, 2ª ed., Barcelona, Ariel, 1994, pp. 27-28.

LA ECUACIÓN ECONÓMICA-FINANCIERA EN LOS CONTRATOS DE INFRAESTRUCTURA PÚBLICA

Pablo O. Gallegos Fedriani

1. El contrato. Conceptos generales. 2. El contrato administrativo.

1. El contrato. Conceptos generales

Definían los romanos al derecho con la máxima siguiente: "vivir honestamente, no dañar a otro y dar a cada uno lo suyo".

De esta definición para el tema que nos ocupa resulta relevante el concepto de "dar a cada uno lo suyo".

Así, las primeras diferencias entre derecho público y derecho privado se dieron sobre la base en que en el derecho público era de aplicación la justicia distributiva mientras que en el derecho privado la justicia era conmutativa.

O, en otras palabras, en las relaciones regidas por el derecho público el Estado distribuía entre sus ciudadanos la Justicia como órgano rector de la organización social conforme criterios propios del derecho público, como es la persecución del bien común.

En el derecho privado la justicia conmutativa implicaba que el acuerdo de voluntades era justo cuando aquello que se entregaba o se hacía correspondía exactamente a lo que la otra parte daba o hacía. Por ejemplo, en el contrato de compraventa se determina que el precio es justo cuando lo comprado equivale a lo pagado según el valor del mercado.

Esta justicia conmutativa era aplicable a los contratos innominados del Derecho Romano (*do ut des*; *do ut facias*; *facio ut des*; *facio ut facias*; doy para que des; doy para que hagas; hago para que des; hago para que hagas).

La idea del contrato implicó desde el Derecho Romano un acuerdo de voluntades entre dos o más partes a través de una declaración común de voluntad;

creadora de obligaciones, fuente de derecho privado y fundamento de la justicia conmutativa en las transacciones entre los individuos.

Esta idea, propia del *Corpus Iuris Civilis*, desapareció en parte con la caída de Roma en mano de los bárbaros y se reencarnó en la Escuela de los Glosadores y Posglosadores; quienes en la Universidad de Bologna alrededor del siglo XII comentaron la obra magna de Justiniano y produjeron, como en las ciencias empíricas, principios generales de un Derecho que se había hecho sobre la base de casos particulares.

De allí que hoy en día puede decirse que quines han seguido al pie de la letra el sistema romano han sido los países del *Common Law* y no los del derecho continental europeo, al cual pertenecen tanto Italia como la Argentina.

En efecto, la sistemática jurídica iniciada en la Escuela de Bologna llega a su apogeo con el Código Napoleón; que, contrariamente a lo que normalmente se afirma, no fue (por lo menos para sus autores y su mentor), la creación de un nuevo Derecho, sino la cristalización de allí y para siempre de un Derecho sistémico; inalterable a través del tiempo y propio de una sociedad organizada, que con la Revolución Francesa había destruido los derechos propios de las costumbres regionales, las diferencias de clase, los privilegios de la Nobleza y de la Realeza, y había creado un nuevo ser político al que llamaron *ciudadano*.

El ciudadano, nueva figura política que nace con la Revolución Francesa, se entiende que es por principio libre e igual a todos los demás; sin diferencia de raza, color, religión o sexo.

Este ciudadano libre actúa en el mundo del Derecho en un mismo pie de igualdad frente a los demás ciudadanos y lo deseado por él conjuntamente con otro será ley para ambos (contrato); y si es deseado por todos, a través de sus representantes, será ley de la Nación para todos.

Es aquí donde se habla, como base de la organización política, del contrato social elevando la figura del principio *pacta sunt servanda* como piedra angular del sistema político.

O, en otros términos: aquello libremente querido y aceptado nos obliga tanto en la esfera privada como en la pública, creando en el primer caso una ley particular (contrato) y en el segundo una ley general que obliga a toda la población.

Este esquema paradigmático que pareciera funcionar en autarquía debe ser confrontado con la realidad y allí aparece el primer escollo.

En efecto, ninguno de nosotros es igual a otro y por cierto fuimos creados todos diferentes. De allí que debió entenderse que la igualdad sustentada lo era ante la ley, siempre que los individuos estuviesen en iguales condiciones; permitiéndose que se tratara distinto a quienes se encontraban en distinta situación; siempre que no existiese en la creación de esas categorías la idea de discriminación.

La teoría clásica del contrato civil exigió que las voluntades que se expresaban fuesen aquellas que contasen, conforme el Código Civil argentino: con discernimiento, intención y libertad.

El discernimiento implicaba la posibilidad de diferenciar lo bueno de lo malo; lo ventajoso de lo desventajoso; lo correcto de lo incorrecto; lo cierto de lo falso.

La intención requería el elemento consciente de la voluntad; es decir, el querer hacer aquello que se expresa.

Y la libertad determinaba que el contratante carecía de algún constreñimiento que lo obligara a actuar como lo hacía (por ejemplo, dolo, violencia o intimidación en su persona o en sus bienes).

Esta figura clásica de contrato, según la cual dos personas se encuentran y libremente discuten y preparan una declaración de voluntad común, resulta una figura emblemática pero alejada ciertamente de la realidad.

Hace ya más de 40 años que en su tesis doctoral el civilista argentino Marco Aurelio Risolía hacía referencia a *La Soberanía y Crisis del Contrato* y hablaba ya de los contratos de adhesión, en los cuales sólo le queda a uno de los contratantes la opción de decir si o no.

Aquella idea primigenia ha llegado hoy en día en el campo del derecho privado a límites impensables, debiéndose introducir como nuevos derechos especiales los llamados derechos de los consumidores (reflejados en legislación específica con rango constitucional desde la reforma de nuestra Constitución en 1994), para asegurar los derechos de la parte más débil de la relación contractual.

Hecho este breve repaso, nos queda por preguntarnos que es lo que queda de la teoría clásica del contrato. Máxime cuando si a lo ya dicho le agregamos lo que expresamente prevén los arts. 1.197 y 1.198 de nuestro Código Civil.

En efecto, el primero de ellos expresa: "Las convenciones hechas en los contratos forman para las partes una regla a la cual deben someterse como a la ley misma".

Por su parte, el articulo siguiente expresa en su primer párrafo que: "Los contratos deben celebrarse, interpretarse y ejecutarse de buenas fe y de acuerdo con lo que verosimilmente las partes entendieron o pudieron entender obrando con cuidado y previsión".

Es decir que a aquellos principios de libertad, discernimiento e intención le agregamos la buena fe y damos como pauta interpretativa que los contratos deben celebrarse y ejecutarse conforme lo que las partes pudieron verosímilmente entender, actuando con cuidado y previsión.

Resulta claro que estos principios son también aplicables a los contratos administrativos. En sentido concordante, la jurisprudencia ha manifestado que, "al formular la propuesta, la contratista debió obrar con pleno conocimiento de las cosas (arg. art. 902 del CC) pues la magnitud de los intereses en juego le imponía actuar de modo de prever cualquier eventualidad que pudiese incidir negativamente en el resultado económico del contrato, adoptando a ese efecto las diligencias apropiadas que exigían las circunstancias de persona, tiempo y lugar (art. 512 del CC)" (Fallos: 300/723 y 316/385).

Cabe preguntarse: ¿estos principios se dan cada vez que se contrata; existen en estado puro, o bien son conceptos jurídicos que nos han permitido a través del tiempo crear una forma obligacional para consolidar la seguridad jurídica y dar validez a las convenciones?

Adelanto, desde ya, que mi respuesta tiene que ver con la segunda de las posibilidades que da la pregunta anterior. (v. Alberto G. Spota, *Contratos*, 2ª ed. actualizada y ampliada, La Ley, 2009).

2. El contrato administrativo

Sobre la base de lo antes dicho debemos preguntarnos seriamente sobre el contrato administrativo, caracterizado siempre por la existencia de una parte dominante (la Administración) depositaria del bien común, y por el otro, un particular que persigue un fin de lucro.

Esto es lo que se ha dado en llamar *régimen exorbitante* de la Administración Pública, que debe entenderse en sus justos términos, como una característica esencial del derecho administrativo, en la medida en que ambas partes no se encuentran en un mismo pie de igualdad; aunque ambas sean sujetos de derecho (uno público y otro privado) y el Derecho trate de limitar los avances de los derechos del Estado sobre los particulares; en la medida en que determinadas facultades otorgadas a la Administración son impropias del derecho privado; lo superan y tal exorbitancia tiene su fundamento en la existencia misma del Estado como proveedor del bien común.

En especial, en el contrato de obra pública la selección del co-contratante es efectuada a través de la licitación pública, que implica los siguientes pasos: (a) partida presupuestaria que prevea la obra; (b) pliegos y bases de condiciones generales y particulares; (c) llamado a los oferentes; (d) ofertas firmes; (e) preselección del contratista mediante un dictamen de una oficina técnica; (f) selección del contratista y notificación; (g) firma del contrato; y (h) aprobación por la autoridad competente del procedimiento seguido.

Esta seguidilla de actos que no son un solo y único acuerdo de partes es lo que se ha dado en llamar la *Teoría del Acto Coligado*, conforme los términos del Dr. Barra en su libro *Los Actos Administrativos Contractuales*.

Adviértase que la determinación presupuestaria ya puede ser considerada un acto administrativo; al igual que el llamado a licitación.

Por su parte los oferentes deben dar garantía por el mantenimiento de la oferta, lo que crea ya obligaciones precontractuales (en efecto, si se desiste de la oferta se pierde la garantía a favor del Estado).

Luego aparece el dictamen preadjudicatorio que algunos entienden como acto administrativo impugnable y otros como mero dictamen no vinculante.

Más tarde la adjudicación, que es un acto administrativo impugnable por aquellos que han sido excluidos.

Luego la suscripción del contrato, al que podríamos definir como acto administrativo bilateral.

Y por último el acto aprobatorio de la licitación, el que, sin lugar a dudas, es un acto administrativo.

Características de todo contrato administrativo son: las prerrogativas de dirección y control, de modificación, de sanción, interpretativa y revocatoria por parte de la Administración.

Estas prerrogativas de las que goza la Administración, y que serían calificables como de contrato leonino o abuso del derecho en el campo privado, son naturales en el sistema de los contratos administrativos del derecho continental y tienen como contrapartida la garantía especial de contenido económico que se ha definido como la intangibilidad de la remuneración o del mantenimiento de la ecuación económico-financiera contractual; en el caso que nos ocupa, del contrato de obra pública.

Esta garantía tiene indudables efectos prácticos, en especial frente a las necesidades interpretativas de casos litigiosos que no pueden sin más ser resueltos con criterios propios del derecho privado.

Así piénsese en que los contratos de obra pública duran en general varios años, con distintas variaciones como pueden ser, y han sucedido en Argentina, en supuestos de desabastecimiento, inflación, hiperinflación, prohibición de importación de insumos, modificación unilateral por parte de la Administración de la obra programada (dentro de ciertos límites);

acontecimientos naturales o imprevisibles que prolonguen o atrasen los trabajos (lluvias, huelgas, manifestaciones populares, guerrilla, entre otros).

Debe entenderse que el mantenimiento del equilibrio económico-financiero del contrato de obra pública (v.: Rodolfo Carlos Barra, *Contrato de Obra Pública*, Ábaco, 1984) no significa en términos de la jurisprudencia argentina que el co-contratante quede fuera de todo riesgo propio de su actividad; sino que, manteniendo un límite normal de riesgo, se obtenga lo que en definitiva toda la comunidad persigue, que es la finalización de una obra dispuesta por la Administración.

Así se ha dicho que "la ecuación económico-financiera constituye una relación aproximada entre cargas y ventajas, no excluye el riesgo empresario, ni conlleva intangibilidad de la remuneración del contratista" (cf. CSJN, "Instituto de Vivienda del Ejército c/Indeco S.A. y Crivelli S.R.L. y otro", sentencia del 31.3.2009).

Para hacer efectiva la garantía del co-contratante del mantenimiento de la ecuación económico-financiera del contrato, la jurisprudencia ha exigido como primer requisito la prueba de ello y como segundo que el desfasaje sea sustancial.

Así ha dicho nuestro más alto Tribunal "Siendo que la actora demandó al Estado Nacional reclamando la reparación del daño que consideró ocasionado por el incumplimiento del art. 4, inciso 'c', de la Ley 23.287 (*Adla*, XLV-D, 3616) con relación a la fijación del precio del alcohol anhidro en el marco del 'Plan Alconafta', debió producir prueba idónea y específica para acreditar la configuración de un deterioro de la ecuación económica del negocio y desvirtuar la presunción de que no se produjo una disminución del margen de ganancia razonable previsto en la norma, en tanto dicha presunción deriva de su falta de utilización de la facultad de resolver un contrato de provisión de alcohol y continuar suministrando el producto a los nuevos precios fijados por la Secretaría de Energía" (Corte Suprema de Justicia de la Nación, "Cía. Azucarera Concepción S/A", sentencia del 15.6.2004).

En igual sentido se ha sostenido que "la ecuación económica-financiera no constituye empero, una especie de seguro del co-contratista contra los eventuales déficits de explotación (Diez, 'Los mayores costos en la obra pública', *Revista Argentina de Derecho Administrativo* 4/16), ni hace desaparecer el umbral de riesgo que el contratista necesariamente asume. Es solamente la relación apropiada entre cargas y ventajas que la empresa tomó en consideración al momento de contratar. Por ello se ha expuesto que para que resulte viable el reclamo del contratista el hecho perturbador debe producir un quebranto que supere el álea normal, circunstancia que no se da en estos autos, pues no se trata de una técnica utilizable para desligarse de los malos negocios" (cf. Sala III de la Cámara de Apelaciones en lo Contencioso-Administrativo Federal *in re*: "Marle", del 10.7.1984; "Ottonello Santoro", del 8.5.1985; "Venturino", del 4.12.1984; y Sala V del mismo fuero *in re*: "Comp. Arg. de Serv. Esp. S/A c /Gas del Estado s/ Contrato Administrativo", del 13.12.1996).

En este sentido se ha dicho que "resulta claro que *[el Estado Nacional]* debe indemnizar al aquí actor en razón de que con su accionar lícito alteró la ecuación económica y financiera del contrato mediando inicio y comienzo de ejecución, es decir, erogaciones concretas efectuadas por Zonas Francas Santa Cruz S/A (...)" (cf. Sala V de la Cámara de Apelaciones en lo Contencioso Administrativo Federal *in re*: "Zonas Francas Santa Cruz S/A c/ EN-PEN-DTO 1.583/1996 s/ Daños y Perjuicios", del 1.12.2006).

En síntesis, siempre que la variación sea sustancial y supere el álea normal de todo contrato tendrá el co-contratante derecho a ser compensado manteniendo el equilibrio entre beneficios y cargas que tuvo en miras al tiempo de contratar; siempre que de su parte no exista culpa o dolo, lo que excluiría cualquier posibilidad de reparación (cf. Juan Carlos Cassagne, *El Contrato Administrativo*, Buenos Aires, Abeledo-Perrot, 2009).

SERVIÇO PÚBLICO E TELECOMUNICAÇÕES

CELSO ANTÔNIO BANDEIRA DE MELLO

Professor Titular de Direito Administrativo
e Professor Emérito da PUC-SP

1. Há certas atividades que, por seu relevo, influem nas condições de vida da generalidade ou quase generalidade dos membros da sociedade, pois apresentam uma importância correlacionada aos padrões básicos de civilização de uma dada época e demandam uma especial disciplina protetora, ante a necessidade de mantê-las dentro de certos padrões de qualidade e eficiência. Por tal razão, o Estado considera que não podem ficar relegadas simplesmente aos eventuais empenhos, interesses, cuidados ou zelos da iniciativa privada. Daí por que reputa de seu dever prestá-las, por si ou por aqueles a quem credencie, e obviamente os coloca sob uma disciplina que assegure e proteja o interesse dos membros do corpo social, afiançando a acessibilidade, continuidade e boa qualidade das sobreditas atividades havidas como de considerável relevo para a coletividade. Tais atividades é que são denominadas *serviços públicos*.

2. Em nosso tempo histórico, os *serviços de telecomunicações*, notadamente os de telefonia, respondem com exemplar tipicidade ao gênero de atividades de que se está a falar. Com efeito, ninguém em seu juízo normal contenderia a supina relevância social de tais serviços e a necessidade de que o Poder Público assegure um certo padrão uniforme de conduta e um nível de qualidade para proteção dos usuários. E, dentre os serviços de telefonia, *os de telefonia móvel, ainda mais que os de telefonia fixa*, se apresentam como paradigmáticos. É que sua importância é simplesmente transcendente, em especial para os prestadores de serviço de baixo poder econômico (ainda que não só para eles).

Deveras, quem, por falta de recursos, não pode manter um escritório e nele um atendente, graças à telefonia móvel tem a oportunidade de desenvolver como autônomo seus misteres profissionais. Suas deslocações para o corresponde trabalho não o afastam, nem desligam ou dificultam o contato com clientes efetivos ou potenciais, de sorte que este equipamento incorporado à civilização contemporânea lhe amplia, de modo significativo e em termos menos dispendiosos, as oportunidades de trabalho e de progresso. É que o próprio telefone móvel celular se converte na base ambulante do profissional.

Dessarte, os deveres que assistem ao Poder Público no que concerne a este tipo de serviço público são particularmente graves.

3. Certamente, quem qualifica os serviços tais ou quais como públicos é o Estado; mas, evidentemente, tal qualificação é feita com suporte em uma dada realidade. Por isto, Léon Duguit, o mestre de Bordeaux, pai da chamada Escola do Serviço Público, o definiu como "toda atividade cujo cumprimento é assegurado, regulado e controlado pelos governantes, por ser indispensável à realização da interdependência social, e de tal natureza que não pode ser assumida senão pela intervenção da força governante".[1]

Entre nós, Cirne Lima, um dos mais notáveis administrativistas que o País já teve, por certo inspirado nessas lições, mas exprimindo-se em linguagem mais atual, caracterizou o serviço público como "serviço existencial à sociedade ou, pelo menos, assim havido num momento dado, que, por isso mesmo, tem de ser prestado aos componentes daquela, direta ou indiretamente, pelo Estado ou outra pessoa administrativa".[2]

4. A tipificação de algo como serviço público depende da lei, mas no Brasil, como se sabe, certos serviços públicos *são assim qualificados já na própria Constituição*. Por força disto, sejam quais sejam as mudanças nas concepções sociais das quais pudesse resultar um juízo social em prol da despublicização de dada atividade – o que, obviamente, seria evento de notável excepcionalidade –, e mesmo que o legislador ordinário pretendesse emprestar-lhe acolhida, tal fato, entre nós, não poderia produzir *validamente* qualquer efeito enquanto não fosse alterada sua formulação constitucional.

É certo que políticos, empresários ou cidadãos em geral, obviamente, podem, em função de suas convicções ou de seus interesses pessoais, defender nesta matéria, como em quaisquer outras, as posições que melhor lhes aprazam ou que mais lhes tragam proveitos econômicos, com ressalva dos que se habilitaram na área jurídica. Estes, naturalmente, ficam tolhidos pela responsabilidade que lhes impõe o próprio grau, o que lhes interdita sustentarem, em sede de atuação profissional, posições contrapostas à Constituição. Aliás, é por isto mesmo que somente pessoas ainda muito verdes no direito público têm alimentado a ingênua pretensão de supor desfalecente a instituição do serviço público ou de imaginar possível por via de legislação ordinária descaracterizar algumas atividades assim delineadas na Constituição.[3]

5. Deveras, no art. 21, X a XII, da Lei Magna são enunciadas determinadas atividades qualificadas como *pertinentes ao Estado (serviços públicos)* e especificamente à União, em literal antítese

1. Léon Duguit, *Traité de Droit Constitutionnel*, 2ª ed., vol. II, Fontemoing & Cia. Editores, 1923, p. 55.

2. Ruy Cirne Lima, *Princípios de Direito Administrativo*, 5ª ed., São Paulo, Ed. RT, 1982, p. 82.

3. A Constituição Federal faz mais de 15 literais referências à locução "serviços públicos" no sentido que assinalamos, de fora parte os que assim qualifica mesmo não se servindo de tal expressão, como ocorre justamente nos incisos X a XII, "a" a "e", do art. 21, em que arrola serviços públicos da União.

àquelas que são havidas como pertinentes aos particulares (atividades privadas), na forma do art. 170, com o reforço e simultaneamente ajustes do art. 173.

Há, pois, na Constituição *uma divisão explícita entre serviços públicos e atividade privada*, ali caracterizada como sendo "exploração de atividade econômica".

Com efeito, o art. 170 estatui:

"Art. 170. A ordem econômica, fundada na valorização do trabalho humano e na *livre iniciativa*, tem por fim assegurar a todos existência digna, conforme os ditames da justiça social, observados os seguintes princípios: (...) *II – propriedade privada*; (...) *IV – livre concorrência*; (...)".

E o "Art. 173. Ressalvados os casos previstos nesta Constituição, a exploração direta de atividade econômica pelo Estado *só será permitida quando* necessária aos imperativos da segurança nacional ou a relevante interesse coletivo, conforme definidos em lei".

Inversamente, o art. 21 dispõe: "Art. 21. Compete à União: (...) X – manter o serviço postal e o correio aéreo nacional; *XI – explorar, diretamente ou mediante autorização, concessão ou permissão, os serviços de telecomunicações*, nos termos da lei, que disporá sobre a organização dos serviços, a criação de um órgão regulador e outros aspectos institucionais; XII – explorar, diretamente ou mediante autorização, concessão ou permissão: a) os serviços de radiodifusão sonora, e de sons e imagens; b) os serviços e instalações de energia elétrica e o aproveitamento energético dos cursos de água, em articulação com os Estados onde se situam os potenciais hidroenergéticos; c) a navegação aérea, aeroespacial e a infraestrutura aeroportuária; d) os serviços de transporte ferroviário e aquaviário entre portos brasileiros e fronteiras nacionais, ou que transponham os limites de Estado ou Território; e) os serviços de transporte rodoviário interestadual e internacional de passageiros; f) os portos marítimos, fluviais e lacustres; (...)"

6. Como se vê, os artigos referidos fazem uma disseptação explícita entre serviços públicos – *os da alçada do Estado*, apontados como sendo da competência da União no art. 21, ou de outras entidades de capacidade política (arts. 25, § 2º, e 30, V), e bem opor isto submissos a um regime protetor especial – e os serviços pertinentes à iniciativa privada, que os arts. 170 e 173 denominaram como exploração de "atividade econômica", sujeitos à simples vigilância do Estado, para evitar que sejam desenvolvidos de modo nocivo à sociedade.

Dentre os serviços apontados como da esfera da União – *não dos particulares; não, portanto, como pertinentes à esfera de exploração de atividade econômica* – estão os *serviços de telecomunicações*. Estes, pois, não apenas por sua índole ("existenciais à coletividade em um momento dado"), mas por uma decisão constitucional explícita (art. 21, XI), são incluídos no âmbito daquelas atividades que o Estado reputa de tal importância que ele mesmo pretendeu responsabilizar-se por elas e atribuir-lhes uma disciplina protetora de molde a resguardar os interesses dos usuários de tais serviços.

7. Bem por isto, a Lei 9.472, de 16.7.1997, que dispõe sobre a organização dos serviços de telecomunicações, criação de um órgão regulador e outras providências, estabelece, no art. 1º:

"Art. 1º. Compete à União, por intermédio do órgão regulador e nos termos das políticas estabelecidas pelos Poderes Executivo e Legislativo, *organizar a exploração dos serviços de telecomunicações*.

"Parágrafo único. A organização inclui, entre outros aspectos, *o disciplinamento e a fiscalização da execução*, comercialização e uso dos serviços e da implantação e funcionamento de redes de telecomunicações, bem como da *utilização dos recursos de órbita e espectro de radiofrequências*".

Seu art. 2º enuncia deveres do Poder Público em relação às telecomunicações, a saber: "Art. 2º. O Poder Público tem o dever de: I – garantir, a toda a população, o acesso às telecomunicações, a tarifas e preços razoáveis, *em condições adequadas*; II – estimular a expansão do uso de redes e serviços de telecomunicações pelos serviços de interesse público *em benefício da população brasileira*; III – adotar medidas que promovam a competição e a diversidade dos serviços, incrementem sua oferta *e propiciem padrões de qualidade compatíveis com a exigência dos usuários*; IV – fortalecer o papel regulador do Estado; V – criar oportunidades de investimento e *estimular o desenvolvimento tecnológico* e industrial, em ambiente competitivo; VI – criar condições para que o desenvolvimento do setor seja harmônico com as metas de desenvolvimento social do País".

Como se nota, todas as disposições transcritas têm alcance geral, ou seja, são válidas para as distintas modalidades de prestação de serviço de telefonia. E nem poderia ser de outra forma, por estar em pauta, como se disse, um serviço público por força da Constituição.

8. De outra parte, uma vez que a disciplina específica do serviço público tem em mira, em última instância, a proteção dos usuários – isto é, o interesse destes –, o art. 3º cuidou de fazer uma enunciação dos direitos que a eles assistem. "Sic": "Art. 3º. O usuário de serviços de telecomunicações tem direito: I – de acesso aos serviços de telecomunicações, com *padrões de qualidade e regularidade* adequados à sua natureza, *em qualquer ponto do território nacional*; II – à liberdade de escolha de sua prestadora de serviço; III – de não ser discriminado quanto às condições de acesso e fruição do serviço; IV – à informação adequada sobre as condições de prestação dos serviços, suas tarifas e preços; (...)".

Para bom cumprimento dos deveres do Estado em matéria de telecomunicações, foi prevista uma série de providências a que o Poder Público, por via da Agência Reguladora, não poderia se esquivar. Assim: "Art. 19. À Agência compete adotar as medidas necessárias para o atendimento do interesse público e para o desenvolvimento das telecomunicações brasileiras, atuando com independência, imparcialidade, legalidade, impessoalidade e publicidade, e especialmente: (...) VIII – administrar o espectro de radiofrequências e o uso de órbitas, expedindo as respectivas normas; IX – editar atos de outorga e extinção do direito de uso de radiofrequência e de órbita, fiscalizando e aplicando sanções; X – expedir normas sobre prestação de serviços de telecomunicações no regime privado; XI – expedir e extinguir autorização para prestação de serviço no regime privado, fiscalizando e aplicando sanções; XII – expedir normas e padrões a serem cumpridos pelas prestadoras de serviços de telecomunicações quanto aos equipamentos que utilizarem; XIII – expedir ou reconhecer a certificação de produtos, observados os padrões e normas por ela estabelecidos; XIV – expedir normas e padrões que assegurem a compatibilidade, a operação integrada e a interconexão entre as redes, abrangendo inclusive os equipamentos terminais; (...) XVII – compor administrativamente conflitos de interesses entre prestadoras de serviço de telecomunicações; (...)".

9. Eis, pois, que, ao lume dos dispositivos mencionados, é desnecessário discutir ou pôr reparos em quaisquer tolices ou contradições até infantis da Lei 9.472, as quais, de resto, não passariam de meras tolices se não fossem grosseiramente inconstitucionais, como o tal suposto "regime de direito privado" para a prestação de certos serviços.

Deveras, é visível que o conjunto de preceptivos citados tanto como o fato de as autorizações *serem a título oneroso* (art. 48, § 1º, da Lei 9.472) *e eventualmente pendentes de licitação* (art. 136, § 2º) tornam óbvio que dito regime não é de direito privado e nada tem a ver com aquele previsto no art. 170 da CF.

Com efeito, em regime de direito privado alguém já ouviu falar da necessidade de pagar ao Estado para exercer atividade livre à iniciativa privada, como, por exemplo, para instalar uma indústria, uma fábrica de bicicletas ou para abrir um armazém de secos e molhados? Ou de licitar para abrir uma farmácia, uma papelaria? Ou de alguma autarquia expedir normas e padrões para os equipamentos que prestadores de serviços, como os barbeiros ou os tradutores, irão utilizar (art. 19, XII)? Ou a expedição de regras para determinar a maneira como os encanadores ou prestadores de serviços de Informática deverão agir na prestação dos sobreditos serviços (art. 19, X)? Ou "compor administrativamente conflitos" entre empresas privadas (art. 19, XVII)?

10. De toda sorte, se se quiser – ainda que quase inocuamente – chamar de "regime de direito privado" o que está previsto na Lei 9.472 para as atividades em questão, nem por isto ficará despido da pletora de imposições aludidas, as quais também a ele expressamente se reportam e colocam o Estado na obrigação de adotar zelosas providências assecuratórias da melhor qualidade e generalização do serviço – como, de resto, ocorre em relação aos serviços públicos em geral.

Em suma, é manifesto que os vários dispositivos constantes dos arts. 1º, 2º, 3º e 19 compõem uma disciplina peculiar, um regime específico, organizador de um ramo de atividade que a Constituição qualificou como serviço público e no qual se traduz a nítida consciência de "deveres" perante os administrados, isto é, da sujeição a encargos por força dos quais os interesses dos usuários de tais serviços são colocados em primeiro plano. Donde, tais interesses ficam manifestamente acima das conveniências particulares dos empresários tais ou quais que operem neste segmento, pois a todos impõe-se a sujeição de operar de maneira a que o acesso às telecomunicações se faça "em condições adequadas" (art. 2º, I), expandindo-se "em benefício da população brasileira" (art. 2º, II), na conformidade de medidas que "propiciem padrões de qualidade compatíveis com a exigência dos usuários" (art. 2º, III), de molde a "estimular o desenvolvimento tecnológico" (art. 2º, V), sendo certo, afinal, que "*o usuário de serviços de telecomunicações tem direito*: I – de acesso aos serviços de telecomunicações, com *padrões de qualidade e regularidade* adequados à sua natureza, *em qualquer ponto do território nacional*" (art. 3º, I) – razão pela qual os serviços em apreço ficam sujeitos a todas as providências que a ANATEL tem de promover na conformidade do art. 19, inclusive, quando necessário, compondo "administrativamente conflitos de interesses entre prestadoras de serviço de telecomunicações" (art. 19, XVII).

11. Por meio de tal regime o que se intenta é instrumentar a entidade que tem a seu cargo as competências para organizar e disciplinar os serviços de telecomunicações (art. 1º e parágrafo único da lei da ANATEL) com os recursos jurídicos necessários para assegurar a boa satisfação dos interesses públicos encarnados no serviço público. *Pretende-se proteger do modo mais eficiente possível as conveniências da coletividade* e, igualmente, *defender a boa prestação* do serviço não apenas (a) em relação a terceiros que pudessem obstá-la, *mas também* – e com o mesmo empenho – (b) *em relação ao próprio Estado* e (c) *ao sujeito que a esteja desempenhando* (concessionário ou permissionário).

Em suma, foi instituído um tratamento normativo que corresponde ao que Gaston Jèze, pondo ênfase no aspecto que realmente interessa do ponto de vista jurídico-positivo, caracterizou nos seguintes termos: "Dizer que em determinada hipótese existe serviço público equivale a dizer que os agentes públicos, para dar satisfação regular e contínua a certa categoria de necessidades de interesse geral, podem aplicar os procedimentos de direito público, isto é, um regime jurídico especial (...)".[4]

Nesta mesma linha, Bernard Chénot encareceu que "dizer de uma atividade que é serviço público é dizer que está submetida ao regime de direito público";[5] ou, então, "criar um serviço público é submeter a regras exorbitantes do direito comum o exercício de certas atividades".[6] Em monografia clássica, o mesmo ilustre autor grafou, ainda: "A única questão importante é saber sob que regime jurídico estes atos são cumpridos".[7] Entre nós, Cretella Jr. elucida: "Serviço público é toda atividade que o Estado exerce, direta ou indiretamente, para a satisfação do interesse público, *mediante procedimento de direito público*".[8]

4. Gaston Jèze, ob. e vol. cits., p. 4.

5. *Apud* Jean Rivero, *Droit Administratif*, 3ª ed., Paris, Dalloz, 1965, p. 380.

6. *Apud* Marcel Waline, *Droit Administratif*, 9ª ed., Paris, Sirey, 1963, p. 76.

7. Bernard Chénot, *Organization Économique de l'État*, 1951, p. 85.

8. José Cretella Jr., *Curso de Direito Administrativo*, 10ª ed., Rio de Janeiro, Forense, 1989, p. 409.

12. Em uma palavra: os precitados arts. 1º, 2º, 3º e 19 da Lei 9.472/1997, de par com os arts. 159 e 160 – estes últimos relativos à distribuição de faixas do espectro de radiofrequências, seu emprego racional e econômico, bem como a restrição ao emprego delas ou das faixas, em função do interesse público –, evidenciam, de modo cabal, a vinculação de toda a atividade envolvida a considerações em que prevalecem incontestadamente o interesse coletivo, isto é, da comunidade, e *o dever do Poder Público de lhe promover a realização*. Neste ponto e a este propósito, é útil relembrar algumas noções básicas do direito administrativo.

Disse Cirne Lima, o alumiado mestre gaúcho: "Opõe-se a noção de administração a de propriedade, nisto que, sob administração, o bem não se entende vinculado à vontade ou personalidade do administrador, porém a finalidade impessoal a que essa vontade deve servir".[9]

Com efeito: "Traço característico da atividade assim designada é estar vinculada não a uma vontade livremente determinada, porém a um fim alheio à pessoa e aos interesses particulares do agente ou do órgão que a exercita".[10]

Deveras: "'O fim e não a vontade domina todas as formas de administração. Supõe destarte a atividade administrativa a preexistência de uma regra jurídica reconhecendo-lhe uma finalidade própria. Jaz consequentemente a Administração Publica debaixo da legislação, que deve enunciar e determinar a regra de Direito".[11]

São ainda desse grande publicista os seguintes insuperáveis ensinamentos:

9. Ruy Cirne Lima, *Princípios de Direito Administrativo*, 3ª ed., Sulina, 1954, p. 20.

10. Idem, p. 21.

11. Idem, p. 22.

"Administração, segundo o nosso modo de ver, é a atividade do que não é proprietário – do que não tem a disposição da cousa ou do negócio administrado".[12]

Bem por isto se compreende que: "Na administração, o dever e finalidade são predominantes; no domínio, a vontade".[13]

Corolário disto tudo é o que vai anotado nas seguintes lapidares considerações: "A relação de administração somente se nos depara, no plano das relações jurídicas, quando a finalidade que a atividade de administração se propõe nos aparece defendida e protegida, pela ordem jurídica, contra o próprio agente e contra terceiros".[14]

Nem poderia ser de outro modo, pois: "A relação de administração é a relação jurídica que se estrutura ao influxo de uma finalidade cogente".[15]

13. Esta pinha de citações tiradas a lume nos autoriza a dizer, como o fizemos em sucessivas edições de obra teórica,[16] que função pública, no Estado Democrático de Direito, é a atividade exercida no cumprimento do *dever* de alcançar o interesse público, mediante o uso dos poderes instrumentalmente necessários conferidos pela ordem jurídica.

Quem desempenha atividade pública exerce função. Conquanto a palavra "função", em Direito, seja utilizada em acepções distintas, seu sentido mais relevante é precisamente aquele a que se reporta Enzo Capaccioli com dizer: "Un significato ben intelligibile de funzione è quello per cui si chiama funzione il potere il cui esercizio sia dovuto".

E, logo em seguida: "Quando si parla di 'funzione' nel senso in esame, si entende no tanto aggiungere, a quella di potere, uma nozione diversa, quanto sottolineare quella qualità del potere (pubblico) che consiste nella doverosità dell'esercizio".[17]

Estes mesmos caracteres estavam acentuados por Renato Alessi quase no pórtico de seu *Sistema Istituzionale del Diritto Amministrativo Italiano*, nos seguintes termos: "Appunto il potere statuale, considerato in quanto diretto a queste finalità di interesse collettivo, ed in quanto oggetto di un dovere giuridico relativamente alla sua esplicazione, costituice uma funzione statuale".[18]

Possivelmente a primeira caracterização de "função" nesta linha de ideias seja devida a Santi Romano, em seus *Principi di Diritto Costituzionale Generale* (Milão, 1945),[19] o qual foi colacionado pelo supracitado Renato Alessi.

14. Existe "função" quando alguém está investido no dever de satisfazer certas finalidades em prol do interesse de outrem, necessitando, para tanto, manejar os poderes requeridos para supri-las. Função, em síntese, é o exercício, no interesse alheio, de um poder manifestado em conta de um dever legal. Na esfera administrativa o que existe são funções; logo, trazem consigo o

12. Idem, ibidem.

13. Idem, p. 52.

14. Idem, ibidem.

15. Idem, p. 53.

16. Celso Antônio Bandeira de Mello, *Curso de Direito Administrativo*, 24ª ed., São Paulo, Malheiros Editores, 2007.

17. Enzo Capaccioli, *Manuale di Diritto Amministrativo*, vol. I, Pádua, CEDAM, 1980, p. 250.

18. Renato Alessi, *Sistema Istituzionale del Diritto Amministrativo Italiano*, 3ª ed., Milão, Giuffrè Editore, 1960, p. 2.

19. O trecho onde o iluminado publicista refere o assunto, na edição brasileira dos *Princípios Gerais de Direito Constitucional*, traduzidos pela professora Maria Helena Diniz, está à p. 145 (São Paulo, Ed. RT, 1977).

que os doutrinadores italianos qualificam como *doverosità*.

A Administração direta ou autárquica exerce função pública administrativa, e nesta, como visto, não há autonomia da vontade, nem a liberdade em que se expressa, nem a autodeterminação da finalidade a ser buscada, nem a procura de interesses próprios, pessoais. Há adscrição a uma finalidade previamente estabelecida[20] e submissão da vontade ao escopo pré-traçado na Constituição ou na lei, tanto como o dever de bem curar um interesse alheio – que, no caso, é o interesse público; vale dizer, da coletividade como um todo, e não da entidade governamental em si mesma considerada.

Função, pois, é poder teleologicamente orientado para o cumprimento de fins que são impositivos para quem a detém. Em rigor, o exercente de função dispõe é de um dever-poder. O dever de bem curar um interesse que não é próprio, mas da coletividade, e em nome da qual lhe foi atribuído o poder, meramente instrumental, de bem servi-la. Por isto, toda competência administrativa é um "dever" de praticar o ato idôneo para atendimento da finalidade protetora do interesse público, isto é, da coletividade.

Tal desempenho, é certo, implica o exercício de um poder, o qual, entretanto, bem se vê, é meramente ancilar, instrumental, deferido como requisito insuprimível para que seu titular possa desincumbir-se do dever posto a seu cargo e delimitado, caso a caso, por esta mesma razão que o conforma. Logo, aquele que desempenha função tem, na realidade, *deveres-poderes*. Não "poderes", simplesmente. Nem mesmo satisfaz configurá-los como "poderes-deveres", nomenclatura divulgada a partir de Santi Romano.

15. Com efeito, fácil é ver-se que a tônica reside na ideia de *dever*, não na de *poder*. Daí a conveniência de inverter os termos deste binômio para melhor vincar sua fisionomia e exibir com clareza que o poder se subordina ao cumprimento, no interesse alheio, de uma dada finalidade.

Donde, o poder é meramente a contraface do dever, e não o contrário. Consequentemente, não satisfaz falar-se em poder-dever, pois o dever não é a contraface do poder, mas, inversamente, o poder é que é a contraface do dever.

Eis por que, em obra teórica, conceituamos *competência* como "o círculo compreensivo de um plexo de deveres públicos a serem satisfeitos mediante o exercício de correlatos e demarcados poderes instrumentais, legalmente conferidos para a satisfação de interesses públicos".[21]

Desta índole das competências públicas resulta que elas são de exercício obrigatório para os órgãos e agentes públicos. Vale dizer: exercitá-las não é uma questão entregue à livre decisão de quem as titularize. Não está em pauta um problema "pessoal" do sujeito, ao qual ele possa dar a solução que mais lhe apraz. Está sotoposto ao dever jurídico de atender à finalidade legal e, pois, de deflagrar os poderes requeridos para tanto sempre que presentes os pressupostos para seu desencadeamento. Em suma: o poder, na competência, é a vicissitude de um dever. E não mais que isto.

20. Para um confronto entre *atividade privada* e *atividade administrativa*, *autonomia da vontade* e *função*, cf. Afonso Rodrigues Queiró, *Reflexões sobre a Teoria do Desvio de Poder*, Coimbra, Coimbra Editora, 1940, pp. 15-18.

21. Celso Antônio Bandeira de Mello, *Curso de Direito Administrativo*, 14ª ed., São Paulo, Malheiros Editores, 2002, p. 126.

16. Ante todo o exposto, não há duvidar de que a ANATEL tem o *dever jurídico* de concorrer para a realização do projeto normativo do qual é nomeadamente um instrumento, pois exercente de uma específica função administrativa. Eis, pois, que, como entidade autárquica, que é – vale dizer, pessoa jurídica de direito público de capacidade exclusivamente administrativa –, não pode se correr de agir na busca e realização dos cometimentos a que está preposta por lei ou por normas infralegais que regulam sua atuação e delineiam as linhas político-administrativas postas a seu cargo. Fazê-lo não é um problema pessoal de seus administradores, não é uma decisão entregue ao livre alvedrio dos dirigentes da Agência, mas um inescusável dever jurídico.

Sendo assim – e assim é –, posto que a lei atribuiu competências à ANATEL para implementar a política nacional de telecomunicações, tem-se que o comportamento lídimo, a impostergável responsabilidade da Agência diante desta realidade, só pode ser o de envidar todos os esforços e adotar todas as providências necessárias para cumprimento dos objetivos postos à sua cura, porquanto o interesse público neles substanciado é indisponível para a Administração. O que, evidentemente, não significa que tenhamos a menor confiança em que ela assim agirá, pois até hoje não deu mostras disto.

A CONCESSÃO URBANÍSTICA NO MUNICÍPIO DE SÃO PAULO

ADILSON ABREU DALLARI

Professor Titular de Direito Administrativo da PUC-SP

1. Desapropriações urbanísticas. 2. As operações consorciadas no Estatuto da Cidade. 3. A concessão urbanística no Plano Diretor. 4. A lei ordinária municipal de São Paulo. 5. Conclusões.

1. Desapropriações urbanísticas

A concessão urbanística, como instrumento de atuação governamental destinada a recuperar espaços urbanos degradados, para que possa ser levada a efeito, requer a prévia desapropriação da área a ser revitalizada. É oportuno, portanto que, antes de examinar a questão específica da concessão, seja feita uma breve abordagem das características da desapropriação feita com propósitos urbanísticos.

Por força de expressas disposições da Constituição Federal (arts. 5º, XXIII, e 170, III) a garantia da propriedade privada está vinculada ao cumprimento de sua função social. Tal característica é ainda mais acentuada com relação à propriedade imóvel urbana, em razão das disposições sobre política urbana delineadas pelo art. 182.

Tradicionalmente, a desapropriação sempre foi entendida como um instrumento por meio do qual o Poder Público adquire a propriedade privada, a qual ingressa no patrimônio público para que, depois, receba uma destinação de interesse público ou social. Porém, para finalidades urbanísticas, para dar ao imóvel uma utilização socialmente conveniente, nem sempre é necessário que o bem passe a integrar o patrimônio público, pois muitas vezes basta mudar seu uso, sem retirá-lo do domínio privado. O papel do Poder Público resume-se em fazer com que um particular interessado em dar ao imóvel a utilização conveniente para a coletividade possa adquirir a propriedade, tendo como condição dessa aquisição exatamente a específica destinação assinalada pelo Poder Público.

Essa preocupação primordial com o uso futuro (e não com a detenção do título de propriedade pela Administração Pública) está claramente presente em diversos dispositivos da legislação vigente, ao cuidar de planos de urbanização ou de renovação urbana.

Com base nessa legislação, tanto a doutrina quanto a jurisprudência entendem que, nos casos expressamente previstos na legislação, é possível que o Poder Público desaproprie um bem, pague o valor correspondente à indenização e depois, subsequentemente, entregue o mesmo bem a outro particular, que lhe dará a destinação que serviu de fundamento para o exercício da competência expropriatória.

Atualmente já se aceita com tranquilidade que o bem possa ser regularmente desapropriado, não só pelo Poder Público expropriante, mas também por uma empresa privada que atue como agente do Poder Público, a qual dará ao bem o uso de interesse público ou social. Tal possibilidade está respaldada no art. 3º do vetusto Decreto-lei 3.365, de 21.6.1941 (há quase 70 anos, pois), segundo o qual: "Os concessionários de serviços públicos e os estabelecimentos de caráter público ou que exerçam funções delegadas de poder público poderão promover desapropriações mediante autorização expressa, constante de lei ou de contrato".

É bem verdade que essa possibilidade de que um particular, ele mesmo, efetivasse a desapropriação (desde que o Poder Público decretasse a necessidade ou utilidade pública) estava restrita a entidades privadas que exercessem alguma função pública, por concessão ou delegação. O que se destaca agora é que essa função pública pode ser exatamente a *função urbanística*, consistente em dar a uma determinada área a utilização julgada conveniente pela Administração Pública competente.

O que se quer ressaltar é que a tese da efetivação da desapropriação pelo pagamento da indenização correspondente feito diretamente pelo particular beneficiado, o qual deverá lhe dar a destinação de interesse público determinada pelo Poder Público, não é aberrante, nunca foi havida como incompatível com a disciplina constitucional do instituto da desapropriação.

É pacífico no Direito Brasileiro que um concessionário de serviço público (por exemplo, uma empresa privada concessionária de serviços de geração de energia elétrica) pode desapropriar ou, mais exatamente, pode protagonizar o processo expropriatório desde que a declaração de utilidade ou necessidade pública seja feita pelo Poder Público.

O problema está em aferir a viabilidade jurídica de que esse particular, concessionário de um serviço público, aliene o bem assim expropriado para um terceiro particular, como forma de conferir ao mesmo bem sua função de utilidade pública ou social. Isso ocorreria, por exemplo, na outorga a uma empresa privada de desenvolvimento da prerrogativa de construir um conjunto habitacional para população de baixa renda.

Neste passo, convém perguntar: o que é uma *concessão de serviço público*? A resposta usualmente dada pela doutrina é no sentido de que se trata da delegação feita pelo Poder Público a um particular, mediante contrato, para que este explore um serviço público por sua conta e risco, ou seja, que faça os investimentos necessários para implantar e fazer funcionar um serviço público, remunerando-se, normalmente, por meio da cobrança de tarifas pagas pelos usuários desse serviço.

O Poder Público nada paga ao concessionário. Este é que deverá, por sua conta, proceder às desapropriações eventualmente necessárias, realizar as obras indispensáveis para a instalação do serviço e cuidar da sua prestação. O particular concessionário faz todos os investimentos necessários, e depois, ao longo do tempo, obtém o reembolso do que despendeu (e mais a remuneração do capital investido) diretamente das pessoas beneficiadas pelo serviço implantado.

Esse mesmo processo pode ser utilizado quando o "serviço" for, exatamente, a implantação de um projeto de urbanização ou renovação urbana, por meio da outorga ao particular interessado em desenvolver o projeto de uma concessão urbanística.

Antes mesmo da promulgação do Estatuto da Cidade já era comportada pelo sistema jurídico brasileiro a outorga de uma concessão urbanística, por meio da qual poderia um particular, agindo em nome do Poder Público, promover a desapropriação de uma área, indenizando os proprietários dos imóveis nela existentes, para depois implantar um plano de urbanização de renovação urbana, remunerando-se pela alienação das novas unidades imobiliárias, delineadas de maneira a melhor atender ao interesse público, dando concreção ao princípio da função social da propriedade.

Tal possibilidade, entretanto, não era pacífica, pois parte da doutrina via nisso uma forma de especulação imobiliária, que seria incompatível com o sistema constitucional.

2. As operações consorciadas no Estatuto da Cidade

As eventuais dúvidas e resistências com relação às concessões urbanísticas que existiram no passado tendem a desaparecer, dado seu acolhimento entre as disposições da Lei 10.257, de 10.7.2001 (Estatuto da Cidade), que, em seu art. 2º, elenca entre suas diretrizes gerais a cooperação entre o Poder Público e os particulares, dando positividade ao princípio da subsidiariedade.

Com efeito, diz o mencionado art. 2º que a política urbana tem por objetivo ordenar o pleno desenvolvimento das funções sociais da cidade e da propriedade urbana, mediante: "III – cooperação entre os governos, a iniciativa privada e os demais setores da sociedade no processo de urbanização, em atendimento ao interesse social".

Não há menção expressa à subsidiariedade, mas apenas à cooperação. Todavia, é preciso lembrar que o Estatuto da Cidade surge como mais um instrumento do processo de transformação dos costumes, práticas e valores na Administração Pública brasileira deflagrado pela Emenda Constitucional 19/1998, que tem como um dos vetores exatamente a maior participação dos particulares na vida pública, passando aos investidores privados, primordialmente, tudo aquilo que eles podem levar adiante, reservando para o aparelho estatal as atividades indelegáveis.

A fundamentação legal para a utilização de concessões urbanísticas figura no Estatuto da Cidade na parte que cuida da disciplina das operações consorciadas:

"Art. 32. Lei municipal específica, baseada no Plano Diretor, poderá delimitar área para aplicação de operações consorciadas.

"§ 1º. Considera-se operação urbana consorciada o conjunto de intervenções e medidas coordenadas pelo Poder Público Municipal, com a participação dos proprietários, moradores, usuários permanentes e investidores privados, com o objetivo de alcançar em uma área transformações urbanísticas estruturais, melhorias sociais e a valorização ambiental."

A participação dos investidores privados poderá ser maior ou menor, conforme as circunstâncias do caso concreto, mas deverá sempre observar a orientação firmada pelo Poder Público.

Cada operação urbana consorciada deverá ser aprovada por lei específica, que poderá autorizar a outorga da concessão urbanística, definindo seus termos e cuidando de tudo mais que consta do art. 33 do Estatuto da Cidade: "Art. 33. Da lei específica que aprovar a operação urbana consorciada constará o plano de operação urbana consorciada, contendo, no mínimo: I – definição da área a ser atingida; II – programa básico de ocupação da área; III – programa de atendimento econômico e social para a população diretamente afetada pela operação; IV – finalidades da operação; V – estudo prévio de impacto de vizinhança; VI – contrapartida a ser exigida dos proprietários, usuários permanentes e investidores privados em função da utilização dos benefícios previstos nos incisos I e II do § 2º do art. 32 desta Lei; VII – forma de controle da operação, obrigatoriamente compartilhado com representação da sociedade civil".

As finalidades, os objetivos e os conteúdos possíveis de uma operação urbana consorciada foram objeto de extraordinária síntese feita por Paulo Villela Lomar no texto que se transcreve:

"A operação urbana, assim compreendida, implica a recuperação de ambientes degradados e a adequação da infraestrutura urbana, serviços e edificações a novas funções e novas tecnologias dentro da perspectiva de adaptação das cidades aos atuais processos de transformação econômica, social e cultural. Esta orientação mais recente expressa uma certa descrença quanto à eficácia dos instrumentos apenas normativos de planejamento e se apresenta como estimuladora da adoção de uma modalidade de planejamento estratégico mais interventiva sobre a realidade urbana, mediada por ampla negociação entre os diversos agentes públicos, empreendedores privados e a sociedade civil.

"Em princípio, de acordo com o planejamento urbanístico, a operação urbana consorciada comporta um conjunto de alterações na área de sua realização, que pode abranger, por exemplo, a modificação ou ampliação do sistema viário, criação ou ampliação de espaços públicos, recuperação e modernização da infraestrutura urbana de saneamento básico, energia elétrica e telecomunicações, a recuperação de áreas envelhecidas e degradadas, maior adensamento populacional, a construção de habitações de interesse social, a criação ou a revitalização de áreas centrais de bairros ou distritos no âmbito de um processo de descentralização urbana e reurbanização com a regularização fundiária de áreas ocupadas por populações de baixa renda" ("Operação urbana consorciada", in Adilson Abreu Dallari e Sérgio Ferraz (coors.), *Estatuto da Cidade*, 2ª ed., São Paulo, Malheiros Editores, 2006, pp. 251-252).

Em síntese, mediante lei municipal específica, que atenda aos requisitos estabelecidos pela norma geral federal, é juridicamente viável a utilização da concessão urbanística como instrumento de implantação de planos urbanísticos, como uma forma de cooperação entre o Poder Público e a iniciativa privada.

3. A concessão urbanística no Plano Diretor

O Município de São Paulo desde longo tempo já se vale de operações urbanas para promover a revitalização de áreas específicas. A configuração e a abrangência de tais instrumentos de intervenção urbanística veio se alterando ao longo do tempo.

A legislação mais antiga e mais significativa disciplinando essa forma de atuação se referia a um instituto urbanístico denominado "operação interligada", objeto das Leis municipais 10.209, de 9.12.1986, que "dispõe sobre a construção de habitações de interesse social, para moradores de habitação subnormal", e 11.773, de 18.5.1995, que "dispõe sobre o programa 'Direito à Moradia', visando à obtenção de recursos para construção de residências destinadas a moradores de habitação subnormal".

A operação interligada referida por essas leis, como meio para a obtenção de recursos destinados à satisfação daqueles interesses públicos mencionados em suas ementas, permitiu, àqueles que a elas aderiram, a alteração de parâmetros urbanísticos do terreno onde pretendiam ver aprovado um empreendimento em troca de pagamento de determinado valor ao Município, exatamente para fins de construção de moradias sociais. Trata-se, em suma, de instrumento legal de captação de recursos a serem utilizados pelo Município em sua política habitacional destinada aos mais necessitados.

Destaque-se, de imediato, o caráter contratual, bilateral, desse ajuste. O acréscimo permitido não era um favor ao proprietário do terreno, um benefício, uma benesse de interesse unilateral, mas, ao contrário, era uma medida ditada pelo interesse público. Operações interligadas foram possíveis porque a legislação municipal as qualificou como sendo de interesse público.

Posteriormente foram instituídas por diversas leis municipais específicas algumas operações urbanas referidas a áreas determinadas (como, por exemplo, a "Operação Urbana Faria Lima"), que eram mais amplas, não tinham esse caráter diretamente contratual, de troca, mas que, nas áreas por elas abrangidas, permitiam um tratamento diferenciado com relação ao ordenamento geral de uso do solo, possibilitando uma utilização mais intensiva, de acordo com os equipamentos urbanos disponíveis ou projetados, tendo como contrapartida o pagamento pela construção de áreas em quantidade superior ao potencial geral de edificabilidade (solo criado), feito por meio da aquisição de Certificados de Potencial Adicional de Construção-CEPACs vinculados a cada uma dessas operações urbanas e cujos recursos deveriam ser aplicados na respectiva área.

Como regra geral, a organização do espaço urbano ainda deve ser feita mediante um zoneamento de uso, mas paralelamente, com relação a algumas específicas e delimitadas áreas urbanas, é possível e necessário dar um tratamento especial, diferenciado, dotado de maior plasticidade, comportando tratamento normativo peculiar, visando à obtenção de determinados objetivos urbanísticos. Ao instituir uma operação urbana, por meio de lei específica, o Poder Público adota uma postura ativa, promovendo e fomentando o desenvolvimento.

Um dado elementar às operações urbanas é exatamente o tratamento diferenciado, em razão de objetivos diferenciados. O zoneamento visa a evitar comportamentos indesejáveis, ao passo que as operações urbanas visam a obter comportamentos desejados, mediante o oferecimento de incentivos ou vantagens aos eventuais interessados.

Atualmente, na senda aberta pela previsão de operações urbanas consorciadas pelo Estatuto da cidade, a legislação municipal paulistana já contempla a figura da *concessão urbanística* entre os diversos instrumentos consignados no Plano Diretor Estratégico do Município de São Paulo (aprovado pela Lei 13.430, de 13.9.2002) para a realização da política urbana, nestes termos:

"Art. 239. O Poder Executivo fica autorizado a delegar, mediante licitação à empresa, isoladamente, ou a conjunto de empresas, em consórcio, a realização de obras de urbanização ou de reurbanização de região da Cidade, inclusive loteamento, reloteamento, demolição, reconstrução e incorporação de conjuntos de edificações para implementação de diretrizes do Plano Diretor Estratégico.

"§ 1º. A empresa concessionária obterá sua remuneração mediante exploração, por sua conta e risco, dos terrenos e edificações destinados a usos privados que resultarem da obra realizada, da renda derivada da exploração de espaços públicos, nos termos que forem fixados no respectivo edital de licitação e contrato de concessão urbanística.

"§ 2º. A empresa concessionária ficará responsável pelo pagamento, por sua conta e risco, das indenizações devidas em decorrência das desapropriações e pela aquisição dos imóveis o pagamento do preço de imóvel no exercício do direito de preempção pela Prefeitura ou o recebimento de imóveis que forem doados por seus proprietários para viabilização financeira do seu aproveitamento, nos termos do art. 46 da Lei federal n. 10.257, de 10 de julho de 2001, cabendo-lhe também a elaboração dos respectivos projetos básico e executivo, o gerenciamento e a execução das obras objeto da concessão urbanística.

"§ 3º. A concessão urbanística a que se refere este artigo reger-se-á pelas disposições da Lei federal n. 8.987, de 13 de fevereiro de 1995, com as modificações que lhe foram introduzidas posteriormente, e, no que couber, pelo disposto no art. 32 da Lei estadual n. 7.835, de 8 de maio de 1992."

Como se pode notar, nesse moderno tratamento jurídico das questões urbanísticas existe mais que um simples incentivo, pois o empreendedor privado, atuando em nome da Municipalidade, passa ser mais que um simples coadjuvante, cabendo-lhe desempenhar um papel ativo, como protagonista na organização conveniente dos espaços habitáveis.

4. A lei ordinária municipal de São Paulo

Havendo previsão expressa da possibilidade de instituição da concessão urbanística na Lei do Plano Diretor paulistano, foi possível editar uma lei disciplinando genericamente esse novo instituto jurídico. Essa lei municipal é exatamente a Lei 14.917, de 7.5.2009, que "dispõe sobre a concessão urbanística no Município de São Paulo", cujo art. 1º tem o seguinte teor:

"Art. 1º. A concessão urbanística constitui instrumento de intervenção urbana estrutural destinado à realização de urbanização ou de reurbanização de parte do território municipal a ser objeto de requalificação da infraestrutura urbana e de reordenamento do espaço urbano com base em projeto urbanístico específico em área de operação urbana ou área de intervenção urbana para atendimento de objetivos, diretrizes e prioridades estabelecidas na Lei do Plano Diretor Estratégico.

"Parágrafo único. São diretrizes que podem justificar a realização de intervenção urbana mediante a concessão urbanística: I – elevar a qualidade do ambiente urbano, por meio da preservação dos recursos naturais e da proteção do patrimônio histórico, artístico, cultural, urbanístico, arqueológico e paisagístico; II – racionalizar o uso da infraestrutura instalada, em particular a do sistema viário e de transportes, evitando sua sobrecarga ou ociosidade; III – promover e tornar mais eficientes, em termos sociais, ambientais, urbanísticos e econômicos, os investimentos dos setores público e privado; IV – prevenir distorções e abusos no desfrute econômico da propriedade urbana e coibir o uso especulativo da terra como reserva de valor, de modo a assegurar o cumprimento da função social da propriedade; V – permitir a participação da iniciativa privada em ações relativas ao processo de urbanização; VI – recuperar áreas degradadas ou deterioradas visando à melhoria do meio ambiente e das condições de habitabilidade; VII – estimular a reestruturação e requalificação urbanística para melhor aproveitamento de áreas dotadas de infraestrutura, estimulando investimentos e revertendo o processo de esvaziamento populacional ou imobiliário; VIII – estimular o adensamento de áreas já dotadas de serviços, infraestrutura e equipamentos, de forma a otimizar o aproveitamento da capacidade instalada e reduzir custos; IX – adequar a urbanização às necessidades decorrentes de novas tecnologias e modos de vida; X – possibilitar a ocorrência de tipologias arquitetônicas diferenciadas e facilitar a reciclagem das edificações para novos usos".

Em seguida, o art. 2º apresenta um conceito de *concessão urbanística*, e em seu parágrafo único deixa bem clara a forma de remuneração do particular pelos investimentos feitos na área:

"Art. 2º. Para os fins desta Lei, concessão urbanística é o contrato administrativo por meio do qual o poder concedente, mediante licitação, na modalidade concorrência, delega a pessoa jurídica ou a consórcio de empresas a execução de obras urbanísticas de interesse público, por conta e risco da empresa concessionária, de modo que o investimento desta seja remunerado e amortizado mediante a exploração dos imóveis resultantes destinados a usos privados nos termos do contrato de concessão, com base em prévio projeto urbanístico específico e em cumprimento de objetivos, diretrizes e prioridades da Lei do Plano Diretor Estratégico.

"Parágrafo único. A empresa concessionária obterá sua remuneração, por sua conta e risco, nos termos estabelecidos no edital de licitação e no contrato, dentre outras fontes, por meio da alienação ou locação de imóveis, inclusive dos imóveis desapropriados e das unidades imobiliárias a serem construídas, da exploração direta ou indireta de áreas públicas na área abrangida pela intervenção urbana ou qualquer outra forma de receita alternativa, complementar ou acessória, bem como pela receita de projetos associados."

Não cabe, neste breve estudo, uma análise completa dessa lei, mas alguns pontos merecem especial destaque, como é o caso do art. 7º, que condiciona a abertura de licitação para a concessão urbanística à realização prévia, pelo Poder Público, de estudos para a definição dos objetivos, diretrizes e parâmetros de interesse público específico para a elaboração do projeto urbanístico específico da intervenção a ser realizada por meio da concessão, compreendendo, no mínimo, estudos de viabilidade econômica, estudos de impacto ambiental ou de vizinhança; demonstrativo quantitativo e qualitativo dos custos e benefícios sociais, urbanísticos e ambientais da intervenção urbana a ser realizada; e, ainda, a realização de audiências públicas possibilitando a interação com proprietários, moradores, usuários permanentes e investidores privados eventualmente interessados.

Nos termos do art. 8º, o projeto urbanístico específico da intervenção urbana a ser realizada por meio da concessão urbanística deverá contemplar a definição das modificações no sistema viário; a localização e definição da infraestrutura urbana e dos equipamentos comunitários; a localização e definição dos espaços públicos de uso comum e especial; a definição dos parâmetros e diretrizes urbanísticos, ambientais e sociais; e, por último, um programa de atendimento econômico e social para a população diretamente afetada pela intervenção urbana.

Tal projeto deverá ser submetido a consulta pública, conforme determina o art. 9º, para que sejam expostas as justificativas para a concessão, com a identificação do objeto, do prazo de duração do contrato e do valor estimado e as minutas do edital e do contrato, fixando-se prazo para a apresentação de sugestões.

Mais adiante, no art. 25, a lei enumera as incumbências do poder concedente, tais como: declarar a utilidade pública ou interesse social da área para fins de desapropriação; regulamentar e fiscalizar a execução da intervenção urbana concedida; proceder às alterações necessárias para melhor atender ao interesse público; zelar pela boa qualidade da intervenção urbana e pela efetiva concretização dos interesses públicos a que se destina e, se for o caso, intervir na concessão urbanística, retomá-la e extinguir a concessão nas hipóteses e nas condições previstas em lei e no contrato.

Também são enumeradas as incumbências da empresa concessionária, no art. 26, consistentes em: executar a intervenção urbana de acordo com o projeto urbanístico específico; proceder à aquisição e venda ou locação dos imóveis destinados a usos privados, inclusive mediante incorporação imobiliária; exercer o direito de preempção, em nome da Prefeitura Municipal; receber doações de proprietários de imóveis situados no perímetro da concessão urbanística para futura doação de unidades imobiliárias devidamente urbanizadas; promover as desapropriações, judicial ou amigavelmente, na forma autorizada na concessão, efetuando o pagamento das indenizações devidas; franquear o acesso dos encarregados da fiscalização, a qualquer momento, aos locais das obras; e prestar contas periódicas à Prefeitura Municipal e à sociedade civil do cumprimento integral e fiel da concessão.

A disciplina estabelecida pela lei municipal assegura ao concessionário todas as condições necessárias para a execução do contrato com vistas à obtenção do justo lucro almejado, ao mesmo tempo em que confere prerrogativas à Municipalidade para impedir desvios ou falhas na execução do contrato de concessão, de tal forma que a empresa concessionária somente obterá os lucros almejados se efetivamente der fiel execução ao contrato.

Quem ganha com tudo isso é a coletividade, que participou da elaboração do projeto, acompanhou sua execução e que passará, no final, a dispor de uma área urbana inteiramente requalificada e apta a cumprir a função social da cidade, prescrita no art. 182 da CF.

5. Conclusões

No campo da atuação urbanística é perfeitamente possível viabilizar a cooperação entre a Administração Pública e a iniciativa privada, desde que, conforme se espera, o empirismo, a improvisação, o descaso e, até mesmo, a corrupção sejam substituídos pelo planejamento urbano, elaborado e implantado de maneira participativa, conforme manda a Constituição.

Um importantíssimo instrumento de implantação dessa nova ordem é, exatamente, a *concessão urbanística*. Mediante sua utilização será possível promover a renovação de áreas degradadas existentes em meio ao espaço urbanizado, otimizando-se os investimentos em equipamentos urbanos e sociais.

Esses objetivos podem ser atingidos sem que o Poder Público tenha que aplicar recursos do erário. Caberá ao concessionário de determinado projeto urbanístico fazer os investimentos necessários, inclusive o pagamento das indenizações, remunerando-se com a venda ou locação dos novos espaços imobiliários criados de acordo com as prescrições estabelecidas pela lei autorizadora específica.

O que se tem hoje, especialmente nas grandes cidades, é o caos urbano, o predomínio da violência, da poluição e, em síntese, da má qualidade de vida. Tal estado de coisas pode e deve ser revertido com o auxílio da iniciativa privada.

Em matéria de desenvolvimento urbano é preciso aproveitar as experiências levadas a efeito em outros setores, facilitando a atuação adequada dos investidores privados e redobrando os meios de controle, para evitar eventuais desvios.

A concessão urbanística, conforme foi visto, pode ser um importantíssimo instrumento desse processo, mas para isso será necessário repensar certos conceitos e eliminar preconceitos profundamente enraizados depois de séculos do predomínio de uma concepção individualista da propriedade.

O foco da atuação da Administração Pública em matéria de urbanismo não está mais centrado no proprietário do imóvel como alguém que precisa ser contido para não comprometer o interesse público, mas, sim, está mais disseminado pelo corpo social, pela coletividade, pelo conjunto indissolúvel da população urbana, tomando o empreendedor imobiliário privado não mais apenas como um inimigo, mas considerando o relevante papel que este pode e deve desempenhar como coadjuvante efetivo ou mesmo como parceiro da atuação governamental.

São Paulo, agosto de 2009

CONTRATAÇÃO DE SERVIÇOS BANCÁRIOS PELA ADMINISTRAÇÃO PÚBLICA[1]

CARLOS PINTO COELHO MOTTA
Professor-Adjunto da PUC-MG

1. Introdução: uma nova concepção de "licitação" como instrumento do desenvolvimento nacional. 2. Conceito de "serviços bancários". 3. Prestação de serviços bancários ao Poder Público: obrigatoriedade do contrato e inviabilidade jurídica do convênio. 4. Peculiaridades contratuais referentes às instituições financeiras oficiais: 4.1 Depósitos obrigatórios das disponibilidades de caixa da Administração Pública – 4.2 Hipótese de inexigibilidade de licitação referente a depósitos específicos do Poder Judiciário. 5. Contratação de serviços bancários referentes à folha de pagamento de pessoal: 5.1 Pode ser feita por dispensa de licitação? – 5.2 Pode ser feita pela modalidade pregão?. 6. Contratação de instituição financeira para cobrança de dívida ativa consolidada: polêmica em andamento. 7. Imprescindibilidade da análise jurídica dos editais de licitação de serviços bancários e das minutas de contrato. 8. Conclusões.

"Faremos afirmações que vocês já sabem;
faremos afirmações que, talvez, vocês não sabem;
faremos afirmações com as quais vocês concordam;
faremos afirmações com as quais vocês não concordam;
mas é assim mesmo ...
porque vamos falar de licitações e contratos!"
(DIÓGENES GASPARINI)

1. Trabalho apresentado ao "Painel Licitações e Contratos" no *XXIII Congresso de Direito Administrativo*, realizado em Florianópolis-SC em 22.10.2009.

1. Introdução: uma nova concepção de "licitação" como instrumento do desenvolvimento nacional

Ao abordar o tema da contratação de serviços bancários pela Administração Pública neste XXIII Congresso de Direito Administrativo, gostaria de ter a oportunidade de explicitar melhor a finalidade da licitação e a ética implícita em sua concepção.

A atual crise econômica imposta pela globalização exige que as pessoas e as organizações ofereçam respostas produtivas a uma situação de desequilíbrio. É sabido que todo crescimento envolve sempre uma dimensão de crise, que somente pode ser solucionada em uma visão reestruturadora.

Para explorar essa dimensão, uma das orientações válidas recorre ao *direito administrativo aplicado*, cuja abrangência não se limita apenas à especulação teórica sobre conceitos jurídicos, mas à ação direcionada, concretamente, para a adequação e resolutividade da Administração Pública.

Nesse sentido, o Direito contemporâneo assiste a uma ressignificação da própria Administração Pública – que será forçosamente a "Administração da crise", porque há de levar em conta, destacadamente, a materialização da incerteza econômica e sua repercussão nos *contratos administrativos*.

Está visto que a crise trouxe novos riscos à segurança jurídica de tais avenças e, notadamente, à equação econômico-financeira. Entretanto, veremos que esse impacto não é apenas contingencial; não se exerce somente ao nível dos fatos jurídico-processuais, mas, no atual contexto econômico brasileiro, alcança a própria concepção do contrato administrativo.

Sabemos que o contrato, ao definir as obrigações, os riscos e os direitos inerentes ao pacto assumido pelas partes, exerce o notável papel de atenuar a incerteza quanto ao futuro. Ao disciplinar a relação econômica, o contrato não faz mais que desenhar um futuro "obrigatório" para os envolvidos. Trava-se, assim, um vínculo intertemporal cuja principal função é minimizar os riscos implícitos no quadro de oferta/demanda. Como mecanismos auxiliares nesse mister existem as estratégias de mercado, as pesquisas de opinião e comportamento, os mecanismos de previsão e controle das perdas, as estimativas de lucros etc.

Essa é a visão hodierna e consistente do contrato administrativo, que pressupõe a colaboração entre o Estado e o prestador particular. Em tal cenário, técnicas contemporâneas de planejamento poderiam dar conta das principais variáveis intervenientes no cálculo geral das probabilidades e, quando bem aplicadas, conseguiriam antecipar de forma confiável os processos de risco-retorno.

Todavia, o abalo econômico de raízes internacionais veio impactar significativamente as condições de previsibilidade contratual, desencadeando séries de eventos-surpresa que afetam poderosamente as avenças. É sabido que em contratos empresariais é possível haver maior incidência de risco especulativo; em contraposição, a essência dos contratos administrativos é *não especulativa.* A vinculação ao interesse público elimina, decididamente, situações de "lucro" ou "perda" e exige mecanismos de reequilíbrio, de renegociação, que busquem reduzir ao máximo os efeitos do imponderável e do aleatório.

Para lidar com tais contingências, a Administração poderá e deverá, em princípio, utilizar os instrumentos de análise proporcionados pelo direito administrativo aplicado, no sentido de melhor compreender as questões colocadas pelo quotidiano das organizações; a partir daí, *testar* objetivamente, em situações concretas, as técnicas e mecanismos operacionais viáveis na formalização contratual.

Nesse percurso, há que ser compreendida a natureza das ocorrências e das perdas ocasionadas pelos abalos econômicos. Nos contratos formalizados sob tais condições há aspectos previsíveis: aumentarão, certamente, os pleitos de reequilíbrio econômico-financeiro, as solicitações de arbitramento de conflitos na execução, as alterações e renegociações de contratos. Serão cada vez mais necessárias mudanças no decurso da execução, admitindo novos cálculos e estimativas de retorno. É também previsível um incremento das contratações diretas, via inexigibilidade ou dispensa de licitação; bem como da formalização de convênios e acordos-programa.

Ousamos ainda prever um processo de *mão dupla*, em que os fatos econômicos deverão, por sua vez, exercer impactos específicos sobre a própria dogmática do direito público.

Nesse sentido, o instituto da licitação passa também por uma necessária mudança conceitual. Hoje, não mais diríamos que o processo licitatório visa *unicamente* a selecionar o contrato mais vantajoso para suprimento do setor público. Esta seria uma definição pobre, mesmo considerando os princípios da eficiência e da economicidade, balizadores do instituto. A consciência do momento em que vivemos pleiteia uma nova concepção da licitação, a ser doravante entendida como um procedimento que resguarde o mercado interno – integrante do patrimônio nacional – e que incentive o desenvolvimento cultural e socioeconômico do País, nos precisos termos do art. 219 da CF.[2] É um conceito que incorpora a variável de "fomento", decisiva para o tempo econômico atual.[3]

A proteção ao mercado interno, constituído pelas empresas brasileiras, é hoje uma meta irremovível a ser alcançada, a despeito da eliminação da *preferência à empresa brasileira*, antes constante do art. 171 da CF, revogado pela Emenda 6/1995.[4]

2. CF, art. 219: "O mercado interno integra o patrimônio nacional e será incentivado de modo a viabilizar o desenvolvimento cultural e socioeconômico, o bem-estar da população e a autonomia tecnológica do País, nos termos de lei federal". V., doutrinariamente, Eros Roberto Grau, *A Ordem Econômica na Constituição de 1988 (Interpretação Crítica)*, 2ª ed., São Paulo, Ed. RT, 1991, pp. 258-274.

3. Nosso ponto de vista acerca da concepção de fomento ligada às figuras jurídicas da licitação e do contrato foi confirmado e consideravelmente fortalecido pela judiciosa e brilhante palestra do professor Daniel Ferreira no XXIII Congresso de Direito Administrativo, realizado nos dias 22-24.10.2009 em Florianópolis-SC, onde apresentamos este estudo.

4. CF, art. 171, *revogado pela Emenda Constitucional 6/1995*:

"Art. 171. São consideradas: I – empresa brasileira a constituída sob as leis brasileiras e que tenha sua sede e administração no País; II – empresa brasileira de capital nacional aquela cujo controle efetivo esteja em caráter permanente sob a titularidade direta ou indireta de pessoas físicas domiciliadas e residentes no País ou de entidades de direito público interno, entendendo-se por controle efetivo da empresa a titularidade da maioria de seu capital votante e o exercício, de fato e de direito, do poder decisório para gerir suas atividades.

"§ 1º. A lei poderá, em relação à empresa brasileira de capital nacional: I – conceder proteção e benefícios especiais temporários para desenvolver atividades consideradas estratégicas para a defesa nacional ou imprescindíveis ao desenvolvimento do País; II – estabelecer, sempre que considerar um setor imprescindível ao desenvolvimento tecnológico nacional, entre outras condições e requisitos: a) a exigência de que o controle referido no inciso II do *caput* se

Sobrevive, entretanto, o art. 219 da CF, fundamentando a afirmativa da *licitação e do contrato administrativo como instrumentos do desenvolvimento econômico nacional*.

Um certame licitatório, sob esse prisma, deve ser um instrumento elaborado de forma a permitir à empresa nacional coexistir em um mercado que, em inúmeros casos, favorece decisivamente a empresa estrangeira. Importa mencionar, como ilustração frequente na Administração Pública, a instalação de licitações nas quais as condições explícitas de competitividade não levam em conta as subvenções e subsídios hauridos, direta ou indiretamente, por proponentes estrangeiros. O formato atual de tais procedimentos deveria – ao contrário – incorporar *fórmulas compensatórias* que dariam melhor sentido ao princípio da equanimidade que figura no art. 3º da Lei Nacional de Licitações.

A concepção da licitação como fomento conduz à análise de sua função "regulatória", como assinalada por Luciano Ferraz. Trata-se da noção de que "a licitação pode ser utilizada como instrumento de regulação de mercado, de modo a torná-lo mais livre e competitivo, além de ser possível concebê-la como instrumento de indução de determinadas práticas (de mercado) que produzam resultados sociais benéficos imediatos ou futuros à sociedade". Destarte, "é possível o emprego do procedimento licitatório como forma de regulação diretiva ou indutiva na economia. No primeiro caso, para coibir práticas que limitam a competitividade; no segundo caso, para induzir práticas que produzam efeitos sociais desejáveis".[5]

O preclaro autor demonstra que a própria Lei Nacional de Licitações já insere diretrizes nesse sentido, destacando o art. 42, que registra a facultatividade das licitações internacionais; e analisando a função regulatória em outros prescritivos da mesma lei, como os arts. 3º, §§ 1º e 2º; 23, § 1º; 24, VI; 7º, § 5º.[6]

Marcos Juruena Villela Souto, em judicioso estudo, refere-se ao papel desempenhado pelo contrato administrativo no âmbito da noção de "defesa da concorrência". Alerta para o dever dos Estados e Municípios de promoverem e preservarem a "competição" nos respectivos territórios; e observa que "a regulação é instrumento *mais amplo* de defesa da concorrência, envolvendo uma função quase legislativa, quase executiva e quase judicial". Adverte ainda que "a regulação não é privativa de agências reguladoras" e "pode se desenvolver por meio de atos administrativos bilaterais; a concessão é um exemplo clássico, mas não exclui outros".[7]

E acrescenta pertinentes exemplos: "Para implementar políticas econômicas e regular mercados autorizam-se, até mesmo, a possibilidade de contratação direta e um sistema de preferências. Citem-se como exemplos a abertura de licitação

estenda às atividades tecnológicas da empresa, assim entendido o exercício, de fato e de direito, do poder decisório para desenvolver ou absorver tecnologia; b) percentuais de participação, no capital, de pessoas físicas domiciliadas e residentes no País ou entidades de direito público interno.

"§ 2º. Na aquisição de bens e serviços, o Poder Público dará tratamento preferencial, nos termos da lei, à empresa brasileira de capital nacional."

5. Luciano Ferraz, *Função Regulatória da Licitação*, Belo Horizonte, *mimeo*, 2009.

6. Idem, ibidem.

7. Marcos Juruena Villela Souto, "Peculiaridades das Licitações no Direito Estadual do Rio de Janeiro", mimeo, 2009. V., do mesmo autor, "Interferências da Lei de Licitações na autonomia estadual", *BLC* 8-7/324-331, São Paulo, NDJ, julho/1995.

nacional, e não internacional (art. 42 da Lei 8.666/1993), para fomentar o mercado interno – 16% do PIB, segundo dados da OMC –, bem como, nas licitações internacionais, a preferência ao licitante nacional (art. 3º, § 2º, da Lei 8.666/1993 – CF, art. 172 c/c art. 219), a admissão de contratação direta pela União para intervenção do domínio econômico (Lei 8.666/1993, art. 24, VI), a criação de entidade para explorar o fornecimento ao Estado (sem explorar fornecimento externo – Lei 8.666/1993, art. 24, VIII), a contratação de energia, fomentando a ampla competição no setor, em substituição ao regime de monopólio das concessionárias de serviço público de geração, o fomento social ao Terceiro Setor pela via da contratação de instituição de recuperação de presos, de portadores de deficiência e com organizações sociais".[8]

A nosso ver, a atualização da concepção licitatório-contratual engloba, ainda, os recentes esforços legislativos no sentido de incentivar a micro e a pequena empresas,[9] bem como o emprego de mão de obra, material, tecnologia e matéria-prima existentes no local.[10] E deverá, sobretudo, prestar seu tributo à contemporaneidade, vinculando-se apropriadamente aos novos programas de cunho social, como o de alimentação escolar,[11] o de regularização fundiária de assentamentos em área urbana[12] e outros.

A finalidade ético-social da licitação já se encontra devidamente corroborada pela melhor doutrina, bastando citar Marçal Justen Filho, que em recente edição assinala o momento de "revisar as concepções tradicionais e clássicas sobre as finalidades da licitação. É necessária uma especial atenção para a disciplina introduzida pela Lei Complementar 123, que previu tratamento preferencial para microempresas e empresas de pequeno porte".[13]

Sob a égide dessas considerações, o objeto imediato deste estudo será o exame dos aspectos pertinentes ao direito administrativo relacionados especificamente ao tema da contratação de serviços bancários pela Administração Pública. A intenção deste expositor, ao destacar esse tema, é trazer à luz pontos essenciais da matéria jurídica, incorporando ainda a visão judiciariforme das Cortes de Contas, de forma a propiciar sua operacionalização pelas comissões de licitação, pregoeiros, assessorias jurídicas, ordenadores de despesa e membros dos controles interno e externo – enfim, por todos os que trabalham nesse instigante segmento do direito público.

2. Conceito de "serviços bancários"

Os serviços relacionados ao setor bancário ou financeiro são aqueles prestados por instituições financeiras autorizadas a funcionar pela União ou quem de direito. Enquadram-se no conceito genérico estabelecido pelo art. 6º, II, da Lei Nacional de Licitações e Contratos, n. 8.666/1993, por representarem utilidade fruível por usuários do sistema.

8. Idem, ibidem.

9. Lei Complementar 123/2006; Decreto 6.204/2007.

10. Art. 12, IV, da Lei 8.666/1993; art. 48, I, da Lei Complementar 123/2006; art. 14, §§ 1º e 2º, da Lei 11.947/2009.

11. Lei 11.947, de 16.6.2009.

12. Lei 11.952, de 25.6.2009.

13. Marçal Justen Filho, *Comentários à Lei de Licitações e Contratos Administrativos*, 13ª ed., São Paulo, Dialética, 2009, p. 13. V., ainda, p. 89, onde o autor tece alternativas de tratamento "intralicitatório" para incrementar a indústria nacional.

Para melhor explicitar e ilustrar esse conceito será útil consultar o rol dos "serviços bancários" constante do item 15 da "Lista de Serviços" anexa à Lei Complementar 116, de 31.7.2003, que dispõe sobre o ISSQN, de competência dos Municípios e do Distrito Federal.[14] Essa listagem, anexada à Lei Complementar 116/2003 para efeito de incidência do ISS, admite interpretação *extensiva*, conforme decisão do STJ da relatoria da Min. Eliana Calmon. A questão foi julgada sob o rito da Lei dos Recursos Repetitivos (Lei 11.672) e fixa que o que importa é a natureza do serviço prestado, e não a nomenclatura adotada.

Ao decidir, a Ministra destacou que, embora a lista anexa ao Decreto-lei 406/1968 e à Lei Complementar 116/2003 seja taxativa, *permite-se a interpretação extensiva*, devendo prevalecer não a denominação utilizada pelo banco, mas a efetiva natureza do serviço prestado por ele.

Para a Ministra a lógica é evidente, pois se assim não fosse teríamos pela simples

14. "15 – Serviços relacionados ao setor bancário ou financeiro, inclusive aqueles prestados por instituições financeiras autorizadas a funcionar pela União ou por quem de direito. 15.01 – Administração de fundos quaisquer, de consórcio, de cartão de crédito ou débito e congêneres, de carteira de clientes, de cheques pré-datados e congêneres. 15.02 – Abertura de contas em geral, inclusive conta corrente, conta de investimentos e aplicação e caderneta de poupança, no País e no Exterior, bem como a manutenção das referidas contas ativas e inativas. 15.03 – Locação e manutenção de cofres particulares, de terminais eletrônicos, de terminais de atendimento e de bens e equipamentos em geral. 15.04 – Fornecimento ou emissão de atestados em geral, inclusive atestado de idoneidade, atestado de capacidade financeira e congêneres. 15.05 – Cadastro, elaboração de ficha cadastral, renovação cadastral e congêneres, inclusão ou exclusão no Cadastro de Emitentes de Cheques sem Fundos-CCF ou em quaisquer outros bancos cadastrais. 15.06 – Emissão, reemissão e fornecimento de avisos, comprovantes e documentos em geral; abono de firmas; coleta e entrega de documentos, bens e valores; comunicação com outra agência ou com a administração central; licenciamento eletrônico de veículos; transferência de veículos; agenciamento fiduciário ou depositário; devolução de bens em custódia. 15.07 – Acesso, movimentação, atendimento e consulta a contas em geral, por qualquer meio ou processo, inclusive por telefone, fac-símile, internet e telex, acesso a terminais de atendimento, inclusive 24 (vinte e quatro) horas; acesso a outro banco e a rede compartilhada; fornecimento de saldo, extrato e demais informações relativas a contas em geral, por qualquer meio ou processo. 15.08 – Emissão, reemissão, alteração, cessão, substituição, cancelamento e registro de contrato de crédito; estudo, análise e avaliação de operações de crédito; emissão, concessão, alteração ou contratação de aval, fiança, anuência e congêneres; serviços relativos a abertura de crédito, para quaisquer fins. 15.09 – Arrendamento mercantil (*leasing*) de quaisquer bens, inclusive cessão de direitos e obrigações, substituição de garantia, alteração, cancelamento e registro de contrato, e demais serviços relacionados ao arrendamento mercantil (*leasing*). 15.10 – Serviços relacionados a cobranças, recebimentos ou pagamentos em geral, de títulos quaisquer, de contas ou carnês, de câmbio, de tributos e por conta de terceiros, inclusive os efetuados por meio eletrônico, automático ou por máquinas de atendimento; fornecimento de posição de cobrança, recebimento ou pagamento; emissão de carnês, fichas de compensação, impressos e documentos em geral. 15.11 – Devolução de títulos, protesto de títulos, sustação de protesto, manutenção de títulos, reapresentação de títulos, e demais serviços a eles relacionados. 15.12 – Custódia em geral, inclusive de títulos e valores mobiliários. 15.13 – Serviços relacionados a operações de câmbio em geral, edição, alteração, prorrogação, cancelamento e baixa de contrato de câmbio; emissão de registro de exportação ou de crédito; cobrança ou depósito no Exterior; emissão, fornecimento e cancelamento de cheques de viagem; fornecimento, transferência, cancelamento e demais serviços relativos a carta de crédito de importação, exportação e garantias recebidas; envio e recebimento de mensagens

mudança de nomenclatura de um serviço a incidência ou não incidência do ISS.[15]

A definição doutrinária de "serviços bancários" não é categórica. Em competente artigo, Pedro Leonardo Summers Caymmi aborda a distinção entre o simples depósito das disponibilidades de caixa do setor público e os demais serviços bancários dos quais se vale o ente público para realizar sua atividade financeira; como, por exemplo,o pagamento da folha de vencimentos dos servidores públicos, de remuneração a terceiros prestadores de serviços e de preços de aquisição a fornecedores. O autor frisa que "a Administração Pública, no mundo moderno, realiza a maioria destas operações mediante a rede bancária".[16]

No mesmo trabalho vale a referência à lição de José Eduardo Soares de Melo, que acentua o caráter abrangente que tais serviços podem assumir: "Definindo os serviços bancários, leciona José Eduardo Soares de Melo que 'as instituições bancárias e financeiras desenvolvem complexas e diversificadas atividades, tendo por escopo básico a concessão de créditos (empréstimos, financiamentos, descontos etc.)', e, além disso, 'como natureza suplementar, ou acessória, também realizam inúmeros negócios que não se enquadram, rigorosamente, no âmbito eminentemente financeiro'. Trata-se de atividade mais abrangente, como se vê, que o simples depósito dos ativos financeiros do Estado, com o qual não se confunde".[17]

Ainda que haja, no conjunto de serviços prestados, negócios que não possam ser definidos apenas por seu caráter financeiro, é certo que tais serviços são específicos e peculiares a instituições financeiras autorizadas a funcionar pela União, que assumem claramente o objetivo da obtenção de lucro. Esse objetivo é legitimado pela própria CF, que em seu art. 170, IV, assegura o exercício de atividade econômica, consagrando o princípio da livre concorrência.[18]

Dentre os inúmeros itens de interesse relacionados com a contratação de serviços bancários pelo Poder Público, quatro temas básicos devem ser destacados, por

em geral relacionadas a operações de câmbio. 15.14 – Fornecimento, emissão, reemissão, renovação e manutenção de cartão magnético, cartão de crédito, cartão de débito, cartão-salário e congêneres. 15.15 – Compensação de cheques e títulos quaisquer; serviços relacionados a depósito, inclusive depósito identificado, a saque de contas quaisquer, por qualquer meio ou processo, inclusive em terminais eletrônicos e de atendimento. 15.16 – Emissão, reemissão, liquidação, alteração, cancelamento e baixa de ordens de pagamento, ordens de crédito e similares, por qualquer meio ou processo; serviços relacionados a transferência de valores, dados, fundos, pagamentos e similares, inclusive entre contas em geral. 15.17 – Emissão, fornecimento, devolução, sustação, cancelamento e oposição de cheques quaisquer, avulso ou por talão. 15.18 – Serviços relacionados a crédito imobiliário, avaliação e vistoria de imóvel ou obra, análise técnica e jurídica, emissão, reemissão, alteração, transferência e renegociação de contrato, emissão e reemissão do termo de quitação e demais serviços relacionados a crédito imobiliário."

15. *Notícias Governet*, fonte: STJ; data: 29.9.2009 (disponível em *www.governet.com.br/noticia.php?cod=2692*).

16. Pedro Leonardo Summers Caymmi, *Depósito das Disponibilidades de Caixa e Prestação de Serviços Bancários a Entes Públicos* (disponível em *www.lidebrasil.com.br/site/index.php/2009/09/08*, acesso em 18.9.2009).

17. Idem, 18.9.2009. A citação é de: José Eduardo Soares de Melo, *Aspectos Teóricos e Práticos do ISS*, São Paulo, Dialética, 2000, p. 53.

18. V.: Eros Roberto Grau, *A Ordem Econômica na Constituição de 1988 (Interpretação e Crítica)*, cit., 2ª ed., p. 323.

sua atual pertinência do ponto de vista do direito administrativo aplicado: (a) os depósitos das disponibilidades de caixa da Administração Pública em instituições oficiais; (b) a inexigibilidade de licitação referente a depósitos específicos do Poder Judiciário; (c) o gerenciamento da folha de pagamento de pessoal; e (d) a cobrança de dívida ativa consolidada.

Questão preliminar deve ser enfrentada, referente à equivocada prática da utilização do convênio para tais serviços, contraposta à correta e obrigatória adoção da figura jurídica do contrato administrativo.

3. Prestação de serviços bancários ao Poder Público: obrigatoriedade do contrato e inviabilidade jurídica do convênio

Cabe focalizar um tópico frequentemente objeto de dúvida interpretativa, relativo à equivocada prática de se formalizarem convênios entre a Administração e instituições bancárias.

Voltando à listagem de serviços bancários anexada à Lei Complementar 116/2003, sua simples leitura seria suficiente para demonstrar que tais atividades não poderiam ser desempenhadas por convênio. Isto porque sob a denominação de "acordo" ou "convênio" celebram-se ajustes entre pessoas jurídicas de direito público para cumprir objetivos de natureza *convergente* exclusivamente em matéria de competência estatal.

Contrato, pelo art. 2º, parágrafo único, da Lei 8.666/1993, é "todo e qualquer ajuste entre órgãos ou entidades da Administração Pública e particulares, em que haja um acordo de vontades para a formação de vínculo e a estipulação de obrigações recíprocas, seja qual for a denominação utilizada". *Convênio*, segundo o art. 1º, § 1º, I, do Decreto 6.170/2007, é o "acordo, ajuste ou qualquer outro instrumento que discipline a transferência de recursos financeiros de dotações consignadas nos Orçamentos Fiscal e da Seguridade Social da União e tenha como partícipe, de um lado, órgão ou entidade da Administração Pública Federal, direta ou indireta, e, de outro lado, órgão ou entidade da Administração Pública Estadual, Distrital ou Municipal, direta ou indireta, ou, ainda, entidades privadas sem fins lucrativos, visando à execução de programa de governo, envolvendo a realização de projeto, atividade, serviço, aquisição de bens ou evento de interesse recíproco, em regime de mútua cooperação".[19]

Resta, portanto, explícita a figura do convênio como apropriada aos acordos de interesses entre entes federativos, por meio de seus órgãos e entidades. Essa *publicização* do convênio contrapõe-se ao modelo

19. V., ainda, a propósito, a definição de *convênio* dada pelo inciso III do art. 19 da Instrução Normativa 70, de 6.10.2009, do INSS, *DOU* 7.10.2009: "III – Convênio – é o acordo, ajuste ou qualquer outro instrumento que discipline a transferência de recursos financeiros de dotações consignadas nos Orçamentos Fiscal e da Seguridade Social da União e tenha como partícipe, de um lado, o INSS e, de outro lado, órgão ou entidade da Administração Pública Estadual, Distrital ou Municipal, direta ou indireta, ou, ainda, entidades privadas sem fins lucrativos, visando à execução de programa de governo, envolvendo a realização de projeto, atividade, serviço, aquisição de bens ou evento de interesse recíproco, em regime de mútua cooperação. Depende de prévia aprovação de competente plano de trabalho proposto pela organização interessada, o qual deverá conter as informações exigidas no § 1º do art. 116 da Lei n. 8.666, de 1993, e obedece à disciplina do Decreto n. 6.170, de 25 de julho de 2007, e da Portaria Interministerial MP/MF/MCT n. 127, de 29 de maio de 2008". Ainda sobre a distinção entre *contrato* e *convênio*, v. nosso *Eficácia nas Licitações e Contratos*, 11ª ed., Belo Horizonte, Del Rey, 2008, pp. 724-733.

contratual voltado para a implementação de *interesses negociais intercomplementares* – e não *convergentes* – entre o público e o privado. Exsurge, de plano, peculiar característica do contrato administrativo: a de ser celebrado entre o ente estatal e a pessoa jurídica de direito privado.

Em lapidar parecer na então Consultoria-Geral da República, datado de 1985, o Min. Paulo Brossard faz competente reparo acerca da contumaz utilização da designação "convênio" no lugar de "contrato". Era um recurso bastante utilizado à época, mero *nominalismo* destinado a, precisamente, evadir-se da legislação vigente sobre contratos e, mesmo, escamotear obrigações. Consulte-se brevemente a ementa de seu parecer:

"*Assunto:* Contrato celebrado pela Previdência Social com bancos privados para execução do serviço público de arrecadação de contribuições e pagamento de benefícios previdenciários.

"*Ementa:* A denominação de convênio não modifica a natureza do negócio jurídico que é, na verdade, contrato administrativo.

"Sendo defeituoso, do ponto de vista legal, não é oponível à Administração, não podendo a exegese de suas cláusulas conduzir ao absurdo jurídico.

"A cláusula nula não enseja a interrupção da prestação do serviço público pelo contratante privado.

"A nulidade do contrato há de ser declarada por ato formal da Administração ou por sentença judicial, impondo-se, até então, a continuidade do serviço público.

"O reajustamento de preços nos contratos administrativos subordina-se a critérios definidos em lei."[20]

Também Marçal Justen Filho endossa a tese de que o convênio não é o instrumento adequado para a prestação de serviços bancários à Administração Pública.[21]

Toshio Mukai[22] alude ao desvirtuamento das práticas administrativas envolvidas na necessária distinção entre contrato e convênio, e aos problemas daí decorrentes:

"As distinções de ordem jurídica entre contrato e convênio são nítidas, não havendo argumento capaz de justificar confusões entre um e outro.

"Entretanto, como observa Hely Lopes Meirelles, 'nossas Administrações têm confundido, em muitos casos, o convênio com o contrato administrativo, realizando este em lugar e com a denominação daquele, o que dificulta a sua interpretação e execução'.

"Na realidade, dadas as distinções já mencionadas entre contrato administrativo e convênio, não pode haver lugar, juridicamente, para tais confusões.

"Trata-se de uma simulação jurídica, passível de anulação judicial, porque destinada a contornar a obrigatoriedade de licitação, de regra, impositiva, como condição fundamental (salvo nos casos de dispensa e inexigibilidade de licitação) da validade do contrato administrativo.

"Portanto, *a simples denominação dada ao ajuste como sendo convênio*, quando aquele se constitui, na verdade, de justaposição de interesses opostos, *não torna o que é contrato em convênio*, sendo passível de anulação e de responsabiliza-

20. Consultoria Geral da República, Parecer S-001, de 17.10.1985, Processo 30000.002527/85, *RDA* 164/448, 1986.

21. Marçal Justen Filho, *Pregão – Comentários à Legislação do Pregão Comum e Eletrônico*, 4ª ed., São Paulo, Dialética, pp. 61-63.

22. Toshio Mukai, "Os convênios celebrados pela Administração Pública e a legislação

ção da autoridade e dos funcionários que participaram da simulação.

Cite-se ainda a posição da Consultoria Fórum acerca de consulta em que o interessado solicitava um modelo de "minuta de convênio" entre a entidade pública e um banco privado para serviços de pagamento de servidores:

"Inicialmente convém esclarecer que o pagamento de folha em determinado estabelecimento bancário tem sido objeto de licitação, inclusive com o pagamento de valores consideráveis por parte dos estabelecimentos bancários interessados em prestar tais serviços à entidade pública incumbida de realizar tais pagamentos.

"Assim, pois, não há que se falar em convênio, até porque não se vislumbra no caso descrito uma atividade que possa ser identificada como aquelas marcadas pelo interesse mútuo na consecução de um mesmo objetivo.

No caso, o que se observa é o interesse da entidade pagadora do benefício em cumprir com sua obrigação legal, enquanto os estabelecimentos bancários pretendem obter vantagens comerciais, com a atração de novos clientes e o recebimento de valores pela prestação de serviços bancários."[23]

Como ilustração jurisprudencial do constatado fenômeno, aportamos esclarecedora ementa pertinente a decisão do TJMG a propósito de ação popular impetrada: "*Ementa:* Administrativo/constitucional – Ajuste celebrado pela forma de convênio por Petrobrás e DER/MG, com interveniência da Secretaria de Estado de Transportes e Obras Públicas – Ação popular objetivando a declaração de nulidade do acordo e a condenação dos responsáveis ao ressarcimento do erário – Pedidos julgados improcedentes – Apelação – *Ajuste com natureza jurídica de contrato público, não obstante a denominação e a forma de convênio* – Ausência de prova de efetivo prejuízo ao erário – Apelo parcialmente provido, declarando-se a nulidade do instrumento e condenando-se os responsáveis ao pagamento de custas, ao meio, e honorários (...)".[24]

Caracterizada, destarte, como contrato administrativo a relação entre a Administração e o banco prestador de serviços, impõe-se a *prévia licitação*, por força do art. 37, XXI, da CF e dos arts. 1º e 2º da Lei Nacional de Licitações, n. 8.666/1993.[25] O referido art. 2º da Lei Nacional de Licitações estabelece que os diversos objetos (obras, serviços, compras, publicidade, alienações, concessões, permissões, locações) contratados pela Administração Pública com *terceiros* serão necessariamente precedidos de licitação.

Na letra do artigo, a expressão "terceiros" é, segundo a doutrina, mais ampla e mais apropriada que "particulares". Ela significa qualquer contratado, colaborador ou parceiro; pode referir-se a entidades da própria Administração Pública, e até

sobre licitação", *BLC* 12/514, 1989, p. 514 (grifos nossos); Convênio e Dispensa de Licitação TC-020.069/93-6, *DOU* 17.6.1996; *BLC* 1/563, 1997; Tarso Cabral Violin, "Peculiaridades dos convênios administrativos firmados com entidades do Terceiro Setor", *ILC* 143/20, janeiro/2006.

23. Consultoria Fórum, "Pagamento por estabelecimento bancário e convênio", *Biblioteca Digital Fórum de Contratação e Gestão Pública-FCGP* 61, Ano 6, janeiro/2007 (disponível em *www.editoraforum.com.br/bid/bidConteudoShow.aspx?idConteudo=39001*).

24. TJMG, ACi 000204104-4/00, rel. Des. Aloysio Nogueira (grifos nossos).

25. V. STJ, RMS 24.118-PR, rel. Min. Teori Albino Zavascki, j. 11.11.2008, publicado em 21.11.2008 no *site* do STJ (*www.stj.jus.br*) e no *Informativo STJ* 376, período 10-14.11.2008.

mesmo a autarquia. Registre-se a genérica expressão "terceirização", referente à execução indireta de serviços contínuos. Esta expressão encontra-se consolidada na doutrina e compatibiliza-se com a legislação vigente sobre o tema, significando a execução indireta de determinada atividade da Administração Pública.[26]

Assim, na relação que se forma entre a Administração contratante e o banco contratado deve observar-se a nítida equivalência entre os encargos (E) e a remuneração (R), na feliz expressão do professor Renato Geraldo Mendes,[27] pouco importando a denominação dada ao vínculo jurídico. O contratado, sob tal perspectiva, é o colaborador que corresponde a uma *demanda* editalícia com uma *oferta* definida.

A relação jurídica que assim se estabelece foi magistralmente analisada pelo mestre Diogo de Figueiredo Moreira Neto: "As imposições da sociedade pós-moderna expressam-se eloquentemente nos seguintes parâmetros em jogo nas contratações públicas: a preeminência de direitos fundamentais; a exigência de legitimidade; a necessidade de assegurar a competitividade; a indispensabilidade de criar e aperfeiçoar as tecnologias; a importância da publicidade e da visibilidade da Administração Pública; a obrigação da motivação e a inafastabilidade de controles multimodais cada vez mais especializados".[28]

4. Peculiaridades contratuais referentes às instituições financeiras oficiais

4.1 Depósitos obrigatórios das disponibilidades de caixa da Administração Pública

Expressamente, diz o art. 164, § 3º, da CF: "§ 3º. As disponibilidades de caixa da União serão depositadas no Banco Central; as dos Estados, do Distrito Federal, dos Municípios e dos órgãos ou entidades do Poder Público e das empresas por ele controladas, em instituições financeiras oficiais, ressalvados os casos previstos em lei".

Quanto às "disponibilidades de caixa" – leia-se: *receita pública* – consultem-se os arts. 11, 35 e 51 a 53 da Lei 4.320/1964.[29] Em prosseguimento à regra constitucional, diz o art. 43 da Lei Complementar 101/2000-Lei de Responsabilidade Fiscal:

26. V.: Decreto 2.271/1997; Instrução Normativa 02/2008 do MPOG; Instrução Normativa 04/2008 do MPOG. Doutrinariamente, v.: Helder Santos Amorim, *Terceirização no Serviço Público*, São Paulo, LTr, 2009; José dos Santos Carvalho Filho, "Terceirização no setor público: encontros e desencontros", *Biblioteca Digital Fórum de Contratação e Gestão Pública-FCGP* 89/60-71, Ano 8, maio/2009; Sérgio Honorato dos Santos, "Reflexões sobre terceirização legal na Administração", *BDA* 9/1.036-1.044, 2008; Egle dos Santos Monteiro, "Terceirização de mão de obra", *BLC* 1/1-6, 2009. V., ainda, entre muitos, o Acórdão do TCU 2.104/2004. Ainda quanto à expressão "terceiros", v. Portaria 400, de 22.6.2009, do Ministério das Comunicações, *DOU* 23.6.2009 – notadamente itens 4.4, 4.5, 4.8 e 5.1.

27. Renato Geraldo Mendes, *O Regime Jurídico da Contratação Pública*, Curitiba, Zênite, 2008, p. 145. V., ainda, Marçal Justen Filho, *Comentários à Lei de Licitações e Contratos Administrativos*, 13ª ed., São Paulo, Dialética, 2009, p. 51.

28. Diogo de Figueiredo Moreira Neto, "O futuro das cláusulas exorbitantes nos contratos administrativos", *Biblioteca Digital Fórum de Contratação e Gestão Pública-FCGP* 93/7-18, Ano 8, setembro/2009.

29. Lei 4.320/1964:

"Art. 11. A receita classificar-se-á nas seguintes categorias econômicas: Receitas Correntes e Receitas de Capital.

"Art. 43. As disponibilidades de caixa dos entes da Federação serão depositadas conforme estabelece o § 3º do art. 164 da Constituição.

"§ 1º. As disponibilidades de caixa dos regimes de previdência social, geral e próprio dos servidores públicos, ainda que vinculadas a fundos específicos a que se referem os arts. 249 e 250 da Constituição, ficarão depositadas em conta separada das demais disponibilidades de cada ente e aplicadas nas condições de mercado, com observância dos limites e condições de proteção e prudência financeira.

§ 2º. É vedada a aplicação das disponibilidades de que trata o § 1º em: I – títulos da dívida pública estadual e municipal, bem como em ações e outros papéis relativos às empresas controladas pelo respectivo ente da Federação; II – empréstimos, de qualquer natureza, aos segurados e ao Poder Público, inclusive a suas empresas controladas."

Cabem algumas considerações acerca do ordenamento da Lei de Responsabilidade Fiscal supratranscrito e seus pontos principais, que versam sobre o importante aspecto do controle gestionário do patrimônio público.

O § 1º do art. 43 formula a exigência de *conta específica* para depósito das disponibilidades de caixa dos regimes de previdência social, geral e próprio dos servidores públicos, mesmo as vinculadas a fundos específicos (os arts. 249 e 250 da CF, na redação dada pela Emenda Constitucional 20/1998, dispõem sobre os fundos previdenciários de servidores de entes federativos e a composição de seus recursos). O parágrafo em foco estabelece, ainda, injunções para a aplicação financeira de tais disponibilidades, preconizando atenção às condições de mercado e aos limites de proteção e prudência financeira.

"§ 1º. São Receitas Correntes as receitas tributária, de contribuições, patrimonial, agropecuária, industrial, de serviços e outras e, ainda, as provenientes de recursos financeiros recebidos de outras pessoas de direito público ou privado, quando destinadas a atender despesas classificáveis em Despesas Correntes.

"§ 2º. São Receitas de Capital as provenientes da realização de recursos financeiros oriundos de constituição de dívidas; da conversão, em espécie, de bens e direitos; os recursos recebidos de outras pessoas de direito público ou privado, destinados a atender despesas classificáveis em Despesas de Capital e, ainda, o superávit do Orçamento Corrente.

"§ 3º. O superávit do Orçamento Corrente resultante do balanceamento dos totais das Receitas e Despesas Correntes, apurado na demonstração a que se refere o Anexo n. 1, não constituirá item de receita orçamentária.

"§ 4º. A classificação da receita obedecerá ao seguinte esquema: Receitas Correntes, Receita Tributária, Impostos, Taxas, Contribuições de Melhoria, Receita de Contribuições, Receita Patrimonial, Receita Agropecuária, Receita Industrial, Receita de Serviços, Transferências Correntes, Receitas de Capital, Operações de Crédito, Alienação de Bens, Amortização de Empréstimos, Transferências de Capital, Outras Receitas de Capital.

"(...).

"Art. 35. Pertencem ao exercício financeiro: I – as receitas nele arrecadadas; II – as despesas nele legalmente empenhadas.

"(...).

"Art. 51. Nenhum tributo será exigido ou aumentado sem que a lei o estabeleça, nenhum será cobrado em cada exercício sem prévia autorização orçamentária, ressalvados a tarifa aduaneira e o imposto lançado por motivo de guerra.

"Art. 52. São objeto de lançamento os impostos diretos e quaisquer outras rendas com vencimento determinado em lei, regulamento ou contrato.

"Art. 53. O lançamento da receita é ato da repartição competente, que verifica a procedência do crédito fiscal e a pessoa que lhe é devedora e inscreve o débito desta."

Consoante o § 2º do mesmo art. 43, as disponibilidades vinculadas à previdência social não poderão ser aplicadas em títulos de dívida pública estadual ou municipal, ações e outros papéis de empresas controladas pelo ente respectivo (inciso I); e tampouco em empréstimos, de qualquer natureza, aos segurados e ao Poder Público ou a suas controladas (inciso II).

Tivemos oportunidade de comentar em outro trabalho – a propósito do inciso VI do § 1º do art. 19 da mesma Lei de Responsabilidade Fiscal – que essa lei revela, em muitos momentos, a preocupação com o destino das contribuições de segurados e de recursos de fundos vinculados, usualmente espoliados por "empréstimos" – verdadeira apropriação indébita – ao respectivo ente, e por esta via diluídos no chamado "caixa único", sem possibilidade de retorno à destinação original.[30]

As disposições sobre o tema refletem a constatação de que até mesmo autarquias previdenciárias de servidores estaduais deixaram, há muito, de cobrir seu espectro precípuo de finalidades, e hoje morrem lentamente à míngua.[31]

Ilustrando e generalizando as referências do art. 43 da Lei de Responsabilidade Fiscal, a serem complementadas no subsequente art. 44, cabe pontuar que o inciso III do art. 1º do Decreto-lei 201/1967 já explicitava a ilicitude – aliás, óbvia – da aplicação indevida de rendas ou verbas públicas.[32]

Leiam-se, concomitantemente, o art. 50, IV, da mesma Lei de Responsabilidade Fiscal – que determina normas de escrituração de receitas e despesas previdenciárias "em demonstrativos financeiros e orçamentários específicos" – e o art. 53, § 1º, II, que ordena acompanharem o Relatório Resumido de Execução Orçamentária-RREO demonstrativos das projeções atuariais dos regimes de previdência social, geral e próprio dos servidores públicos, permitindo maior visibilidade das contas previdenciárias e melhores informes sobre as aplicações.[33]

4.2 Hipótese de inexigibilidade de licitação referente a depósitos específicos do Poder Judiciário

O TCU, em resposta a consulta do Conselho de Justiça Federal, professa o seguinte entendimento:

"*Sumário:* 1. Os órgãos da Justiça Federal poderão firmar ajustes com o Banco do Brasil e com a Caixa Econômica

30. V. nosso *Eficácia nas Concessões, Permissões e Parcerias*, Belo Horizonte, Del Rey, 2007, pp. 548-550.

31. V., a propósito das regras gerais para organização e funcionamento dos regimes próprios de previdência social dos servidores públicos da União, Estados, Distrito Federal e Municípios, a Lei 9.717, de 27.11.1998.

32. Quanto a este tema, anote-se clássica jurisprudência: Súmula TCU-207, *DOU* 9.11.1982, p. 20.888; *RDA* 148/231; *RDA* 194/237; Anexo à Ata 45, de 5.9.1990, TCU, *DOU* 27.9.1990, p. 18.578.

33. O processo civil perfilha também exigências relativas a depósito em bancos oficiais. Cite-se o art. 666, I, do CPC: "Art. 666. Se o credor não concordar em que fique como depositário o devedor, depositar-se-ão: I – no Banco do Brasil, na Caixa Econômica Federal ou em um banco, de que o Estado-membro da União possua mais da metade do capital social integralizado; ou, em falta de tais estabelecimentos de crédito, ou agências suas no lugar, em qualquer estabelecimento de crédito, designado pelo juiz, as quantias em dinheiro, as pedras e os metais preciosos, bem como os papéis de crédito; II – em poder do depositário judicial, os móveis e os imóveis urbanos; III – em mãos do depositário particular, os demais bens, na forma prescrita na Subseção V deste Capítulo".

Federal, com vistas à obtenção de recursos para investimentos e custeio de projetos e atividades voltados para a melhoria da prestação jurisdicional, em contrapartida à qualificação daquelas instituições financeiras oficiais como agentes captadores e mantenedores dos saldos de precatórios e de requisições de pequeno valor-RPVs, até o seu normal levantamento pelos titulares das contas.

"2. Os recursos recebidos pelos órgãos da Justiça Federal em razão desses ajustes devem ser empregados em projetos e atividades que traduzam a consecução do interesse público primário, na efetiva e direta melhoria da prestação jurisdicional, não sendo passíveis, tais recursos, de serem empregados para a realização de interesses secundários de órgãos jurisdicionais e muito menos no interesse de membros ou servidores da Justiça Federal.

"3. A qualificação do Banco do Brasil ou da Caixa Econômica Federal por parte dos órgãos da Justiça Federal deve ocorrer mediante celebração de contrato, no sentido definido no parágrafo único do art. 2º da Lei n. 8.666/1993.

"4. Para a celebração de tais contratos é inexigível a licitação, por impossibilidade de competição, sempre que os depósitos efetuados no Banco do Brasil ou na Caixa Econômica Federal ocorrerem segundo as hipóteses previstas no art. 17 da Lei n. 10.259/2001 e nos arts. 14 e 17 da Resolução n. 55/2009 do Conselho da Justiça Federal."[34]

Em que pese à definição das instituições bancárias oficiais para tais serviços e a viabilidade jurídica do contrato por inexigibilidade, devem ser lembradas recomendações do STJ, pelo Conselho de Justiça Federal, por meio da Resolução 74, de 14.9.2009, que disciplina, no âmbito do referido Conselho e da Justiça Federal de primeiro e segundo graus, a aplicação de recursos provenientes de contratos celebrados com instituições financeiras oficiais. Destacam-se a seguir alguns dispositivos da norma, que perfilha a orientação do TCU no Acórdão 1.457/2009, cujo sumário foi transcrito.

"Art. 1º. A aplicação de recursos provenientes de contratos celebrados com instituições financeiras oficiais, no âmbito do Conselho e da Justiça Federal de primeiro e segundo graus, obedecerá a plano anual de investimentos e se destinará à obtenção de bens e serviços e à realização de obras.

"(...).

"Art. 4º. A liberação dos recursos dar-se-á exclusivamente mediante pagamento direto das despesas pelas instituições financeiras oficiais aos fornecedores constantes das respectivas notas fiscais, vedada a transferência de recursos financeiros, a qualquer título, aos órgãos da Justiça Federal.

"(...).

"Art. 6º. Nos contratos a que se refere esta Resolução, deverá ser observado o valor mais adequado para a contrapartida ofertada pela instituição financeira, considerando-se, entre outros fatores, o montante de recursos depositados, o tempo médio de permanência desses depósitos e sua rentabilidade.

"(...).

"Art. 10. A contratação das despesas decorrentes dos projetos e atividades atenderão à Lei n. 8.666, de 21 de junho de 1993, com alterações posteriores, e demais normas pertinentes.

"Art. 11. Fica vedada aos órgãos da Justiça Federal a celebração de contratos ou outros ajustes com instituições financeiras oficiais sem prévia autorização do

34. TCU, TC-012.839/2009-5, Acórdão 1.457/2009, rel. Min. Valmir Campelo (disponível em *www.contas.tcu.gov.br/portal textual*).

Plenário do Conselho da Justiça Federal, ressalvados aqueles já existentes."

Pode-se afirmar, portanto, que todos os órgãos do Poder Judiciário têm aberta a possibilidade de firmar contratos por inexigibilidade com instituições financeiras oficiais, para manter seus depósitos dos saldos de precatórios, nos termos dos arts. 164, § 3º, da CF; 43 da Lei Complementar 101/2000; 1º, 2º e 25 da Lei 8.666/1993. Para tanto, devem obter contrapartidas para qualificação de tais instituições, como orientou o Acórdão 1.457/2009 do TCU;[35] e também, necessariamente, obter a prévia autorização do Plenário do Conselho da Justiça Federal, como exige a Resolução 74/2009 desse órgão.

Excetuada essa hipótese específica de inexigibilidade relativa aos bancos oficiais, o entendimento consagrado é o que exige a licitação para os serviços referentes a depósitos judiciais, observando-se, contudo, a preferência para estabelecimento de crédito oficial. Veja-se a decisão do Conselho Nacional de Justiça a esse respeito:

"*Ementa:* Depósitos judiciais – Contas – Administração – Obrigatoriedade de licitação – Preferência das instituições bancárias oficiais.

"1. A administração de contas de depósitos judiciais constitui prestação de serviços por instituição financeira e a sua concessão pelo Poder Judiciário há de ser precedida de licitação, diante do disposto no art. 37, XXI, da CF e na Lei n. 8.666/1993.

"2. Nos termos do art. 666, I, do CPC e leis correlatas, os depósitos judiciais devem, preferencialmente, como regra, ser realizados em estabelecimento de crédito oficial, admitindo-se que o sejam em estabelecimento de crédito privado apenas na hipótese de inexistência daquele na localidade da sede do órgão do Poder Judiciário.

"3. Procedimento de controle administrativo de que se conhece e se julga procedente."[36]

A contratação, em muitos casos, inclui depósitos das disponibilidades de caixa, entretanto abrange outros itens de serviços bancários, ocasionando questionamentos mais complexos. Foi objeto de decisão do TRF-5ª Região uma questão que ilustra os aspectos relevantes do tema abordado neste tópico: (a) a opção preferencial pelo banco oficial; (b) a obrigatoriedade de licitação quando se tratar de estabelecimentos privados; e, como fator decisório predominante, (c) a exigência de economicidade na contratação. Veja-se o seguinte aresto:

"Administrativo e constitucional – Licitação – Concorrência – Serviços bancários – Revogação por razões de interesse público, decorrente de fato superveniente devidamente comprovado Possibilidade – Art. 49 da Lei n. 8.666/1993 – Conduta lícita da Administração, em razão do exercício do juízo de conveniência e oportunidade – Indenização indevida – Expectativa do licitante vencedor em celebrar o contrato – Ausência de direito subjetivo à contratação – Manutenção da verba honorária.

"1. Hipótese em que o Banco Itaú S/A sagrou-se vencedor da Concorrência n. SC-010/2005, realizada pelo Estado de Alagoas para a prestação de serviços bancários relativos ao pagamento de folha de servidores e fornecedores e centralização

35. V., ainda, do TCU, o Acórdão 1.162/2004, *DOU* 26.8.2004.

36. Conselho Nacional de Justiça, Procedimento de Controle Administrativo 2008.10.00.000248-8, rel. Cons. Altino Pedrozo dos Santos, 4.11.2008.

da arrecadação tributária, tendo sido tal certame posteriormente revogado, por ter a Caixa Econômica Federal, que já vinha executando os serviços bancários para o Estado, formulado proposta mais vantajosa para a Administração, que optou em prorrogar o contrato anterior, firmando um Termo Aditivo.

"(...).

"3. No caso concreto, a revogação da concorrência foi devidamente justificada, não havendo razão para invalidar o ato, porque a Administração vislumbrou proposta mais vantajosa, formulada após a licitação (o que caracteriza o fato superveniente), sendo o valor econômico direto da proposta da Caixa Econômica Federal em torno de (...), superior, portanto, ao valor ofertado pelo vencedor do certame, de (...).

"(...).

"6. É irrelevante a discussão sobre a natureza dos serviços bancários, se caracterizaram ou não 'disponibilidade de caixa', tal como previsto no art. 164, § 3º, da CF, uma vez que a Administração justificou os motivos da revogação em função do interesse público e não da impossibilidade de contratar em razão da vedação constitucional de depósito de verbas públicas em instituições financeiras privadas."[37]

5. Contratação de serviços bancários referentes à folha de pagamento de pessoal

5.1 Pode ser feita por dispensa de licitação?

Diversamente dos serviços referentes a depósitos oficiais do Poder Judiciário, que devem preferencialmente ser carreados para instituições financeiras oficiais, entendemos que a terceirização da folha de pagamento dos servidores para a rede bancária deve ser feita por licitação.

Assim, não se aplica à contratação de instituição financeira, com característica de exclusividade, para pagamento da folha de vencimentos e proventos, a regra supracitada do § 3º do art. 164 da CF.

A doutrina especializada fortalece nosso entendimento,[38] descartando a possibilidade de ser feita tal contratação por dispensa, porventura com fundamento no art. 24, VIII, da Lei Nacional de Licitações. Tal hipótese de dispensa de licitação não seria aplicável, pois o texto do dispositivo exige que a pessoa jurídica tenha sido criada em data anterior à vigência da Lei Nacional de Licitações – ou seja, 1993 – e, ainda, que a finalidade de sua criação tenha sido, especificamente, atender aos interesses da Administração com relação àquele objeto que se pretenderia contratar. Ora, as instituições bancárias não prestam serviços apenas à Administração, mas também a terceiros.

Em resposta a indagação sobre a viabilidade jurídica da contratação direta do Banco do Brasil para processar a folha de pagamento dos servidores de um Município, a Consultoria Fórum esclareceu, agregando a perspectiva histórica: "No

37. TRF-5ª Região, 3ª Turma, ACi 411.495-AL (2006.80.00.002897-2), *DJU* 23.2.2008.

38. Bastando citar: Daniel Barbosa Lima Faria Corrêa de Souza, "Da licitação da folha de pagamento", *Revista Zênite de Licitações e Contratos – ILC* 175/916-920, Ano XV, setembro/2008; Consultoria NDJ, "Questões práticas", *BLC* 9/899-890, 2009; Marcelo Neves e Denise Hollanda Costa Lima, "Estudo da viabilidade jurídica da licitação da folha de pagamento dos servidores públicos", *Biblioteca Digital Fórum de Contratação e Gestão Pública-FCGP* 71, Ano 6, novembro/2007 (disponível em *www.editoraforum.com.br/bid/bidPrintConteudo.aspx?idConteudo=48436*, acesso em 21.9.2009).

caso de estabelecimentos bancários, não há uma atividade específica, mas uma gama de atividades, todas aquelas relacionadas com serviços bancários. A atividade de pagamento de folhas de servidores, ademais, sequer era serviço bancário existente na época de criação do Banco do Brasil, porquanto no período colonial não havia pagamento de funcionários públicos que se processasse desse modo; os pagamentos eram feitos em tesourarias e em espécie e posteriormente em cheques".[39]

O Tribunal de Contas do Estado de Minas Gerais-TCMG definiu, a propósito de consulta formulada, que os serviços de processamento de folha de pagamento de servidores constituem "objeto perfeitamente licitável", explicitando as razões dessa afirmativa:

"Primeiro, porque no mercado financeiro brasileiro, como é notório, existem várias instituições aptas a ofertar o mesmo produto e serviços bancários à Administração Pública, em níveis elevados de segurança e qualidade.

"Segundo, porquanto será o instrumento mais eficaz de escolha daquela instituição bancária de melhor solidez econômica e financeira, e que, por conseguinte, dará maior segurança à Administração Pública, como também aquela que oferecerá os melhores serviços, mediante o pagamento de melhores tarifas, nos termos fixados no edital de convocação."[40]

Cumpre alertar que a contratação direta de instituições bancárias em situações que não se enquadrarem como inexigibilidade ou nas hipóteses previstas no art. 24 da Lei Nacional de Licitações poderá configurar-se como ilícito, com possível criminalização, conforme previsto no art. 89 da mesma Lei Nacional de Licitações.[41]

Cite-se decisão do TCU que configurou ilicitude na ausência de licitação: "*Ementa:* Solicitação formulada por comissão parlamentar – Apuração de irregularidades no contrato de mútuo celebrado entre a ECT e o Banco Bamerindus do Brasil S/A – Comprovação de ausência de licitação na contratação de serviços bancários de instituição financeira privada – Inexistência de sistema de informação sobre a disponibilidade diária de recursos financeiros – Contrato rescindido por determinação da Presidência da ECT – (...)".[42]

5.2 Pode ser feita pela modalidade pregão?

Foi dito em item anterior deste trabalho que o lucro é legítimo pressuposto

39. Consultoria Fórum, "Contratação direta de processamento de folha de pagamento", *Biblioteca Digital Fórum de Contratação e Gestão Pública-FCGP* 79, Ano 7, julho/2008 (disponível em *www.editoraforum.com.br/bid/bidConteudoShow.aspx?idConteudo=54212*, acesso em 21.9.2009).

40. TCMG, Consulta 616.661, 15.3.2000 (disponível em *www.tce.mg.gov.br/Consultas/indexconsultas.htm*, acesso em abril/2006). V. ainda nosso *Eficácia nas Licitações e Contratos*, cit., 11ª ed., p. 99.

41. Quanto ao art. 89 da Lei Nacional de Licitações, v.: STF, AP 430-6, j. 7.8.2008; STJ, HC 92.246, j. 11.11.2008; HC 45.127, *JAM – Jurídica* setembro/2008, Ano XIII, p. 41.

42. TCU, Plenário, TC-011.772/94-8, Decisão 31/1997, *DOU* 25.2.1997. Ainda sobre a obrigatoriedade de licitação para serviços bancários de folha de pessoal, v.: TCU, Plenário, Decisão 402/1997, *DOU* 22.7.1997; STJ: AI 975.451-SP (2007/0251251-0), *DJU* 14.11.2008; RMS 28.725-RJ (2009/0014340-9), *DJU* 17.3.2009; SS 1.656-SP (2006/0169179-4), *DJU* 19.9.2006; MC 15.686-RS (2009/0117589-2), *DJU* 23.6.2009; STF: Rcl 3.939-1-SP, j. 14.4.2008; SL 277-RN, j. 24.12.2008, *DJU* 3.2.2009.

da livre iniciativa. O mercado de serviços bancários representado pela folha de pagamento de pessoal é extremamente disputado, bastando lembrar, a título de ilustração, que a folha de pagamento do INSS é estimada em 26,6 milhões de Reais, que ficam a cargo de 21 bancos distribuídos pelo País.[43]

Por outro lado, é certo que o processamento dos pagamentos constitui serviço de natureza "comum", enquadrando-se, sem qualquer dúvida, no conceito estabelecido no parágrafo único do art. 1º da Lei 10.520/2002, que dispõe sobre o pregão: "Consideram-se bens e serviços comuns, para os fins e efeitos deste artigo, aqueles cujos padrões de desempenho e qualidade possam ser objetivamente definidos pelo edital, por meio de especificações usuais no mercado".

Entretanto, embora objetivamente definida como serviço comum, a prestação de serviços de folhas de pagamento envolve números consideráveis e atrai, para o estabelecimento bancário contratado, inúmeras oportunidades de lucro. Seria, então, natural que a Administração utilizasse, em tais certames, o critério de julgamento de "maior lance ou oferta", previsto na Lei Nacional de Licitações.

A dificuldade está em que da Lei 10.520/2002 não consta tal critério, sendo apenas previsto o de "menor preço". Teria, então, a Administração o poder discricionário de aplicar o pregão, com alteração do critério estabelecido?

O TCU responde a tal pergunta no Acórdão 3.402/2008, em que admite basicamente o critério do maior valor ofertado; exige, contudo, adequada motivação:

"*Ementa:* Resposta à consulta do MPS no sentido de que:

"(a) O direito de um ente público, no caso o INSS, de contratar instituições financeiras para prestar serviços financeiros necessários à consecução de suas atividades de autoadministração e implementação de ações governamentais, como a gestão de folha de pagamentos previdenciários, pode ser considerado um ativo especial intangível e, nesta condição, pode ser ofertada sua exploração econômico-financeira ao mercado, por meio de licitação. Este bem ou direito não pode ser, no entanto, objeto de alienação.

"(b) A adoção de critério de julgamento de propostas não previsto na legislação do pregão, do tipo maior valor ofertado para o objeto mencionado no item anterior, somente seria admissível, em princípio, em caráter excepcional, tendo em vista o relevante interesse público da aplicação deste critério alternativo para o atingimento dos objetivos institucionais do ente público e como mecanismo concretizador do princípio licitatório da seleção da oferta mais vantajosa para a Administração. Tal especificidade deve obrigatoriamente ser motivada e justificada pelo ente público no processo relativo ao certame, além de ter demonstrada sua viabilidade metodológica."[44]

Admite-se, pois, em princípio, a utilização do pregão para o processamento das folhas de pagamento; e mesmo a utilização do critério de maior valor de oferta, desde que bem justificado e fundamentado, combinando os arts. 4º, VIII, e 9º da Lei 10.520/2002 com os arts. 3º e 45, IV, da Lei 8.666/1993. Esse tipo de certame está sendo denominado, em círculos especializados, como "pregão negativo".

Expoentes da doutrina perfilham essa solução, descrita pelo periódico *O Pregoeiro* conforme segue:

43. Fonte: *Folha de S. Paulo*, Caderno "Dinheiro", em 4.8.2009, p. B4; 6.8.2009, p. B5.

44. TCU, Plenário, Acórdão 3.402/2008, *O Pregoeiro*, junho/2009, p. 9.

"É o caso do pregão por maior oferta ou lance, também chamado pregão negativo. Este tipo de licitação, ainda raro e relativamente recente na Administração Pública brasileira, tem-se mostrado uma alternativa eficaz na contratação de serviços como gerenciamento de folhas de pagamento e vales-refeição.

"A novidade já conta, inclusive, com a aprovação de alguns especialistas em licitações, como o advogado e professor Joel de Menezes Niebuhr, que considera o pregão por maior oferta uma ação positiva para a Administração Pública. Para ele, embora a mecânica dos dois tipos de pregão seja inversa, ambos buscam o mesmo objetivo: a economia."[45]

O referido artigo incorpora entrevista com o professor Niebuhr, favorável ao sistema; e veicula uma competente ilustração verificada na Prefeitura Municipal de Curitiba em 2007, onde o procedimento foi utilizado com êxito para licitar os serviços de pagamento de vencimentos, salários, proventos, aposentadorias, pensões e similares dos servidores das Administrações direta, autárquica, fundacional e de empresas de economia mista. Relata, ainda, que, amparada pela Lei 10.520/2002 e pelo Acórdão 3.402/2008 do TCU (v. "sumário", retrotranscrito), a Previdência Social vai realizar "pregão negativo" para contratar a instituição bancária responsável pelo pagamento de 370 mil novos benefícios, a partir de 2010.[46]

Enfim, o mercado que envolve o gerenciamento de folhas de pagamento é tão promissor que, segundo se noticia, o Banco do Brasil e a Caixa Econômica Federal estão empenhados na disputa pela administração da folha de salários das Prefeituras paulistas, em montante de quatro milhões de servidores.[47]

6. Contratação de instituição financeira para cobrança de dívida ativa consolidada: polêmica em andamento

Diz expressamente o art. 7º do CTN (Lei 5.172, de 25.10.1966):

"Art. 7º. A competência tributária é indelegável, salvo atribuição das funções de arrecadar ou fiscalizar tributos, ou de executar leis, serviços, atos ou decisões administrativas em matéria tributária, conferida por uma pessoa jurídica de direito público a outra, nos termos do § 3º do art. 18 da Constituição.

"§ 1º. A atribuição compreende as garantias e os privilégios processuais que competem à pessoa jurídica de direito público que a conferir.

"§ 2º. A atribuição pode ser revogada, a qualquer tempo, por ato unilateral da pessoa jurídica de direito público que a tenha conferido.

"§ 3º. Não constitui delegação de competência o cometimento, a pessoas de direito privado, do encargo ou da função de arrecadar tributos."

Láudio Camargo Fabretti comenta o dispositivo, agregando pertinente jurisprudência:

45. Redação, "Pregão negativo – Quando a economia está no maior lance", *O Pregoeiro*, junho/2009, pp. 5-9.

46. Idem, pp. 6-7. V., ainda: Maria Tereza Fonseca Dias, "Possibilidade jurídica de adoção do pregão como modalidade licitatória para contratação de prestação de serviços de pagamento de pessoal por instituição financeira privada", *Biblioteca Digital Fórum de Contratação e Gestão Pública-FCGP* 52, Ano 5, abril/2006.

47. "Reportagem local. BB acusa Caixa de incitar prefeitos a quebrar contratos"m *Folha de S. Paulo*, Caderno "Dinheiro", 12.10.2009, p. B3.

"A CF/1988, em seu art. 154, I, reservou a competência residual para a União, ou seja: além dos impostos a ela atribuídos, compete à União instituir outros, 'mediante lei complementar (...) desde que sejam não cumulativos e que não tenham fato gerador ou base de cálculo próprios dos discriminados nesta Constituição'.

"Portanto, a competência tributária é indelegável. Podem ser delegados funções e serviços de arrecadação e fiscalização. Ou, em termos modernos, 'terceirizados'.

"'I – Tem a pessoa jurídica delegada para executar as normas legais, por força do disposto no art. 7º do CTN, competência para aplicar multas por intermédio dos seus fiscais, desde que essa multa, resultante da falta de lançamento, já esteja determinada legalmente. Não se trata, no caso, de instituir pena. II – Indelegável é a competência para decretar tributo, designar os sujeitos passivos, fixar alíquota, instituir penas, estabelecer base de cálculo (TRF-1ª Região, ACi 90.01.17166-4-MT, rel. Juiz Tourinho Neto, 3ª Turma, j. 26.11.1990, *Boletim de Jurisprudência* 27/77, *DJ* 17.12.1990, p. 30.797)'."[48]

É sabido que os tributos devidos pelo contribuinte, sem pagamento temporâneo, passam a constituir dívida ativa consolidada.[49] Em acurado parecer, Cláudio Barroso Ribeiro, analisando a possibilidade de protesto de créditos públicos, inscritos ou não em dívida ativa, afirma: "Cumpre salientar que não apenas a dívida de natureza tributária pode ser inscrita em dívida ativa, conforme expresso no art. 2º da Lei 6.830/1980: 'Constitui dívida ativa da Fazenda Pública aquela definida como tributária ou não tributária na Lei n. 4.320, de 17 de março de 1964, com as alterações posteriores, que estatui normas gerais de direito financeiro para elaboração e controle dos orçamentos e balanços da União, dos Estados, dos Municípios e do Distrito Federal'. E a dívida ativa (tributária e não tributária), como se viu, 'goza de presunção de certeza e liquidez' (art. 3º da Lei 6.830/1980). Em consequência, não só a inadimplência dos créditos públicos tributários pode ser registrada através de protesto, como também a dos créditos de natureza não tributária, como os decorrentes de multa por infrações da legislação não tributária, por exemplo, Código de Posturas, Código Sanitário, Lei de Uso e Ocupação do Solo, legislação ambiental etc."[50]

Como se vê, a dívida ativa tributária gera expectativa de recebimento dos valores, porquanto goza de presunção de liquidez e certeza – é por isso que as certidões respectivas não servem ao fundamento de disponibilidades financeiras –, haja vista que a referida presunção não é capaz de afastar, *a fortiori*, hipóteses de frustração de receita.

A indagação básica é se seria juridicamente viável a terceirização da dívida ativa dos entes da Federação.

Veja-se o art. 1º da Resolução do Senado Federal 33/2006: "Art. 1º. Podem os Estados, Distrito Federal e Municípios ceder a instituições financeiras a sua dívida ativa consolidada, para cobrança por endosso-mandato, mediante a anteci-

48. Láudio Camargo Fabretti, *Código Tributário Nacional Comentado*, São Paulo, Saraiva, 1998, pp. 8-9.

49. CTN, art. 201: "Constitui dívida ativa tributária a proveniente de crédito dessa natureza, regularmente inscrita na repartição administrativa competente, depois de esgotado o prazo fixado, para pagamento, pela lei ou por decisão final proferida em processo singular".

50. Cláudio Barroso Ribeiro, "Protesto de créditos públicos inscritos ou não em dívida ativa", *BDA* 3/204-208, 2002.

pação da receita de até o valor de face dos créditos, desde que respeitados os limites e condições estabelecidos pela Lei Complementar n. 101, de 4 de maio de 2000, e pelas Resoluções ns. 40 e 43, de 2001, do Senado Federal".

Todavia, a Associação Nacional dos Procuradores de Estado-ANAPE postulou, em 28.8.2006, pela ADI 3.786-2, a inconstitucionalidade da citada normativa do Senado Federal, alegando violação de, entre outros, os seguintes dispositivos da CF: arts. 52, V a IX; 155, II e seu § 2º, "a" e "b"; 61, § 1º, II, "e"; e 132.[51]

Trata-se, pois, de tema *sub judice*, entregue, pela correta via jurídica, ao exame do STF. Cite-se abalizado comentário, em 1991, da professora Cármen Lúcia, hoje Ministra daquela Corte: "Não diz a inconstitucionalidade quem quer, mas quem pode. Este 'poder-competência', por ser garantia da Constituição e segurança do direito à constitucionalidade, é afirmado pela própria norma magna, que não deixa o instrumento de controle diluído, pena de deixar a Constituição ser interpretada e aplicada segundo os entendimentos mais variados, inclusive simultaneamente, sempre em detrimento dos indivíduos, que não teriam a segurança que as leis oferecem. Nem se afirme que o Estado deve cumprir a lei. Todos devem, inclusive os particulares".[52]

Um dos argumentos preliminares alçados contra a referida Resolução 33 é que teria havido usurpação da competência institucional da Procuradoria do Estado por parte do Senado, ao qual faleceria competência para dispor sobre tal matéria. Alega-se, ainda, que a norma impugnada, ao dispor sobre cobrança, estaria disciplinando matéria tributária, que só poderia ser veiculada por lei complementar.

Por outro lado, é inegável a relevância da questão – o que é comprovado pela atenção que lhe tem dispensado a Procuradoria Geral da Fazenda Nacional, atualmente empenhada em ações experimentais que não refogem à linha adotada na Resolução 33/2006. O seu Departamento de Gestão da Dívida Ativa, criado em fevereiro/2009, dentre outras atribuições, é responsável pelo desenvolvimento de alternativas para aperfeiçoar a cobrança da dívida da União; e – conforme noticiado – a principal destas seria, de fato, a terceirização, ou "bancarização", em jargão especializado; opção que promete levar a bom termo dívidas de difícil solução.

"A Procuradoria Geral da Fazenda Nacional-PGFN começou a colher os primeiros resultados positivos do projeto de terceirização da dívida ativa da União, lançado este ano pelo órgão. Com o objetivo de reduzir as despesas com a administração de processos e recuperar créditos específicos da União, a Procuradoria anunciou em março deste ano um novo modelo de cobrança, realizado por meio de um agente privado. O teste foi feito a partir de um pacote de créditos rurais considerados até então como dívida de difícil recuperação, e a cobrança iniciada pelo Banco do Brasil. Em dois meses de aplicação do modelo o Banco recuperou 685 milhões de Reais para a União, o que equivale a 1,7 mil acordos. A meta do projeto é renegociar, por meio de acordos, cerca de 52 mil dívidas, que totalizam mais de 8 bilhões de Reais. Apesar de apenas 8,6% do total da dívida terem sido renego-

51. A ADI 3.786-2 tramita no STF, em mãos do eminente Relator, Min. Carlos Britto. Consta estarem os autos conclusos ao MM. Relator em 4.9.2009; e em 5.10.2009 a Associação Nacional dos Procuradores de Estado-ANAPE (PG 12.634/2009) requereu ser a ação julgada procedente.

52. Cármen Lúcia Antunes Rocha, *Constituição e Constitucionalidade*, Belo Horizonte, Lê, 1991, p. 120.

ciados até agora, o Banco avalia de forma positiva o resultado dos dois primeiros meses de trabalho, e a PGFN cogita a possibilidade de estender o programa para dívidas de menor valor".[53]

Embora ainda constitua tema polêmico, entendemos que deve ser estudado com atenção no âmbito do Direito aplicado, pois significaria talvez maior economicidade e melhores soluções para os problemas relacionados à dívida ativa. A propósito, mencionem-se a ementa e o voto condutor referentes a importante acórdão do Tribunal de Contas do Estado do Paraná-TCPR:

"*Ementa:* Consulta – Pela possibilidade de, mediante prévio certame licitatório, contratação de instituição financeira autorizada pelo Banco Central do Brasil para cobrança por endosso-mandato da dívida ativa consolidada".

"Voto – Considerando o exposto pela Diretoria de Contas Municipais, embasada em estudos elaborados acerca do endosso-mandato, objeto da Resolução n. 33/2006 do Senado Federal, voto, no mérito, em responder à presente consulta pela possibilidade, mediante prévio certame licitatório, da contratação de instituição financeira autorizada pelo Banco Central do Brasil para cobrança por endosso-mandato da dívida ativa consolidada. Ressalvo, contudo, que merece cautela ou até reserva a aplicação da Resolução n. 33/2006, haja vista a ação de inconstitucionalidade em curso."[54]

Destarte, enquanto o STF não se pronuncia acerca da constitucionalidade, ou não, da Resolução do Senado Federal 33/2006, prosseguimos defendendo, no campo de estudos do direito público, a adoção flexível e inovadora de instrumentos de ação administrativa que incorporem maior compreensão empírica da realidade institucional brasileira. No nosso entender, os fenômenos relacionados à crise econômica, mencionados no tópico inicial deste trabalho, as rápidas mudanças e as incertezas vivenciadas no cenário político-econômico exigem a superação do formalismo, do burocratismo e do ritual na Administração Pública, que buscará cada vez mais a agilidade das respostas e a resolutividade no atendimento.

Portanto, no presente tema, consideramos juridicamente tolerável a terceirização ou "bancarização" da dívida ativa dos entes da Federação, em um processo que se acha ainda em fase experimental e cujos instrumentos e procedimentos admitirão, certamente, alternativas e aperfeiçoamentos. É o momento de pesquisar e se posicionar em favor de soluções jurídicas que tenham nitidez e criatividade, seguindo ou não fórmulas adotadas em outros países de tradição democrática.

7. Imprescindibilidade da análise jurídica dos editais de licitação de serviços bancários e das minutas de contrato

A Lei Nacional de Licitações, em seu art. 38, parágrafo único, perfilhando o art. 133 da CF, determina que as minutas dos editais, contratos, convênios e acordos sejam examinadas e previamente aprovadas pelas assessorias jurídicas da Administração.[55] Portanto, editais volta-

53. Luíza Carvalho, "Dívidas fiscais poderão ser cobradas por banco", *Valor Econômico* 25.8.2009.

54. TCPR, voto do Relator, Cons. Heinz G. Herwig, condutor do Acórdão 1.710/2008, *Revista TCPR* 167/89-90, janeiro-março/2009.

55. V. TCU, Acórdão 3.909/2008, *DOU* 2.10.2008, e Orientação Normativa 3, de 1.4.2009, da AGU.

dos à contratação de serviços bancários requerem, de forma taxativa, a opinião do assessor jurídico ou consultor; também assim os processos de contratação direta (inexigibilidade) de tais serviços.

O advogado, consultor ou assessor jurídico, ao formular parecer sobre a contratação de serviços bancários, seja esta decorrente de licitação ou de contratação direta, efetiva o princípio da imprescindibilidade do advogado:

"A indispensabilidade da intervenção do advogado traduz princípio de índole constitucional, cujo valor político-jurídico, no entanto, não é absoluto em si mesmo. Esse postulado – inscrito no art. 133 da nova Constituição do Brasil – acha-se condicionado, em seu alcance e conteúdo, pelos limites impostos pela lei, consoante estabelecido pelo próprio ordenamento constitucional.

"Com o advento da Lei Fundamental operou-se, nesse tema, a constitucionalização de um princípio já anteriormente consagrado na legislação ordinária, sem a correspondente alteração do significado ou do sentido de seu conteúdo intrínseco.

"Registrou-se, apenas, uma diferença qualitativa entre o princípio da essencialidade da Advocacia, anteriormente consagrado em lei, e o princípio da imprescindibilidade do advogado, agora proclamado em sede constitucional, onde intensificou-se a defesa contra a hipótese de sua revogação mediante simples deliberação legislativa."[56]

Quanto à hipótese de responsabilização solidária do parecerista, admite soluções dialéticas consoante a natureza, vinculativa ou não, do próprio parecer. A matéria tem sido objeto de estudos doutrinários e iterativas decisões do STF.[57]

A propósito desse tema, não poderíamos deixar de trazer ao conhecimento dos caros participantes deste Congresso o evidente fenômeno de discriminação que intenta impedir-nos – a nós, advogados – de exercer com liberdade nosso mister profissional no território nacional.

Importa lembrar, como básico pressuposto da atividade no ramo do Direito, a inviolabilidade do exercício profissional, garantida pelos arts. 5º, XIII, e 133 da Carta Magna e pelos arts. 6º, 7º e 32 da Lei 8.906/1994. Dispositivos correlatos, como o art. 38 da Lei 8.666/1993 e o art. 42 da Lei 9.784/1999, contribuem para o fortalecimento da *opinião técnica* e sua ínsita liberdade.

Todavia, no campo de atuação do advogado verifica-se, atualmente, uma visível "ênfase persecutória" por parte de certos organismos de controle, voltada não propriamente ao conteúdo da orientação técnico-jurídica, mas ao próprio *fato* da eventual contratação, *ad hoc*, de um profissional do Direito por um órgão ou entidade da Administração Pública, tendo em vista consulta específica em cujo conteúdo este seja notoriamente especializado.

A restrição à contratação de profissional do Direito ocorre, circunstancialmente, contra advogados contratados diretamente por organizações públicas, como se tal proceder fosse inaceitável pela lei ou

56. STF, Pet 12.623, rel. Min. Ilmar Galvão, *DJU* 24.3.1997.

57. V.: STF, MS 24.073, MS 24.584 e MS 24.631; Carlos Pinto Coelho Motta, *Eficácia nas Licitações e Contratos*, cit., 11ª ed., pp. 419-435; idem, "Assessoramento jurídico nas licitações públicas", *Coleção Centro de Referência Negócios Públicos*, IV Congresso Brasileiro de Pregoeiros, Foz do Iguaçu, março/2009; idem, "Responsabilidade e independência do parecer jurídico e de seu subscritor", *BDA* 12/933, 2001; *ILC* 112/479, junho/2003; *FA* 28/23, Ano 3, junho/2003.

pela jurisprudência dos Tribunais Superiores. Ora, as decisões jurisprudenciais alinham-se, à unanimidade, na defesa do direito do advogado ao livre exercício profissional.[58]

Sobre o tema manifestou-se Adilson Dallari,[59] relatando inclusive o decisivo papel assumido pela OAB, por meio do seu Conselho Federal.[60] E a própria OAB, em sessão plenária de 9.12.2008, expressou o entendimento da não exigência de processo licitatório para a contratação de serviços advocatícios por parte de órgãos e agentes da Administração. A matéria foi examinada com base no voto do Relator, o Conselheiro Federal da entidade pelo Ceará, Jorge Hélio Chaves de Oliveira, aprovado à unanimidade. Destacou-se a natureza singular da prestação de serviços profissionais na área advocatícia, com citação de parecer, já aprovado, do ex-Conselheiro Sérgio Ferraz, que afirmou se tratar de trabalho intelectual de alta especialização, "impossível de ser aferido em termos de preço mais baixo".[61]

Como ilustração jurisprudencial típica, cite-se acórdão do TJMG que negou provimento a apelação nos autos de ação civil pública interposta pelo Ministério Público para declaração de nulidade de contratação de advogado:

"Constitucional e administrativo – Ação civil pública – Advogados – Contratação de serviços por Município – Licitação – Inexigibilidade – Elaboração de parecer – Serviço singular – Notória especialização – Improcedência do pedido – Manutenção – Inteligência do art. 37 da Constituição da República – Arts. 13 e 25, II, § 1º, ambos da Lei n. 8.666/1993.

"A inexigibilidade de licitação configura-se pela conjunção da singularidade do serviço e da existência da notória especialização, com o quê, atendidos tais requisitos, não há transgressão na contratação de serviços advocatícios sem a realização de procedimento licitatório, fulcrados nesta exceção legal."[62]

Resta-nos, portanto, perseverar na defesa do nosso legítimo mister, amparado pela lei e prosseguido pela doutrina e pela jurisprudência como atividade incompatível com o servilismo, porque centrada na racionalidade jurídica e na confiabilidade ética.

8. Conclusões

Em que pese ao caráter polêmico de algum dos temas abordados, cremos ser possível, na maioria deles, chegar a um bom nível prático-operacional, absolvido pela reflexão jurídica.

Sob esse desígnio, partimos da noção do contrato público como instrumento fundamental de gestão; e, levando em conta as contingências da escassez econômica, assinalamos como marco relevante, nesse cenário, o papel do contrato como fomento e regulação do mercado nacional, bem como fator agregador das superestruturas do desenvolvimento sociocultural e da autonomia tecnológica.

Essa concepção direcionou a escolha dos temas abordados neste estudo e con-

58. STF, HC 86.044, *DJU* 2.3.2007; STJ, RMS 1.275, *DJU* 23.3.1992, e RMS 21.524, *DJU* 14.6.2007; ex-TFR, MS 8.967, *DJU* 5.8.1982.

59. Adilson Abreu Dallari, *Aspectos Jurídicos da Licitação*, 7ª ed., São Paulo, Saraiva, 2006, p. 67.

60. Processo PRO-0034/2002/COP, acórdão publicado no *DJ* 3.2.2003, p. 574, Seção I (*apud* Adilson Abreu Dallari, *Aspectos Jurídicos da Licitação*, cit., 7ª ed., p. 68).

61. Notícia disponível em *www.oab.org.br* (acesso em 12.12.2008).

62. TJMG, ACi 1.0518.04.060274-1/001, j. 6.4.2006, *DJE* 16.5.2006.

tribuiu para as conclusões que brevemente anotamos a seguir.

8.1 É amplo o espectro de serviços bancários que podem ser prestados à Administração especificamente por instituições financeiras autorizadas a funcionar pela União e cujo exercício de atividade econômica é assegurado constitucionalmente. Sua nomenclatura não é tão relevante, porquanto é admitida interpretação extensiva; e deve prevalecer não a denominação utilizada pelo banco, mas a efetiva natureza do serviço, em virtude da qual variam as condições e procedimentos licitatório-contratuais.

8.2 A prestação de tais serviços à Administração Pública não se faz por convênio, mas por contrato administrativo.

8.3 As disponibilidades de caixa dos entes federativos, consoante mandamento constitucional, devem ser depositadas em instituições financeiras oficiais, por meio de avença pública, por contratação direta com adequada motivação e exigência de contrapartida da instituição financeira.

8.4 A contratação de serviços bancários referentes à folha de pagamento de servidores deve seguir o procedimento licitatório, salientando-se a economicidade da adoção da modalidade pregão.

8.5 É juridicamente tolerável a contratação por licitação da cobrança da dívida ativa consolidada, recomendando-se cautela relativa ao desfecho da ação de inconstitucionalidade impetrada contra resolução do Senado Federal nesse sentido.

8.6 É imprescindível o parecer jurídico prévio aos editais de licitação de serviços bancários, bem como nas minutas de contrato e nos casos de contratação direta.

Atualizado em 28 de outubro de 2009

FORTUITOS INTERNOS E EXTERNOS E A RESPONSABILIDADE CIVIL DO ESTADO

LUIS MANUEL FONSECA PIRES

Mestre e Doutorando em Direito Administrativo pela PUC-SP
– Juiz de Direito no Estado de São Paulo
– Professor de Direito Administrativo na PUC-SP

1. Introdução. 2. A responsabilidade civil do Estado por ação e por omissão. 3. O nexo causal e a teoria da causalidade adequada. 4. Fortuitos internos e externos e a responsabilidade civil do Estado. 5. Conclusões.

1. Introdução

A nossa proposta, neste estudo, é tratar de uma específica causa de rompimento do nexo causal da responsabilidade civil do Estado.

Trata-se, em realidade, de noção própria da teoria geral da responsabilidade civil, aplicável, portanto, às relações jurídicas sujeitas ao direito privado – desde que preenchidos os requisitos que oportunamente apresentaremos –, cuja relevância no âmbito do direito público a doutrina do Direito Administrativo não tem, a nosso ver, percebido.

De igual modo, a jurisprudência, apesar de em muitos casos concretos encontrar a mesma solução que seria reconhecida pelos argumentos que neste artigo apresentaremos, deixa de reforçar a ilação jurídica por desconsiderar a noção de fortuitos internos e externos na responsabilidade civil do Estado. E em outros tantos casos julgados entendemos que as decisões judiciais propugnam solução diversa da que se poderia externar ao não se considerar o tema que é objeto destas nossas reflexões.

Portanto, seja porque a noção de fortuitos internos e externos, da teoria geral da responsabilidade civil, é absolutamente pertinente ao tema da responsabilidade civil da Administração Pública – mas apesar de sua relevância a doutrina e a jurisprudência não a têm enfrentado –, seja porque a consideração desta fundamental argumentação jurídica permite a solução de alguns casos práticos e recorrentes de modo diverso do que a jurisprudência tem considerado (e oportunamente cuidaremos destes casos concretos), nossa proposta é mesmo a de restringirmos a nossa abordagem a um núcleo bem definido e reduzido: o rompimento do nexo causal da responsabilidade civil do Estado em razão de casos fortuitos.

E apenas para mantermos a clareza da exposição é que cuidaremos de anotar, preliminarmente, algumas breves digressões sobre a responsabilidade civil do Estado por ação e por omissão (2), depois trataremos de definir o nexo causal (3) e então ingressaremos no cerne da nossa proposta: os fortuitos internos e externos (4). De toda sorte, o tratamento que conferiremos aos temas preliminares (2 e 3) limitar-se-á a estabelecer algumas premissas conceituais que são necessárias ao enfrentamento do tema principal.

2. A responsabilidade civil do Estado por ação e por omissão

O art. 37, § 6º, da Constituição Federal prescreve a responsabilidade civil do Estado ou de quem lhe faça as vezes. Como é lição comum na doutrina e na jurisprudência, isto significa dizer que para a apuração da eventual responsabilidade da Administração Pública ou de quem a substitui é necessário: a) identificar a *conduta* do Poder Público; b) aferir o *dano*, seja este material ou moral; c) revelar o *nexo causal* entre a conduta e o dano.

Os três elementos acumulam-se e são indispensáveis. Sem qualquer um deles não há que se falar em responsabilidade civil da Administração Pública.

Mas sobre a natureza jurídica da *conduta* (a),[1] diverge sobretudo a doutrina.

É inexorável o entendimento de que esta norma constitucional impõe a responsabilidade civil *objetiva* do Estado em relação às condutas *comissivas*, isto é, que decorrem ou dependem de *ação*. O que equivale a dizer – por ser a responsabilidade *objetiva* – que não há necessidade de apurar a *culpa* da Administração Pública, não há que se investigar se o agente público descumpriu algum dever de cuidado, é dizer, se agiu de modo diverso do que era esperado como padrão de comportamento naquela situação. A aferição da imprudência, da negligência e da imperícia é completamente irrelevante no âmbito da responsabilidade objetiva. Basta que tenha havido o dano e que apresente um nexo causal com a conduta comissiva.

Todavia, a mesma solução não se encontra no que se refere à conduta *omissiva* do Estado. Parcela da doutrina defende que a responsabilidade, neste caso, é *subjetiva*, ou seja, depende de apurar a *culpa*. Dentre tantos juristas, o principal expoente sem dúvida alguma é Celso Antônio Bandeira de Mello:

"Logo, a responsabilidade estatal por ato omissivo é sempre responsabilidade por comportamento 'ilícito'. E, sendo responsabilidade por 'ilícito', é necessariamente responsabilidade subjetiva, pois não há conduta ilícita do 'Estado' (embora do particular possa haver) que não seja proveniente de negligência, imprudência ou imperícia (culpa) ou, então, deliberado propósito de violar a norma que o constituía em dada obrigação (dolo). Culpa e

1. Como leciona Sérgio Cavalieri Filho: "Conduta é gênero de que são espécies a ação e a omissão" (*Programa de Responsabilidade Civil*, p. 24).

dolo são justamente as modalidades de responsabilidade subjetiva."[2]

Outra corrente – a qual aderimos – defende a inexistência de razão jurídica para esta distinção. Para Juarez Freitas: "(...) não dimana do art. 37, § 6º, da CF nenhuma rigidez dicotômica, no regime da responsabilidade do Estado, no tocante às condutas omissivas ou comissivas dos agentes públicos 'lato sensu' (...)",[3] e neste sentido igualmente se pronuncia Weida Zancaner.[4]

Com efeito, entendemos que a norma constitucional ao prescrever a dispensa do elemento subjetivo pelos danos *causados* a terceiros não se refere à *ação*, mas sim à capacidade do ato ou do fato, da Administração Pública Direta e Indireta, e de quem faça as suas vezes, de ser a *causa adequada* do *efeito danoso*. Seja a causa uma *conduta comissiva (ação)* ou uma *conduta omissiva*.

Já na jurisprudência o entendimento prevalecente é mesmo por distinguir a ação e a omissão, a primeira sob o regime jurídico da responsabilidade objetiva e a segunda sob o da responsabilidade subjetiva, é dizer, a depender de culpa ou dolo da Administração Pública.

O seguinte julgado expressa bem esta orientação – e ainda ressalva e reconhece que no âmbito da doutrina a polêmica é mais acirrada:

"Administrativo – Responsabilidade civil do estado por ato omissivo – Queda de entulhos em residência localizada à margem de rodovia. 1. A responsabilidade civil imputada ao Estado por ato danoso de seus prepostos é objetiva (art. 37, § 6º, CF), impondo-se o dever de indenizar quando houver dano ao patrimônio de outrem e nexo causal entre o dano e o comportamento do preposto. 2. Somente se afasta a responsabilidade se o evento danoso resultar de caso fortuito ou força maior, ou decorrer de culpa da vítima. 3. Em se tratando de ato omissivo, embora esteja a doutrina dividida entre as correntes da responsabilidade objetiva e da responsabilidade subjetiva, prevalece, na jurisprudência, a teoria subjetiva do ato omissivo, só havendo indenização culpa do preposto. 4. Recurso especial improvido."[5]

Consignadas estas definições e as divergências e orientações doutrinárias e jurisprudências, compete-nos esclarecer que o tema dos fortuitos internos e externos apenas é pertinente, como ainda veremos, no âmbito da responsabilidade *objetiva*.

De outro modo: a relevância dos fortuitos internos e externos como motivo de ruptura do nexo causal é premente junto à conduta *comissiva* do Estado – ou de quem o substitui –, e igualmente na conduta *omissiva* para quem, como nós, defende que persiste a responsabilidade *objetiva* nesta situação.

3. O nexo causal e a teoria da causalidade adequada

Uma das teorias desenvolvidas com o fito de explicar o nexo causal foi a denominada *teoria da equivalência dos*

2. *Curso de Direito Administrativo*, p. 1.013.

3. *Discricionariedade Administrativa e o Direito Fundamental à Boa Administração*, p. 73.

4. "Responsabilidade do Estado, serviço público e os direitos dos usuários", in *Responsabilidade Civil do Estado*, coord. de Juarez Freitas, p. 330.

5. Superior Tribunal de Justiça, REsp 721439-RJ, Ministra Eliana Calmon, 21.8.2007.

antecedentes. Define-a Sérgio Cavalieri Filho:

"Não se indaga se uma delas foi mais ou menos eficaz, mais ou menos adequada. Causa é a ação ou omissão sem a qual o resultado não teria ocorrido, sem distinção da maior ou menor relevância que cada uma teve. Por isso, essa teoria é também chamada da 'conditio sine qua non', ou da equivalência das condições."[6]

Mas a que prevalece, junto à doutrina e à jurisprudência, como a mais pertinente com o nosso ordenamento jurídico, ao menos no cerne de uma teoria geral da responsabilidade civil, é mesmo a *teoria da causalidade adequada*. É preciso fazer a distinção entre *causa* e *condição*, e apesar de existirem diversas *condições* para o implemento de certo resultado, o que importa é identificar qual delas se apresenta como a *causa* mais adequada.

Em precisa assertiva de Sérgio Cavalieri Filho, "(...) em sede de responsabilidade civil, nem todas as condições que concorrem para o resultado são equivalentes (como no caso da responsabilidade penal), 'mas somente aquela que foi a mais adequada a produzir concretamente o resultado'".[7]

Como assevera o espanhol Jesús González Pérez, na teoria da causalidade adequada é considerado o acontecimento "(...) de maior possibilidade ou probabilidade de produzir o dano (...).[8]

Esta deve ser, pois, a preocupação e a orientação do intérprete.

Primeiro, deve-se identificar, diante do caso concreto, qual a causa ou causas mais adequadas à promoção do evento, quais os fatos que se identificam e qualificam-se como *causas adequadas*. Depois, sobre tais é que se deve apurar se realmente existe o *nexo causal* do resultado danoso com a conduta (comissiva ou omissiva) da Administração Pública.

Neste segundo momento que é comum se referir às hipóteses de exclusão do nexo causal – também denominadas de "causas de exclusão da responsabilidade". Em realidade, estas hipóteses de exclusão revelam a própria *inexistência* do nexo causal, mas, de todo modo, convencionou-se denominá-las de "causas de exclusão da responsabilidade".

Em sentido similar à nossa afirmativa é a doutrina de Sérgio Cavalieri Filho:

"É que, não raro, pessoas que estavam jungidas a determinados deveres jurídicos são chamadas a responder por eventos a que apenas aparentemente deram causa, pois, quando examinada tecnicamente a relação de causalidade. constata-se que o dano decorreu efetivamente de outra causa, ou de circunstância que as impedia de cumprir a obrigação a que estavam vinculadas."[9]

É sobre uma das hipóteses de exclusão do nexo causal que a seguir, no último tópico, cuidaremos: os fortuitos internos e externos.

4. Fortuitos internos e externos e a responsabilidade civil do Estado

Não é suficiente a argüição do "caso fortuito" como causa excludente da responsabilidade civil em geral se não for especificada qual espécie de fortuito a que nos referimos, se a um fortuito *interno*

6. Ob. cit., p. 47.

7. Ob. cit., p. 49.

8. *Responsabilidad Patrimonial de las Administraciones Públicas*, p. 512.

9. Ob. cit., p. 63.

ou *externo*. E isto porque a distinção é especialmente relevante, como a seguir veremos, se tratamos da responsabilidade *objetiva*, prevista para algumas hipóteses no Código Civil de 2002,[10] prescrita como regra geral no Código de Defesa do Consumidor[11] e ainda, como adiantamos linhas atrás, com previsão constitucional em relação à responsabilidade civil do Estado.[12]

Portanto, mesmo para quem adere à orientação – o que *não* é o nosso caso, como já expusemos – de que é preciso distinguir, no âmbito da responsabilidade civil do Estado, a ação e a omissão para atribuir a responsabilidade objetiva à primeira e exigir a culpa da segunda,[13] ainda assim a distinção dos fortuitos em internos e externos é de indiscutível importância ao menos para cuidarmos da responsabilidade decorrente da ação. A distinção dos fortuitos foi inicialmente elaborada na seara das relações sujeitas ao direito privado e é por isto que normalmente a conhecemos com referências a palavras próprias das relações entre particulares, como "empresa" e "negócio".

Neste sentido, Sérgio Cavalieri Filho explica as espécies de fortuitos:

"Entende-se por 'fortuito interno' o fato imprevisível, e, por isso, inevitável, que se liga à organização da empresa, que se relaciona com os riscos da atividade desenvolvida pelo transportador. O estouro de um pneu do ônibus, o incêndio do veículo, o mal súbito do motorista etc. são exemplos do fortuito interno, por isso que, não obstante acontecimentos imprevisíveis, estão ligados à organização do negócio explorado pelo transportador. (...) O 'fortuito externo' é também fato imprevisível e inevitável, mas estranho à organização do negócio. E o fato que não guarda nenhuma ligação com a empresa (...) Duas são, portanto, as características do 'fortuito externo': autonomia em relação aos riscos da empresa e inevitabilidade (...)."[14]

Não obstante, as noções de fortuitos internos e externos são de suma relevância para o Direito Público porque não se aplicam de acordo com as idéias de "negócio" ou "atividade empresarial", mas, sim, conforme a *natureza jurídica* da responsabilidade patrimonial, se subjetiva ou objetiva.

Mas antes de tratarmos desta associação dos fortuitos e a natureza da responsabilidade patrimonial compete-nos definir os fortuitos internos e externos.

Pois bem, além da *imprevisibilidade*, que tradicionalmente define o gênero, o "caso fortuito",[15] a espécie *fortuito externo* é definida por outro elemento: que seja *externo à atividade empreendida* o fato que se pretende qualificar como fortuito. Não basta, portanto, a *imprevisibilidade* do evento – que de um modo geral define o gênero *caso fortuito* –, mas é preciso, para a qualificação do *fortuito externo*, que o evento seja ainda *externo à atividade empreendida*. Já a outra espécie, o *fortuito interno*, é definida pela *imprevisibilidade* e a identificação do evento como *interno à atividade empreendia*.

10. Por exemplo, o art. 927, parágrafo único.

11. Arts. 12 e 18.

12. Art. 37, § 6º.

13. Sobre as divergências doutrinárias e jurisprudenciais a respeito do tema tratamos no tópico 2.

14. Ob. cit., p. 292.

15. Sérgio Cavalieri Filho defende – e acedemos ao seu entendimento – que enquanto a *imprevisibilidade* define o caso fortuito a *inevitabilidade* qualifica a força maior (ob. cit., p. 65).

Em síntese, são elementos dos *fortuitos externos:* a) a *imprevisibilidade* do evento; b) que o evento seja *externo à organização da atividade empreendida.* E são elementos dos *fortuitos internos:* a) a *imprevisibilidade* do evento; b) que o evento seja *interno à organização da atividade empreendida.*

Como adiantamos pouco acima, a importância de diferenciar os fortuitos decorre, conforme Carlos Roberto Gonçalves, ao lembrar as lições de Agostinho Alvim, porque "Somente o fortuito externo, isto é, a causa ligada à natureza, estranha à pessoa do agente e à máquina, excluiria a responsabilidade, principalmente se esta se fundar no risco. O fortuito interno, não."[16]

Ou nas palavras do próprio Agostinho Alvim:

"A distinção que modernamente a doutrina vem estabelecendo, aquela que tem efeitos práticos e que já vai se introduzindo em algumas leis, é a que vê no caso fortuito um impedimento relacionado com a pessoa do devedor ou com a sua empresa, enquanto que a força maior é um acontecimento externo. Tal distinção permite estabelecer uma diversidade de tratamento para o devedor, consoante o fundamento de sua responsabilidade. Se esta fundar-se na culpa, bastará o caso fortuito para exonerá-lo. Com maioria de razão o absolverá a força maior. Se a sua responsabilidade fundar-se no risco, então o simples caso fortuito não o exonerará. Será mister haja força maior, ou, como alguns dizem, caso fortuito externo."[17]

Como em outro estudo tivemos a oportunidade de dizer,[18] não basta que o fato seja imprevisível para excluir a responsabilidade civil *objetiva*, pois se o fato – insistimos: ainda que imprevisível – integrar a *organização da atividade* tratar-se-á de *fortuito interno* que não é apto a romper o nexo causal.

Apenas o *fortuito externo*, aquele fato *imprevisível* e *externo à organização da atividade empreendida*, é que se reveste de legitimidade como excludente da responsabilidade civil *objetiva*.

A seguir formularemos alguns exemplos que de modo algum pretendem ser uma resposta catalogada sobre a responsabilidade civil do Estado – como se sempre e irremediavelmente fosse a solução que a seguir apresentaremos a única possível –, pois é claro que a riqueza de informações de cada caso concreto pode justificar um desfecho distinto, mesmo sob a ótica das espécies de fortuitos que ora tratamos. Os exemplos que mencionaremos, por serem recorrentes na prática forense, prestam apenas a ilustrar a aplicação destas noções jurídicas e os seus diferentes desfechos possíveis na determinação da responsabilidade civil do Estado. Feitas estas observações, iniciemos então.

Uma bala perdida disparada na rua que atinja um usuário do transporte coletivo quando já se encontra dentro do ônibus. Há que se reconhecer a responsabilidade civil do concessionário do serviço público?[19] Cremos que não porque

16. *Responsabilidade Civil*, p. 737.

17. *Da inexecução das Obrigações e suas Conseqüências*, p. 315.

18. *Regime Jurídico das Licenças*, pp. 147 e ss.

19. Convém relembrarmos, como a propósito anotamos em tópico precedente (2), que a responsabilidade civil do Estado igualmente se estende a quem lhe faça as vezes, isto é, aos entes da Administração Indireta (autarquias, fundações, sociedades de economia mista e empresas públicas que prestam o serviço público) e particulares contratados para substituir o Estado em determinadas tarefas públicas, como é o caso dos concessionários e dos permissionários de serviços públicos.

o evento, a bala perdida acionada na rua, é completamente estranho – *externo* – à organização do serviço público de transporte coletivo. Diferente seria se o usuário fosse atingido por uma bala em assalto no interior do próprio coletivo, pois apesar da *imprevisibilidade* não se trata de fato desconexo da organização da atividade do concessionário uma vez que a segurança dos passageiros por ocorrências no interior do próprio transporte é dever inerente à própria dinâmica do serviço.[20] A distinção é sensível e relevante: nesta segunda situação – que reconhecemos a responsabilidade do concessionário – o assalto acontece *dentro* do próprio coletivo, o que está sob o controle possível e desejável da organização do empreendimento pelo concessionário.

De um modo geral, um assalto em uma residência ou estabelecimento comercial, ou mesmo na rua, não encontra íntima relação com a organização da atividade de policiamento prestada pelo Estado. Certo é que a segurança pública é dever constitucional,[21] mas é humanamente impossível, em qualquer país, que o serviço seja organizado de modo a fiscalizar permanente e absolutamente todo o território nacional em qualquer horário do dia ou da noite.

Todavia, se o assalto ocorre durante o período de greve dos servidores públicos da polícia, se o assalto acontece em ato contínuo à fuga da cadeia lograda por um preso,[22] se o assalto acontece diante de

20. Em sentido diverso ao que defendemos: "Agravo regimental no recurso especial. Responsabilidade civil. Assalto no interior de ônibus. Caso fortuito ou força maior. Excludente de responsabilidade. Agravo improvido. 1. O fato de terceiro, que não exime de responsabilidade a empresa transportadora, é aquele que guarda unia relação de conexidade com o transporte. 2. Segundo pacífico entendimento firmado nesta Segunda Seção, a ocorrência de assalto no interior de composição ferroviária mostra-se fato inteiramente alheio à relação de transporte propriamente dita, excluindo a responsabilidade da empresa concessionária de transporte público. 3. Agravo improvido" (STJ, AgRg no REsp 960578-SP, rel. Min. Hélio Quaglia Barbosa, 18.9.2007).

21. Art. 144.

22. Sem se fundamentar o julgado que se segue na distinção entre os fortuitos internos e externos – e caso o fizesse entendemos que se reforçaria a argumentação jurídica em favor do reconhecimento da responsabilidade do Estado –, encontramos o seguinte precedente: "Responsabilidade civil do estado. Art. 37, § 6º da Constituição Federal. *Faute du service public* caracterizada. Estupro cometido por presidiário, fugitivo contumaz, não submetido à regressão de regime prisional como manda a lei. Configuração do nexo de causalidade. Recurso extraordinário desprovido. Impõe-se a responsabilização do Estado quando um condenado submetido a regime prisional aberto pratica, em sete ocasiões, falta grave de evasão, sem que as autoridades responsáveis pela execução da pena lhe apliquem a medida de regressão do regime prisional aplicável à espécie. Tal omissão do Estado constituiu, na espécie, o fator determinante que propiciou ao infrator a oportunidade para praticar o crime de estupro contra menor de 12 anos de idade, justamente no período em que deveria estar recolhido à prisão. Está configurado o nexo de causalidade, uma vez que se a lei de execução penal tivesse sido corretamente aplicada, o condenado dificilmente teria continuado a cumprir a pena nas mesmas condições (regime aberto), e, por conseguinte, não teria tido a oportunidade de evadir-se pela oitava vez e cometer o bárbaro crime de estupro. Recurso extraordinário desprovido" (STF, RE 409203-RS, rel. Min. Joaquim Barbosa, 7.3.2006, por maioria).

Pelo reconhecimento da exclusão da responsabilidade: "Ação Rescisória. Ação de Reparação de Danos. Assalto cometido por fugitivo de prisão estadual. Responsabilidade objetiva do Estado. Recurso extraordinário do Estado provido. Inexistência de nexo de causalidade entre o assalto e a omissão da autoridade pública que teria possibilitado a fuga de presidiário, o qual, mais um posto policial que se encontra vazio, sem um policial sequer a tentar combater a ação ilícita, então entendemos que a solução é outra, pois em todos estes exemplos há estreita relação do evento com a organização da atividade estatal, e por isto, independentemente da *imprevisibilidade* destes eventos, persiste a responsabilidade civil porque são fortuitos *internos*, e fortuitos internos não são aptos a desconstituir a responsabilidade *objetiva*.

Ainda sobre a segurança pública, mas agora com relação à responsabilidade dos concessionários, cremos que a mesma ilação sobre a ausência da responsabilidade é inevitável se acontece algum assalto ao longo da rodovia (como o assaltante a simular a necessidade de ajuda com a mecânica do seu veículo e conseguir que a vítima pare com o fim de auxiliá-lo). Pois não há como o concessionário fiscalizar cada metro de asfalto e as mais variadas e criativas abordagens de criminosos. São mesmo *fortuitos* – fatos *imprevisíveis* –, e fortuitos *externos* – fatos estranhos às atividades típicas de manutenção e segurança das rodovias, pois entre estas não se inclui a atividade policial investigativa das diversificadas aproximações criminosas.

No entanto, se o assalto ocorre junto à praça de pedágio – porque, por exemplo, o assaltante antes rendeu o empregado que trabalha junto à cabine de cobrança –, mesmo sendo imprevisível a ocorrência a responsabilidade existe, pois nesta situação o evento imprevisível infiltra-se na própria organização da atividade do concessionário. Isto é, trata-se, sem dúvida alguma, de um fortuito. Mas de um fortuito *interno*, e por isto não tem o condão de romper o nexo causal. Mantém-se, nesta circunstância, a responsabilidade civil do concessionário.

Ainda sobre a responsabilidade dos concessionários de rodovias, por serem as condições de tráfego o primordial dever do prestador deste serviço público, a manutenção de suas condições, a proteção contra o acesso de animais na pista, por exemplo, são atividades que estão diretamente associadas às tarefas dos concessionários, o que equivale a dizer que se houver dano por estes acontecimentos deve persistir a responsabilidade civil porque embora imprevisíveis – por isto que são fortuitos – dizem respeito à própria organização da atividade. São, em síntese, *fortuitos internos*.[23]

Um último exemplo. Em razão do período de chuvas, de descargas elétricas provocadas por tempestades, há a súbita suspensão do serviço público de energia elétrica. Seja pela repentina suspensão, seja pelo retorno da energia, posteriormente, em carga excessiva, os aparelhos elétricos dos usuários podem sofrer severas avarias a danificar e comprometer o uso dos equipamentos. Trata-se, é certo, de

tarde, veio a integrar a quadrilha que praticou o delito, cerca de vinte e um meses após a evasão. Inocorrência de erro de fato. Interpretação diversa quanto aos fatos e provas da causa. 5. Ação rescisória improcedente" (STF, AR 1376-PR, rel. Min. Gilmar Mendes, 9.11.2005).

23. Neste sentido – mas igualmente sem se invocar a distinção dos fortuitos: "Recurso especial. Acidente em estrada. Animal na pista. Responsabilidade objetiva da concessionária de serviço público. Código de defesa do consumidor. Precedentes. Conforme jurisprudência desta Terceira Turma, as concessionárias de serviços rodoviários, nas suas relações com os usuários, estão subordinadas à legislação consumerista. Portanto, respondem, objetivamente, por qualquer defeito na prestação do serviço, pela manutenção da rodovia em todos os aspectos, respondendo, inclusive, pelos acidentes provocados pela presença de animais na pista. Recurso especial provido" (STJ, REsp 647710-RJ, rel. Min. Castro Filho, 20.6.2006).

casos fortuitos porque estas tempestades são eventos *imprevisíveis*. Mas fortuitos estreitamente relacionados com a própria atividade do concessionário de serviço público – a atividade de distribuição da energia elétrica –, logo, são fortuitos *internos*, o que não exclui a responsabilidade do concessionário e, por conseguinte, o dever de reparar os danos.

Enfim, os exemplos mencionados servem-nos, como adiantamos antes de os formularmos, meramente para a ilustração da importância prática da noção jurídica de fortuitos internos e externos. Claro que cada concreta situação, com suas peculiaridades, justifica a consideração de uma ou outra solução – do reconhecimento, ou não, da ruptura do nexo causal –, tudo a depender de identificar se o evento cogitado como suposta excludente de responsabilidade civil, independentemente de sua *imprevisibilidade*, relaciona-se, ou não, com a *organização da atividade estatal*. Se sim, isto é, se o evento qualifica-se como fortuito *interno*, então deve subsistir a responsabilidade civil do Estado.

5. Conclusões

1. O art. 37, § 6º, da Constituição Federal prescreve a responsabilidade objetiva do Estado ou de quem lhe faça as vezes. A responsabilidade civil contém os seguintes elementos: a) a *conduta* do Poder Público; b) o *dano*; c) o *nexo causal* entre a conduta e o dano. Entendemos que a norma constitucional, ao prescrever a dispensa do elemento subjetivo pelos danos *causados* a terceiros, não se refere só à *ação*, mas igualmente à *omissão*.

2. Sobre o nexo causal, a orientação que prevalece, junto à doutrina e à jurisprudência, é que se aplica a *teoria da causalidade adequada*: primeiro, devemos identificar, diante do caso concreto, qual a causa mais adequada à promoção do evento, e depois apurar se realmente existe o *nexo causal* do resultado danoso com a conduta (comissiva ou omissiva) da Administração Pública.

3. Não é suficiente a argüição do "caso fortuito" como causa excludente da responsabilidade civil objetiva se não for especificada qual espécie de fortuito a que nos referimos, se a um fortuito *interno* ou *externo*.

4. São elementos dos *fortuitos externos*: a) a *imprevisibilidade* do evento; b) que o evento seja *externo à organização da atividade empreendida*. E são elementos dos *fortuitos internos:* a) a *imprevisibilidade* do evento; b) que o evento seja *interno à organização da atividade empreendida*.

5. Em suma, apenas o *fortuito externo* tem o condão de cindir o nexo causal da responsabilidade civil do Estado. Apenas o fato que, além de imprevisível, é estranho à organização da atividade da Administração Pública que justifica a exclusão de sua responsabilidade. O que significa, *a contrario sensu*, que o evento, mesmo que imprevisível, intimamente relacionado com a organização da atividade estatal, isto é, o *fortuito interno* não é suficiente para afastar o dever de ressarcimento do Estado.

Bibliografia

ALVIM, Agostinho. *Da Inexecução das Obrigações e suas Conseqüências*. 3ª ed. Rio de Janeiro, Ed. Jurídica e Universitária, 1965.

CAVALIERI FILHO, Sérgio. *Programa de Responsabilidade Civil.* São Paulo, Atlas, 2007.

FREITAS, Juarez (Coord.). *Responsabilidade Civil do Estado*. São Paulo, Malheiros Editores, 2006.

______. *Discricionariedade Administrativa e o Direito Fundamental à Boa Administração Pública*. São Paulo, Malheiros Editores, 2007.

GONÇALVES, Carlos Roberto. *Responsabilidade Civil*. 7ª ed. São Paulo, Saraiva, 2002.

MELLO, Celso Antonio Bandeira de. *Curso de Direito Administrativo*. 27ª ed. São Paulo, Malheiros Editores, 2010.

PÉREZ, Jesús González. *Responsabilidad Patrimonial de las Administraciones Públicas*. 4ª ed. Madrid, Thomson, 2006.

PIRES, Luis Manuel Fonseca. *Regime Jurídico das Licenças*. São Paulo, Quartier Latin, 2006.

CARREIRA NOTARIAL E REGISTRAL: POSSIBILIDADE, CONVENIÊNCIA OU NECESSIDADE?[1]

MAURÍCIO ZOCKUN

Professor de Direito Administrativo na Faculdade de Direito da PUC/SP – Mestre em Direito Tributário e Doutor em Direito Administrativo pela PUC/SP

I – Introdução. II – Funções estatais e a Atividade Notarial e Registral. III – Natureza do vínculo entretido entre o Estado e os titulares de serviços notariais e registrais. IV – Natureza jurídica da carreira e possibilidade de sua criação para os particulares que atuam em atividade colaborada com a Administração. V – Carreira notarial e registral: possibilidade e requisitos para sua criação.

I – Introdução

1. Neste estudo pretendemos analisar a possibilidade de *lei formal*[2] criar carreira e nela alocar aqueles que desempenham as atividades notariais e registrais. Em razão disso, é imprescindível edificarmos as premissas metodológicas que servirão de base no exame do nosso objeto de estudo.

Quer-se com isso esclarecer que o tema da criação de uma carreira notarial e registral não poderá ser adequadamente desenvolvido sem o *prévio exame* (i) da natureza jurídica da atividade desempenhada pelos notários e registradores; (ii) da titulação jurídica por meio da qual se exerce a sobredita atividade; (iii) da natureza jurídica da carreira; e, por fim,

1. Adaptação e ampliação de palestra proferida na *Primeira Edição das Jornadas Institucionais ANOREG-SP*, em 19.9.2008.

2. Para nós, *lei formal* é o veículo normativo levado a efeito pelos ocupantes de cargos políticos em nossos Parlamentos, por meio do qual o ordenamento jurídico é inauguralmente inovado de forma *geral* e *abstrata*. Escapam, pois, desse conceito, as *leis de efeito concreto* que são meros atos administrativos.

(iv) dos pressupostos constitucionais para criação de uma carreira.

Trata-se, por isso mesmo, de um assunto que se inicia e se exaure diretamente na Constituição. Com efeito, (i) a natureza jurídica da atividade notarial e registral, bem como o título jurídico que legitima o seu exercício exigem o exame das funções estatais que, entre nós, são qualificadas como cláusulas pétreas;[3] (ii) a previsão da existência de carreira e sua compostura jurídica também têm assento constitucional;[4] e, por fim, (iii) a própria atividade notarial e registral está igualmente prevista no Texto Maior.[5]

2. Com essas considerações iniciais, comprova-se, para além de qualquer espécie de dúvida razoável, a estatura constitucional do problema colocado à nossa apreciação. Vamos, pois, ao tema; vamos, pois, ao exame da Constituição!

II – Funções estatais[6] *e a Atividade Notarial e Registral*

3. A separação das funções do Estado tem sua origem no Estado de Direito, que nasceu para confrontar a instabilidade e insegurança trazidas pelo Estado Absolutista, onde o monarca dizia e desdizia as regras a seu talante.

O Estado de Direito surgiu justamente para submeter os governantes e todas as suas atividades à lei, o que pode ser sintetizado pela máxima do Direito anglo-saxão: "rule of law, not of man".

As ideias de igualdade perante a lei e a necessidade de se controlar o poder foram evoluindo através dos séculos, sendo sumariadas no pensamento de Jean Jacques Rousseau e do Barão de Montesquieu, que propugnava a necessidade da quebra da concentração dos Poderes, já que todo o homem que detém o poder tende a dele abusar.

Essa quebra de concentração dos poderes foi concebida por Montesquieu por meio da tripartição de funções estatais.

Segundo Geraldo Ataliba, a tripartição dos Poderes "(...) encerra fórmula de contenção e disciplina do exercício do poder estatal e aparece como expressão funcional do princípio republicano, cujos postulados básicos encontram eficácia nessa formulação".[7]

Esclareça-se, todavia, que a tripartição de funções estatais "não reflete uma verdade, uma essência, algo inexorável proveniente da natureza das coisas. É pura e simplesmente uma construção política invulgarmente notável e muito bem sucedida, pois recebeu amplíssima consagração jurídica. Foi composta em vista de um claro propósito ideológico do Barão de Montesquieu, pensador ilustre que deu forma explícita à ideia da tripartição. A saber: impedir a concentração de poderes para preservar a liberdade dos homens contra abusos e tiranias dos governantes".[8]

De toda a sorte, inúmeros autores – nacionais e estrangeiros – entendem que as

3. Art. 2ª da Constituição da República.

4. Por exemplo, arts. 12, § 3º, V; 37, IV, V e XII; 39, § 1º, I; 39, § 2º; 39, § 8º; 68, § 1º, I; 131, § 2º; 134, § 1º; 144, § 1º, todos da Constituição da República.

5. Art. 236 da Constituição da República e arts. 31 e 32 dos Atos das Disposições Constitucionais Transitórias.

6. Neste item selecionamos algumas passagens sobre o tema que escrevemos em companhia da Profa. Carolina Zancaner Zockun ("Natureza e limites da atuação dos Tribunais Administrativos", *Revista Interesse Público* 44/135-160, 2007), além de acrescermos outras tantas.

7. *República e Constituição*, São Paulo, Malheiros, 2ª ed., 1998, p. 123.

8. Idem, ob. cit., p. 29.

funções estatais não são de três espécies, mas sim de duas, quatro ou mais,[9] ainda que a tripartição de Poderes tenha sido *formalmente* consagrada por nosso ordenamento jurídico.[10]

4. Sem nos estendermos mais sobre o assunto, pois esse não é o propósito deste estudo, sustentamos que função legislativa é a função do Estado que lhe autoriza[11] produzir *lei formal*.

Por função jurisdicional entendemos a função do Estado que lhe comina o *dever* de solucionar conflitos que lhe são submetidos à apreciação[12] com força de definitividade e, portanto, com caráter de imutabilidade.

Por fim, para nós função administrativa é o *dever* imposto ao Estado de produzir *comandos jurídicos* imprescindíveis ao cumprimento de preceitos veiculados em lei formal ou, excepcionalmente, veiculados diretamente na Constituição. Só há função administrativa quando a *atuação jurídica* do Estado[13] for condição necessária e imprescindível à concreta fruição de garantia ventilada em comando normativo constitucional ou legal. Por essa razão, só há função administrativa com a edição de atos administrativos.

Logo, se o preceito legal ou constitucional for aplicável de plano ou demandar atividade do particular para irradiação dos seus efeitos não se coloca em pauta o exercício da função administrativa.

Celso Antônio Bandeira de Mello fornece definição mais completa – e por nós acolhida – segundo a qual função administrativa é a função do Estado, ou de quem lhe faça as vezes, no exercício de prerrogativas públicas e dentro de uma estrutura hierárquica, para fiel aplicação da lei, mediante comandos complementares dela; comandos esses plenamente contras-

9. Kelsen afirma que as funções estatais são duas: legislar e executar, sendo que esta última é realizada tanto pelo Poder Executivo, quanto pelo Poder Judiciário (*Teoría General del Derecho y del Estado*. México, Imprensa Universitária, 1950, trad. de Eduardo García Maynez, pp. 268-269). Otto Mayer não fala em funções do Estado, mas em "atividades", e afirma haver quatro atividades principais do Estado: além das três conhecidas, acresce a atividade de governo, que consiste na atividade de direção maior do Estado. Além destas, acrescenta oito outras atividades que não se enquadram em nenhuma das quatro ditas "principais". São elas: (i) atividade auxiliar do Direito Constitucional; (ii) atividades em que o Estado sai da sua esfera de ordem jurídica (tratados internacionais, por exemplo); (iii) guerra e guerra civil; (iv) luta contra um motim; (v) exercício de o comando militar; (vi) direito de suprema necessidade; (vii) medidas extraordinárias; e (viii) medidas individuais tomadas debaixo da forma da lei (*Le Droit Administratif Allemand*, vol. I, V. Paris, Giard & E. Brière, Libr. Editeurs, 1903, pp. 1 a 14).

10. Não desconhecemos, contudo, a existência da função política ou de governo, que consiste na realização de atos de superior gestão da vida estatal. Dentre atos políticos ou de governo, podemos citar a sanção, o veto, a declaração do estado de sítio ou de defesa, a anistia, a comutação de penas, a concessão de condecorações e distinções honoríficas etc. A função política, contudo, não será objeto de nosso estudo.

11. Nem sempre essa função corresponde a um *dever* estatal. Se corresponder e não for exercida, a ordem jurídica permite o desfazimento dessa inércia por meio da propositura de ação direta de inconstitucionalidade por omissão e mandado de injunção.

12. Porque, segundo o art. 5º da Constituição da República, nenhuma lesão ou ameaça de lesão será furtada da apreciação do Poder Judiciário.

13. Nesse ponto discordamos de Oswaldo Aranha Bandeira de Mello, na medida em que ele sustenta que os atos materiais (ou *"execução de atos jurídicos concretos"*, nas suas palavras) também então incluídos no conceito de função administrativa (*Princípios Gerais de Direito Administrativo*, vol. I, 3ª ed., São Paulo, Malheiros Editores, 2007, p. 51).

táveis, no tocante à legalidade, pelo Poder Judiciário.[14]

5. Diante desse quadro, pergunta-se: a atividade notarial e registral integra a ordem econômica (art. 170 e ss. da Constituição da República) ou, pelo contrário, está inserida dentre as atividades a cargo do Estado?

O art. 236 da Constituição da República não deixa margem à dúvida, pois prescreve que essas atividades serão exercidas em caráter privado, por *delegação do Poder Público*. E só se pode *delegar* uma atividade de que se é senhor. Vale dizer, só se *delega* algo cuja titularidade lhe pertence.

Se isso é verdade, então a atividade notarial e registral são de titularidade do Estado e, por isso mesmo, se qualificam como atividade estatal. Mas qual atividade estatal?

6. Como o Poder Constituinte fez menção aos denominados "*serviços*" notariais e registrais no art. 236, petrificou-se, no altiplano constitucional, os confins jurídicos desses institutos, tal como positivados no momento da promulgação da Constituição. Ou seja, acolheu-se o perfil legal do que – em outubro de 1988 – se entendia por atividade notarial e registral.

E isso por uma razão muito simples. A Constituição de 1988 não criou essas atividades. Essas atividades, pelo contrário, já existiam entre nós muito antes da edição dessa Carta. Logo, ao se fazer menção a elas, incorporou-se, no plano constitucional, o perfil jurídico desses institutos existente em 5 de outubro de 1988. Vale dizer, o perfil jurídico que a lei formal lhes dava naquela data.

Um exemplo é capaz de demonstrar a incontestabilidade do pensamento.

O art. 155, II, da Constituição da República, outorga aos Estados e Distrito Federal a competência para instituir e cobrar, dentre outros, imposto sobre operação de circulação de *mercadorias* (ou seja, o ICMS). O conceito jurídico de *mercadoria* era fruto da outra noção: de ato de comércio, tal como previsto no Código Comercial.[15] O objeto do ato mercantil era, pois, a *mercadoria*.

Com o advento do Novo Código Civil, a parte do Código Comercial que dispunha sobre atos de comércio foi *revogada*.[16] Em razão disso, deixou de existir *no plano infraconstitucional* o instituto da *mercadoria*. Mas, por força dessa sucessão normativa infraconstitucional, o ICMS não pode mais ser instituído e cobrado pelos Estados nessa parte?

Afinal, se o conceito jurídico de *mercadoria* deixou de existir em razão da revogação do instituto do ato de comércio, então, em tese, não pode haver mais a tributação sobre uma atividade que tenha por objeto a operação de transferência da titularidade da uma *mercadoria*. Deveras, se juridicamente não há *mercadoria*, não poderá mais haver uma operação que a tenha por objeto.

Esse raciocínio jurídico prospera? A resposta é desenganadamente negativa! Mas por que?

Porque o conceito de *mercadoria* foi, com a promulgação da Constituição da República, alçado ao *status* de conceito constitucional. Em 4 de outubro de 1988 *mercadoria* era um conceito fixado em

14. *Curso de Direito Administrativo*, 24ª ed., São Paulo, Malheiros Editores, 2007, p. 36.

15. Arts. 10, 1; 33; 174; 178; 200, 1 e 2; 201; 217; 219; 273; 354, 3 e 446.

16. Fábio Ulhoa Coelho observa, com precisão, que o Novo Código Civil substituiu a *teoria dos atos de comércio* pela *teoria da empresa* (*Manual de Direito Comercial*, São Paulo, Saraiva, 2002, pp. 8 a 11).

lei formal. No dia 5 de outubro de 1988 *mercadoria* passou a ser um conceito constitucional, tal como era fixada, em lei formal, no dia 4 de outubro de 1988.[17]

Por força do quanto exposto, após 5 de outubro de 1988, ato normativo infraconstitucional não pode mais alterar ou extinguir esse conceito (de *mercadoria*), pois, todos sabem, apenas emenda à Constituição pode alterar disposição constitucional.

Geraldo Ataliba, com pena de ouro, frisou a gênese desse pensamento ao assinalar que "É impossível cogitar-se de estudar qualquer conceito que tenha sido tratado pela Constituição sem tentar compreendê-lo no contexto da Constituição globalmente considerada".[18] Ou seja, delimita-se um conceito acolhido pela Constituição examinando-se, apenas, a Constituição.

O mesmo raciocínio pode, *vis-a-vis*, ser tranquilamente aplicado às atividades notariais e registrais. Tendo sido elas expressamente contempladas pela Constituição, em 5 de outubro de 1988, o seu conceito, fixado em lei formal, foi alçado ao plano constitucional. E, por isso mesmo, lei posterior não poderá, a pretexto de esclarecer os seus confins, modificar-lhes o conteúdo e alcance.

7. Apenas para fins deste trabalho *presumimos* que essas atividades foram adequadamente descritas na Lei federal 8.935/1994.

Com efeito, essas atividades são, a teor do art. 1º da Lei federal 8.935/1994, regulamentadora do art. 236 da Constituição da República, as "de organização técnica e administrativa destinados a garantir a publicidade, autenticidade, segurança e eficácia dos atos jurídicos".

Diante desse preceito, percebe-se que a Lei 8.935/1994 não outorgou aos exercentes dessas atividades a prerrogativa para alterar a ordem jurídica de forma inaugural e, muito menos, solucionar conflitos em caráter de definitivo. Prevê, isso sim, o *dever* de eles produzirem *comandos jurídicos* imprescindíveis ao cumprimento de preceitos veiculados em lei formal. Em uma frase, comina-se o *dever* de exercer função administrativa.

Mesmo nas hipóteses do art. 11 da Lei 8.935/1994, que outorga o dever aos tabeliães de protesto para, privativamente, (i) "*protocolar* de imediato os *documentos de dívida*, para *prova* do descumprimento da obrigação"; (ii) "*intimar* os devedores dos títulos para *aceitá-los, devolvê-los* ou *pagá-los*, sob pena de protesto"; e, ainda, "*receber* o *pagamento* dos *títulos protocolizados*, dando *quitação*", se defronta com atividades componentes da função administrativa.

Mas qual função administrativa a Lei 8.935/1994 impõe a prestação?

8. O art. 236 da Constituição da República *sugere* que a função administrativa exercida nessas hipóteses corresponde à prestação de serviço público. E isso porque o Texto Constitucional utiliza a expressão "*serviços* notariais e de registro".

Só mesmo acolhendo uma noção muito larga de *serviço público* – assim entendida como sinônimo de exercício de função administrativa – é que se poderá qualificar as sobreditas atividades dessa forma.

Daí porque, percebe-se, o art. 236 da Constituição da República empregou a expressão "serviço" em seu sentido vulgar. Serviço, pois, como o desempenho de ati-

17. Na petrificação de um conceito para fins tributários, não se pode adotar a *vacatio* fixada no art. 34 do ADCT.

18. "Periodicidade do Imposto sobre a Renda I", *Revista de Direito Tributário* 63/15-38, São Paulo, Malheiros Editores.

vidade humana prestativa de comodidade a outrem.

No entanto, o magistério de Celso Antônio Bandeira de Mello esclarece que, a título de exercer a função administrativa, o Estado desempenha as seguintes atividades: (i) exercício do denominado *poder de polícia*; (ii) *fomento* das atividades privadas de interesse coletivo; (iii) intervenção em atos e fatos da vida privada para lhes conferir certeza e segurança jurídica; (iv) prestação de serviços públicos; e (iv) equipar-se com recursos humanos e materiais para o desenvolvimento das atividades acima.[19]

Diante dessas lições e investigando-se a natureza jurídica das atividades definidas pelo art. 236 da Constituição, percebe-se que os denominados "serviços" notariais e registrais não são *tecnicamente **serviços públicos***. E isso porque elas *não tipificam* a prestação de *uma utilidade **material*** a terceiros.[20] Caracterizam, pelo contrário, a prestação de uma *utilidade **jurídica***. Ou seja, de intervenção estatal em atos e fatos da vida privada para lhes conferir *certeza* e *segurança* jurídica.

Mas a que título os titulares das serventias notariais e registrais desempenham essa função administrativa?

III – Natureza do vínculo entretido entre o Estado e os titulares de serviços notariais e registrais

9. O art. 1º, parágrafo único, da Constituição da República proclama que o "todo poder emana do povo".

19. *Prestação de Serviços Públicos e Administração Indireta*, São Paulo, Ed. RT, 1983, pp. 16 a 18.

20. E aqui empregamos a noção de serviço público de Celso Antônio Bandeira de Mello.

Ao assim prescrever, nossa ordem jurídica reconhece que o povo é o detentor do poder, razão por que o seu exercício está umbilicalmente atrelado à satisfação dos interesses dos seus detentores (ou seja, à satisfação do interesse público).

Observe-se, contudo, que o exercício do poder pode-se dar de forma direta e indireta. Quer-se com isso revelar que o povo goza da aptidão para interferir e influir diretamente no desempenho das funções estatais.

No campo da função legislativa, por exemplo, o povo pode elaborar projeto de lei (art. 61, § 2º, da Constituição da República) ou, ainda, votar em plebiscitos e referendos. No campo da função jurisdicional, por seu turno, o povo pode atuar como conciliador e juiz leigo (art. 98, I, da Constituição da República e art. 7º da Lei federal 9.099/1995). Já no campo da função administrativa a participação popular direta está amplamente assegurada em nossa Carta, *e.g.*, arts. 10; 29, XII; 187; 194, VII; 198, III etc.

10. No entanto, a investidura de particulares no desempenho de uma atividade estatal deve ser pautada dentro dos limites prescritos pelo ideal republicano.

Se a execução dessa função *não exigir*, por sua natureza, o desenvolvimento de uma atividade que demande certo grau de complexidade e conhecimento, mormente de ordem técnica, então o particular poderá ser escolhido tomando-se em consideração apenas o seu *status* de cidadão.

De outro lado, contudo, se a atividade a ser realizada for tecnicamente complexa, então o particular não poderá ser eleito tomando-se em consideração *apenas* o fato de ele ser cidadão. Exigir-se-á dele um *plus* em relação aos seus pares. Nesses casos, deve-se apurar se ele é tecnicamente capaz de exercer, de forma adequada, a função estatal cuja investidura se pretende.

Quer-se com isso deixar explícito que os particulares que aspirarem desempenhar uma atividade pública em colaboração com a Administração devem se mostrar tecnicamente aptos e qualificados a tanto.

Deve, pois, a Administração *apurar* de forma *objetiva* se o interessado é ou não tecnicamente capaz.

Essas considerações são relevantes, pois o art. 236 da Constituição da República deixa claro que as atividades notariais e registrais serão exercidas em ***caráter privado***.

11. Isso significa dizer que os titulares das serventias notariais e registrais *não desempenham* essas atividades *na qualidade* de servidores estatais, integrados, pois, na intimidade do aparelho estatal. Se assim não fosse, as atividades seriam desempenhadas por esses agentes em *caráter público*, o que desatenderia o preceito veiculado na própria Constituição da República.

Por isso mesmo os notários e registradores públicos não guardam com o Estado vínculo de natureza profissional, não eventual e sob dependência (hierárquica e/ou econômica). Vale dizer, eles não estão inseridos na estrutura orgânica da Administração como servidores estatais. São, pois, pessoas estranhas ao aparato do Estado e que, a despeito dessa condição, desempenham função pública.

Esse *status* dos notários e registradores não deve, aliás, causar qualquer espécie de estranheza. E isso porque, com base na mesma titulação jurídica, os concessionários e permissionários de serviço público, os jurados, os mesários, os particulares contratados de serviços, os particulares que realizam prisão em flagrante delito, os denominados advogados *ad hoc* exercem, todos, função estatal. O fazem, contudo, sem integrar a estrutura orgânica do Estado. São, por isso mesmo, qualificados como *particulares em atividade colaborada com a Administração*.

Logo, os titulares das serventias notariais e registrais – bem como aqueles titulares das serventias judiciais albergados pelo art. 31 do ADCT – desempenham função pública na qualidade de *particulares em atividade colaborada com a Administração*.

Entretanto, como as atividades notariais e registrais são tecnicamente complexas, o ideal republicano exige que os particulares que pretendam desempenhá-las demonstrem ser os mais habilitados a isso. Não é por outra razão que o art. 236 da Constituição da República prevê, *pedagogicamente*, a necessidade de concurso público para a investidura nessa função.

Vale dizer, ainda que se o art. 236 da Constituição da República não contemplasse *explicitamente* a necessidade de realização de processo administrativo capaz de selecionar os mais aptos ao desempenho dessas atividades públicas, sua efetivação seria uma exigência *implícita* do primado republicano.

Diante dessas considerações seria possível conceber a criação de uma carreira para o desempenho dessas atividades? Para responder a essa pergunta precisamos, primeiro, estabelecer o que é uma carreira.

IV – Natureza jurídica da carreira e possibilidade de sua criação para os particulares que atuam em atividade colaborada com a Administração

12. Carreira é um conceito *implicitamente* contido na Constituição.

Deveras, afora o fato de este termo estar previsto em inúmeras oportunidades,[21] há indicação constitucional do que se entende por *carreira*.

13. A Constituição atrela a existência da carreira ao desempenho de uma função estatal. Vale dizer, só há possibilidade de criação de *carreira* se se colocar em pauta o desempenho de uma função pública.

Além disso, o art. 39, § 1º, I, assinala que as *carreiras* devem ser criadas em razão do grau de responsabilidade e complexidade da atividade a ser desempenhada. Já o art. 39, § 2º, prevê que haverá promoção entre degraus, níveis, postos ou classes destas *carreiras*. Conjugando-se esses dois dispositivos, percebe-se que as carreiras exigem, por imperativo constitucional, sua fixação em níveis em razão do grau de responsabilidade e complexidade das atividades públicas a serem desempenhadas. Fixados esses níveis, é permitido que as pessoas a eles *ascendam*. Mas a ascensão se dará com base em qual critério?

Tirante algumas exceções, a Constituição não prevê ***explicitamente*** *todas* as formas de ascensão na carreira. A habilidade e qualificação do seu exercente, diz o art. 39, § 2º, é, decisivamente, um desses critérios (pautado, aliás, no princípio da *eficiência* ou, simplesmente, da *boa administração*). Todavia, esse não é o único critério previsto pela Constituição!

A ele se soma – em relação aos magistrados, por exemplo – o critério técnico – ou *merecimento* na dicção constitucional – e temporal (ou *antiguidade*, nas palavras da Constituição).

Observe-se, todavia, que a criação de *carreira* para o desempenho de uma atividade pública é, em regra, uma *faculdade*. Tirante as hipóteses em que a carreira *deve ser* criada,[22] a maioria das atividades públicas *podem* ser criadas e estruturadas em *carreira*.

Mas qual a finalidade que preside a criação de uma carreira? Simples: cria-se ***carreira*** para permitir que o interesse público seja curado da melhor forma possível, mormente onde o desempenho da atividade estatal se mostre mais necessária e vital.

A criação de *carreira* é, portanto, uma das formas concebidas pela Constituição para garantir a figura da *boa administração*! Por isso mesmo que, em outra oportunidade, assinalamos:

"Em inúmeras passagens do Texto Constitucional é revelada a necessidade de o poder público praticar a boa administração. Aliás, a boa administração nada mais é do que decorrência lógica do primado Republicano.

"Com efeito, não se poderia imaginar que os titulares do poder pudessem ter o seu interesse curado de forma imprópria, inconveniente e ineficaz; ou seja, amadoristicamente. Quem quer um Governo Republicano quer uma eficiente persecução dos seus interesses. Quer, em última medida, a boa administração dos seus interesses.

"Assim, para que o poder público possa desempenhar suas atividades, é imperioso que as relações jurídicas por ele travadas sejam as que melhor possam satisfazer o interesse público."[23]

21. Como anteriormente citado, exemplificativamente, os arts. 12, § 3º, V; 37, IV, V e XII; 39, § 1º, I; 39, § 2º; 39, § 8º; 68, § 1º, I; 131, § 2º; 134, § 1º; 144, § 1º, todos da Constituição da República.

22. É o caso da carreira diplomática, magistratura, ministério público, advocacia pública federal, profissionais de educação básica, polícias civis, polícia ferroviária federal, polícia rodoviária federal, polícia federal, defensoria pública da União e do Distrito Federal, procuradoria dos Estados e do Distrito Federal, advocacia-geral da União, dentre outros.

23. "A participação do administrado na Administração e o preenchimento de cargos nos

14. Em razão disso surge uma pergunta: uma atividade pública, desempenhada por particular em atividade colaborada com a Administração, pode ser estruturada em carreira?

A resposta a essa pergunta é de uma singeleza franciscana: sim. Se a criação da *carreira* se revelar apta à melhor satisfação do interesse público, sua fixação não é apenas uma faculdade. É, em nossa opinião, um *dever*.

15. Não é por outra razão que as atividades desenvolvidas pelos mesários estão, por exemplo, fracionadas em distintos níveis de complexidade.

Ainda que não haja propriamente uma *carreira* de mesário, há distintas classes de atividades a serem exercidas por esses agentes em razão do seu grau de dificuldade e importância.

Nesse sentido, relembre-se que a segregação de uma atividade estatal em distintos plexos de atribuições de acordo com o seu grau de complexidade é o que, justamente, preside e informa a criação de uma *carreira*. É, por assim dizer, a sua *pedra de toque*.

Eis a razão porque o art. 120 do Código Eleitoral (Lei federal 4.737/1965) prevê que os mesários sejam estruturados da seguinte forma: (i) Presidente; (ii) Primeiro mesário; (iii) Segundo mesário; (iv) Secretário; e (v) Suplente.

Nessa hipótese: (i) ao Presidente compete zelar "pessoalmente pela ordem e regularidade do processo eleitoral",[24] (ii) aos Mesários compete "receber os votos dos eleitores; decidir imediatamente todas as dificuldades ou dúvidas que ocorrerem; manter a ordem, para o que disporá de força pública necessária; comunicar ao juiz eleitoral, que providenciará imediatamente as ocorrências cuja solução deste dependerem; remeter à Junta Eleitoral todos os papéis que tiverem sido utilizados durante a recepção dos votos; autenticar, com a sua rubrica, as cédulas oficiais e numerá-las nos termos das Instruções do Tribunal Superior Eleitoral; assinar as fórmulas de observações dos fiscais ou delegados de partido, sobre as votações; fiscalizar a distribuição das senhas e, verificando que não estão sendo distribuídas segundo a sua ordem numérica, recolher as de numeração intercalada, acaso retidas, as quais não se poderão mais distribuir; e anotar o não comparecimento do eleitor no verso da folha individual de votação",[25] e (iii) aos Secretários compete "distribuir aos eleitores as senhas de entrada previamente rubricadas ou carimbadas segundo a respectiva ordem numérica; lavrar a ata da eleição; e cumprir as demais obrigações que lhes forem atribuídas em instruções".[26]

Tanto mais é verdade que essas atividades foram segregadas de acordo com o seu nível de complexidade, que o art. 120, § 2º, do Código Eleitoral prevê que "Os mesários serão nomeados, de preferência entre os eleitores da própria seção, e, dentre estes, os diplomados em escola superior, os professores e os serventuários da Justiça".

Ora, como os mesários realizam atividades *vitais* no desenvolvimento das eleições, o Código Eleitoral preferiu investir nessa função aquelas pessoas que, presumivelmente, são mais preparadas.

Tribunais Administrativos", in *Corrupção, Ética e Moralidade Administrativa* (Org. Luis Manoel Fonseca Pires, Maurício Zockun e Renata Porto Adri), Belo Horizonte, Fórum, 2008, p. 264.

24. Art. 123 do Código Eleitoral.

25. Art. 127, I a IX, do Código Eleitoral.

26. Art. 128, I a III, do Código Eleitoral.

Logo, nada obsta que a execução dessas atividades seja estruturada em *carreira*, já que, dessa forma, o interesse público será satisfeito da melhor forma possível.

V – Carreira notarial e registral: possibilidade e requisitos para sua criação

16. Logo, não se deveria colocar em pauta o questionamento a respeito da viabilidade jurídica de criação de uma carreira para aqueles que desempenhem a função pública notarial e registral. Essa carreira, a toda evidência, pode ser criada! O que se deve indagar é, pelo contrário, se a criação de uma carreira notarial e registral poderá melhor satisfazer o interesse público. Essa é, de fato, a verdadeira pergunta a respeito do tema.

17. É claro que se poderia sustentar – em desabono dessa colocação – que há inviabilidade de criação de uma carreira para o desempenho dessas atividades, porquanto o Texto Constitucional prevê concurso de remoção de serventias, o que seria incompatível com o regime privado do desempenho dessas atividades.

Curiosamente, vemos, nisso, elemento *fortalecedor* da *viabilidade jurídica* da carreira notarial e registral (e não o reverso).

18. A Constituição emprega a palavra *remoção* para designar deslocamento de pessoa (art. 231, § 5º) ou bem (art. 199, § 4º). Sua utilização no exercício da função pública implicará (i) deslocamento no exercício de atividade pública (art. 93, VIII-A e art. 107, § 1º da Constituição da República) ou (ii) deslocamento de servidor a título de penalidade ou medida acautelatória (art. 93, VIII; art. 103-B, § 4º, III, todos da Constituição da República).

Independentemente da razão que ensejou a remoção (se por ato lícito ou ilícito), remoção é, para o Texto Constitucional, deslocamento de pessoa (art. 231, § 5º) ou bem (art. 199, § 4º). Aquelas são suas *espécies*, estas seu *gênero*.

Em razão disso pergunta-se: em qual sentido o art. 236 da Constituição da República emprega o vocábulo *remoção*? Pensamos que ele foi veiculado em seu sentido *gênero*; ou seja, como deslocamento. Como *mudança*!

Diante disso há incompatibilidade entre *remoção* (assim entendido como *mudança* ou *deslocamento*) e a carreira notarial e registral? Não! Pelo contrário! A *elevação* nos diversos níveis da *carreira exige*, para sua realização, a *mudança* ou *deslocamento* do agente público de uma classe para outra.

Com a elevação na carreira, o agente público que se encontrava em uma determinada classe é alçado (deslocado) a uma posição que lhe imporá maior grau de responsabilidade em razão da maior complexidade da matéria envolvida no desempenho da função pública.

19. A necessidade de *concurso* para *remoção* decorreria, outrossim, da impostergável necessidade de apuração objetiva do preenchimento dos requisitos necessários à elevação na carreira. É claro que não se poderia falar, na espécie, em concurso público, pois ele seria limitado àqueles integrantes da carreira. E essa condição amputa do concurso público aquilo que lhe é essencial e nuclear: a ampla isonomia.

Daí porque, nessa hipótese, concurso é empregado pela Constituição como palavra sinônima de processo administrativo (aliás, o concurso é, de fato, um processo administrativo, tal como, por exemplo, é a licitação). Ou seja, como processo administrativo seletivo!

E esse processo seletivo deve ser realizado tanto para o deslocamento dos agentes entre as serventias, como para elevação nas classes de uma carreira.

Vale dizer, ainda que a atividade notarial e registral não seja estruturada em carreira, há necessidade de realização desse processo seletivo.

20. Outra objeção possível adviria do fato de que a atividade notarial e registral é una e, por essa razão, não seria possível decompor o seu exercício em classes.

Essa objeção, evidentemente, não prospera. Tome-se, por exemplo, o exercício da função jurisdicional. Ela é una e, por essa razão, um juiz estadual substituto investido em uma entrância qualquer nos rincões deste Brasil é tão juiz quanto qualquer Ministro do STF. Não há entre eles hierarquia. Há, pelo contrário, plena isonomia. Essa, aliás, foi a razão de decidir que presidiu o acórdão na ADI 3.814, julgada pelo STF.

E, a despeito de a magistratura ser uma carreira una, não é interdito à lei estruturá-la em carreira (nessa hipótese, aliás, a fixação de carreira é uma impostergável exigência constitucional).

Daí porque, sem maior tergiversação, essa possível objeção também não prosperaria. E isso nos remete, novamente, ao tema central: qual a razão que legitimaria a criação de uma carreira notarial e registral?

21. Como se destacou em passagem precedente, só é possível criar carreira se for possível fracionar a atividade pública em distintos escalões de complexidade a exigir, do agente público, maior grau de responsabilidade na persecução do interesse público.

Na magistratura, por exemplo, esse fracionamento em entrâncias é dado pelo volume forense. Presume-se, assim, que, quão maior o volume de atividades forenses, mais complexa é a atividade jurisdicional a ser desempenhada. Cremos que, de fato, essa é uma presunção acertada e, por isso mesmo, pode ser *um* dos critérios eleitos para a criação de uma carreira.

Isso não significa que outros critérios não possam – e devam – ser eleitos, mormente em razão da multiplicidade de atividades que são acometidas ao Estado.

No entanto, parece-nos acertado sustentar que há possibilidade de criação de carreira notarial e registral, caso se considere o movimento da atividade desempenhada nos limites territoriais da serventia como um dos critérios norteadores de sua concepção.

Criadas as classes ou entrâncias dessa *carreira*, seus integrantes poderiam nelas ascender por meio de processo administrativo objetivo que selecionasse, dentre os interessados, aqueles mais habilitados a desempenharem atividades notariais e registrais mais complexas.

De toda sorte, da possibilidade à conveniência de criação dessa *carreira* exige-se um elemento intermediário imprescindível: a *lei formal*. E com isso retornamos ao princípio do nosso trabalho (*lei formal*), o que revela, ao nosso juízo, que não nos desgarramos da premissa eleita, ainda que aceitemos as críticas que faltamente – e esperamos – virão.

PARECERES

ADMINISTRAÇÃO TRIBUTÁRIA MUNICIPAL – IPTU – PROMESSA DE COMPRA E VENDA – CERTIDÃO NEGATIVA DE DÉBITOS TRIBUTÁRIOS – EXISTÊNCIA DE DÉBITOS TRIBUTÁRIOS DO PROMITENTE VENDEDOR – DIREITO DE CERTIDÃO DO PROMITENTE COMPRADOR

VLADIMIR DA ROCHA FRANÇA

Mestre em Direito Público pela UFPE
– Doutor em Direito Administrativo pela PUC-SP
– Professor Adjunto do Departamento de Direito Público da UFRN
– Advogado em Natal/RN

CONSULTA

A Sra. "A" encaminha a seguinte consulta:

A Consulente é contribuinte do *Imposto Predial e Territorial Urbano-IPTU* junto ao Município de Parnamirim/RN, em razão da posse legítima de quatro lotes de terreno.

Os direitos de posse sobre esses bens foram adquiridos durante a vigência do casamento que a Consulente manteve com o Sr. "B" (falecido) e herdados mediante sucessão legítima, como atestam os contratos de compromisso de compra e venda que foram celebrados com a empresa "C".

Desejando atender às exigências necessárias para viabilizar a expedição das escrituras públicas definitivas desses bens, resolveu a Consulente realizar a quitação integral dos créditos tributários pertinentes aos imóveis em apreço, regularizando também o cadastro dos mesmos junto à Secretaria Municipal de Tributação.

Por oportuno, merece destaque que o adimplemento desses créditos tributários está sendo feito consoante o parcelamento facultado pela legislação tributária do Município.

Entretanto, malgrado a ausência de qualquer débito tributário sobre os imóveis listados, resolveu a Administração Tributária do Município negar o pedido da certidão que viabilizaria o registro público pretendido pela Consulente, expedindo em seu lugar uma Certidão Positiva de Débitos Tributários, acusando pendências fiscais da promitente vendedora, ou seja, a empresa "C".

Diante de tal recusa, indaga a Consulente:

"A Administração Tributária Municipal tem legitimidade jurídica para recusar a expedição de Certidão Negativa de Débitos Tributários em favor de promitente comprador de bem imóvel diante da constatação de inadimplência do promitente vendedor em obrigações tributárias decorrentes de fato gerador estranho à posse assegurada no compromisso de compra e venda?"

Respondo a essa questão nos seguintes termos.

PARECER

Como se depreende da documentação apresentada pela Consulente, observa-se que a mesma tem o direito de posse sobre os terrenos supracitados, sob tutela pelos arts. 1.196 e 1.199 do CC de 2002 bem como pelos arts. 25 a 36 da Lei federal 6.766, de 19.12.1999.

Aqui, merece destaque o enunciado veiculado pelo art. 26, § 6º, da Lei federal 6.766/1979:

"Art. 26. (...).

"(...).

"§ 6º. Os compromissos de compra e venda, as cessões e as promessas de cessão valerão como título para o registro da propriedade do lote adquirido, quando acompanhados da respectiva prova de quitação."

Todavia, para que a Consulente logre o registro público competente para consolidar a propriedade desses bens faz-se necessária a comprovação da quitação dos tributos municipais incidentes sobre os mesmos, como lhe impõe o ofício notarial competente, por força do art. 289 da Lei federal 6.015, de 31.12.1973.

Nesse diapasão, é relevante o exame do art. 83 da Lei Complementar municipal 5, de 27.12.2001:

"Art. 83. *A prova da quitação de tributos, exigida por qualquer lei, é feita exclusivamente por Certidão Negativa de Débito para com a Fazenda Municipal-CND, regularmente expedida pela Secretaria Municipal de Tributação.*

"§ 1º. A CND é sempre expedida nos termos em que tenha sido requerida, sendo fornecida dentro de até 10 (dez) dias, da data de entrada do requerimento na repartição.

"§ 2º. O prazo de vigência dos efeitos da CND, que dela constará obrigatoriamente, é fixado pelo Poder Executivo, não podendo ser superior a 90 (noventa) dias.

"§ 3º. *As certidões fornecidas não excluem o direito da Fazenda Municipal de cobrar, em qualquer tempo, os débitos que venha a ser apurados.*

"§ 4º. O erro na expedição da certidão, ainda que sem dolo ou fraude, responsabiliza funcionalmente o servidor, nos termos da lei estatutária.

"§ 5º. *É expedida CND para o contribuinte com crédito tributário*: I – *não vencido*; II – objeto de reclamação ou recurso, com efeito suspensivo; III – em curso de cobrança executiva em que tenha sido oferecido bem à penhora após sua homologação.

"§ 6º. *É vedada a concessão de CND para contribuintes com créditos tributários vencidos e sob regime de parcelamento*, ficando todavia assegurada ao contribuinte Certidão de Regularidade de Débitos para com a Fazenda Municipal-CRD, que lhe é fornecida, dentro de até 10 (dez) dias, da data de entrada do requerimento.

"§ 7º. O CRD não prova a quitação do tributo e seu prazo de vigência é de 30 (trinta) dias, constando dele, obrigatoriamente, o regime de parcelamento, indicando o número de parcelas vincendas.

"§ 8º. Não se considera crédito vencido o que for objeto de processo de execução garantida após a homologação da penhora" (grifos acrescidos).

A matéria é regulamentada pelo Decreto municipal 5.157, de 15.4.2002, que prevê, em seu art. 6º, quatro espécies de certidão para a prova da situação fiscal do contribuinte: (i) Certidão Negativa de Débito Tributário-CND; (ii) Certidão Negativa de Regularidade de Débitos Fiscais-CRD; (iii) Certidão Negativa de Débito Tributário-CND; (iv) Certidão Positiv de Débito Municipal, com Efeitos de Negativa-CPDEN.

Consoante o art. 5º, XXXIV, "a", da CF, assegurar-se-á ao cidadão, independentemente do pagamento de taxas, "a obtenção de certidões em repartições públicas, para a defesa de direitos e esclarecimentos de situações de interesse pessoal". Esse dever é reafirmado no plano local, no art. 1º do Decreto municipal 5.157/2002: "Art. 1º. *É assegurado ao sujeito passivo, pessoa física* ou jurídica, independentemente do pagamento de qualquer taxa, *o direito de obter certidão acerca de sua situação, relativamente aos tributos administrados pela Secretaria Municipal de Tributação deste Município*" (grifos acrescidos).

Sobre essa garantia fundamental, leciona José Afonso da Silva: "(...). Não se exige, como nas Constituições anteriores, que lei regulará a expedição de certidões para os fins indicados, até porque sempre se teve a lei como desnecessária. A jurisprudência entendeu, desde os primeiros momentos da aplicação da Constituição de 1946, que tinha todos os requisitos de eficácia plena e aplicabilidade imediata o texto que previa o direito a certidões como meio de obter informações e elementos para instruir a defesa de direitos (aí seu caráter de garantia constitucional) e para esclarecimento de situações. Esta é uma garantia que não raro acaba por se realizar mediante outro remédio: o mandado de segurança, quando o pedido é negado ou simplesmente não é decidido".[1]

Em matéria tributária admite-se que a lei exija a prova da quitação de determinado tributo, mediante a expedição de certidão negativa, nos termos do art. 205 do CTN. Mas adverte, com precisão, Hugo de Brito Machado: "O art. 205 do CTN não diz que a lei pode exigir a prova de quitação de tributos com condição para a prática deste ou daquele ato, como se poderia concluir de uma leitura menos atenta desse dispositivo legal. Nele reside norma pertinente apenas à forma de provar a quitação. Norma a dizer que a lei poderá determinar que a prova de quitação se faça mediante certidão negativa, quando essa prova seja exigível".[2]

Com efeito, é lícito que se exija da Consulente o adimplemento regular dos

1. José Afonso da Silva, *Curso de Direito Constitucional Positivo*, 10ª ed., São Paulo, Malheiros Editores, 1995, pp. 422-423.

2. Hugo de Brito Machado, "A exigência de certidões negativas", *Jus Navigandi* 53, Ano 6, Teresina, janeiro/2002 (disponível em *http://www1.jus.com.br/doutrina/texto.asp?id=2559*, acesso em 7.1.2005).

tributos que tenham por fato gerador a posse de bem imóvel. Dentre esses tributos destaca-se naturalmente o IPTU, em virtude de sua importância e valor.

Como se sabe, o IPTU integra a competência tributária do Município, por injunção do art. 156, I, da Lei Maior. O fato gerador do tributo em apreço encontra-se definido no art. 90 do Código Tributário Municipal (Lei municipal 951, de 30.12.1997), nos termos que seguem: "Art. 90. O imposto sobre a propriedade predial e territorial urbana-IPTU tem como fato gerador a propriedade, o domínio útil ou *a posse de bem imóvel por natureza* ou acessão física, como definido na lei civil, localizado na zona urbana do Município, independentemente de sua forma, estrutura ou destinação" (grifos acrescidos).[3]

Cumpre ressaltar, ainda, que a Consulente é sujeito passivo de IPTU no caso concreto, haja vista o disposto no arts. 97 e 98, I, do Código Tributário Municipal:

"Art. 97. Contribuinte de imposto é o proprietário do imóvel, o titular do seu domínio, *ou seu possuidor a qualquer título*.

"Art. 98. O imposto é devido, a critério da repartição competente: I *por quem exerça a posse do imóvel*, sem prejuízo da responsabilidade solidária dos possuidores indiretos; (...)" (grifos acrescidos).[4]

Logo, é a Consulente, e não a empresa "C", que tem responsabilidade pelo IPTU pertinente aos referidos imóveis. O mesmo pode ser dito quanto aos demais tributos municipais portadores de idêntico fato gerador. Aliás, como prescreve o art. 130 do CTN: "Art. 130. Os créditos tributários relativos a impostos cujo fato gerador seja a propriedade, o domínio útil ou *a posse de bens imóveis*, e bem assim os relativos a taxas pela prestação de serviços referentes a esses bens, ou a contribuições de melhoria, sub-rogam-se na pessoa dos respectivos adquirentes, salvo quando conste do título a prova de sua quitação" (grifos acrescidos).

Determina o art. 7º, *caput*, do Decreto municipal 5.157/2002: "Art. 7º. A Certidão Negativa de Débito Tributário-CND será fornecida quando o requerente estiver com seus dados cadastrais atualizados e não existir qualquer débito em seu nome, constituído por lançamento fiscal definitivo ou confissão de dívida".

Mais adiante se prescreve, no art. 9º desse ato normativo municipal: "Art. 9º. A Certidão Positiva de Débito Tributário-CPD será fornecida quando for constatada a existência de débito vencido oriundo de lançamento fiscal, de pendências de dados cadastrais ou, ainda, em caso de transferência de imóvel, quando for observada a existência de crédito tributário de qualquer natureza, vencido em nome do transmitente, *desde que decorrente de imóvel objeto da transferência ou de sua construção ou reforma*" (grifos acrescidos).

Como se vê, *a Administração Tributária do Município somente deveria ter expedido a CPD caso houvesse créditos tributários vencidos em torno da posse dos bens imóveis sob análise*. Eventuais débitos da empresa "C", decorrentes de outros fatos geradores, não têm o condão de inviabilizar o direito de certidão da Consulente.

Diante desses dispositivos legais e regulamentares, *observa-se que a Consulente tem direito à expedição da CND, não sendo lícito ao Município prejudicar a gestão do patrimônio do cidadão em razão de tributos sobre os quais não tem qualquer responsabilidade*.

3. Este dispositivo tem redação similar àquela do art. 32 do CTN.

4. V., ainda, o art. 34 do CTN.

Ao negar a CND à Consulente, e expedir em seu lugar a CPD, a Administração Tributária do Município violou diretamente o dever constitucional que lhe impõe o art. 5º, XXXIV, "a", da Lei Maior. – sonegando a certidão que seria cabível ao cidadão no caso sob exame. Ademais, não há para a Administração espaço para discricionariedade nesse caso, pois a certidão compreende um ato administrativo cujo conteúdo se limita a enunciar uma situação jurídica preexistente.

A lição de Hely Lopes Meirelles é clara sobre esse aspecto: "Certidões administrativas *são cópias ou fotocópias fiéis e autenticadas de atos ou fatos constantes de processo, livro ou documento que se encontre nas repartições públicas. Podem ser de inteiro teor, ou resumidas, desde que retratem fielmente o que se contém no original de onde foram extraídas. Em tais atos o Poder Público não manifesta sua vontade, limitando-se a trasladar para o documento a ser fornecido ao interessado o que consta de seus arquivos* (...)" (grifos no original).[5]

Cumpre ressaltar que também houve atentado contra o princípio da legalidade – esculpido nos arts. 5º, II, e 37, *caput*, da Lei Maior –, pois *a Administração Tributária tem a obrigação de expedir as certidões requeridas pelo cidadão consoante o preenchimento dos requisitos exigidos pela lei.* Do exame da legislação tributária em vigor não se prevê para a Consulente o dever de adimplir os créditos tributários da empresa "C", com fato gerador diverso da posse dos terrenos supracitados.

O ensinamento de Celso Antônio Bandeira de Mello sobre a matéria é bastante preciso: "Nos termos do art. 5º, II, 'ninguém será obrigado a fazer ou deixar de fazer alguma coisa senão em virtude de lei'. Aí não se diz 'em virtude de' decreto, regulamento, resolução, portaria ou quejandos. Diz-se 'em virtude de lei'. *Logo, a Administração não poderá proibir ou impor comportamento algum a terceiro, salvo se estiver previamente embasada em determinada lei que lhe faculte proibir ou impor algo a quem quer que seja. Vale dizer, não lhe é possível expedir regulamento, instrução, resolução, portaria ou seja lá que ato for para coartar a liberdade dos administrados, salvo se em lei já existir delineada a contenção ou imposição que o ato administrativo venha a minudenciar*" (grifos no original).[6]

No caso em apreço, observa-se ainda que a Administração Tributária desobedeceu claramente aos preceitos veiculados por um decreto municipal que integra a legislação tributária local,[7] lesionando, assim: (i) os arts. 73 e 74, II, da Lei Orgânica do Município, que atribuem a direção superior da Administração Pública local ao prefeito; (ii) e o art. 83, II, desse diploma legal, no qual se prescreve o dever do secretário municipal de zelar pelo cumprimento dos atos normativos expedidos pelo seu superior hierárquico.

Recorrendo-se mais uma vez à lição de Hely Lopes Meirelles, verifica-se a quebra do princípio da hierarquia por parte da Administração Tributária do Município: "*A apreciação da conveniência e da oportunidade das determinações superiores refoge das atribuições meramente administrativas e, por isso, escapa da órbita de ação dos subalternos.* Descumprindo-as

5. Hely Lopes Meirelles, *Direito Administrativo Brasileiro*, 26ª ed., atualizada por Eurico de Andrade Azevedo *et al.*, São Paulo, Malheiros Editores, 2001, p. 184.

6. Celso Antônio Bandeira de Mello, *Curso de Direito Administrativo*, 13ª ed., São Paulo, Malheiros Editores, 2001, p. 74.

7. V. arts. 96 e 99 do CTN.

ou retardando-as na execução, poderá o servidor relapso incorrer não só em falta disciplinar como, também, em crime funcional (prevaricação, previsto e definido no art. 319 do CP)"[8] (grifos acrescidos).

A conduta da Administração Tributária Municipal igualmente afronta a cláusula do *devido processo legal*, esculpida no art. 5º, LIV e LV, da CF. A via para compelir o contribuinte a adimplir os créditos tributários vencidos é a execução judicial, não devendo a certidão negativa ser empregada para prejudicar o cidadão que não tem qualquer responsabilidade tributária pelas dívidas fiscais reivindicadas pela Fazenda Municipal na situação jurídica sob apreciação.

Nem mesmo a lei tem legitimidade para condicionar a realização dos atos notariais indispensáveis para a segurança e defesa da propriedade privada ao pagamento de tributos sobre fatos geradores que não têm qualquer relação – direta ou indireta – com o patrimônio do contribuinte. Não deixa de ser uma quebra aos princípios da propriedade privada e da liberdade econômica, consubstanciados nos arts. 5º, *caput* e inciso XXII, e 170, II e parágrafo único, da CF.

Ao discorrer a respeito da exigência abusiva de certidões negativas no campo do direito tributário, pondera Hugo de Brito Machado:

"A Constituição Federal garante taxativamente a liberdade do exercício de atividade econômica, independentemente de autorização de órgãos públicos (art. 170, parágrafo único). Garante, outrossim, que ninguém será privado da liberdade ou de seus bens sem o devido processo legal (art. 5º, LIV), e que aos litigantes, em processo judicial ou administrativo, são assegurados o contraditório e a ampla defesa, com os meios e recursos a ela inerentes (art. 5º, LV).

"*Ressalte-se ainda que a exigência de quitação de tributos será inconstitucional, ainda que estabelecida em lei complementar federal, na medida em que implicar cerceamento da liberdade de exercício da atividade econômica ou propiciar ao Fisco a cobrança de tributo sem o devido processo legal, vale dizer, sem a apuração em regular processo administrativo, e sem o uso da via própria, que é a execução fiscal*"[9] (grifos acrescidos).

Além do mais, a expedição da CND no evento descrito em nada prejudica as pretensões da Administração Tributária, pois ela não afasta o direito da Fazenda Pública do Município de cobrar os débitos tributários da Consulente que por acaso forem identificados.

Por fim, é mister ressaltar que houve desvio de poder[10] por parte da Administração Tributária do Município, haja vista ser a certidão negativa um instrumento que deve se limitar a comprovar a situação fiscal do contribuinte, sendo ilícita sua sonegação para viabilizar a cobrança

8. Hely Lopes Meirelles, *Direito Administrativo Brasileiro*, cit., 26ª ed., p. 114.

9. Hugo de Brito Machado, "A exigência de certidões negativas", cit., *Jus Navigandi* 53 (disponível em *http://www1.jus.com.br/doutrina/texto.asp?id=2559*, acesso em 7.1.2005).

10. Explica Miguel Seabra Fagundes (*O Controle dos Atos Administrativos pelo Poder Judiciário*, 2ª ed., Rio de Janeiro, José Konfino Editor, 1950, pp. 90-93): "A atividade administrativa sendo condicionada pela lei à obtenção de determinados resultados, não pode a Administração Pública dêles se desviar, demandando resultados diversos dos visados pelo legislador. Os atos administrativos devem procurar atingir as conseqüências que a lei teve em vista quando autorizou a sua prática, sob pena de nulidade. (...). Não importa que a diferente finalidade com que tenha agido seja lícita. Mesmo moralizada e justa, o ato será inválido, por divergir da orientação legal".

de tributos que não lhe dizem respeito.[11] Conduta que, aliás, configura *ato de improbidade administrativa*, consoante o art. 11, *caput* e inciso I, da Lei federal 8.429, de 2.6.1992,[12] e *abuso de autoridade*, conforme o art. 4º, "h", da Lei federal 4.898, de 9.12.1965.[13]

Em suma: *não há qualquer interesse público que permita ou obrigue a conduta tomada pela Administração Tributária do Município no caso sob exame.*

A Consulente, como comprovado pelos documentos apresentados, procurara quitar integralmente todos os créditos tributários que se encontravam vencidos, procurando adimplir com regularidade os que estão ainda por vencer. Nada justifica o embaraço e o constrangimento causados pela Administração Tributária Municipal, que tem o dever de expedir certidões que retratem com precisão e clareza a situação fiscal dos contribuintes municipais. Pensar de outro modo é menosprezar a efetividade de um direito fundado diretamente na Constituição Federal.

RESPOSTA

Após essas considerações de ordem técnico-jurídica, concluo.

"A Administração Tributária Municipal tem legitimidade jurídica para recusar a expedição de Certidão Negativa de Débitos Tributários em favor de promitente comprador de bem imóvel diante da constatação de inadimplência do promitente vendedor em obrigações tributárias decorrentes de fato gerador estranho à posse assegurada no compromisso de compra e venda?"

Resposta: Não. No caso concreto, a Consulente tem direito subjetivo à expedição de Certidão Negativa de Débitos Tributários perante a Administração Tributária do Município, pois ela somente é juridicamente responsável pelas obrigações tributárias cujo fato gerador seja a posse que lhe é assegurada pelo compromisso de compra e venda que celebrou com a empresa "C".

É o parecer, s.m.j.

11. Assim leciona Celso Antônio Bandeira de Mello (*Curso de Direito Administrativo*, cit., 13ª ed., p. 363): "Sucintamente, mas de modo preciso, pode-se dizer que ocorre desvio de poder quando um agente exerce um competência que possuía (em abstrato) para alcançar uma finalidade diversa daquela em função da qual lhe foi atribuída a competência exercida".

12. "Art. 11. Constitui ato de improbidade administrativa que atenta contra os princípios da Administração Pública qualquer ação ou omissão que viole os deveres de honestidade, imparcialidade, *legalidade* e lealdade às instituições, e notadamente: I – praticar ato visando a fim proibido em lei ou regulamento ou *diverso daquele previsto na regra de competência*; (...)" (grifos acrescidos).

13. "Art. 4º. Constitui também abuso de autoridade: (...) h) o ato lesivo da honra ou *patrimônio* de *pessoa natural* ou jurídica, quando praticado com abuso ou *desvio de poder* ou *sem competência legal*" (grifos acrescidos).

CONCESSÃO DE USO DE BEM PÚBLICO PARA GERAÇÃO DE ENERGIA ELÉTRICA – CONSTITUIÇÃO DE CONSÓRCIO NA CONDIÇÃO DE PRODUTORAS INDEPENDENTES – DESAPROPRIAÇÃO DE IMÓVEIS DECLARADOS DE UTILIDADE PÚBLICA – INCIDÊNCIA, OU NÃO, DO ITR E DO IPTU

LEONARDO VARELLA GIANNETTI

Mestrando em Direito Público na PUC-MG
– Especialista em Direito Tributário pela FGV
– Professor Universitário e de Cursos de Pós-Graduação
– Advogado em Belo Horizonte

MARIA FERNANDA PIRES DE CARVALHO PEREIRA

Mestre em Direito Administrativo pela UFMG
– Especialista em Direito Urbanístico pela PUC-MG
– Professora de Direito Administrativo e de Direito Urbanístico em Cursos de Pós-Graduação – Advogada em Belo Horizonte
– Juíza substituta do TRE-MG (biênio 2008/2010)

1. Substratos fáticos – Breve histórico. 2. Questão preliminar: objeto do contrato de concessão; conceito de "produtor independente" e diferença entre "concessão de uso de bem público" e "concessão de serviço público": 2.1 Concessão de serviço público – 2.2 Concessão de uso de bem público: 2.2.1 Bens adquiridos mediante desapropriação. 3. Da hipótese de incidência do ITR: 3.1 Direito de propriedade – 3.2 Posse – 3.3 Enfiteuse (domínio útil) – 3.4 Exame da natureza jurídica do direito exercido pelos concessionários de uso de bem público. 4. Hipótese de incidência do IPTU. 5. Dos imóveis atingidos pelo reservatório de água. 6. Da base de cálculo: impossibilidade de cobrança dos tributos questionados. 7. Conclusões.

CONSULTA

O Consórcio (...) consulta-nos sobre questão referente à incidência ou não do ITR e IPTU sobre as áreas adquiridas para fins de construção e instalação da Usina (...).

1. Substratos fáticos – Breve histórico

Às empresas (...) foi outorgada pela União Federal concessão de uso de bem público para aproveitamento da energia hidráulica, na condição de produtoras independentes, conforme o Decreto 76.007, de 23.7.1975, posteriormente prorrogada pelo Decreto 21, de julho/2000.

Ato contínuo, a fim de viabilizar o projeto, a construção, a operação e a manutenção da Usina (...), referidas empresas formaram o Consórcio (...), criado em conformidade com os arts. 278 e 279 da Lei 6.404/1976.

Após, no intuito de regular a concessão, a União Federal, poder concedente, por intermédio da ANEEL, celebrou com as integrantes do Consórcio o Contrato de Concessão de Geração 101/2000/ ANEEL-(...).

Posteriormente, a Resolução 35 da ANEEL, de 28.1.2002, tratou da declaração de utilidade pública para fins de desapropriação de áreas suficientes à viabilização da referida Usina.

Com base nesse arcabouço jurídico, as empresas consorciadas ajuizaram diversas ações de desapropriação, com pedido de imissão provisória na posse, a fim de adquirir as áreas necessárias para a execução do empreendimento.

Aqui surge, então, a questão posta pela Consulente sobre a incidência, ou não, dos impostos sobre a propriedade de bens imóveis – IPTU e ITR –, tendo em vista uma possível prestação de serviço público, a ausência de domínio privado dos bens relacionados à concessão de energia elétrica, dentre outros diversos fatores, que serão analisados separadamente a seguir.

2. Questão preliminar: objeto do contrato de concessão; conceito de "produtor independente" e diferença entre "concessão de uso de bem público" e "concessão de serviço público"

Preliminarmente, para uma melhor compreensão da resposta elaborada ao final, necessário se torna determinar e conceituar alguns elementos relacionados ao contrato de concessão.

A Constituição da República de 1988, em seu art. 20, VIII, preleciona que os potenciais de energia hidráulica são bens da União.

A Lei 9.074/1995, base da reformulação do setor elétrico, em face do texto constitucional, estabelece que:

"Art. 5º. São objeto de concessão, mediante licitação: I – o aproveitamento de potenciais hidráulicos de potência superior a 1.000kW e a implantação de usinas termelétricas de potência superior a 5.000kW, destinados à execução de serviço público; II – *o aproveitamento de potenciais hidráulicos de potência superior a 1.000kW, destinados à* ***produção independente*** *de energia elétrica*; (...).

"(...).

"Art. 13. *O aproveitamento de potencial hidráulico, para fins de produção independente, dar-se-á mediante* ***contrato de concessão de uso de bem público*** na forma desta Lei.

"Art. 14. As linhas de transmissão de interesse restrito aos aproveitamentos de produção independente poderão ser concedidas ou autorizadas, simultânea ou complementarmente, aos respectivos contratos de uso do bem público" (grifos acrescidos).

Produtor independente, nos termos do inciso II do art. 2º do Decreto 2.003, de 10.9.1996, é "a pessoa jurídica ou empresas reunidas em consórcio que recebam concessão ou autorização para produzir energia elétrica *destinada ao comércio de toda ou parte da energia produzida*, por sua conta e risco".

Nesse compasso, a cláusula primeira do contrato de concessão define como seu objeto a exploração, pelas concessionárias, do potencial de energia hidráulica, bem como das respectivas instalações de transmissão de interesse restrito à central geradora.

A subcláusula segunda preleciona que a energia elétrica produzida no aproveitamento hidrelétrico será comercializada ou utilizada pelas concessionárias, tendo em vista a sua condição de produtores independentes.

E, ainda, a subcláusula segunda da cláusula terceira determina que as concessionárias deverão participar do Mercado Atacadista de Energia-MAE e do Operador Nacional do Sistema Elétrico-ONS.

Assim, a doutrina considera que o *produtor independente* de energia *não é* um *prestador de serviços públicos*, pois oferece sua produção em um mercado competitivo, com *preços não regulados pelo Poder Público*. Nesse sentido o posicionamento de Geraldo Pereira Caldas: "De qualquer forma, a ideia de que o produtor de energia é um agente cuja atividade tem uma forte componente de direito privado está no espírito do novo modelo proposto para o setor elétrico, segundo o qual *o produtor independente de energia elétrica* ***não presta um serviço público***, sujeito a tarifas reguladas pelo Poder Público, *mas oferece seu produto (energia elétrica) num mercado competitivo*, regulado principalmente pelo direito privado. Ainda segundo este entendimento, somente as funções de transmissão e distribuição seriam concessões de serviço público num sentido estrito, cuja remuneração se faz por tarifas reguladas pelo Poder Público".[1]

Dessa forma, diante da ausência de atividade prestada universalmente ao público em geral, questiona-se a natureza da concessão: de serviço público ou de uso de bem público? Vejamos.

2.1 Concessão de serviço público

Concessão de serviço público é o contrato administrativo pelo qual a Administração Pública transfere a pessoa jurídica ou a consórcio de empresas a execução de certa atividade de interesse coletivo, remunerada através do sistema de tarifas pagas pelos usuários. Na lição de Marçal Justen Filho:

"A manifestação mais simples e superficial de *diferenciação entre concessão de serviço público e concessão de uso de bem público refere-se ao objeto sobre o qual versam*, traduzido nas próprias denominações. Enquanto uma tem por objeto um serviço público, a outra envolve um uso de bem público. Mas a diferença entre os institutos é muito mais extensa, talvez a ponto de inviabilizar a recondução de ambos a um único gênero.

"*A concessão de serviço público consiste na delegação temporária da prestação de serviço público a um particular, que passa a atuar por conta e risco próprios*

1. Geraldo Pereira Caldas, *As Concessões de Serviços Públicos de Energia Elétrica*, Curitiba, Juruá, 2001, p. 83.

(na acepção acima indicada). Portanto, a concessão de serviço público conduz a uma alternativa organizacional para a prestação de serviços públicos, fundada na concepção de *associação entre interesse público e iniciativa privada para* ***atendimento a necessidades coletivas de grande relevância.***"[2]

Assim, a concessão de serviço público somente se caracteriza quando o objetivo do ato for o de ensejar uma exploração de atividade a ser prestada universalmente ao público em geral.

Importante ressaltar que, como o serviço, apesar de concedido, continua sendo público, os bens relacionados à prestação de serviço público também são de titularidade do Poder Público, transferindo-se ao concessionário apenas a gestão desses bens durante o prazo da exploração concedida.

Portanto, tendo em vista que os bens utilizados pelas empresas concessionárias na execução de serviços públicos são de domínio público – ou seja, bens administrativos que não integram o patrimônio privado –, os respectivos direitos de propriedade *não estão sujeitos a tributação*, pois são desprovidos de sujeição passiva. Isso porque, sendo o ente estatal o proprietário desses bens, deve ser respeitado o princípio constitucional da imunidade tributária recíproca, expresso no art. 150, VI, "a", da Constituição da República.[3]

Acontece que o *serviço de energia elétrica* compreende três etapas, quais sejam: a *geração*, a *transmissão* e a *distribuição*. Entretanto, somente a segunda e a terceira etapas, que utilizam os sistemas e redes públicos e envolvem o consumidor, é que, inicialmente, seriam consideradas serviços públicos.

Isso porque a *geração* (*produção*) *de energia*, quando realizada por empresa na condição de *produtor independente*, apenas ocorrerá através de *concessão de uso de bem público*, restando descaracterizado o serviço público, conforme estabelecido no art. 13 da Lei 9.074/1995: "Art. 13. O *aproveitamento de potencial hidráulico*, para fins de *produção independente*, dar-se-á mediante *contrato de concessão de uso de bem público*, na forma desta Lei".

Caio Tácito, em parecer sobre a matéria, enfatiza que a geração de energia por produtor independente é atividade específica, que se sujeita a um regime jurídico próprio e não se enquadra no conceito de *serviço público delegado*.[4]

Portanto, no caso em questão não há como sustentar a aplicação da imunidade em razão da prestação de serviço público. A situação em debate é diversa, pois há exploração de uma atividade econômica altamente regulada e a tributação em destaque não é sobre o bem público concedido, mas sobre os bens adquiridos após formalização do contrato de concessão de uso de bem público. Analisemos, então, esse tipo contratual, buscando mostrar a influência do regime deste último no dos demais bens acessórios a este.

2.2 Concessão de uso de bem público

A *concessão de uso de bem público* consiste na atribuição temporária a um

2. Marçal Justen Filho, *Teoria Geral das Concessões de Serviço Público*, 1ª ed., São Paulo, Dialética, 2005, p. 105.

3. "Art. 150. Sem prejuízo de outras garantias asseguradas ao contribuinte, é vedado à União, aos Estados, ao Distrito Federal e aos Municípios: (...) VI – Instituir impostos sobre: a) patrimônio, renda ou serviços, uns dos outros; (...)."

4. Caio Tácito, "Produtor independente – Tarifas – Revisão", *RDA* 225/415-417.

particular do direito de uso e fruição exclusivos de certos bens públicos. O Poder Público confere a pessoa determinada o uso privativo de bem público, independentemente do maior ou menor interesse público envolvido.

Conforme art. 98 do CC de 2002, "são públicos os bens do domínio nacional pertencentes às pessoas jurídicas de direito público interno; todos os outros são particulares, seja qual for a pessoa a que pertencerem".

A redação oferecida pelo Código vigente atualizou e aperfeiçoou a que constava do art. 65 do Código anterior, deixando claro que apenas os bens que tenham como titulares as pessoas de direito público interno (União Federal, Estados-membros e Distrito Federal, Municípios, Territórios, as autarquias e fundações) serão considerados públicos.

Na concessão de uso de bem público o poder concedente também não transfere propriedade alguma ao concessionário, sendo que este apenas obtém o uso ou o gozo dos bens relacionados à concessão durante o prazo da exploração concedida.

No caso em debate, o que é concedido às empresas consorciadas é apenas o *potencial de energia hidráulica*, bem que constitui propriedade distinta da do solo (art. 176, § 1º, da CF/1988), como também do recurso hídrico (curso d'água) em que se situa o mencionado potencial. Não será a energia gerada o bem a ser concedido, mas o potencial hidráulico, sendo certo que sua concessão irradia efeitos nos demais bens, equipamentos, obras e investimentos que serão realizados para viabilizar a exploração do mencionado potencial. Nesse sentido, merece ser destacada a lição de Floriano Azevedo Marques Neto: "O potencial de energia hidráulica, como bem público da União – objeto de expressa e específica referência constitucional –, ditará o regime de utilização e exploração destes bens adjetos. E isso porque, fundamentalmente, sua exploração haverá de se dar de forma autônoma e independente. É, pois, o regime de exploração dos potenciais hidroenergéticos que ditará o regime de utilização dos bens materiais (recursos hídricos, propriedade do solo ou obras e equipamentos) que lhes são inerentes ou ancilares. Não o contrário".[5]

A partir dessa premissa, é importante estabelecer quais bens, adquiridos pelas concessionárias com o intuito de permitir a exploração do potencial energético, seriam considerados públicos e, consequentemente, não sujeitos à incidência do IPTU e do ITR.

2.2.1 *Bens adquiridos mediante desapropriação*

O contrato de concessão estabeleceu, na cláusula sétima, que, depois de esgotadas as tratativas amigáveis para liberação das áreas necessárias à implementação do empreendimento, a ANEEL promoveria a declaração de utilidade pública desses terrenos e benfeitorias, na forma da lei, para fins de desapropriação ou instituição de servidões administrativas, cabendo às concessionárias as providências necessárias para sua efetivação e o pagamento das indenizações.

Assim sendo, como já relatado acima, a referida autarquia federal expediu a Resolução ANEEL-35, de 28.1.2002, a qual autorizou (art. 2º) a (...), como líder do Consórcio, a promover com recursos próprios, amigável ou judicialmente, a desapropriação das áreas suficientes à viabilização da Usina Hidrelétrica (...).

5. Floriano Azevedo Marques Neto, "Regime jurídico dos bens públicos empregados na geração de energia", *RDA* 232/340.

Acontece que a desapropriação é procedimento de direito público pelo qual o Poder Público adquire compulsoriamente a propriedade de terceiro, por razões de utilidade pública ou de interesse social, mediante o pagamento de indenização.

Assim, o fato de ser um procedimento de direito público retrata a existência de uma sequência de atos e atividades do Estado que são desenvolvidos na esfera administrativa e judicial, incidindo, assim, normas de direito público que denotam, no caso concreto, a supremacia do Estado sobre o proprietário.

Portanto, a desapropriação é forma de aquisição originária da propriedade *exclusiva do Poder Público*.

Ou seja, o poder de promover a desapropriação é intransferível e pertence às pessoas jurídicas de direito público interno, conforme o art. 2º do Decreto-lei 3.365/1941: "Art. 2º. Mediante declaração de utilidade pública, todos os bens poderão ser desapropriados pela *União, pelos Estados, Municípios, Distrito Federal e Territórios*" (grifos acrescidos).

Quando as entidades previstas no art. 3º da Lei Geral de Desapropriação (os concessionários de serviço público, estabelecimentos de caráter público ou que exerçam *funções delegadas de poder público*) recebem *autorização* para promover a desapropriação, o fazem *em nome do Estado*, como meras mandatárias do poder concedente e nos precisos limites da delegação recebida.

Portanto, os concessionários desapropriam terrenos particulares e pagam aos expropriados como *delegados* do poder concedente, mas *não adquirem o direito de propriedade, pois este pertence ao ente público concedente*, de acordo com entendimento jurisprudencial exposto por Misabel Abreu Machado Derzi e Sacha Calmon Navarro Coêlho:

"Sobre o regime de bens em curso na concessão, a palavra dos tribunais é elucidativa:

"'*Os direitos do Poder Público de que o concessionário é investido*, como de desapropriar ou arrecadar tarifas do público, *não os exerce **jure proprio**, mas como mero **delegado ou mandatário** do poder concedente, e nos precisos limites da delegação recebida*' (*RDA* 10/71).

"Quaisquer que sejam os favores e direitos reconhecidos ao concessionário, todos eles são outorgados em vista do bem público; consequentemente, se entendem sempre regulados e fiscalizados pelo poder concedente" (*RDA* 9/30)."[6]

Ressalta-se que a transcrição no Registro Imobiliário, em nome dos concessionários, dos terrenos expropriados declarados de utilidade pública não tem a finalidade de lhes transmitir o domínio imobiliário, mas simples direito de uso e fruição. Isso porque não detêm os concessionários as faculdades próprias do domínio, a saber: perpetuidade, irrevogabilidade e disponibilidade. Nesse sentido, novamente, lecionam Misabel Derzi e Sacha Calmon:

"*A transcrição no registro imobiliário, em nome dos delegatários, de terrenos expropriados* para a passagem de linhas férreas *não tem a finalidade de transmitir-lhes verdadeiramente o domínio imobiliário*, por duas razões. Em primeiro lugar, *não faria sentido o Poder Público*, com base no critério da utilidade pública, *desapropriar terras particulares para entregá-las graciosamente a terceiros. É a delegação que impulsiona o registro, que*

6. Misabel Abreu Machado Derzi e Sacha Calmon Navarro Coêlho, "Intributabilidade pelo IPTU e pelo ITR das vias férreas cedidas a empresas delegatárias de serviços públicos", *RDDT* 42/139-162, São Paulo, Dialética, março/1999.

é consequência, e não causa, dos direitos reais efetivamente transferidos. Sobre a eficácia da transcrição imobiliária no Direito Brasileiro, vale conferir o ensinamento de Washington de Barros Monteiro, para quem: 'A transcrição, em face do nosso Direito, não é, por conseguinte, mera publicação do ato translativo do Direito Francês. Ao contrário, é tradição solene, que gera direito real para o adquirente, transferindo-lhe o domínio. Mas também não é a transcrição do Direito Germânico, uma vez que seu valor não é absoluto, comportando prova em contrário' (ob. cit., pp. 105-106, grifo nosso).

"Em segundo lugar, *aos concessionários veda-se a possibilidade de alienar, arrendar ou desmembrar* as ferrovias, *ficando obrigados ao seu uso compulsório e a entregá-las ao poder delegante em várias circunstâncias (falência,* ***v.g.****), especialmente quando do término da concessão (reversão). Em verdade, o delegatário detém somente o direito de uso da coisa pública*."[7]

Como veremos mais à frente, a "propriedade" dos concessionários, distanciando-se das concepções civilistas sobre o instituto, apresenta-se vinculada à exploração do bem público concedido; é uma propriedade administrativa, somente inteligível sob a iluminação dos conceitos e formas do direito administrativo.

Essa afetação gera reflexos, como bem já acentuou Floriano Azevedo Marques Neto.[8]

Importante tecer alguns comentários sobre a *reversão*, prevista nas subcláusulas segunda e terceira da cláusula décima-primeira do contrato de concessão sob exame:

"Cláusula Décima-Terceira – *Extinção da Concessão e Reversão dos Bens e Instalações Vinculados*.

"(...).

"Subcláusula Segunda – No advento do termo final do contrato, todos os bens e instalações vinculados ao aproveitamento hidrelétrico passarão a integrar o patrimônio da União mediante indenização dos investimentos realizados se ainda não amortizados, desde que autorizados pela ANEEL.

"Subcláusula Terceira – Para efeitos da reversão, consideram-se bens e instalações vinculados aqueles realizados pelas concessionárias e efetivamente utilizados na exploração do aproveitamento hidrelétrico."

Apesar de uma interpretação literal da regra acima induzir ao entendimento de que, no caso, trata-se de propriedade resolúvel, não é essa a interpretação correta.

A propriedade resolúvel é a que no próprio título de sua constituição encerra o princípio que a tem de extinguir, realizada a condição resolutória ou advindo o termo – como, por exemplo, nos casos de fideicomisso, no qual a resolução opera-se em favor do fideicomissário (proprietário diferido).

O proprietário resolúvel pode comportar-se como proprietário pleno, pois a limitação é apenas na duração do seu direito, ou seja, na dependência de uma eventualidade, sendo permitido o exercício de todas as faculdades do domínio. Por sua vez, o proprietário diferido tem apenas uma expectativa de direito, já que enquanto não realizada a condição resolúvel ou advindo o termo não adquire o direito de propriedade.

7. Idem, p. 142.

8. Floriano Azevedo Marques Neto, "Regime jurídico dos bens públicos empregados na geração de energia", cit., *RDA* 232/340-341.

Reversão, contudo, é o *retorno* dos bens relacionados à concessão *à posse e domínio pleno do concedente*, ao término do prazo contratual; ou seja, *não é modo civil de perda da propriedade imóvel*.

E, ainda, ao contrário do proprietário resolúvel, *os concessionários não têm nem nunca terão o exercício de todas as faculdades do domínio*, pois usarão e fruirão dos bens relacionados à concessão de acordo com os fins e limites estabelecidos no contrato. Assim, ao término do contrato de concessão o direito de propriedade retorna em sua plenitude ao poder concedente.

Novamente em sintonia com o acima averbado o pensamento de Misabel Derzi e Sacha Calmon:

"Sobre a *reversão* – que não se confunde com propriedade resolúvel, como averbado *ab initio*, conforme cita de Orlando Gomes –, a *fórmula pela qual todos os bens móveis e imóveis retornam ao domínio pleno do poder concedente*, reverbera Hely Lopes Meirelles:

'*Reversão, como a própria expressão indica, é o retorno dos bens do serviço concedido à posse e domínio do concedente, ao término do prazo contratual da concessão*. Segundo a doutrina dominante e acolhida pelos tribunais, a reversão só abrange os bens, de qualquer natureza, vinculados à prestação de serviço. Os bens, móveis ou imóveis, estranhos à destinação do contrato são do patrimônio privado do concessionário, que deles pode dispor livremente e, no término do contrato, não está obrigado a entregá-los, sem pagamento, ao Poder Público. Isso porque a reversão não confere ao concedente senão direito de recebimento do acervo da empresa destinado ao serviço, quando findar a concessão.

"'*As cláusulas de reversão destinam-se a tornar certos quais os bens que, ao término do contrato de concessão, volvem à posse do concedente e em que condições se dará a reversibilidade*'."[9]

Portanto, a cláusula de reversão não determina que o concessionário, antes do término do contrato, seria o titular do direito de propriedade dos bens vinculados à concessão, mas, sim, destina-se a tornar certos quais desses bens, que sempre foram do poder concedente, voltarão à sua posse e em que condições se dará a reversibilidade.

Esclarecido esse ponto, bem como relembrando que a desapropriação é modo de aquisição originária da propriedade exclusivo do Poder Público e que o regime jurídico do bem concedido (potencial hidrelétrico) irradia efeitos nos regimes jurídicos dos bens, equipamentos e obras realizados ou adquiridos para a exploração do citado bem público concedido, concluímos que *os bens desapropriados relacionados diretamente com o objeto do contrato de concessão são de propriedade do ente estatal*, devendo ser respeitado, nesse ponto, o *preceito constitucional da imunidade tributária recíproca*, expresso no art. 150, inciso VI, "a", da Constituição da República de 1988.

3. Da hipótese de incidência do ITR

A Constituição da República atribui exclusivamente à União competência tributária para instituir imposto sobre a propriedade territorial rural (art. 153, VI). Por sua vez, o art. 29 do CTN, lei complementar material (art. 146 da CF), define que o fato gerador do citado imposto será

9. Misabel Abreu Machado Derzi e Sacha Calmon Navarro Coêlho, "Intributabilidade pelo IPTU e pelo ITR das vias férreas cedidas a empresas delegatárias de serviços públicos", cit., *RDDT* 42/155.

*a **propriedade,** o domínio útil ou a posse de imóvel por natureza, como definido na lei civil, localizado fora da zona urbana do Município.*

Assim, o *imposto incide sobre o direito real da pessoa*, apresentando como pressuposto fático a relação entre a pessoa e a coisa, ou seja, a relação jurídica, e não a coisa em si.

Sabe-se que *o legislador não pode alterar* a definição, o conteúdo e o alcance dos institutos, conceitos e formas de direito privado; ou seja, proíbe-se ao legislador infraconstitucional alterá-los para o fim de alargar os fatos geradores previstos na Constituição (art. 110 do CTN).

Dessa forma, os conceitos, institutos e formas são recebidos pelo direito tributário tal qual são definidos no direito privado, preservando a rigidez do sistema de repartição de competências tributárias entre entes públicos da Federação bem como ressaltando o Direito como um sistema único, no qual os conceitos jurídicos têm os mesmos significados.

Conclui-se, portanto, que é vedado ao legislador – e com mais razão ao intérprete e aplicador da lei tributária – expandir o campo de competência tributária que lhe foi atribuído, mediante o artifício de modificar a definição, o conteúdo ou o alcance de institutos de direito privado utilizados pela Constituição para definir ou limitar competência tributária.

O fato gerador principal do ITR é o direito de propriedade sobre bem imóvel por natureza situado em zona rural. Supletivamente, têm-se o direito de posse e o direito de enfiteuse.

De acordo com o art. 79 do CC, os bens imóveis por natureza são o solo e tudo quanto se lhe incorporar naturalmente, ou seja, somente a terra nua e os adjacentes naturais (árvores, frutos etc.), excluindo-se, para melhor concordância com o art. 176 da Constituição da República, o espaço aéreo, o subsolo e as águas, previstos no Código Civil de 1916.

Desse modo, os bens imóveis por natureza caracterizam-se pela impossibilidade do deslocamento físico de um lugar para outro, sem que lhes seja modificada a substância.

E, ainda, a expressão "área contínua", para fins do ITR, não se vincula somente à área fisicamente ininterrupta, pois traz intrinsecamente o sentido de *continuidade econômica*, de aproveitamento do imóvel rural. De tal modo, seja a área um todo único indivisível, seja ela dividida fisicamente por uma rodovia ou rio, tem-se imóvel rural de área contínua.

Superadas essas questões iniciais, abordemos, agora, os institutos da *propriedade, posse* e *domínio útil de imóvel rural*, separadamente.

3.1 Direito de propriedade

O *direito de propriedade* é o mais amplo e complexo dos direitos reais. Apresenta-se como um feixe de direitos, implicando as poderosas *faculdades de usar, gozar, dispor e reivindicar* a coisa que lhe serve de objeto.

O *direito de usar* consiste na faculdade de colocar a coisa a serviço do titular, sem modificação na sua substância. O dono a emprega no seu próprio benefício, ou no de terceiro, servindo-se da coisa. Mas é claro que também pode deixar de usá-la, guardando-a ou mantendo-a inerte.

O *direito de gozar* realiza-se essencialmente com a percepção dos frutos, sejam os que da coisa naturalmente advêm, sejam os frutos civis.

O *direito de dispor* é a mais viva expressão dominial, envolvendo a disposição material (destruição) como a jurídica (alienar a qualquer título).

Por fim, o *direito de reivindicar* caracteriza o poder de recuperar, reaver o bem de quem injustamente o possua.

Portanto, o direito de propriedade é a submissão de uma coisa, em todas as suas relações, a uma pessoa; é um direito complexo (feixe de direitos), absoluto (oponível *erga omnes*), perpétuo (duração ilimitada) e exclusivo pelo qual uma coisa fica submetida à vontade de uma pessoa, com as limitações da lei.

3.2 Posse

Existem duas teorias de larga repercussão na doutrina e nas legislações que fixam um conceito de *posse* através de uma profunda análise de seus elementos essenciais, quais sejam: a Teoria Subjetiva, defendida por Savigny, e a Teoria Objetiva, de autoria de R. von Ihering.

Para a Teoria Subjetiva de Savigny a posse resulta da conjunção de dois elementos o *corpus* e o *animus*. O *corpus* é o elemento material que se traduz no poder físico da pessoa sobre a coisa. O *animus*, o elemento intelectual, representa a vontade de ter essa coisa como sua (*animus domini*). Se não houver a vontade de ter a coisa como própria haverá simples detenção. É o que se chama *naturalis possessio*, que, não sendo verdadeiramente posse, pela ausência de *animus*, não produzia efeitos jurídicos. A essa posse desfigurada contrapõe-se a posse civil, resultante da conjunção dos elementos *corpus* e *animus*.

Por sua vez, para a Teoria Objetiva de Ihering: (a) a posse é condição para utilização real do direito de propriedade; (b) a posse externa a propriedade; (c) a posse é meio de defesa da propriedade, ainda que ao final não seja o possuidor o verdadeiro proprietário; (d) a posse é caminho e meio que pode levar à propriedade. Assim, a posse não significa apenas a detenção da coisa; ela se revela na maneira como o proprietário age em face da coisa, tendo em vista sua função econômica, pois o *animus* nada mais é que o propósito de se servir da coisa como proprietário.

O *Código Civil*, abonando a *Teoria de Ihering*, dispõe, em seu *art. 1.196*: "Considera-se possuidor todo aquele que tem de fato o exercício, pleno ou não, de algum dos poderes inerentes à propriedade". Isto posto, a posse é o exercício dos poderes constitutivos do domínio, ou propriedade, ou de algum deles somente.

3.3 Enfiteuse (domínio útil)

A *enfiteuse*, também denominada de *aforamento* ou *emprazamento*, é o direito real limitado que confere a alguém, *perpetuamente*, os poderes inerentes ao domínio, com a obrigação de pagar ao dono da coisa uma renda anual (foro, cânon ou pensão).

Assim, quem tem o domínio do imóvel aforado se chama *senhorio direto*; quem o possui imediatamente, *enfiteuta* ou *foreiro*. Costuma-se dizer que o senhorio é o titular do domínio eminente ou direto; e o foreiro, do domínio útil.

A enfiteuse é o mais amplo direito real sobre coisa alheia, pois que as prerrogativas que constituem o domínio são todas, praticamente, transferidas ao enfiteuta. O enfiteuta tem o uso, o gozo e a disposição da coisa; é ele quem tira proveito econômico dela, sendo um proprietário atípico. Por sua vez, o senhorio detém meras expectativas, restando-lhe, por exemplo, a probabilidade de readquirir o domínio pleno pelo exercício de preferência em caso de alienação e o direito de receber o foro do arrendamento e o laudêmio pela transmissão da propriedade.

3.4 Exame da natureza jurídica do direito exercido pelos concessionários de uso de bem público

Após as considerações expostas acima, conclui-se que a hipótese de incidência básica do ITR, harmonizados a Constituição e o Código Tributário Nacional, é o direito de *propriedade* sobre *bem imóvel por natureza*, ou o direito de *posse* como *externalização do domínio*, ou o *direito do enfiteuta* sobre coisa alheia, por configurar uma quase propriedade.

Isso posto, ressaltando que *o ITR só incide sobre bens imóveis por natureza (a terra nua)*, resta claro que os concessionários de uso de bem público não se tornam proprietários das áreas adquiridas e diretamente relacionadas ao objeto da concessão, que são bens da União, tendo em relação a estas mera cessão de uso da coisa pública, *não tributável pelo ITR*.

Não há que se falar também em tributação das áreas relacionadas ao objeto da concessão com base na posse, entre elas as que compreendem a Usina Hidrelétrica e o reservatório. Como já salientado, a posse que é tributável não é qualquer posse. Somente será tributável a posse daquele que já é ou pode vir a ser proprietário da coisa; ou seja, apenas será núcleo do fato gerador do ITR a posse que exteriorizar o direito de propriedade.

Ora, é certo que ao término do período da concessão o direito de propriedade sobre os bens relacionados ao contrato retornará em sua plenitude para o ente estatal (cláusula de reversão). Faz-se evidente, portanto, que não há qualquer intenção de propriedade desses bens por parte das concessionárias. Ou seja, *essa posse não é a exteriorização do domínio*, sendo certo que *o art. 1.198 do CC* determina a condição de mero detentor a quem conserve o direito em nome de terceiros.

E mais: o imposto dever ser cobrado do proprietário de direito, sendo a posse apenas suporte para a sujeição passiva direta por fato gerador alheio; ou seja, *a posse apenas ensejará a incidência tributária quando desconhecido ou duvidosa a caracterização do proprietário (fato gerador supletivo)*.

Desse modo, tendo em vista que, no caso em exame, é evidente que o direito de propriedade pertence à União, bem como não restando configurado o exercício da posse com ânimo de dono por parte das concessionárias, dever-se-á arguir a imunidade recíproca, conforme já demonstrado anteriormente.

Por fim, em relação ao enfiteuta, proprietário atípico que tem praticamente todas as prerrogativas inerentes ao domínio, claro se torna que, em face da inexistência dessas prerrogativas no direito das concessionárias de uso de bem público, *não se pode também falar em tributação com base na suposta configuração da enfiteuse (domínio útil)*.

4. Hipótese de incidência do IPTU

A demonstração da não incidência do IPTU é semelhante à traçada acima para o ITR, requerendo apenas a análise de alguns elementos específicos.

O imposto predial e territorial urbano-IPTU, de competência municipal, está previsto no inciso I do art. 156 da CF/1988 bem como nos arts. 32 a 34 do CTN, que estabelecem como fato gerador do imposto: (a) ser proprietário de *bem imóvel por natureza ou por acessão física*; (b) ser possuidor de bem imóvel por natureza ou por acessão física; e (c) ser enfiteuta de bem imóvel por natureza ou por acessão física.

Bem imóvel por natureza, conforme já exposto acima, é o solo e seus adjacentes naturais. Por sua vez, *bem imóvel por acessão física*, com base no *art. 79 do CC*, é tudo aquilo que o homem incorporar artificialmente ao solo – como, por exemplo, as edificações e construções.

Isso posto, constata-se que a diferença entre as hipóteses de incidência do ITR e do IPTU é o local onde se encontra o imóvel e a destinação dada ao mesmo.[10] Além disso, o imposto de competência municipal abarca a tributação do bem imóvel por acessão física.

Não obstante a citada diferença, no caso sob exame *a ausência do fato gerador do imposto municipal é novamente verificada*. Isso porque o concessionário de uso de bem público não é titular do direito de propriedade, nem mesmo do direito de posse (exteriorização do domínio, ânimo de dono) ou do exercício de domínio útil dos imóveis posteriormente adquiridos e relacionados à concessão localizados na zona urbana do respectivo Município.

Vejamos jurisprudência nesse sentido.

"Mandado de segurança – *Concessão de uso de bem da União Federal – Imunidade recíproca – Cobrança de IPTU – Impossibilidade* – Sentença mantida. A hipótese é de concessão de uso de bem imóvel, mediante contrato celebrado entre a Infraero e a Helistar Táxi Aéreo para a exploração de serviços de transporte de pessoas e cargas pelo Aeroporto de Jacarepaguá, onde se questiona a existência de fato gerador do IPTU de imóvel pertencente à União. *O IPTU foi instituído tendo como pressuposto a exteriorização da propriedade imóvel; logo, no caso concreto, o possuidor direto não estaria enquadrado na hipótese destacada para a tributação. A concessão do imóvel pela Infraero à empresa impetrante circunscreve-se à posse direta para o uso da referida área, estando a concessionária proibida de praticar quaisquer atos inseridos nos atributos do direito de propriedade, tendo em vista que o domínio e a posse indireta remanescem com a concedente. Portanto, não se trata de propriedade e de posse com "animus domini" para efeitos de incidência do IPTU.* Muito menos em domínio útil, que é o direito real de fruição ou gozo de coisa alheia (arts. 678 a 694 do CC de 1916), consistente na atribuição da enfiteuse, espécie de arrendamento perpétuo do imóvel, pelo proprietário. Nesse caso, o domínio útil pertence ao enfiteuta ou foreiro, aquele que detém todos os direitos inerentes ao domínio, com exceção do domínio direto, remanescendo em mãos do senhorio o direito à percepção do foro e do laudêmio, além do direito de preferência em caso de alienação do domínio útil pelo enfiteuta – Recurso conhecido e desprovido."[11]

"*IPTU – Fato gerador. Como se vê tanto da norma constitucional como da norma legal, o fato gerador do IPTU é a propriedade. Ainda que o CTN, em seu art. 32, refira-se à posse, esta deve ser entendida como a que exterioriza o domínio, e não aquela exercida pelo locatário ou pelo comodatário, ou até mesmo pelo concessionário, que são meros titulares de direitos pessoais. Portanto, tal tributo só pode ser exigido do proprietário, ou daquele que detém o domínio útil, ou daquele que o possui com ânimo de dono.* Bens públicos – Os bens públicos jamais poderão ser objeto de usucapião (Consti-

10. Cf. o Decreto-lei 57/1966 e a jurisprudência do STJ (REsp 492.869-PR, rel. Min. Teori Zavascki, *DJU* 7.3.2005, p. 141).

11. TJRJ, 6ª Câmara Cível, ACi 2004. 004. 33289, rel. Des. Francisco de Assis Pessanha, j. 7.2.2006.

tuição da República, arts. 183, § 3º, e 191, parágrafo único), daí que não há que se falar em *animus domini* por parte de quem quer que seja quando se tratar de tais bens – *Imunidade tributária – Art. 150, VI, 'a', da Constituição da República. Os bens das pessoas jurídicas de direito público são objeto de imunidade. Não pode a Municipalidade proceder ao lançamento de bens de propriedade da União, ou vice-versa* – Sentença que deve ser mantida – Desprovimento do recurso."[12]

Dessa maneira, ressaltando todo o raciocínio criado para a hipótese de incidência do ITR, constata-se novamente que *o titular do direito de propriedade dos bens imóveis, agora situados na zona urbana, é a União, e, consequentemente, dever-se-á arguir a imunidade recíproca prevista no texto constitucional.*

5. Dos imóveis atingidos pelo reservatório de água

Na eventualidade, entendendo-se que as concessionárias – formadoras do Consórcio Consulente – passem a ser as proprietárias dos imóveis desapropriados, é certo que, diante de um fato posterior (alagamento e formação do reservatório), deixa de existir a situação fática que importa a tributação em análise – qual seja, a propriedade de bem imóvel. Vejamos.

O empreendimento da Usina (...) abarca uma grande parte de terras alagadas, que correspondem ao reservatório de água necessário para a geração de energia elétrica.

Importante relatar alguns conceitos diretamente relacionados à questão, conforme determina Maria Luíza Machado Granziera:

"(...) *rio* origina-se do Latim *rivus* e constitui curso considerável de água que tem geralmente origem nas montanhas e vem recebendo pelo caminho a água dos regatos e ribeiras até lançar-se por uma ou outra embocadura, no mar ou noutro rio; um grande curso de água em geral. Ou um curso de água considerável em extensão e largura.

"(...).

"Não basta, contudo, definir o conceito de *rio*. *É necessário verificar os elementos que o formam, pois a água que corre nos rios está, necessariamente, em calha, sobre um leito e entre margens*. Segundo Pádua Nunes, citando Daniel de Carvalho, 'a água corrente, as margens e o leito são os três elementos que formam o rio, como partes integrantes de um todo'.

"(...).

"O art. 9º do Código de Águas assim define *leito*, utilizando seu sinônimo: 'álveo é a superfície que as águas cobrem sem transbordar para o solo natural e ordinariamente enxuto'.

"(...).

"*Margens internas* – ribanceiras cobertas pelas águas. Integram o álveo e acompanham sua condição jurídica.

"*Margens externas* – Faixas de terrenos que terminam na linha da interna. Não são cobertas pelas águas, a não ser nas enchentes. As margens são, em geral, naturais. Podem ser barrancas ou praias, se forem altas ou baixas, ou formadas por escavação ou aluvião.

"*Lago* é a massa continental de água superficial de extensão considerável.

"(...).

"Dessa forma, lago consiste em uma grande massa de água perene, cercada de terras e colocada em uma depressão do terreno ou uma extensa e perene acumu-

12. TJRJ, 2ª Câmara Cível, ACi 2003.001.19956, rel. Des. Sérgio Cavalieri Filho, j. 10.12.2003.

lação de águas formada pela Natureza ou reunida pelo esforço humano."[13]

Por sua vez, o art. 9º do Código de Águas (Decreto 24.643/1934) preleciona que:

"Art. 1º. As águas públicas podem ser de uso comum ou dominicais.

"Art. 2º. São águas públicas de uso comum: a) os mares territoriais, nos mesmos incluídos os golfos, baías, enseadas e portos; b) as correntes, canais, *lagos* e lagoas navegáveis ou flutuáveis; c) as *correntes* de que se façam estas águas; d) as fontes e reservatórios públicos.

"(...).

"Art. 9º. *Álveo é a superfície* que as águas cobrem sem transbordar para o solo natural e ordinariamente enxuto.

"Art. 10. *O álveo será público* de uso comum, ou dominical, conforme a propriedade das respectivas águas; e será particular no caso das águas comuns ou das águas particulares.

"Art. 11. *São públicos* dominicais, se não estiverem destinados ao uso comum, ou por algum título legítimo não pertencerem ao domínio particular: 1º) os terrenos de marinha; 2º) *os terrenos reservados nas margens* das correntes públicas de uso comum, bem como dos canais, *lagos e lagoas* da mesma espécie. Salvo quanto às correntes que, não sendo navegáveis nem flutuáveis, concorrem apenas para formar outras simplesmente flutuáveis, e não navegáveis.

"(...).

"Art. 12. *Sobre as margens* das correntes a que se refere a última parte do n. 2 do artigo anterior fica somente, e *dentro apenas da faixa de 10m*, estabelecida uma servidão de trânsito para os agentes da Administração Pública, quando em execução de serviço."

Assim, inicialmente constata-se que *a água tem domínio hídrico* sobre *álveo* no qual estão contidas as *margens* que o delimitam, formando um *todo indissociável*.

Ainda, o art. 1º da Lei 9.433/1997, que, dentre outras providências, institui a Política Nacional de Recursos Hídricos, estabelece que: "Art. 1º. A Política Nacional de Recursos Hídricos baseia-se nos seguintes fundamentos: I – *a água é um bem de domínio público*; (...)".

E o art. 20 da Constituição da República de 1988 dispõe que: "Art. 20. *São bens da União*: (...) III – *os lagos, rios e quaisquer correntes de água* em terrenos de seu domínio, ou que banhem mais de um Estado, sirvam de limites com outros Países, ou se estendam a território estrangeiro ou dele provenham, bem como os terrenos marginais e as praias fluviais; (...)".

De fato, com o alagamento, feito com o desvio do rio Doce, essas áreas passam a figurar como *leito do rio*, que, no caso, banha mais de um Estado. Além disso, com a formação do lago (reservatório) não há mais bem imóvel por natureza, passível de qualquer utilização.

Portanto, concluímos que as áreas alagadas que abarcam a *água do reservatório*, assim considerada *em conjunto com o álveo e as margens*, passam a ser identificadas como *bem público de uso especial*, e mais uma vez não poderão ser tributadas, seja diante da *imunidade recíproca* prevista no texto constitucional, seja em razão da inexistência de imóvel por natureza capaz de desenvolver qualquer produção agropecuária ou florestal.

13. Maria Luíza Machado Granziera, *Direito das Águas: Disciplina Jurídica das Águas Doces*, São Paulo, Atlas, 2001.

6. *Da base de cálculo: impossibilidade de cobrança dos tributos questionados*

Ultrapassadas as questões expostas acima, admitindo-se, *ad argumentandum tantum*, que o ITR e o IPTU incidem sobre as áreas diretamente relacionadas ao objeto da concessão, como se encontraria a base de cálculo dos impostos?

Os arts. 30 e 33 do CTN, em relação às bases de cálculo do ITR e IPTU, dispõem, respectivamente:

"Art. 30. A base de cálculo do imposto é o valor fundiário.

"(...).

"Art. 33. A base de cálculo do imposto é o valor venal do imóvel."

E mais: acerca da base de cálculo do ITR, a Lei 9.393/1996 regulou a matéria da seguinte forma:

"Art. 10. A apuração e o pagamento do ITR serão efetuados pelo contribuinte, independentemente de prévio procedimento da Administração Tributária, nos prazos e condições estabelecidos pela Secretaria da Receita Federal, sujeitandose a homologação posterior.

"§ 1º. Para efeitos de apuração do ITR, considerar-se-á: I – VTN, o valor do imóvel, excluídos os valores relativos a: a) construções, instalações e benfeitorias; b) culturas permanentes e temporárias; c) pastagens cultivadas e melhoradas; d) florestas plantadas; (...)."

Assim, *o valor fundiário é o valor da terra nua*, sem qualquer benfeitoria, resultando, portanto, da *diferença entre o valor venal total do imóvel*, declarado pelo contribuinte e não impugnado pela Administração, ou resultante de avaliação feita por esta, e o valor das benfeitorias *e outros bens incorporados ao imóvel*.

Valor venal do imóvel é o valor de mercado do bem, isto é, o valor pelo qual é vendido, à vista, em condições normais de negociação. Nesse sentido De Plácido e Silva: "É o valor de venda, ou o valor mercantil, isto é, o preço por que as coisas foram, são ou possam ser vendidas".[14]

Ou seja, valor venal é o preço provável que o imóvel alcançará para a compra e venda à vista diante de mercado estável e quando comprador e vendedor têm plena consciência do potencial de uso e ocupação que ao imóvel pode ser dado.

Ora, no caso em questão, as *áreas alagadas* para fins de geração de energia elétrica bem como as *demais áreas diretamente relacionadas* a este fim (dentre elas a que compreende a Usina) estão afetadas a uma finalidade pública; e, consequentemente, são *bens fora do comércio*, insuscetíveis de apropriação, *não sendo possível atribuir-lhes valor de mercado*.

Portanto, não bastasse a não configuração da hipótese de incidência, tem-se que a tributação pelo ITR e pelo IPTU é impossível, ainda, por inexistência de base de cálculo, vez que não é possível avaliar o valor venal dás áreas alagadas e as demais diretamente relacionadas ao objeto do contrato de concessão.

7. *Conclusões*

Por todo o exposto, concluímos que os bens desapropriados relacionados diretamente com o objeto do contrato de concessão são de propriedade do ente estatal, devendo ser respeitado o preceito constitucional da imunidade recíproca, expresso no art. 150, VI, "a", da Constituição da República de 1988, pois:

14. De Plácido e Silva, *Vocabulário Jurídico*, 18ª ed., Rio de Janeiro, Forense, 2001, p. 873.

7.1 A Consulente é formada por duas concessionárias de uso de bem público na condição de produtor independente, nos termos do art. 13 da Lei 9.074/1995, não prestando, portanto, serviço público.

7.2 Na concessão de uso de bem público o Estado não transfere propriedade alguma ao concessionário; esse detém gestão da coisa durante o prazo da exploração concedida.

7.3 O regime jurídico do bem concedido afeta os demais regimes jurídicos de outros bens que forem adquiridos justamente para proporcionar a exploração do primeiro.

7.4 Os direitos do Poder Público de que o concessionário é investido, como desapropriar (forma originária de aquisição da propriedade exclusiva do Poder Público), não os exerce a título próprio, mas como mero mandatário do poder concedente e nos limites da delegação recebida.

7.5 Os concessionários desapropriam terrenos particulares e pagam os expropriados como delegados do Poder Público, mas não adquirem o direito de propriedade, pois esse pertence ao ente público concedente.

7.6 A cláusula de reversão não determina que o concessionário, antes do término do contrato, seria o titular do direito de propriedade, mas, sim, destina-se a tornar certos quais os bens que voltarão à posse do concedente e em que condições se dará a reversibilidade.

7.7 De outro lado, os fatos geradores do ITR são: (a) ser proprietário de bem imóvel por natureza; (b) ser possuidor de bem imóvel por natureza; (c) ser enfiteuta de bem imóvel por natureza alheio.

7.8 O concessionário de uso de bem público não é proprietário das áreas diretamente relacionadas ao objeto da concessão, que são bens da União, não sendo possível, assim, falar em incidência do ITR com base no direito de propriedade.

7.9 Não há que se falar também em tributação das áreas relacionadas ao objeto da concessão com base na posse. Isso porque apenas será núcleo do fato gerador do ITR a posse que exteriorizar o direito de propriedade – e, no caso, faz-se evidente que não há qualquer intenção de propriedade desses bens por parte das concessionárias, diante da cláusula de reversão; e, ainda, a posse apenas ensejará a incidência tributária quando desconhecida ou duvidosa a caracterização do proprietário (fato gerador supletivo).

7.10 Não se pode falar também em tributação com base no domínio útil (enfiteuse), pois que as concessionárias, ao contrário do enfiteuta, não detêm as prerrogativas inerentes ao domínio.

7.11 Os fatos geradores do IPTU são: (a) ser proprietário de bem imóvel por natureza ou por acessão física; (b) ser possuidor de bem imóvel por natureza ou por acessão física; (c) ser enfiteuta de bem imóvel por natureza ou por acessão física.

7.12 No caso sob exame, a ausência do fato gerador do imposto municipal é verificada, pois o concessionário de uso de bem público não é titular do direito de propriedade, nem mesmo do direito de posse passível de tributação (exteriorização do domínio, ânimo de dono) ou do exercício de domínio útil dos imóveis relacionados com a concessão localizados na zona urbana do respectivo Município.

7.13 Na eventualidade, entendendo-se que as concessionárias passam a ser o proprietário dos imóveis desapropriados, é certo que, diante de um fato posterior (alagamento e formação do reservatório), deixa de existir a situação fática que importa a tributação em análise, qual seja, a propriedade de bem imóvel.

7.14 Afinal, as áreas alagadas passam a formar um lago (rio, álveo e margens), que é bem público de uso especial, e por mais esse motivo não poderão ser tributadas, seja diante da imunidade recíproca prevista no texto constitucional, seja em razão da inexistência de bem imóvel passível de ser explorado por empreendimento agropecuário ou florestal.

7.15 Não bastasse todo o alegado, tem-se que a tributação do ITR e do IPTU é impossível, ainda, por inexistência de base de cálculo, vez que não é possível avaliar o valor venal das áreas alagadas e das demais extensões diretamente relacionadas ao objeto do contrato de concessão. Referidas áreas, por estarem afetadas a uma finalidade pública, são bens fora do comércio, insuscetíveis de apropriação, não lhes sendo atribuível, portanto, valor de mercado.

É o parecer, s.m.j.

ESTUDOS E COMENTÁRIOS

FISCALIZAÇÃO ABSTRATA DE CONSTITUCIONALIDADE E MEDIDA CAUTELAR[1]

Edilson Pereira Nobre Júnior

Professor da UFRN e da UNP
– Mestre e Doutor em Direito Público pela Faculdade de Direito do Recife-UFPE
– Juiz Federal lotado perante a 4ª Vara da Seção Judiciária do Rio Grande do Norte

1. Fiscalização de constitucionalidade e função jurisdicional (à guisa de introdução). 2. A medida cautelar na experiência estrangeira. 3. Antecedentes no direito brasileiro. 4. Medida cautelar: cabimento, competência e requisitos. 5. A medida cautelar e a sua eficácia. 6. Síntese conclusiva.

1. Fiscalização de constitucionalidade e função jurisdicional (à guisa de introdução)

O período inaugurado com o término da Segunda Guerra Mundial não assinala apenas a vitória de coalizão liderada, no Ocidente, pelos Estados Unidos. Há uma expansão, no continente europeu, da convicção que propende à dessacralização da lei. Ao contrário da América do Norte, cujas razões da independência das treze colônias inglesas residiram justamente na

1. Escrito que condensa, com pormenor, exposição realizada pelo do autor no curso "Filosofia e Direito: modernidade, razão, decisão – Hans Kelsen, Norberto Bobbio, Hanna Arendt e o *new criticism*", patrocinado pela Escola de Magistratura Federal da 5ª Região – ESMAFE, Núcleo Seccional da Paraíba, a qual teve lugar no dia 15.8.2009. A superveniência da Lei 12.063, de 27.10.2009, provendo disciplina à ação direta de inconstitucionalidade por omissão, tornou inevitável a realização de acréscimos.

resistência às medidas opressoras emanadas do Parlamento britânico,[2] as revoluções que, desde o final do século XVII, mudaram o colorido político da Europa, embasaram-se no culto à superioridade da lei, seja a Gloriosa de 1688, com o dogma da supremacia do Parlamento,[3] até pouco tempo inquebrantável, seja a Francesa de 1789, de alcance universalista.[4]

A lição haurida da barbárie nazista aponta para a direção de que o legislador, no exercício de sua tarefa, não está liberto da observância dos direitos fundamentais. A Constituição deverá, a exemplo do sucedido com o modelo norte-americano, ser o parâmetro para evitar algo que por si só é abusivo, qual seja a infalibilidade da lei, em cujo nome muitas violações dos direitos humanos foram praticadas.

Diferentemente dos Estados Unidos, e talvez pelo fato dos Estados europeus se constituírem sob feição parlamentarista, ou semiparlamentarista, bem como estarem judicialmente estruturados por sistemas que adotam a dualidade ou pluralidade de jurisdições (administrativa e comum), preferiu-se o arquétipo de tribunal ou corte constitucional, o qual usufrui do monopólio de excluir do sistema jurídico norma que, formal ou materialmente, contrarie a Lei Fundamental.

Para Stefano Maria Cicconetti,[5] atento à elaboração da Constituição italiana de 1947, os motivos para a recusa da adoção de padrão similar ao norte-americano foram de duas ordens: a) evitar incertezas e diferenças na aplicação do direito pelos juízes, decorrentes da não-consagração do princípio do *stare decisis* relacionado às decisões da Corte de Cassação; b) não desequilibrar as relações entre os poderes do Estado, as quais poderiam ser sensivelmente afetadas se os juízes, indistintamente, pudessem bloquear a aplicabilidade das leis, em cuja formação e revogação há manifestação de função atribuída primacialmente ao Legislativo.

Porém, o que caracteriza, fundamentalmente,[6] tal modalidade de controle da

2. Resumo analítico das medidas legislativas que o Parlamento inglês impôs às colônias norte-americanas na segunda metade do século XVIII consta de Cristiano Paixão e Renato Bigliazzi (*História Constitucional Inglesa e Norte-americana: do surgimento à estabilização da forma constitucional*, Brasília, Ed. UnB, 2008, pp. 102-116).

3. Observa Maurizio Fioravanti (*Constitución – de la antigüedad a nuestros días*, Madri, Trotta, 2007, pp. 145-146.) que a célebre soberania do Parlamento da Inglaterra não decorria da primazia política e institucional dos representantes do povo, como sucedeu na Revolução Francesa, mas pela concepção de que aquele não emanava de um pacto fundamental precedente, mas porque representava o próprio poder constituinte originário.

4. Os textos de então constituem demonstração cabal da imensa importância da lei. Prova disto são os arts. 4º, 5º e 6º, primeira parte, da Declaração dos Direitos do Homem e do Cidadão, de 26.8.1789, bem assim os arts. 4º, 6º e 9º, da Constituição do Ano I, de 24.6.1793.

5. *Lezioni di giustizia costituzionale*, 3ª ed., Turim, G. Giappichelli, 2006, p. 9.

6. O emprego do advérbio "fundamentalmente" é proposital, justamente para que não se olvide, quanto aos sistemas alemão e espanhol, o recurso constitucional e o de amparo, nos quais há a defesa de direito fundamental por parte daquele que foi diretamente lesado por ato estatal. Não obstante, há, na doutrina, posicionamentos, como o de Dieter Grimm (*Constituição e Política*, Belo Horizonte, Del Rey, 2006, p. 184), para quem não somente motivos de ordem subjetiva justificam a admissão de um recurso constitucional, mas, igualmente, de ordem objetiva, quando, por exemplo, tribunais especializados se mostram insensíveis com determinado direito fundamental, ou quanto a determinado aspecto do direito fundamental, ou ainda quando, no caso concreto,

legitimidade das normas é a singularidade de que, mais uma vez em contraposição à originalidade do Marbury *versus* Madison, o exame da validade do ato estatal impugnado é dotado de autonomia processual, constituindo o fim do julgamento, ao invés de constituir apenas uma fase deste, necessária para a aplicação ou não de um ato normativo para a solução duma controvérsia.[7]

Essa característica, ao contrário do que possa parecer num primeiro súbito de olhos, não descaracteriza a natureza jurisdicional de tal modalidade de controle.

Pablo Pérez Tremps,[8] sem embargo de reconhecer um colorido político ao julgamento de constitucionalidade, deixa claro que "la actividad que desarrolla la justicia constitucional desde esta perspectiva es plenamente jurisdicional sin que ni siquiera su supuesto carácter objetivo puede llegar a diferenciarla radicalmente de la desarrollada por otros tribunales".

Por seu turno, vislumbra Vitalino Canas,[9] o Tribunal Constitucional lusitano como autêntico órgão judicial, pois na estruturação e funcionamento deste se manifestam os requisitos mínimos para a sua identificação como tal, a saber: a) idoneidade, tendo em vista que os seus integrantes devem reunir habilitação profissional que garanta um abalizado exercício de suas funções; b) independência, pois os seus membros têm sua atividade disciplinada por estatuto, o qual os isenta de dependências externas e internas; c) inamovibilidade, como forma de garantir sua independência; d) imparcialidade, em face da previsão legal de cautelas que orientam seus membros a não julgarem causas onde possuam a mínima aparência de interesse.

O mesmo ponto de vista é encontradiço em Louis Favoreu,[10] pois, ao afirmar a fiscalização abstrata como lídima jurisdição, salienta que as cortes constitucionais, além de decidirem com a autoridade de coisa julgada, suas decisões são capazes de invalidar atos normativos com efeitos *erga omnes*.

O caráter jurisdicional da fiscalização abstrata acarreta o remate de que o desenvolvimento de sua atividade se opera através do processo.

Nalguns sistemas de fiscalização da constitucionalidade, dentre os quais a referência é ao Conselho Constitucional francês, ao qual se aponta conotação de controle político,[11] a atuação fiscalizadora

puder ser notada uma atitude leviana com o direito fundamental.

7. Com propriedade, acentua Bonavides (*Curso de Direito Constitucional*, 26ª ed. São Paulo, Malheiros Editores, 2011, p. 307): "Nesse caso, impugna-se perante determinado tribunal uma lei, que poderá perder sua validade constitucional e consequentemente ser anulada *erga omnes* (com relação a todos)".

8. *Tribunal Constitucional y Poder Judicial*, Madri, Centro de Estudios Constitucionales, 1985, p. 13.

9. *Os Processos de Fiscalização da Constitucionalidade e da Legalidade pelo Tribunal Constitucional – natureza e princípios estruturantes*, Coimbra, Coimbra Editora, 1986, pp. 21-22.

10. *As Cortes Constitucionais*, São Paulo, Landy, 2004, p. 32.

11. Afirma Mauro Cappelletti (*O Controle Judicial de Constitucionalidade das Leis no Direito Comparado*, Porto Alegre: Sérgio Antônio Fabris Editor, 1984, p. 27) que o país que oferece o mais típico exemplo de um controle político, não judicial, de constitucionalidade, é a França, mas, na atualidade, há quem, como é o caso de Louis Favoreu ("Quelle place fait-elle au Conseil constitutionnel?", in *La Constitution de 1958 en 20 questiones*, disponível em: *www.conseil-constitutionnel.fr*, acesso em: 26.8.2005) considere o Conselho Constitucional como um

é unicamente preventiva. A entrada em vigor do ato normativo fica condicionada ao seu exame pelo órgão controlador. Significa dizer que a sua vigência somente ocorre ao depois do teste de constitucionalidade, não mais existindo, grosso modo, margem posterior para a investigação de sua constitucionalidade.

Nessas situações, norma a que se possa acoimar de inconstitucional não chega a ser aplicada.

Nos sistemas que adotam uma fiscalização posterior ou sucessiva, o fenômeno é distinto. A lei, ou ato normativo, passa desde logo a produzir efeitos, criando relações jurídicas as mais variadas, independentemente do seu conteúdo ser ou não conforme com a Lei Básica.

Desse modo, a violação à Constituição, perpetrada sob o pálio da presunção de constitucionalidade das leis, poderá produzir prejuízos de monta aos destinatários das relações jurídicas regidas pelo ato normativo ilegítimo, como, por exemplo, a criação de ônus financeiro ao erário, ou a instituição de tributo inválido em detrimento de grande número de contribuintes.

Isso sem contar que, sobrevindo declaração de inconstitucionalidade, esta poderá atingir situações cujo desfazimento, por não se haver oportunamente impedido a sua formação, afigure-se traumático, remetendo o tribunal à excepcional providência da outorga de efeitos declaratórios para o futuro. Significa, nestes casos, reconhecer a consumação irreversível de ofensa à ordem constitucional.

Empregando para denominar o fenômeno a expressão realidade inconstitucional, Konrad Hesse[12] ensina: "Isso não significa que na vida da coletividade não possa haver realidade que esteja em contradição com a Constituição ou que tal realidade deva ser considerada como insignificante. O importante é, antes, exatamente dirigir a atenção para ela e fazer aquilo que é necessário para impedir o nascimento da realidade inconstitucional ou para pôr a realidade novamente em concordância com a Constituição".

Com vistas a evitar danos irreparáveis (ou o alastramento nocivo dos seus efeitos) em desfavor dos atingidos pelos comandos inconstitucionais, sejam os entes públicos na cura dos interesses da coletividade, sejam os cidadãos, forçosa a instituição, como existente no desenlace das controvérsias tradicionais, envolvendo disputa acerca de direitos subjetivos, de tutela cautelar para a suspensão dos atos normativos impugnados.

O seu exame constituirá o objeto desta exposição, para cujo desenvolvimento é impossível não enveredar, antecipadamente, por breve comentário acerca da experiência estrangeira e da evolução que o instituto passou entre nós até sua previsão nas Leis 9.868/1999 e 9.882/1999.

2. A medida cautelar na experiência estrangeira

Há sistemas jurídicos nos quais o requerimento da fiscalização abstrata da constitucionalidade não suspende a eficácia das normas impugnadas, desprovendo-se o tribunal competente do atributo de deferir medidas cautelares.

alto Tribunal Constitucional, integrante da família das cortes e dos tribunais constitucionais europeus criados na Europa a contar da Segunda Guerra Mundial, por apresentar as mesmas características da função, composição e recrutamento dos membros destes.

12. *Elementos de Direito Constitucional da República Federal da Alemanha*, Porto Alegre, Sérgio Antônio Fabris Editor, 1998, p. 52.

É o caso de Portugal, de modo que, em havendo posterior pronúncia de inconstitucionalidade, tocará ao Tribunal Constitucional dispor sobre os efeitos que as normas hajam produzido. Assim se percebe pela leitura do art. 282º, ns. 3º e 4º, da Constituição de 1976.

Já noutros sistemas existem mecanismos que conferem ao órgão incumbido do julgamento da questão constitucional com eficácia geral adotar providências de conteúdo acautelatório.

Um exemplo reside no sistema germânico, cuja Lei do Tribunal Constitucional Federal, de 12.3.1951,[13] no seu § 32, alude à possibilidade, permitindo ao Tribunal Constitucional regular uma situação provisoriamente por meio de medida cautelar, para o fim de rechaçar graves prejuízos, ou para impedir violência iminente, ou ainda em virtude de fundamento importante para o bem comum, podendo a decisão ser proferida, conforme o caso, sem procedimento oral.[14] Igualmente, por ocasião de urgência especial, poderá ser dispensada oportunidade para manifestação das partes no procedimento principal, dos legitimados à intervenção ou dos legitimados à declaração.

Caso a medida venha a ser deferida, ou negada, através de resolução, ou seja, sem procedimento oral, pode ser deduzida objeção, salvo se o interessado for o promovente do recurso constitucional previsto no § 90. A objeção, cuja deliberação dar-se-á mediante procedimento oral, a ser concluído dentro de duas semanas, contadas da apresentação de seus fundamentos, não tem efeito suspensivo. Isto não impede que o Tribunal Constitucional suspenda a execução da medida cautelar.

Permite-se que o Tribunal Constitucional, ao comunicar às partes a concessão de medida cautelar, ou de objeção, labore sem encaminhar sua motivação, a qual deverá ser remetida às partes em separado.

O prazo de vigência temporal da cautelar é de seis meses, passado o qual poderá ter seu restabelecimento por maioria de dois terços dos votos.

A competência para sua apreciação é de cada um dos Senados,[15] nos quais se divide o Tribunal Constitucional, com composição de oito juízes cada. É exigível, nos termos do § 16, *quorum* de, no mínimo, seis juízes presentes. Em caso de exame de medida cautelar, existindo urgência especial, pode o pedido ser deferido por decisão unânime de três juízes, com prazo de vigência de um mês. Vindo o correspondente Senado a ratificá-la, o prazo de vigência prorrogar-se-á até seis meses.

Outro sistema jurídico onde a medida cautelar é prevista, embora de forma

13. A análise de tal diploma sucedeu com base em texto vertido para o português por Luís Afonso Heck ("Lei do Tribunal Constitucional Federal" (tradução), São Paulo, *Revista Brasileira de Direito Constitucional*, n. 1, pp. 231-257, jan./jun. de 2003).

14. O procedimento oral, conforme se vê do § 25, é a regra perante o Tribunal Constitucional Federal, somente podendo ser dispensado se as partes a ele renunciarem.

15. Fazendo uma comparação com a estrutura dos tribunais pátrios, recai melhor a tradução por Seção ao invés de Senado. Quanto às Câmaras, que são divisões dos Senados (§ 15a.), a versão correta é a de Turma ou Câmara, conforme se proceda à analogia diante de tribunais regionais federais ou de justiça, respectivamente. Para uma compreensão da estrutura e organização do Tribunal Constitucional Federal alemão se recomenda leitura de introdução elaborada por Leonardo Martins a escrito de Jürgen Schwabe (*Cincuenta anos de Jurisprudencia do Tribunal Constitucional Federal alemán*, Montevidéu, Fundação Konrad-Adenauer, 2005).

mais restrita, é o italiano. A restrição se dá porque há omissão no particular da fiscalização incidental a que se refere o art. 134 da Constituição de 1947, havendo previsão unicamente para o controle por via principal a que se refere o art. 127 do mesmo diploma e que versa sobre invasão de competência legislativa entre o Estado e uma Região, ou entre Regiões.

Cuida-se do disposto no art. 40 da *Legge* 87, de 11.3.1953, que disciplina o funcionamento da Corte Constitucional, ao proclamar: "A execução dos atos que deram lugar ao conflito de atribuições entre Estado e Região, ou entre Regiões, pode ser, durante a pendência do julgamento, suspensa pela Corte por graves razões, com ordenança motivada".[16]

O preceito legal não faz referência à observância do princípio dispositivo, ao tornar indispensável requerimento do promovente do conflito, o que parece conduzir à possibilidade de atuação da Corte Constitucional *sponte propria*. Há, contudo, opinião em contrário por parte de Gustavo Zagrebelsky[17] e de Roberto Bin e Giovanni Pitruzzella,[18] para quem tal deliberação pressupõe pedido do ente que instaura o conflito.

O legislador é expresso ao afirmar que a suspensão do ato normativo impugnado, a qual é tomada sob a forma de *ordinanza*,[19] pressupõe a existência de graves razões, mostrando-se a Corte Constitucional ciosa na demonstração motivada de tal requisito.[20]

A menção a graves razões, interpretada num primeiro súbito de olhos, aparenta-se com a plausibilidade da arguição acrescida da possibilidade de danos graves e de difícil reparação.

Ainda no sistema italiano, uma particularidade há de ser ressaltada. Muito embora não haja previsão legal de medida cautelar nas questões de legitimidade constitucional, difusamente suscitadas à Corte nos termos do art. 134 da Constituição, combinado com o art. 23 da *Legge* 87/1953, vem se concebendo que o juiz suscitante, enquanto aguarda o pronunciamento da Corte Constitucional, em havendo necessidade de providência de urgência, suspenda a incidência, no caso concreto, do ato impugnado, enfrentando questionamento de constitucionalidade tanto em face de normas processuais quanto materiais.

Trata-se, segundo expõe Augusto Cerri,[21] o qual cita vários precedentes, de

16. "Art. 40. L'esecuzione degli atti che hanno dato luogo al conflitto di attribuzione fra Stato e Regione ovvero tra Regioni può essere, in pendenza del giudizio, sospesa per gravi ragioni, con ordinanza motivata, dalla Corte". Disponível em: *www.cortecostituzionale.it*; acesso em: 6.7.2009.

17. *La Giustizia Costituzionale*, Bologna, Il Mulino, 1977, p. 222.

18. *Diritto Costituzionale*, 3ª ed, Turim, G. Giappichelli, 2002, p. 435.

19. Para um melhor esclarecimento, as decisões proferidas pela Corte Constitucional italiana assumem duas formas, a saber: a) *sentenza*, através das quais são emitidos os julgamentos definitivos sobre matéria de sua competência; b) *ordinanza*, as demais decisões. Neste particular, consultar o art. 18 da *Legge* 87/1953. A *ordinanza* deve ser motivada de forma concisa.

20. Prova disso está nas *Ordinanze* 122/1975 e 115/1976, nas quais se rejeitou o pedido de suspensão. Inteiro teor disponível em: *www.giurcost.org*, acesso em: 17.7.2009.

21. *Corso di Giustizia Costituzionale*, 3ª ed., Milão, Giufrè, 2001, pp. 139-141. Expondo a visão da doutrina sobre o assunto, eis as palavras do autor (ibidem, p. 141): "A solução seguida pela Corte parece implicar um poder do juiz de desaplicar a lei (cfr., neste sentido, Pace, 1968 e Borrè), não obstante em via extremamente provisional; uma recente reconstrução diversa e perspicaz (M. Esposito) considera que esta desaplicação da lei seja só aparente, porque derivaria,

poder decisório autônomo e de incisivo relevo, visando a impedir que o fim da tutela jurisdicional reste em vão durante a expectativa do juízo de constitucionalidade. É de se averbar que tal prerrogativa não autoriza o juiz da causa à solução definitiva da tutela de urgência, devendo, assim, aguardar que a Corte Constitucional se pronuncie sobre a questão que lhe foi submetida.[22]

Similar ao itálico se apresenta o modelo hispânico. No que concerne à questão de constitucionalidade, a ser submetida pela jurisdição ordinária ao Tribunal Constitucional quando, nos casos concretos, considere uma norma, de relevância para o julgamento, como incompatível com a Constituição, o art. 163[23] desta afastou o seu efeito suspensivo.

Sobre as possíveis interpretações que se têm imputado à parte final do referido preceito magno, assinala Ignácio Torres Muro,[24] que oscilam entre a não suspensão da eficácia da lei e o não sobrestamento do processo do qual surgiu a questão de legitimidade constitucional.

Já num dos tipos de processo de sua competência, qual seja a deliberação sobre os conflitos de competência entre o Estado e as Comunidades Autônomas, há previsão de medida de urgência tendente à paralisação temporária da aplicação do ato impugnado.

Cuida-se do art. 161.2 da Constituição de 1978,[25] ao mencionar que o Go-

por via automática, da 'suspensão' da aplicação daquela, consequente à introdução do juízo de constitucionalidade; não se trataria, portanto, de um poder particular do juiz, mas duma condição do ato fonte. É verdadeiro, porém, que suspender a aplicação não equivale a desaplicar, como de resto mostra a experiência tedesca em tema de *Unvereinbarkeit* (que, em hipóteses de institutos indefectíveis, não exclui diretamente a aplicação)" ("La soluzione seguita dalla Corte sembra implicare un potere del giudice di disaplicare la legge (cfr., in questo senso, Pace, 1968 e Borrè), sai pure in via di estrema provvisorietà; una recente diversa ed acuta ricostruzione (M. Esposito) ritiene che questa disapplicazione della legge sia solo apparente, perché discenderebbe in via automatica dalla 'sospensione' dell'applicazione di essa, conseguente all'introduzione del giudizio di costituzionalità; non, dunque, di un potere particolare del giudice si tratterebbe, ma di una condizione dell'atto fonte. È vero, però, che sospendere l'applicazione non equivale a disapplicare, come del resto mostra anche l'esperienza tedesca in tema di *Unvereinbarkeit* (che, in ipotesi di istituti indefettibili, non esclude addirittura l'applicazione"). Particularmente ao autor, o fenômeno evidencia a tendência atual do juiz de formular a questão de legitimidade constitucional em termos de afirmativa censura e não mera dúvida para, em seguida, tornar iniludível a desaplicação da lei em via provisória

22. Ver a *Sentenza* 249/1996, relativa à questão de legitimidade constitucional do art. 31-*bis*, inciso 3, da *Legge* 109, de 11.2.1994, e do art. 1º, inciso 2, da *Legge* 216, de 2.6.1995, na qual o Tribunal Administrativo da Lombardia, que atuou como um dos suscitantes, suspendeu temporariamente os preceitos impugnados, com expressa ressalva de reexame da medida ao depois da definição do tema. Disponível em: *www.giurcost.org*, acesso em: 7.8.2009.

23. "Artículo 163. Cuando un órgano judicial considere, en algún proceso, que una norma con rango de ley, aplicable al caso, de cuja validez dependa el fallo, pueda ser contraria a la Constitución, planteará la cuestión ante el Tribunal Constitucional en los supuestos, en la forma y con los efectos que establezca la ley, que en ningún caso serán suspensivos." Disponível em: *www.tribunalconstitucional.es*, acesso em: 17.7.2009.

24. Trata-se de comentário ao art. 163 da Constituição da Espanha que se encontra disponível em: *narros.congreso.es/constitucion*; acesso em: 14.7.2009.

25. "Artículo 161.1 El Tribunal Constitucional tiene jurisdicción en todo el territorio español y es competente para conocer: (...) 2. El Gobierno podrá impugnar ante el Tribunal Constitucional las disposiciones y resoluciones adoptadas por

verno poderá impugnar as disposições e resoluções adotadas pelos órgãos das Comunidades Autônomas. O só oferecimento da impugnação tem o condão de, só por só, acarretar a suspensão da disposição ou resolução. Tal efeito, todavia, ficará condicionado à sua ratificação no prazo de até cinco meses.

Vê-se que não é qualquer conflito que conduz à suspensão em causa, mas apenas quando o ato impugnado emanar das Comunidades Autônomas e, mesmo assim, caso aquele venha a ser provocado pelo Governo.

Ainda no âmbito dos tribunais constitucionais europeus, desperta atenção o exemplo da Corte de Arbitragem belga. A Lei Especial de 6.1.1989, ao disciplinar, com detalhamentos, o recurso de anulação de lei, decreto, ou norma elaborada nos termos do art. 134 da Constituição (leis regionais),[26] aborda, no seu Título I, Capítulo I, Seção III, o instituto da suspensão do ato inquinado de violar a Lei Maior, sendo de destacar que o seu art. 19 permite que a Corte profira decisão motivada, a instância do requerente.[27]

Limitando a competência da Corte, a fim de evitar o desprestígio da função legislativa, o art. 20 prescreve que a suspensão somente poderá ser deliberada em duas situações. A primeira delas corporifica os pressupostos do poder geral de cautela, estando representadas pela seriedade das razões invocadas e pelo fundado receio de que a execução da lei ou ato normativo provoque o risco de causar prejuízo grave e de difícil reparação.

A outra hipótese sucede quando o recurso de anulação é manifestado contra uma norma idêntica ou semelhante a que restou invalidada por decisão anterior da Corte de Arbitragem e, mesmo assim, foi adotada pelo mesmo órgão legislativo.

Assemelha-se, numa correlação com o sistema jurídico pátrio, a uma reclamação para fins de preservação da decisão vinculativa da Corte, à qual é aparelhada com a antecipação dos seus efeitos. O dispositivo é hábil para demonstrar que a deliberação vincula também o legislador, ao contrário do que aqui se tem entendido.

O pedido de suspensão, o qual poderá ser deduzido juntamente com o recurso de anulação, ou por petição distinta, deve conter os fatos que tornem plausível que a aplicação imediata da norma atacada possa causar um prejuízo dificilmente reparável. Promovida mediante pleito distinto, a petição deverá indicar a norma objeto do recurso de anulação.

O aresto que ordena a suspensão, o qual é estatuído motivadamente pela Corte sem demora, é redigido em francês, holandês e alemão, sendo, a requerimento do escrivão, publicado no *Moniteur belge*, na íntegra ou por extrato, no prazo de cinco dias de sua pronúncia. Passa a produzir efeito a partir de sua publicação.

Deliberado o pedido de suspensão, compete à Corte julgar o recurso de anulação, no intervalo improrrogável de três meses. Caso assim não ocorra, a suspensão cessará imediatamente sua eficácia.

los órganos de las Comunidades Autónomos. La impugnación producirá la suspensión de la disposición o resolución recurrida, pero el Tribunal, en su caso, deberá ratificarla o levantarla en un plazo no superior a cinco meses." Disponível em: *www.tribunalconstitucional.es*; acesso em: 17.7.2009. Em sede legislativa, tal competência está prevista pelo art. 61.2 da Lei Orgânica 2, de 3.10.1979.

26. O exame do diploma legal foi realizado com versão em francês disponível em: *www.const-court.be*; acesso em: 14.7.2009.

27. Pelo art. 2º da Lei Especial de 6.1.1989, estão legitimados para a interposição dos recursos o Conselho de Ministros, o Governo de região ou comunidade, toda pessoa física ou jurídica que apresente interesse justificado, ou ainda pelos presidentes das assembleias legislativas, a pedido de dois terços de seus membros.

Interessante é uma remissão ao sistema norte-americano. À primeira vista, é possível apontar para uma impropriedade, haja vista que este escrito tem por objeto abordagem da medida cautelar diante dos ordenamentos que, em sede de controle da conformidade dos atos dos poderes constituídos à obra do poder constituinte, adotam modelo abstrato, objetivo, no qual a verificação se resume ao cotejo entre a Constituição e o ato estatal, sem relação com a solução de conflitos de interesses que venham surgir com a execução deste.

Ledo engano. Conforme vem observando a doutrina, o padrão norte-americano, com o passar do tempo, não mais guarda a pureza original do modelo concreto inaugurado em 1803. Tem avançado, nalgumas hipóteses, para uma visão abstrata, mediante o ataque autônomo à lei.

Em escrito pioneiramente publicado nestas plagas, George H. Jaffin[28] mostrou que, ao lado das tradicionais vias da exceção de constitucionalidade e da *injuction*, adveio o surgimento duma terceira, consistente na ação declaratória, a qual, inicialmente desenvolvida no âmbito das cortes estaduais, obteve, no âmbito do Judiciário Federal, regulamentação mediante lei do ano de 1934.

Ao contrário do majoritariamente afirmado pela doutrina, é admissível asseverar, como o faz Eduardo Vírgala Foruria,[29] que, nos Estados Unidos da América, existe controle abstrato de normas, o qual é valioso componente formal da produção normativa em determinadas áreas, especialmente quanto à liberdade de expressão e o direito à intimidade.

No correspondente procedimento, o qual principia perante o juízo de primeiro grau que, na organização judiciária federal norte-americana, equivale ao Tribunal do Distrito, há a possibilidade, nas situações relacionadas com a Primeira Emenda à Constituição de 1787, de vir a lume provimento de suspensão da norma jurídica impugnada.

Tal se dá em duas fases. A primeira delas, de natureza preliminar (*preliminary injunction*), consiste em ordem restritiva temporal deferida pelo tribunal distrital, tendo em vista a aplicação da lei pelos agentes da Administração poder acarretar prejuízos de ordem irreparável. Ao depois, tal providência poderá ser ordenada, ou ratificada, quando o juiz se pronunciar sobre o mérito da controvérsia (*final injunctive relief*). Em ambos os casos, os interditos de suspensão desafiam recurso de apelação para os tribunais de circuito (28 US Code § 1292).

O autor, às páginas 79-82 do trabalho referido, brinda-nos com a narrativa seguinte: em 21.10.1998 foi promulgado o *Child Online Proteccion Act* (Lei de proteção à infância na Internet), conhecido pela sigla COPA, o qual modificou a Parte I, Título II, e acrescentou uma nova seção, de número 231, a *Communications Act* (Lei de comunicações) de 1934.

Em 22.10.1998, a *American Civil Liberties Union* (Associação Americana de Direitos Civis), juntamente com outras dezoito organizações, ajuizou demanda civil perante o Tribunal Federal do Distrito Leste da Pensilvânia contra o Fiscal Geral, postulando uma decisão declarativa da inconstitucionalidade da seção 231 da COPA, juntamente com interdito de suspensão de sua aplicação.

28. "Evolução do controle jurisdicional da constitucionalidade das leis nos Estados Unidos", *RF* 86/282 e 286-287, Rio de Janeiro, ano XXXVIII, abril de 1941.

29. "Control abstracto y recurso directo de inconstitucionalidad en los Estados Unidos", *Revista Española de Derecho Constitucional*, n. 62, ano 21, p. 83, maio/agosto de 2001.

Em 19 de novembro de 1998, um dia antes da entrada em vigor da lei impugnada, o Juiz Lowell A. Reed, após a ouvida da parte adversa, deferiu uma ordem restritiva temporal (*temporary restraining order*) e um interdito preliminar (*preliminary injunction*), para impedir o Fiscal-Geral, ou qualquer outro funcionário público, de aplicar, nos limites territoriais de sua jurisdição, a nova seção 231, louvado na plausibilidade do pedido, na existência de dano irreparável e na ausência de ofensa ao interesse público. A suspensão foi confirmada quando da decisão de mérito, proferida em 1.2.1999, a qual foi mantida por ocasião do julgamento de apelo pelo Tribunal do Terceiro Circuito.

Vê-se daí que, sobre existir fiscalização abstrata da constitucionalidade nos Estados Unidos, não se descartou a possibilidade de medida cautelar, para o fim de evitar danos em face da reiterada aplicação da lei supostamente inconstitucional.

3. Antecedentes no direito brasileiro

Examinados paradigmas alienígenas, mesmo superficialmente, segue-se importante o exame do direito pátrio. Principiamos pelos primeiros experimentos com o instituto.

O princípio de tudo se deu com a representação interventiva prevista no art. 8º, parágrafo único, da Constituição de 1946.[30]

Isso porque, dentre as causas justificadoras da intervenção federal nos Estados, o art. 7º, VII, alíneas *a* a *g*, mencionava a não observância, pelos poderes constituídos estaduais, dos princípios que enumerava.[31]

Em se verificando suposta ofensa a tais princípios, tocava ao Procurador-Geral da República submeter o ato ao exame do Supremo Tribunal Federal, o qual poderia declarar a sua inconstitucionalidade.[32] Declarada esta, se o poder estadual persistisse na manutenção do ato, a intervenção seria decretada mediante lei, podendo o Congresso Nacional limitar-se à sua suspensão, caso esta medida bastasse para o restabelecimento da normalidade no Estado.

Disciplinando o procedimento de referida ação, veio a lume a Lei 2.271, de 22.7.1954, a qual, no seu art. 4º, previu aplicação, no âmbito do Supremo Tribunal Federal, do rito do mandado de segurança.

Abstraídas suas críticas, a opção legislativa teve o mérito de permitir o exercício do poder geral de cautela nas representações interventivas. O *leading case* sucedeu com decisão monocrática do Min. Victor Nunes Leal nos autos da

30. A previsão do art. 12, § 2º, da Constituição de 1934, não pode ser invocada para o fim aqui sob exame. Demais da breve vigência de tal diploma, cuidava o dispositivo de representação destinada à aferição da constitucionalidade da lei que decretasse a intervenção. Penso que, na verdade, equivale ao antepassado mais remoto da atual ação declaratória de constitucionalidade.

31. Tais princípios, ditos sensíveis, consistiam na: a) forma republicana representativa; b) independência e harmonia dos poderes; c) temporariedade das funções eletivas, limitada a duração destas à das funções federais; d) proibição de reeleição de Governadores e Prefeitos, para o período imediato; e) autonomia municipal; f) prestação de contas da Administração; g) garantias do Poder Judiciário. Correspondem, com algumas diferenciações, aos princípios listados no art. 34, VII, da Constituição em vigor.

32. Ocupava-se a medida de impugnação abstrata do ato estadual frente aos princípios constitucionais do art. 7º, VII, alíneas *a* a *g*, da Lei Maior de 1946. Essa a impressão de Themístocles

Representação 467,[33] destinada à impugnação da Lei 2.152, de 20.11.1957, do Estado do Rio Grande do Norte, a qual criava o respectivo tribunal de contas.

Ao depois de sustentar ser a suspensão liminar do ato impugnado peculiaridade do mandado de segurança, aludido magistrado acentuou sua pertinência na representação em causa, salientando que: a) para sua concessão se exigem a relevância do fundamento do pedido e o risco de ineficácia do provimento jurisdicional, caso não venha a ser deferida a liminar; b) na forma do art. 14 da Lei 1.533/1951, bem assim da prática diuturna, a suspensão liminar no mandado de segurança compete ao relator quando se tratar de impetração perante tribunal.[34]

A postura foi seguida por ocasião da Representação 466, destinada a impugnar o Ato Constitucional n. 1, de 29.12.1961, da Assembleia Legislativa da Guanabara, através de despacho do Min. Ari Franco, o qual, apesar de prejudicado o agravo regimental que o combatia, foi, à feição de *obter dictum*, reputado escorreito pela maioria do tribunal pleno.[35] Não obstante, na assentada houve resistência esgrimida pelo Min. Luiz Gallotti, ao sustentar que, dentre os dispositivos regentes do procedimento do mandado de segurança que a Lei 2.271/1954 mandava aplicar à representação para fins de intervenção federal, não se inclui o inerente à medida liminar, tendo em vista: a) a representação, ao invés do mandado de segurança, não configurar remédio de caráter urgente, em virtude do prazo para informações ser dilatado (45 dias); comportar o seu julgamento embargos com efeito suspensivo; e necessitar o seu julgamento de inclusão em pauta; b) o mandado de segurança, ainda quando sua decisão for declaratória, porta carga executória, o que não acontece com a representação, cuja decisão tem seus efeitos executórios dependentes da elaboração de lei federal.

Posteriormente, coube à Lei 4.337, de 1.6.1964, regular o procedimento da representação interventiva, havendo

Brandão Cavalcanti (*Do controle de constitucionalidade*, Rio de Janeiro, Forense, 1966, p. 103): "Como se vê, a arguição é restrita a determinada matéria (art. 7º, VII, da Constituição) e só se pode referir à finalidade da intervenção, ou melhor, aos efeitos finais da intervenção, visando o respeito à Constituição e às normas fundamentais da Federação. Mas, na verdade, é uma arguição direta de inconstitucionalidade de ato de um dos poderes estaduais em face do art. 7º, VII, da Constituição Federal".

33. O decisório foi publicado no *Diário da Justiça*, edição de 30.1.1961. Partes substanciosas da referida decisão monocrática foram transcritas na *RTJ* 23/37-38.

34. Interessante a transcrição de parcela do decisório, imediatamente seguinte à reprodução do art. 7º, II, da Lei 1.533: "Em face dessa norma, são bastantes dois requisitos para a suspensão: a relevância do fundamento do pedido e o risco da ineficácia da sua eventual concessão ulterior. O § 2º do art. 324 do Código de Processo Civil, revogado pela legislação especial, exigia para a suspensão liminar que do ato impugnado pudesse resultar lesão grave ou irreparável ao direito do 'requerente'. O texto atualmente em vigor que se contenta com o risco de ineficácia da medida, não tem, portanto, a menor incompatibilidade com os objetivos da representação prevista no art. 8º, parágrafo único, da Constituição. Por outro lado, na conformidade do art. 14, da Lei 1.533, e da prática diuturna, a suspensão liminar do mandado de segurança compete ao relator do processo, quando impetrado a algum tribunal" (*RTJ* 23/37-38).

35. Fato pitoresco, por ocasião do processamento da Representação 466-GB se deu com declaração bombástica do Governador Carlos Lacerda ao *Jornal do Brasil*, afirmando que o Min. Ary Franco demonstrara não conhecer a Constituição, pois a inconstitucionalidade duma lei somente poderia ser declarada por maioria absoluta.

silenciado sobre a possibilidade de concessão de medida cautelar. Talvez visando a prescindir desta, dispôs, no seu art. 5º que, em compreendendo o relator que a decisão da espécie reclamava urgência, em face de relevante interesse da ordem pública, poderia requerer, com ciência das partes, a imediata convocação do tribunal e, em este se achando esclarecido, poderia, suprimindo os prazos previstos no seu art. 3º, proferir julgamento sobre o mérito do pedido.

A matéria somente voltaria à baila sob a vigência da Constituição de 1967, a qual, além da representação interventiva, contemplava a representação de inconstitucionalidade para a impugnação de lei em tese,[36] atualmente substituída pela ação direta de inconstitucionalidade.

Tratou-se da Representação 933-RJ,[37] ajuizada para a declaração de inconstitucionalidade de preceitos da Resolução 1, de 24.3.1975, do Tribunal de Justiça do Rio de Janeiro, a qual disciplinava provimentos no âmbito da magistratura. O Procurador-Geral da República requereu, com arrimo no art. 175 combinado com o art. 22, IV, ambos do então Regimento Interno do Supremo Tribunal Federal, bem assim à consideração de que os dispositivos impugnados versavam sobre acesso ao tribunal, promoções, remoções e permutas, a suspensão prévia daqueles, para garantir a eficácia da ulterior decisão da causa.

Submetido o requerimento ao Plenário, o relator, Min. Thompson Flores, mesmo considerando a natureza declaratória, ou constitutiva negativa, do édito judicial derivado da representação, de acordo com as lições de Buzaid e Pontes de Miranda, respectivamente, afirmou ser admissível, em tese, o adiantamento da prestação jurisdicional sob a forma de medida cautelar. Enumerou alguns argumentos, a saber: a) a não suscetibilidade de revisão da decisão declaratória da inconstitucionalidade, bem assim o caráter compulsório da atuação do Senado Federal quanto à sua suspensão, não justificaria que continuasse o preceito normativo viciado a comportar execução; b) tal instituto não constituir novidade no direito brasileiro, pois, desde o advento da Lei 2.271/1954, aplicou-a o Supremo Tribunal Federal nas Representações 467 e 466, mediante decisão monocrática, de modo que, atualmente, sendo apreciada pelo Plenário, não haveria o receio manifestado por alguns doutrinadores, dentre os quais Themístocles Brandão Cavalcanti;[38] c) a Lei 5.778/1972,[39] a qual dispõe sobre a representação interventiva, para o fim da intervenção estadual nos municípios, expressamente, concebeu a

36. Na verdade, tal instituto surgiu por acréscimo de nova redação à alínea *k* do art. 101 da Constituição de 1946, com a promulgação da EC 16, de 26.11.1965.

37. A íntegra do julgado se encontra na *RTJ* 76/342-353.

38. Eis a crítica lançada pelo referido doutrinador, ao comentar as decisões proferidas nas Representações 467 e 466: "O que parece, porém, desaconselhar a suspensão, já agora abolida pela lei vigente, é a concessão de poderes sobre matéria tão relevante a um único juiz do Tribunal, o que poderá produzir consequências jurídicas e políticas que deveriam ser estranhas à medida requerida, envolvendo politicamente o Tribunal" (ob. cit., p. 131).

39. Sob a vigência da Constituição anterior, adveio a Lei 5.778, de 16.5.1972, disciplinando a representação a que fazia referência o seu art. 15, § 3º, alínea *d*, relacionada à intervenção dos estados nos municípios, para assegurar a observância dos princípios indicados na Constituição estadual, bem como para prover à execução de lei ou de ordem ou decisão judiciária. No seu art. 2º, atribui-se ao relator o atributo de, a requerimento do Ministério Público estadual, suspender liminarmente o ato impugnado.

possibilidade de cautelar, atribuindo sua análise ao relator, devendo-se notar que, embora tal remédio jurídico não tenha o alcance voltado para a hipótese dos autos, assemelha-se com esta.

O pronunciamento enfrentou vigorosa oposição do Min. Xavier de Albuquerque,[40] cujo raciocínio se alicerçou no seguinte: a) ainda que se possa admitir que os dispositivos regimentais, ao permitirem ao relator submeter ao Plenário ou às Turmas, nos processos de sua competência, medidas preventivas necessárias à proteção de direitos suscetíveis de dano grave e de difícil reparação, ou garantir a eficácia de futura decisão, tal não seria aplicável à espécie, porque, uma vez declarada inconstitucional a norma combatida, não se haverá constituído direito de nenhuma espécie, pelo que a suspensão liminar, ou a ausência desta, em nada alterará a eficácia do julgado; b) a decisão do Supremo Tribunal Federal se limita à eventual declaração da inconstitucionalidade da lei, em processo de cognição abstrata, com alheamento dos direitos subjetivos envolvidos; c) sendo a suspensão da lei prerrogativa do Senado, de modo a que o Supremo Tribunal Federal não poderia antecipar prestação jurisdicional numa extensão não compreendida nos efeitos da correspondente decisão definitiva.[41]

Acudiu em defesa do posicionamento do relator o Min. Rodrigues Alckmin, ao ressaltar que o poder geral de cautelar é inerente à função jurisdicional e, mesmo que se tratasse de ação direta de inconstitucionalidade,[42] haveria possibilidade de acautelamento, desde que a parte formal alegasse sua necessidade para, ao final, a decisão não encontrar situação que tornasse impossível sua eficácia.

Promulgada a EC 7/1977 à Constituição de 1967, incorporou-se ao rol de competências originárias do Supremo Tribunal Federal, previstas no art. 119, I, a alínea *p*, mencionando o pedido de medida cautelar nas representações oferecidas pelo Procurador-Geral da República. A sistemática foi ratificada pelo art. 102, I, alínea *p*, da Lei Fundamental vigente, com a distinção de que a nova ordem constitucional teve o inestimável mérito de haver ampliado a legitimidade para ativação da impugnação direta da inconstitucionalidade de lei ou ato normativo perante o Pretório Excelso, outrora exclusividade do Procurador-Geral da República.

4. *Medida cautelar: cabimento, competência e requisitos*

É nota assente a de que a fiscalização abstrata abarca, nestas plagas, quatro espécies de ações, quais sejam a ação direta de inconstitucionalidade por ação, a ação direta de inconstitucionalidade por omissão, a ação declaratória de constitucionalidade e a arguição de descumprimento de preceito fundamental. Apenas quanto à primeira há previsão explícita no texto

40. Contou a divergência com a adesão dos Ministros Bilac Pinto e Eloy da Rocha.

41. Pode-se, mais adiante, vislumbrar que dessa maioria, reforçada aproximadamente dois anos após pelo Min. Moreira Alves, então requerente da medida em causa, resultou compreensão que desaguou na Emenda Regimental aprovada no Processo Administrativo 4.477-2 (*DJU* 16.5.1977, p. 3.124), no sentido de que a comunicação pelo Supremo Tribunal Federal ao Senado, para o exercício da competência de suspensão da norma declarada inconstitucional, referida no art. 42, VII, da Lei Maior pretérita, somente ocorreria nas hipóteses de fiscalização concreta, porquanto, na impugnação do ato normativo em tese, tal efeito decorreria, só por só, da decisão do tribunal.

42. A expressão foi utilizada no referido pronunciamento (*RTJ* 76/349), precedendo, assim, a nomenclatura eleita pelo Constituinte de 1988 (art. 102, I, *a*).

constitucional de competência para o deferimento de medida cautelar.[43]

A observação acima não é despida de relevo. A fiscalização abstrata da constitucionalidade tem como um dos seus naturais efeitos o expurgo da norma jurídica examinada do sistema jurídico, caso reste verificado o seu descompasso com os princípios e regras que àquele servem de suporte. Significa dizer que é idônea para invalidar o produto resultante da função legislativa, desenvolvida pelo Parlamento, cujos integrantes receberam tal encargo da manifestação de vontade dos cidadãos.

Em vista disso, segue-se que uma competência com tal magnitude precisa possuir respaldo expresso do texto constitucional. Assim se pronuncia Stefano Maria Cicconetti,[44] ao dizer que a atribuição, em via de exclusividade, a um determinado órgão, da competência para o controle exclusivo da constitucionalidade de atos normativos demanda a existência duma norma que tal atribuição positivamente a estabeleça.

No particular da ação declaratória de constitucionalidade, a despeito do silêncio do constituinte derivado por ocasião da promulgação da EC 3/1993, o Supremo Tribunal Federal superou o óbice, fazendo sob o argumento de que não seria sensato afastar-se o poder cautelar em hipótese na qual a eventual decisão de mérito, caso reconheça a constitucionalidade da norma analisada, venha portar não só efeito *erga omnes*, mas também vinculativo. Tal sucedeu na ADC 4-6,[45] relacionada com o art. 1º da Lei 9.494/1997, em cuja motivação também se invocou o precedente da Representação 933-RJ.

Quanto à ação declaratória de inconstitucionalidade por omissão, o Pretório Excelso excluiu, de forma peremptória, pode-se dizer, a possibilidade de medida cautelar por ocasião das ADI 361-5-DF[46] e 267-DF.[47] A motivação para tanto consistiu na incompatibilidade do instituto com o poder geral de cautela, haja vista que os efeitos da decisão de mérito estariam circunscritos à mera comunicação ao Poder Legislativo.[48]

Não obstante o cenário pretoriano, poucos dias antes do envio deste texto

43. Um breve comentário é comportável: embora a dicção constitucional (art. 102, I, *p*, CF) empregue o termo "cautelar", assinala, com acerto, André Ramos Tavares (*Tratado da Arguição de Preceito Fundamental*, São Paulo, Saraiva, 2001, p. 351) que o vocábulo não deve jamais ser compreendido nos moldes que a sua carga semântica é imposta pela doutrina e legislação processual, devendo haver certa gentileza interpretativa para que compreenda toda e qualquer medida urgente, inclusive os provimentos antecipatórios.

44. *Lezioni di Giustizia Costituzionale*, 3ª ed., Turim, G. Giappichelli, 2006, p. 6.

45. Pleno, m.v., rel. Min. Sydney Sanches, *DJU* 21.5.1999. Destaco alguns trechos do raciocínio desenvolvido pelo relator: "(...) 6. Surge aqui a indagação: é razoável afastar-se o poder cautelar do Supremo Tribunal Federal justamente nas hipóteses em que suas eventuais decisões de mérito, pela procedência da ação, terão não só '*eficácia contra todos*' mas e principalmente '*efeito vinculante, relativamente aos demais órgãos do Poder Judiciário e do Poder Executivo*', como estabelece o § 2º do art. 102? Ou terá ocorrido mera inadvertência do legislador constituinte derivado, ao instituir a ação direta de constitucionalidade, sem cuidar do poder cautelar do Supremo Tribunal Federal, em processo dessa natureza? A falta de previsão expressa do poder cautelar significa, necessariamente, que ele inexista? (...)".

46. Pleno, v.u., rel. Min. Marco Aurélio, *DJU* 5.10.1990.

47. Pleno, m.v., rel. Min. Celso de Mello, *DJU* 19.5.1995.

48. Não olvidar que, em sede de mandado de injunção (Questão de Ordem no MI 107-3-DF, Pleno, v.u., rel. Min. Moreira Alves, *DJU* 21.9.1990), aventou-se a possibilidade de cautelar

para publicação, mais precisamente em 27.10.2009, foi promulgada a Lei 12.063, direcionada para disciplinar a ação direta de inconstitucionalidade por omissão, inserindo na Lei 9.868/1999 o Capítulo II-A. Daí a previsão dos arts. 12-F e 12-G, no sentido da possibilidade do exercício de tal competência pelo Supremo Tribunal Federal.

Na província da arguição de descumprimento de preceito fundamental, nenhuma controvérsia surgiu acerca do cabimento ou não da medida cautelar. A razão foi simples: muito embora a Constituição não seja expressa no ponto, o seu art. 102, § 1º, conferiu ao legislador o apanágio de traçar a disciplina do instituto, tarefa implementada pela Lei 9.882/1999, cujo art. 5º previu a possibilidade de deferimento de liminar.

A remissão ao legislador – asseverei em escrito anterior[49] – não se limita ao estabelecimento do rito para o processamento do pedido, devendo, por igual, referir-se às modalidades de decisões que competem ao Pretório Excelso, bem como aos seus efeitos.

Essa prática, no âmbito da jurisdição constitucional, vem granjeando prestígio, conforme se pode notar das Constituições alemã (art. 94.2)[50] e hispânica (art. 165).[51]

A competência em discussão foi exercida em várias oportunidades, destacando-se as ADPF 10-AL,[52] 33-5,[53] 47-5-PA,[54] 54,[55] 79[56] e 130-7-DF.[57]

quando, tratando-se de direito fundamental a ser exercido contra o Estado, mas cujo exercício esteja inviabilizado por força da omissão inconstitucional, o que se materializaria, enquanto não colmatado o vácuo normativo, com suspensão dos respectivos processos judiciais e administrativos, para que não advenha insucesso ao interessado. O tema poderá voltar à baila, para repensar, diante das novas tendências do Supremo Tribunal Federal quanto aos efeitos da declaração de inconstitucionalidade por omissão, conforme evidenciado no julgamento da ADI 3.682-3-MT (Pleno, m.v., rel. Min. Gilmar Mendes, *DJU* 6.9.2007) e dos MI 721-7-DF (Pleno, v.u., rel. Min. Marco Aurélio, *DJU* 30.11.2001) e 712-PA (Pleno, m.v., rel. Min. Eros Grau, *DJe* de 30.10.2008).

49. *Direitos Fundamentais e Arguição de Descumprimento de Preceito Fundamental*, Porto Alegre, Sergio Antonio Fabris, 2004, p. 117.

50. Observa-se que, não obstante a Lei Fundamental de Bonn remeter ao legislador disciplinar a organização, o funcionamento e os efeitos das decisões do Tribunal Constitucional Federal, admitiu-se que tal justifica a ampliação da sua competência (§ 13), tanto que o recurso constitucional, porventura a mais relevante de suas atribuições, foi criado pela Lei de 12.3.1951, somente passando ao texto sobranceiro em 29.1.1969.

51. Apesar de reportar-se do art. 165 da Constituição espanhola a que lei orgânica deva disciplinar o funcionamento do Tribunal Constitucional espanhol, o estatuto dos seus membros, o procedimento perante aquele, e as condições para o exercício das respectivas demandas, Ignacio Torres Muro (*Sinopsis artículos 163 e 165*. disponível em: *narros.congreso.es/constitucion*, acesso em: 14.7.2009), ao comentar o mencionado preceito, deixa claro que, na prática, reservou-se ao legislador quase toda a regulação das competências do referido órgão.

52. Em tal feito se chame atenção para o fato de que a liminar foi deferida por decisão do Min. Maurício Corrêa, publicada no *DJU* 30.8.2001 e, até o momento, a deliberação singular não foi submetida ao crivo do Plenário, o que, em tese, evidencia abuso de poder.

53. Pleno, v.u., rel. Min. Gilmar Mendes, *DJU* 6.8.2004. Tratou-se de ratificação de decisão monocrática do relator.

54. Pleno, v.u., rel. Min. Eros Grau, *DJU* 27.10.2006.

55. Aqui a liminar foi deferida mediante decisão monocrática do Min. Marco Aurélio. Todavia, o Pleno a revogou em parte.

56. Concedida durante as férias forenses mediante despacho do Min. Nelson Jobim, então presidente da Corte, teve sua eficácia restrita pelo provimento parcial de agravo regimental (m.v., rel. Min. Cezar Peluso, *DJU* 17.8.2007).

57. Pleno, m.v., rel. Min. Carlos Britto, *DJU* 7.11.2008.

Numa ligeira digressão, manifesto-me pela utilidade da medida cautelar nas ações inerentes à fiscalização abstrata. Possível argumento, fundado no art. 12 da Lei 9.868/1999, segundo o qual, em face da relevância da matéria e de seu especial significado para a ordem social e segurança jurídica, poderia o Pretório Excelso, quando do exame de medida cautelar, julgar de logo o pedido articulado em ação direta de inconstitucionalidade, não faz com que possa sugerir a abolição do instituto.

É que, muitas vezes, mesmo presentes tais situações, o exame da constitucionalidade ou não dum ato normativo não depende, unicamente, do cotejo da letra deste com a inscrita no Texto Magno. Determinadas matérias, por sua complexidade, fazem com que haja necessidade de uma instrução apurada, com o sopesar de informes colhidos por especialistas através de audiência pública, ou por outro meio.[58]

Nessas situações, como, por exemplo, é a vivenciada na ADPF 54, poderá existir necessidade de serem acauteladas algumas relações jurídicas enquanto se desenrole o trâmite processual do processo de controle abstrato.

Visando harmonizar-se com o regramento do art. 97 da Constituição, o art. 10, *caput*, da Lei 9.868/1999, reclama decisão a ser tomada pela maioria absoluta dos seus integrantes para que possa ser deferida medida cautelar em ação direta de inconstitucionalidade, ressalvado no período de recesso, no qual poderá emergir deliberação mediante decisão singular.

Independente disso, o Supremo Tribunal Federal,[59] mesmo fora do período de recesso, vem autorizando o relator a, monocraticamente, decidir o pedido cautelar, quando se patentear situação de manifesta urgência, de modo que pudesse a submissão do pedido ao Plenário, após a ouvida das autoridades responsáveis pela edição do ato impugnado, antecipar probabilidade de completa ineficácia da providência. Assim ocorrendo, o relator, que se substituiu ao Pleno, deverá submeter a sua decisão ao referendo deste, na forma do art. 21, V, do Regimento Interno.

58. Nesse particular, invocável lição de Gilmar Mendes (*Curso de Direito Constitucional*, 2ª ed., São Paulo, Saraiva, 2008, p. 1.126), para quem a Lei 9.868/1999, ao moldar o seu art. 9º, § 1º, afastou-se do modelo hermenêutico clássico, o qual sugere que o controle de validade de normas seja feito mediante o puro contraste entre a norma examinada e a norma parâmetro, alargando-se para permitir uma investigação harmonizada entre os elementos fáticos e jurídicos. A preocupação – advirta-se – não é recente, já estando prevista pela doutrina americana no primeiro quartel da centúria passada, não sendo à toa que Benjamin Cardozo (*La Naturaleza de la Función Judicial*, Granada, Comares, 2004, p. 41) advertiu que os tribunais, com constância, foram equivocadamente levados ao julgamento da validade duma lei não por falta de compreensão dos institutos jurídicos, mas pela incompreensão dos fatos, conforme sucedeu em Nova York onde, em 1907, foi invalidada uma lei que proibia o trabalho noturno das mulheres, mas que, em 1915, com um conhecimento mais completo, proporcionado por estudos e informes conduzidos por assistentes sociais, lei semelhante foi tida como razoável e válida. Por isso, acentuou: "Los tribunales saben hoy que no se debe considerar a las leyes aisladamente o *in vacuo*, como pronunciamientos de principios abstractos para la guia de una comunidad ideal, sino en el contorno y la armazón de las condiciones actuales, tal como son reveladas por los trabajos de los economistas y estudiosos de las Ciencias Sociales en nuestro proprio país y en el extranjero" (ob. cit., pp. 41-42).

59. Cf.: Pleno, ADI 1.899-7-DF (MC), m.v., rel. Min. Carlos Velloso, *DJU* 1.6.2001. Idem as decisões monocráticas proferidas nas ADI 2.849-RN (rel. Min. Sepúlveda Pertence, *DJU* 3.4.2003), 3.273 (rel. Min. Carlos Brito, *DJU* 23.8.2004) e 3.376 (rel. Min. Eros Grau, *DJU* 1.2.2005).

Em estando a Corte em recesso, tal atribuição toca ao Presidente, na conformidade do art. 13, VIII, do Regimento Interno, devendo, transcorrido aquele, ser distribuído o feito ao relator, o qual, em caso de concessão da medida, deverá submetê-la ao Plenário. Não obstante, em situações de excepcionalidade, o Supremo Tribunal Federal[60] tem entendido ser possível a submissão ao Pleno advir da Presidência, sem que, antes, seja procedida a distribuição do processo ao relator.

Compreendendo o relator, pelas características do caso, que este não comporta a concessão do pedido, não há óbice a que indefira a medida em deliberação singular.

Já quanto à ação declaratória de constitucionalidade, o art. 21, *caput*, da Lei 9.868/1999, reservou a competência para o deferimento da cautelar a decisão tomada pela maioria absoluta dos membros do Supremo Tribunal Federal. A cautela pertinente à fixação de quórum qualificado se justifica tendo em vista o efeito que aquela acarreta, consistente na suspensão, quanto à matéria enfocada, da atividade jurisdicional por parte dos demais juízos e tribunais.

Caso tal eficácia se resumisse à antecipação de juízo, afirmando a compatibilidade da lei federal à Lei Fundamental, seria desnecessário o estabelecimento da maioria qualificada, porquanto esta tem sua razão de ser na presunção de legitimidade que porta a norma questionada, decorrente do exercício regular da função legislativa.

No particular da arguição de descumprimento de preceito fundamental, o art. 5º, *caput*, da Lei 9.882/1999, igualmente condicionou o deferimento da medida cautelar ao plácito da maioria absoluta dos membros do Supremo Tribunal Federal. Contudo, no § 1º do referido dispositivo, conferiu-se ao relator, em caso de extrema urgência, ou de perigo de lesão grave, ou ainda durante o recesso, analisar a medida.

Particularmente quanto ao recesso, não se exigiu situação de gravidade, prorrogando-se apenas a competência jurisdicional do relator. Pode-se questionar a atuação isolada do relator nesta hipótese, por ofensa ao art. 97 da Constituição, tendo em vista ser-lhe possível a suspensão da vigência de lei anterior ao ordenamento constitucional vigente.[61]

Penso que não há tal ofensa, pelo menos de forma generalizada. A reserva de plenário está limitada à declaração de inconstitucionalidade de lei ou ato normativo, providência que não se acha compreendida na ADPF, porquanto, diante do seu caráter subsidiário, tal seria o caso de ação direta de inconstitucionalidade.

É certo ser possível o ajuizamento da ADPF para a declaração de inconstitucionalidade do direito pré-constitucional.[62] No entanto, em tais casos, não há que se falar de reserva de plenário. O motivo para tanto emana da compreensão jurisprudencial dominante no sentido de que, em se tratando de lei ou norma anterior à

60. Questão de Ordem em Medida Cautelar na ADI 3.929-DF (Pleno, v.u., rel. Min. Ellen Gracie, *DJU* 11.10.2007).

61. André Ramos Tavares (*Tratado da Arguição de Preceito Fundamental*, São Paulo, Saraiva, 2001, p. 351) afasta possível violação ao art. 97 da Lei Básica, ao fundamento de que não se aplica a qualquer decisão, mas apenas àquela de mérito.

62. Não cogito aqui do ajuizamento da ADPF para impugnar dispositivo de lei orçamentária, por via de regra, lei apenas em sentido formal, porquanto acho incongruente em tais situações

Constituição, não haveria declaração de inconstitucionalidade, mas revogação.[63]

Ainda quanto à liminar na ADPF, nada impede, antes é recomendável, que se no recesso irromper situação de excepcional urgência, seja adotado o posicionamento recomendado na QO na ADI 3.929-DF (MC), permitindo-se à Presidência apreciar o pedido, com fundamento no art. 13, VIII, do Regimento Interno.

No particular da ação direta de inconstitucionalidade por omissão, a exigência de decisão tomada pela maioria absoluta dos membros do tribunal foi explicitada pelo art. 12-F, *caput*, da Lei 9.868/1999, com a singularidade de não se cogitar da possibilidade de concessão monocrática, independente ou não da existência de recesso do Pretório Excelso. Não se descarta que, por construção jurisprudencial, ou dispositivo regimental, possa o Supremo Tribunal Federal, em período de recesso, admitir seu deferimento mediante decisão singular, suscetível de ratificação.

A concessão de cautelar em ação direta de inconstitucionalidade dependerá do atendimento de requisito procedimental. Trata-se da necessidade de oportunizar pronunciamento prévio dos órgãos ou autoridades dos quais emanou a lei ou ato normativo impugnado, os quais, para tanto, terão o prazo de cinco dias. A exigência somente poderá ser dispensada em caso de excepcional urgência.

Não há previsão desse ritual quanto à ação declaratória de constitucionalidade e à ADPF, considerando-se, quanto a esta, que a Lei 9.868/1999, no art. 5º, § 1º, explicitou-o como faculdade do relator.

Quanto à ação direta de inconstitucionalidade por omissão, o art. 12-F, *caput*, reclama a audiência prévia dos órgãos responsáveis pela omissão supostamente inconstitucional, não cogitando o texto legal da dispensa da formalidade. O § 2º do art. 12-F, em tom facultativo, alude à possibilidade do relator ouvir, se entender necessário, o Procurador-Geral da República. Por ocasião do julgamento do pedido, prescreve o § 3º do referido dispositivo que será facultada sustentação oral aos representantes judiciais do requerente e das autoridades ou órgãos responsáveis pela omissão inconstitucional, nos termos estabelecidos no Regimento Interno do Supremo Tribunal Federal.

Indistintamente quanto à ação direta de inconstitucionalidade, à ação declaratória de constitucionalidade e à ADPF, a praxe tornou exigíveis dois requisitos de ordem substancial.

O primeiro deles é o de que a alegação de inconstitucionalidade, nos casos de ação direta de inconstitucionalidade ou de ADPF, ou a de compatibilidade vertical, em se cuidando de ação declaratória de constitucionalidade, apresente-se dotada de relevância. Procedendo-se à semelhança com o processo cautelar disciplinado pelo Livro III do CPC, é possível vislumbrar correspondência com a plausibilidade do direito invocado.

Faz-se preciso, portanto, que a arguição se lastreie, por exemplo, em sólida interpretação doutrinária do dispositivo da Lei Maior que serve de parâmetro à impugnação, ou em precedentes do Pretório Excelso sobre sua aplicação, ou ainda

falar-se em reserva de plenário. A restrição do art. 97 da Constituição, numa aligeirada impressão, somente teria sentido quando o ato impugnado, por ser igualmente lei em sentido material, pudesse ter sua inconstitucionalidade declarada em ação direta de inconstitucionalidade.

63. Consultar: Pleno, RP 1.016-SP, v.u., rel. Min. Moreira Alves, *DJU* 26.10.1979; Pleno, RE 95.751-MG, rel. Min. Aldir Passarinho, *DJU* 13.4.1984; Pleno, Rp 1.334-PR, v.u., rel. Min. Carlos Madeira, *DJU* 29.5.1987; ADI 2, m.v., rel. Min. Paulo Brossard, *DJU* 21.11.1997.

quando o confronto com aquele se mostrar evidente, por força de seu texto.

A verificação do requisito tem sido destacada pelo Supremo Tribunal Federal com assiduidade, podendo ser visualizada em alguns precedentes. Destaco, inicialmente, a ADPF 47-5-PA, na qual foi considerado inquestionável o *fumus boni iuris*, por o ato atacado vincular a remuneração dos titulares de cargos e empregos do Departamento de Estradas e Rodagem do Estado do Pará ao salário mínimo, evidenciando atrito com o disposto no art. 7º, IV, da Constituição.

Noutra situação, retratada pela ADI 1.610-5-DF, restou suspensa resolução do Conselho de Administração do Superior Tribunal de Justiça, a qual limitou em 6% a contribuição dos seus servidores para o Plano de Seguridade Social, em virtude de manifesta usurpação de função legislativa.[64]

O segundo requisito é o perigo na demora, consistente na imperiosa necessidade da suspensão da vigência do ato impugnado, com vistas a evitar a consumação irreversível de realidades que se mostrem em evidente contrariedade aos princípios e regras consagrados constitucionalmente.

O Supremo Tribunal Federal tem se apresentado rígido na aferição do perigo na demora, bem assim para exigir a presença como indispensável à concessão da liminar, não sendo suficiente a relevância da suscitação de inconstitucionalidade, por mais evidente que se manifeste. Não poderia ser diferente diante do caráter excepcional da competência exercitada.

Por isso, embora fosse insuscetível de sonegação a incompatibilidade vertical de vários dispositivos da Constituição do Amazonas, os quais tratavam da remuneração de militares e professores, o Pretório Excelso, nos autos da ADI 120-5-AM,[65] indeferiu o pedido de liminar, por entender que os dispositivos impugnados, para sua operabilidade, dependiam da elaboração de legislação infraconstitucional e, em virtude disto, não haveria que se cogitar do *periculum in mora*.

Do mesmo modo, o Supremo Tribunal Federal corretamente vem considerando desnaturada a possibilidade de dano irreparável quando o ajuizamento da ação direta se dá depois de passado considerável intervalo de tempo da vigência da norma impugnada.[66]

No particular da ação direta de inconstitucionalidade por omissão, talvez pela suposição duma menor probabilidade de consumação de realidades inconstitucionais, o legislador se reportou expressamente aos requisitos para a concessão da medida cautelar, aludindo o pórtico do art.

64. Confira-se passagem da ementa: "(...) 6. Está, por conseguinte, satisfeito o requisito da plausibilidade jurídica da ação ('fumus boni iuris'), pois havendo M.P., com eficácia de Lei, em vigor, não podia o Conselho Administrativo, baixar ato normativo em sentido contrário, reduzindo a alíquota de contribuição ao Plano de Seguridade Social" (Pleno, v.u., rel. Min. Sydney Sanches, *DJU* 5.12.1997).

65. Pleno, v.u., rel. Min. Moreira Alves, *DJU* 17.11.1989.

66. Foi o que restou deliberado na ADI 534-1-DF (Pleno, m.v., rel. Min. Celso de Mello, *DJU* 8.4.1994), destinada à impugnação de preceitos contidos na Lei 8.024/1990, dentre os quais o que determinava o bloqueio dos cruzados. Eis parcela da ementa: "– O tardio ajuizamento da ação direta de inconstitucionalidade, quando já decorrido lapso temporal considerável desde a edição do ato normativo impugnado, desautoriza – não obstante o relevo da tese deduzida – o reconhecimento da situação configuradora do *periculum in mora*, o que inviabiliza a concessão da medida cautelar postulada".

12-F, *caput*, da Lei 9.868/1999, à excepcional urgência, ao invés de simplesmente empregar o vocábulo urgência, e relevância da matéria. Daí que, ao primeiro súbito de olhos, poder-se-á falar dum perigo na demora qualificado.

De notar que, em tais demandas, por o interesse nelas versado ultrapassar os confins subjetivos dos interesses das partes, para inserir no campo da indisponibilidade do interesse público, o Supremo Tribunal Federal se manifesta pela não possibilidade de desistência do pedido de cautelar, seja formulado integral ou parcialmente.[67]

5. A medida cautelar e a sua eficácia

De inegável importância consiste a matéria inerente aos efeitos que a concessão da medida cautelar é capaz de produzir na província da fiscalização abstrata.

A Lei 9.868/1999 prescreve, nos seus arts. 11, *caput*, e 21, parágrafo único, que, concedida a medida cautelar, o Supremo Tribunal Federal fará publicar, no prazo de 10 dias, a parte dispositiva da decisão.[68]

Disciplinando sua repercussão no tempo, o § 1º do art. 11 da Lei 9.868/1999, no particular da ação direta de inconstitucionalidade, dispõe que a decisão será concedida com efeito *ex nunc*. O termo inicial, consoante o Supremo Tribunal Federal,[69] coincidirá com a publicação da parte dispositiva da decisão.

Essa é a regra. Porém, a parte final do § 1º do art. 11 da Lei 9.868/1999 contém ressalva, permitindo que o tribunal, se assim entender, conceda eficácia retroativa à decisão. É de advertir-se que a eficácia *ex tunc* venha sempre explicitada, por constituir exceção, e, além disso, amparada em razões que a justifiquem. É preciso que reste demonstrado que a retroatividade dos efeitos é imprescindível, na hipótese sob julgamento, para evitar que se vejam frustrados os objetivos do julgamento de mérito.

Não há previsão legal de *quorum* especial para tanto, ao contrário do previsto pelo art. 27 da Lei 9.868/1999, e no art. 11 da Lei 9.882/1999, para a modulação dos efeitos da decisão final, no qual é reclamada maioria de dois terços dos membros do tribunal.

Antes da promulgação das Leis 9.868/1999 e 9.882/1999, período no qual o tema era alvo unicamente de tratamento pretoriano, situação interessante se deu com a ADI 596-1-RJ,[70] destinada à declaração de inconstitucionalidade do art. 5º da Emenda Constitucional 4/1991 à Constituição do Estado do Rio de Janeiro, tornando sem eficácia decisões tomadas pelo Conselho de Contas dos Municípios, cuja atribuição para auxiliar o controle externo exercido pelas câmaras municipais foi considerada válida por ocasião da ADI 154.

Considerando o Supremo Tribunal Federal que a norma questionada projetou seus efeitos para o passado, restaria inócua a liminar caso sua validade operasse *ex nunc*.[71] Impunha-se, então, fosse igualmente retroativa a eficácia da liminar.

67. Pleno, ADI 892, rel. Min. Celso de Mello; Pleno, ADI 2.049-RJ, m.v., rel. Min. Néri da Silveira, *DJU* 31.8.2001.

68. Idêntica previsão consta do art. 12-G e do parágrafo único do art. 21, ambos da Lei 9.868/1999, relativos à ação direta de inconstitucionalidade por omissão e à ação declaratória de constitucionalidade.

69. Pleno, ADI 1.434-SP (MC), v.u., rel. Min. Celso de Mello, *DJU* 22.11.1996.

70. Pleno, v.u., rel. Min. Moreira Alves, *DJU* 22.11.1991.

71. Digna de transcrição a motivação do voto do relator: "(...) 2. Sucede, porém, que, em

De acordo com a regra da suspensão da norma impugnada com eficácia *ex nunc* é preciso observar que, embora não haja uma retroação dos efeitos para atingir atos já perpetrados, há, de qualquer forma, aquilo que se pode denominar de retroatividade mínima.[72] Melhor explicando: os efeitos futuros de atos passados não mais podem ter lugar. Por exemplo, suspensa a vigência de dispositivo legal que defere determinada vantagem a servidores públicos, em virtude da concessão de liminar em ação direta de inconstitucionalidade, a eficácia *ex nunc*, a despeito de deixar a salvo os pagamentos anteriores, impede a sua continuação, mesmo tendo sido anterior a decisão administrativa que determinou a aplicação da malsinada norma a um determinado conjunto de favorecidos.

Também secundando orientação jurisprudencial, o § 2º do art. 11 da Lei 9.868/1999 explicita que a concessão da medida cautelar torna aplicável legislação anterior porventura existente. Tratar-se-ia, como destacado em vários acórdãos,[73] de repristinação, cuja justificativa emerge pela circunstância de que, em face de sua inconstitucionalidade, reconhecida num primeiro exame, o dispositivo suspenso não teria possuído condições de operar validamente a revogação da legislação antecedente. Porém, penso ser mais acertada opinião de Ivo Dantas,[74] para quem o retorno da eficácia da legislação anterior se dá não por força de repristinação, mas porque a legislação revogadora teria sido reconhecida como inválida e, portanto, incapaz de produzir o efeito revogador.

Nesse ponto, o Pretório Excelso[75] ainda consagra entendimento segundo o qual, em portando a norma anterior o mesmo

face da jurisprudência desta Corte, a concessão de liminar que suspende a eficácia da norma impugnada como inconstitucional produz apenas efeito *ex nunc*, o que tornaria inócuo o deferimento de cautelar com relação a normas – como a presente – cuja eficácia, por ser retroativa, se exaure logo após a sua entrada em vigor. É preciso, no entanto, convir que essa orientação jurisprudencial se firmou em casos em que a norma cuja eficácia foi liminarmente suspensa se destinava a produzir efeitos futuros, hipóteses em que se considerou que, além de se criarem situações altamente delicadas com relação aos efeitos já produzidos antes da concessão da liminar (assim, por exemplo, desconstituições provisórias de nomeações), o *periculum in mora* ou a conveniência, inclusive administrativa, que justificavam a concessão da liminar só diziam respeito aos atos a praticar e não aos fatos passados. Ora, em se tratando de normas cuja eficácia se exaure imediatamente após a sua entrada em vigor – como ocorre com a sob exame –, essa justificativa é incompatível com elas, e a solução que nela se funda impede a concessão da liminar, que é faculdade atribuída constitucionalmente a esta Corte para garantir de modo mais eficaz o controle de constitucionalidade dos atos normativos em defesa da própria Constituição. Por isso, e atendendo ao fim que justifica a existência mesma desse excepcionalíssimo instrumento que é essa cautelar, não tenho dúvida de que, quando a norma impugnada tem os seus efeitos exauridos logo após sua entrada em vigor, mas com repercussão indireta no futuro pela desconstituição de atos pretéritos, repercussão essa a justificar a concessão da liminar, tal concessão se dá para o efeito único possível de suspender a eficácia da norma *ex tunc*, certo como é que não se pode suspender para o futuro o que já se exauriu no passado".

72. Discorrendo sobre os graus de retroatividade (máxima, média e mínima), recomenda-se a leitura de Jesús Delgado Echeverría (*Elementos de Derecho Civil*, 4ª ed., Madri, Dykinson, 2006, vol. 1, pp. 212-214).

73. Um deles é a ADI 2.903-7-PB (Pleno, v.u., rel. Min. Celso de Mello, *DJU* 19.9.2008).

74. *Constituição & Processo – Introdução ao Direito Processual Constitucional*, vol. I, 2ª ed., Curitiba, Juruá Editora, 2007, p. 620.

75. Pleno, ADI 2.938, v.u., rel. Min. Eros Grau, *DJU* 9.12.2005; Pleno, ADI 2.215-MC, rel. Min. Celso de Mello (decisão monocrática), *DJU* 26.4.2001.

vício de inconstitucionalidade da norma que lhe sucedeu, apresenta-se necessário, para que a ação direta possua trânsito, a impugnação de ambas as normas, anterior e posterior. Do contrário, a hipótese será de não-conhecimento da ação.

Com a devida licença, manifesto-me no sentido de que tal ponto de vista não mais guarda condições para preponderar. Uma das características da fiscalização abstrata, na qualidade de processo objetivo, recai justamente no afrouxamento do princípio dispositivo, de maneira a afastar a rigidez do pedido.

O próprio Supremo Tribunal Federal, capitulada resistência inicial,[76] assim vem se manifestando para conhecer, através do que, de forma desajeitada, denominou de "arrastamento",[77] da inconstitucionalidade de dispositivos não impugnados pelo autor da ação direta, mas que guardem íntima conexão com aqueles que foram alvo da impugnação.

A finalidade da fiscalização de constitucionalidade de proporcionar, dentro do sistema jurídico, a certeza de suas partes integrantes, justifica mudança de postura, com o abandono de posição respaldada pelo formalismo desprovido de significação.

Importante salientar que os reflexos decorrentes da medida cautelar portam não apenas eficácia perante todos (*erga omnes*), mas igualmente efeito vinculativo para os demais órgãos do Judiciário e da Administração Pública.

Mesmo o § 1º do art. 11 da Lei 9.868/1999 reportando-se somente à "eficácia contra todos", e, por outro lado, o § 2º do art. 102 da Lei Maior trazendo o enunciado "decisões definitivas de mérito", o Supremo Tribunal Federal acrescentou-lhe o dom vinculativo, ao argumento de que a decisão em tela atua no plano da eficácia e da vigência da norma atacada, suspendendo-as.[78]

Portanto, suspensa lei ou ato normativo mediante a concessão de medida cautelar em ação direta de inconstitucionalidade, nenhum órgão jurisdicional ordinário ou administrativo poderá proferir decisão que resulta na sua incidência.

De igual sorte, havendo o Pretório Excelso, em juízo cautelar, assentado a constitucionalidade de determinada norma, os demais juízos, tribunais e atos administrativos, em se verificando situação fática pertinente à sua incidência, não poderão jamais pronunciar decisão na qual deixem de aplicá-la.

76. Pleno, ADI 1.187-1-DF, m.v., rel. Min. Maurício Corrêa, *DJU* 30.5.1997.

77. Pleno, ADI 4009-SC, m.v., rel. Min. Eros Grau, *DJU* 29.5.2009; Pleno, ADI 3.255-PA, v.u., rel. Min. Sepúlveda Pertence, *DJU* 7.12.2007; Pleno, ADI 2.982-ES, v.u., rel. Min. Gilmar Mendes, *DJU* 22.9.2006.

78. Elucidativa a menção ao sumariado na ementa da Reclamação 935-0-DF: "Reclamação. 2. Garantia da autoridade de decisão cautelar na ADI 1.898, que suspendeu ato normativo do Ministro Presidente do Conselho da Justiça Federal. 3. Ato normativo que, sem autorização legislativa, determinou pagamento aos Ministros do Superior Tribunal de Justiça, aos Juízes dos Tribunais Regionais Federais e aos Juízes Federais de 1ª Instância, da diferença mensal resultante de Tabela de Vencimentos considerado o teto de R$ 10.800,00. Vício de iniciativa e usurpação de competência constitucional do Congresso Nacional. 4. Os efeitos da decisão concessiva de cautelar, no processo de controle abstrato de normas, operam-se nos planos de eficácia e vigência da norma. A concessão de liminar acarreta necessidade de suspensão dos julgamentos que envolvam aplicação da lei cuja vigência restou suspensa. 5. Natureza objetiva dos processos de controle abstrato de normas. Eficácia *erga omnes* e efeito vinculante das decisões proferidas em processo de controle abstrato. 6. Aplicação de norma suspensa por órgão ordinário de jurisdição implica afronta à decisão desta Corte" (Pleno, v.u., rel. Min. Gilmar Mendes, *DJU* 17.10.2003).

Isso assim é porque o efeito vinculativo torna obrigatória a adoção de determinada postura decisória. Não cumprida esta, viável o ajuizamento de reclamação.

Anote-se, contudo, que essa particular eficácia, nos casos de medida cautelar, apanha os comportamentos que se manifestam em momento posterior à eficácia da provisão em causa que, como visto, opera, de ordinário, *ex nunc*.

Disciplinando a medida de urgência perante a ação declaratória de constitucionalidade, o art. 21, *caput*, da Lei 9.868/1999, enuncia, à feição de consequência, a imposição no sentido de que os juízes e tribunais suspendam o julgamento dos processos que envolvam a aplicação da lei ou ato normativo objeto da ação até seu julgamento definitivo.

Duas observações se apresentam de interesse. A primeira delas é que não há impedimento a que o processo siga seu trâmite regular até a fase de conclusão para seu julgamento de mérito. Considerando que o propósito do preceito é o de evitar que haja declaração de inconstitucionalidade, no âmbito da fiscalização concreta, quando, ao apreciar a cautelar, o Supremo Tribunal Federal, num primeiro exame, vislumbrou a compatibilidade da norma à Constituição, não vejo impedimento que o juiz ou tribunal, no exercício da sua jurisdição, profira decisão de mérito, desde que o faça no sentido da legitimidade da norma em causa.[79] Também não há nenhuma heresia na circunstância do juiz julgar o processo extinto sem resolução de mérito, não enfrentando, assim, a questão de constitucionalidade quanto à norma de direito material, ou ainda que venha a decidir o mérito da lide, mesmo a favor do particular, por motivação diversa daquela referente à inconstitucionalidade da norma.

Na ação direta de inconstitucionalidade por omissão, o § 1º do art. 12-F da Lei 9.868/1999, ao tratar dos efeitos, dispõe que a cautelar poderá consistir na suspensão da lei ou do ato normativo questionado, no caso de omissão parcial, bem como na suspensão de processos judiciais ou de procedimentos administrativos, ou ainda em outra providência fixada a critério do Tribunal.

Assoma evidente uma crítica. Havendo inconstitucionalidade que venha resultar de omissão parcial, inconveniente e equivocada se afigura a suspensão da aplicação da norma que a patrocinou.

A tendência jurisprudencial contemporânea, informada pelo princípio da conservação dos atos jurídicos, vem recomendando que seja proferida, em casos que tais, decisão aditiva através de interpretação conforme, de maneira que a previsão normativa venha a expandir, com foros vinculativos, às situações jurídicas que deveria abranger. A solução no sentido de, provisoriamente, suspender a aplicação da norma, inclusive para os casos que regula, afigura-se, na atualidade, inaceitável.

Espera-se que o Pretório Excelso, fazendo emprego da cláusula inerente a

79. Tal ponto de vista é enfatizado por Nagib Slaibi Filho (*Direito Constitucional*, Rio de Janeiro, Forense, 2004, p. 328). Na prática, essa distinção parece não resultar clara. Conforme se pode vislumbrar da ADC 4-6 e da ADC 12-6, respectivamente, constou determinação para que fossem suspensos(as): a) as concessões de tutela antecipada contra a fazenda pública, cujo exame pressuponha a constitucionalidade ou inconstitucionalidade do art. 1º da Lei 9.494/1997; b) os julgamentos que venham a ter por objeto questionamento da constitucionalidade da Resolução 07/2005 do Conselho Nacional de Justiça.

outras providências, constante da parte final do § 1º do art. 12-F, retifique a erronia legislativa.

Por sua vez, o parágrafo único do art. 21 da Lei 9.868/1999 fixa lapso temporal para a subsistência dos efeitos da liminar proferida em ação declaratória de constitucionalidade, consistente em 180 dias, computados a partir da publicação da parte dispositiva da decisão.

O Supremo Tribunal Federal, em compasso com o que se infere da Questão de Ordem na ADPF 130-7-DF,[80] demais de aplicar tal previsão à ação disciplinada pela Lei 9.882/1999, vem permitindo a renovação do referido prazo, o que se dá com a submissão do pedido ao plenário.

Quanto à ADPF, o § 3º do art. 5º da Lei 9.882/1999, ao cuidar da medida liminar, menciona que esta poderá consistir na suspensão do andamento do processo ou dos efeitos de decisões judiciais, ou de qualquer outra medida que seja conexa com a matéria objeto do pedido. A parte final do dispositivo excetua os efeitos das decisões acobertadas pelo pálio protetor da coisa julgada.

Interessante situação se deu com a ADPF 79-3-PE, ajuizada pelo Governador do Estado, visando atacar decisões emanadas do Tribunal Regional do Trabalho que estariam, equivocadamente, interpretando o princípio da isonomia ao equiparar salários dos professores da rede pública de ensino, na qual o Min. Nelson Jobim, então ocupando a Presidência do Pretório Excelso, deferiu, durante o recesso, liminar, suspendendo todos os processos em curso sobre a matéria, inclusive aqueles inerentes à execução de decisões irrecorríveis.

80. Pleno, m.v., rel. Min. Carlos Britto, *DJU* 7.11.2008.

Interposto agravo regimental,[81] este alcançou provimento, com discrepância, para excluir da eficácia de tal decisão os efeitos decorrentes das decisões passadas em julgado.

Tenho dúvidas acerca da manutenção do entendimento, a despeito de resultar de texto expresso de lei, tendo em vista que, por ocasião do julgamento do mérito da ADPF 101[82] se entendeu que somente estariam excluídos os efeitos da coisa julgada quando já consumados ou exauridos.

Portanto, caso se considere que a medida liminar possui potencialidade que ultrapassa os confins da prevenção cautelar, para constituir antecipação do provimento final, segue-se, lamentavelmente, não se encontrar excluída da mente pretoriana a possibilidade da liminar neutralizar a eficácia das sentenças atingidas pela coisa julgada. Apenas deixo logo o lamento, pois, caso tal venha acontecer, será feito, mais uma vez, tábula rasa da segurança jurídica.

6. Síntese conclusiva

Ultimando este escrito, interessante sumariar algumas conclusões, a seguir esboçadas.

a) a notável propagação da jurisdição constitucional, desde a segunda metade do século que se findou pela criação das cortes e tribunais constitucionais europeus, tornou evidente a necessidade da instituição de mecanismos de urgência, destinados a evitar que a pronta execução da lei ou ato normativo, que se projeta através da presunção de sua legitimidade,

81. Pleno, Agravo Regimental na ADPF 79-DF, rel. Min. Cezar Peluso, *DJU* 17.8.2007.

82. Pleno, m.v., rel. Min. Carmen Lúcia, *Informativo – STF* 552.

venha a resultar na formação de irreversíveis realidades inconstitucionais;

b) numa rápida visão de alguns sistemas estrangeiros, a inegável possibilidade de graves prejuízos derivados da execução de leis ou atos com força de leis inconstitucionais impeliu a preocupação com a disciplina de providências cautelares mesmo no âmbito da fiscalização abstrata, como se pode observar, dentre outros, do direito alemão, italiano, espanhol, belga e norte-americano;

c) entre nós, em face da inicial omissão normativa, o instituto em análise derivou de construção interpretativa do Supremo Tribunal Federal no âmbito das representações para fins de intervenção federal, tendo em vista o art. 4º da Lei 2.271/1954 reportar-se ao rito do mandado de segurança, com posterior desenvolvimento em sede das representações de inconstitucionalidade, criadas a partir da EC 16/1965 à Constituição de 1946, até a previsão de tal competência por força da EC 7/1977, a qual aditou ao art. 119, I, da Constituição pretérita, alínea *p*;

d) sem embargo de explicitamente prevista a competência cautelar para a ação direta de inconstitucionalidade, vem se admitindo a sua extensão para as hipóteses de ação declaratória de constitucionalidade, por justificar o efeito vinculativo que porta a sua decisão de mérito, e de arguição de descumprimento de preceito fundamental, uma vez a remissão ao legislador procedida pelo art. 102, § 1º, da Norma Ápice, implicar atribuição para a disciplina não só dos seus aspectos procedimentais, mas também das decisões que compreenda e dos seus efeitos;

e) a concessão da cautelar, a ser tomada pela maioria qualificada, salvo determinadas situações, pressupõe a conjugação da relevância do fundamento da suscitação da inconstitucionalidade ou constitucionalidade, aliada à real probabilidade de sua execução, ou afastamento do ato objeto da demanda, provocar danos de grave e difícil recomposição;

f) em se tratando de ação direta de inconstitucionalidade, a medida cautelar possuirá, em princípio, eficácia vinculativa *ex nunc*, produzindo efeitos desde a publicação da parte dispositiva da decisão, alcançando os efeitos futuros dos atos anteriormente praticados (retroatividade mínima);

g) nos casos de ação declaratória de constitucionalidade, a decisão é idônea para obrigar os juízes e tribunais a evitar julgamentos que propendam ao reconhecimento da inconstitucionalidade da norma que constitui o seu objeto, enquanto a deliberação em ADPF é capaz de suspender os processos, ou efeitos das decisões judiciais, ou qualquer outra medida estatal conexa à matéria discutida, ressalvando-se as decisões que portam coisa julgada;

h) com a promulgação da Lei 12.063, de 27.10.2009, restou explicitada a competência para o deferimento de medida cautelar também na ação direta de inconstitucionalidade por omissão, a qual poderá traduzir-se na suspensão da lei ou do ato normativo questionado, no caso de omissão parcial, bem como na suspensão de processos judiciais ou de procedimentos administrativos, ou ainda em outra providência fixada a critério da Excelsa Corte;

i) nesse particular, assenta-se, de logo, a crítica no sentido de afigurar-se incompatível com as hodiernas tendências da jurisdição constitucional a solução da suspensão da lei ou ato normativo, em caso de omissão parcial, devendo o legislador haver explicitado a possibilidade de, diversamente, ser proferida decisão aditiva, com a extensão do âmbito de aplicação da norma às demais situações que deveria abranger, sanando-se, em caráter provisório, o esquecimento do legislador, equívoco que se espera venha a ser corrigido pelo labor pretoriano.

Bibliografia

BIN, Roberto; PITRUZZELLA, Giovanni. *Diritto Costituzionale*. 3ª ed. Turim, G. Giappichelli, 2002.

BONAVIDES, Paulo. *Curso de Direito Constitucional*. 26ª ed. São Paulo, Malheiros Editores, 2011.

CANAS, Vitalino. *Os Processos de Fiscalização da Constitucionalidade e da Legalidade pelo Tribunal Constitucional – natureza e princípios estruturantes*. Coimbra, Coimbra Editora, 1986.

CAPPELLETTI, Mauro. *O Controle Judicial de Constitucionalidade das Leis no Direito Comparado*. Porto Alegre, Sérgio Antônio Fabris Editor, 1984.

CARDOZO, Benjamin N. *La Naturaleza de la Función Judicial*. Granada, Comares, 2004.

CAVACANTI, Themistocles Brandão. *Do Controle de Constitucionalidade*. Rio de Janeiro, Forense, 1966.

CERRI, Augusto. *Corso di Giustizia Costituzionale*. 3ª ed. Milão, Giufrè, 2001.

CICCONETTI, Stefano Maria. *Lezioni di Giustizia Costituzionale*. 3ª cd. Turim, G. Giappichelli, 2006.

DANTAS, Ivo. *Constituição & Processo – Introdução ao Direito Processual Constitucional*, **vol.** I. 2ª ed. Curitiba, Juruá, 2007.

DELGADO ECHEVERRÍA, Jesús *et. alli*. *Elementos de Derecho Civil*, vol. 1. 4ª ed. Madri, Dykinson, 2006.

FAVOREU, Louis. *As Cortes Constitucionais*. Trad. Dunia Marinho Silva. São Paulo, Landy, 2004.

______. "Quelle place fait-elle au Conseil constitutionnel?", in *La Constitution de 1958 en 20 questiones*. Disponível em: *www.conseil-constitutionnel.fr*. Acesso em: 26.8.2005.

FIORAVANTI, Maurizio. *Constitución – de la antigüedad a nuestros días*. Trad. Manuel Martínez Neira. Madri, Trotta, 2007.

FORURIA, Eduardo Vírgala. "Control abstracto y recurso directo de inconstitucionalidad en los Estados Unidos", *Revista Española de Derecho Constitucional*, n. 62, ano 21, p. 83, maio/agosto de 2001.

GRIMM, Dieter. *Constituição e Política*. Trad. Geraldo de Carvalho. Belo Horizonte; Del Rey, 2006.

HECK, Luís Afonso. "Lei do Tribunal Constitucional Federal" (tradução), *Revista Brasileira de Direito Constitucional*, n. 1, São Paulo, jan./jun. de 2003, pp. 231-257.

HESSE, Konrad. *Elementos de Direito Constitucional da República Federal da Alemanha*. Trad. Luís Afonso Heck. Porto Alegre, Sérgio Antônio Fabris Editor, 1998.

JAFFIN, George H. "Evolução do controle jurisdicional da constitucionalidade das leis nos Estados Unidos", *RF* 86/282 e 286-287, Rio de Janeiro, ano XXXVIII, abril de 1941.

MENDES, Gilmar Ferreira; COELHO, Inocêncio Mártires; BRANCO, Paulo Gustavo Gonet. *Curso de Direito Constitucional*. 2ª ed. São Paulo, Saraiva, 2008.

NOBRE JÚNIOR, Edilson Pereira. *Direitos Fundamentais e Arguição de Descumprimento de Preceito Fundamental*. Porto Alegre, Sergio Antonio Fabris Editor, 2004.

PAIXÃO, Cristiano; BIGLIAZZI, Renato. *História Constitucional Inglesa e Norte-americana: do surgimento à estabilização da forma constitucional*. Brasília, Ed. UnB, 2008.

PÉREZ TREMPS, Pablo. *Tribunal Constitucional y Poder Judicial*. Madri, Centro de Estudios Constitucionales, 1985.

SCHWABE, Jürgen. *Cincuenta anos de Jurisprudencia do Tribunal Constitucional Federal alemán*. Trad. Beatriz Hennig *et alli*. Montevidéu, Fundação Konrad-Adenauer, 2005.

SLAIBI FILHO, Nagib. *Direito Constitucional*. Rio de Janeiro, Forense, 2004.

TAVARES, André Ramos. *Tratado da Arguição de Preceito Fundamental*. São Paulo, Saraiva, 2001.

TORRES MURO, Ignácio. *Sinopsis artículos 163 e 165*. Disponível em: *narros. congreso.es/constitucion*. Acesso em: 14.7.2009.

ZAGREBELSKY, Gustavo. *La Giustizia Costituzionale*. Bologna, Il Mulino, 1977.

A DISCIPLINA TRIBUTÁRIA CONSTITUCIONAL DO TERCEIRO SETOR[1]

FERNANDO L. LOBO D'EÇA

Advogado Tributarista em São Paulo

1. Introdução. 2. O âmbito ou núcleo da imunidade tributária assegurada ao Terceiro Setor e sua teleologia. 3. A reserva de lei complementar para regular os requisitos da imunidade assegurada ao Terceiro Setor. 4. A reserva de lei e a inconstitucionalidade das normas regulamentares das entidades de assistência social. 5. O procedimento administrativo de suspensão da imunidade e o devido processo legal. 6. Conclusões.

1. Introdução

A Constituição brasileira de 1988 assume um nítido *viés social* quando adota o *conceito lato de assistência social*, impondo ao Estado o *dever* de *assegurar a todos* os *direitos* à *saúde* (art. 196), à *educação* (*gratuita* nos estabelecimentos oficiais de ensino fundamental e médio – arts. 205, 206 e 208) e à *assistência social* (art. 203) – que engloba: a *proteção à família*, *à maternidade*, *à infância*, *à adolescência* e *à velhice*; o *amparo às crianças e adolescentes carentes*; a promoção da *integração ao mercado de trabalho*; a

1. O denominado "Terceiro Setor" é constituído por organizações sem fins lucrativos e não governamentais que, diante das deficiências do Estado no cumprimento dos deveres sociais que lhe são cometidos nas mais diversas áreas pela Constituição, *se mobiliza sem intuito de lucro*, com o objetivo complementar os serviços sociais de caráter público. Assim se denomina para distingui-lo do "Primeiro Setor", representado pelo setor governamental, que é constitucionalmente responsável pelas questões sociais, e do "Segundo Setor", que é representado pelo setor privado, responsável pelas questões individuais, geralmente com intuito de lucro.

habilitação e reabilitação das pessoas portadoras de deficiência e a *promoção de sua integração à vida comunitária* – tudo isso *independentemente de contribuição à seguridade social*. A par desses *direitos básicos*, a Constituição impõe ainda ao Estado o *dever* de *assegurar* os *direitos* à *proteção, conservação e incentivo* à *cultura* (art. 215), às *criações científicas, artísticas e tecnológicas* (art. 216, III), ao *desenvolvimento científico, a pesquisa e a capacitação tecnológicas* (art. 218), bem como o incentivo às *práticas desportivas formais e não formais* (art. 217) e ao *lazer* (art. 217, § 3º), como formas de promoção social, produção, promoção e difusão de *bens culturais*.

Embora dotando o Estado de um verdadeiro *arsenal de fontes tributárias* para financiar o elevado custo desses *direitos sociais* que está obrigado a prover, atento às advertências da doutrina[2] – no sentido de que "o poder de tributar compreende o poder de destruir", o qual "pode nulificar o poder de criar", vez que *quem tributa pode constranger, limitar, reduzir, cercear, impedir, obstruir ou anular as faculdades de quem é tributado* – e seguindo a tendência mundial, o constituinte procurou *incentivar* a participação do denominado *Terceiro Setor* na complementação do exercício dessas *relevantes e custosas funções sociais* constitucionalmente cometidas ao Estado. Para tanto, a Constituição *imunizou de impostos e contribuições sociais*, o *patrimônio*, a *renda* e os *serviços relacionados com as finalidades essenciais* das *entidades beneficentes de assistência social, instituições de educação e de assistência social que, sem fins lucrativos, exerçam subsidiariamente aquelas atividades sociais originalmente cometidas ao Estado*, e cujo notório *interesse público*, por si só, *justifica* e *legitima* a imunidade tributária concedida àquele setor.

Entretanto, esse intento constitucional de inserir o *Terceiro Setor* na complementação do exercício das funções sociais devidas pelo Estado tem sido frustrado, seja pelo *excesso de regulamentação governamental* e *acúmulo de competências de órgãos governamentais envolvidos* (Ministérios da Fazenda, Educação, Previdência Social etc.), que *postergam e impedem* o *gozo da imunidade constitucional*, onerando injustificadamente os *serviços complementares* disponibilizados pela iniciativa privada, seja, ainda, por uma *mentalidade estatizante e burocrata*, que, a par de não cumprir seus *deveres* constitucionais de *assegurar dignamente aos cidadãos* os impostergáveis *direitos* à *saúde*, à *educação e* à *assistência social*, *impede* que a iniciativa privada *complemente as funções estatais inadimplidas*, assim vitimando a sociedade, que se vê *nulificada no "poder de criar"*, tal como profetizado pela doutrina.

Mas, como se demonstrará, ao assegurar a imunidade tributária às *instituições de educação e de assistência social sem fins lucrativos*, o legislador constituinte não manifestou uma *vontade condicional*, ou uma *vontade perplexa*, mas uma *vontade afirmativa e unívoca* no sentido de *prevenir* e *evitar* a *arbitrariedade legislativa e administrativa*, aparelhando a sociedade de instrumentos bastante eficazes para a defesa de seus direitos declarados na Constituição.

Vejamos qual o "âmbito ou núcleo" da *imunidade tributária* assegurada pela Constituição às *instituições de educação e de assistência social sem fins lucrativos*.

2. Cf. Joseph Story, in *Comentários à Constituição dos Estados Unidos*, última edição de 1891, traduzida e adaptada à Constituição brasileira por Theófilo Ribeiro, 1ª ed., vol. II, 1895, p. 197.

2. *O âmbito ou núcleo da imunidade tributária assegurada ao Terceiro Setor e sua teleologia*

Depois de partilhar o "poder de tributar" entre a União, os Estados-membros, os Municípios e o Distrito Federal, e antes mesmo de lhes delimitar as áreas das respectivas "competências tributárias", verifica-se que a Constituição Federal cuidou de *explicitar* as "limitações do poder de tributar" impostas àqueles entes federados, estatuindo, sob esse *título*, em seu *art. 150, I, "c", e § 4º*, que, "*sem prejuízo de outras garantias* asseguradas ao contribuinte, é *vedado* à *União*, aos *Estados*, ao *Distrito Federal* e aos *Municípios* (...) *instituir impostos sobre* (...) *patrimônio*, (...) das *instituições de educação e de assistência social, atendidos os requisitos da lei*", *sendo que a vedação ao poder de tributar compreende* "*somente* o *patrimônio*, a *renda* e os *serviços relacionados com as finalidades essenciais das entidades*" nela mencionadas.

Desde logo registre-se que a expressão "instituição de educação", empregada no texto constitucional, *não se restringe* apenas às *instituições* destinadas à *formação e ao desenvolvimento da capacidade intelectual* do indivíduo, mas *abrange* todas as *instituições* destinadas à formação e ao desenvolvimento das *capacidades físicas,*[3] *morais, intelectuais, religiosas, artísticas e culturais* do indivíduo que, suprindo as deficiências individuais (natas ou inatas) naquelas diversas áreas, o capacitam para a vida em sociedade.

Da mesma forma, no capítulo das "Disposições Gerais da Ordem Social", ao tratar sobre as formas de *financiamento* da seguridade social – entre as quais se contam as *contribuições sociais do empregador*, da *empresa* e das *entidades a ela equiparadas* na foram da lei, incidentes sobre a "*folha de salários* e *demais rendimentos do trabalho*", sobre a "*receita* ou *faturamento*" e sobre o "lucro" –, o § 7º do art. 195 da CF expressamente dispõe que "são *isentas* de *contribuição para a seguridade social* as *entidades beneficentes de assistência social* que *atendam* às *exigências estabelecidas em lei*".

Nesse particular, releva notar que na interpretação do referido § 7º do art. 195 da CF/1988, ao proclamar a *inconstitucionalidade* da exigência de *contribuição previdenciária sobre a quota patronal* de entidade beneficente educacional, a Suprema Corte, apoiada na melhor doutrina[4] e em sua própria jurisprudência, diligentemente esclareceu que "a *cláusula* inscrita no art. 195, § 7º, da Carta Política – não obstante *referir-se impropriamente à isenção* de contribuição para a seguridade social – *contemplou as entidades beneficentes de assistência social* com o *favor constitucional da imunidade tributária*,

3. Nesse sentido, Ives Gandra da Silva Martins e André Ramos Tavares demonstram que "as *entidades federativas ou desportivas que incrementam a cultura física, intelectual, moral e cívica da juventude e possibilitam a integração de jovens ao mercado de trabalho desportivo são, reconhecidamente, entidades de 'assistência social' para fins constitucionais-tributários*" (in "A imunidade de entidades dedicadas a incrementar a cultura física, intelectual, moral e cívica da juventude, através do esporte", *RDA* 131/169-191).

4. Cf. Doutrina citada na decisão do STF: Roque Antonio Carrazza, *Curso de Direito Constitucional Tributário*, p. 349, nota de rodapé 144, 5ª ed., 1993, Malheiros Editores; José Eduardo Soares de Melo, *Contribuições Sociais no Sistema Tributário*, pp. 171-175, 1995, Malheiros Editores; Sacha Calmon Navarro Coêlho, *Comentários à Constituição de 1988 – Sistema Tributário*, pp. 41-42, item 22, 4ª ed., 1992, Forense; Wagner Balera, *Seguridade Social na Constituição de 1988*, p. 71, 1989, Ed. RT, *v.g.*

desde que por elas preenchidos os requisitos fixados em lei (...). Convém salientar que esse *magistério doutrinário* reflete-se na própria *jurisprudência constitucional do STF*, que já identificou na cláusula inscrita no art. 195, § 7º, da Carta Política a *existência de uma típica garantia de imunidade estabelecida em favor das entidades beneficentes de assistência social* (...). O fato *irrecusável* é que a *norma constitucional* em questão, em tema de tributação concernente às contribuições destinadas à seguridade social, reveste-se de *eficácia subordinante de toda atividade estatal, vinculando* não só os *atos de produção normativa*, mas também *condicionando as próprias deliberações administrativas do Poder Público*, em ordem a *preexcluir* a *possibilidade de imposição estatal dessa particular modalidade de exação tributária*. Esse *privilégio* de ordem constitucional *justifica-se*, plenamente, pelo *elevado interesse de natureza pública* que *qualifica* os *relevantes serviços prestados à coletividade* pelas entidades beneficentes de assistência social (...). A análise da norma inscrita no art. 195, § 7º, da Constituição permite concluir que a *garantia constitucional da imunidade* pertinente à contribuição para a seguridade social só pode validamente sofrer limitações normativas quando *definidas estas em sede legal*, como requisitos necessários ao gozo da especial prerrogativa de caráter jurídico-financeiro em questão. Sendo assim, *tratando-se de imunidade* – que decorre, em função de sua *natureza* mesma, do próprio texto constitucional –, revela-se evidente a *absoluta impossibilidade jurídica de a autoridade executiva, mediante deliberação de índole administrativa, restringir a eficácia do preceito* inscrito no art. 195, § 7º, da Carta Política para, em função de *exegese* que claramente *distorce a teleologia* da prerrogativa fundamental em referência, negar, (...), o *benefício* que lhe é *assegurado* no *mais elevado plano normativo*".[5]

No que toca às *consequências jurídicas do reconhecimento da imunidade tributária*, com inigualável poder de síntese, Misabel Abreu Machado Derzi[6] lembra que, "do *ponto de vista jurídico*, em geral, todos se põem de acordo" em que a *imunidade* é "*regra jurídica*, com *sede constitucional*", "*delimitativa* (no *sentido negativo*) da *competência dos entes políticos da Federação*, ou *regra de incompetência*", que "*obsta ao exercício da atividade legislativa do ente estatal*, pois *nega competência para criar imposição em relação a certos fatos especiais e determinados*" – e, portanto, *não se confunde* e "*distingue-se da isenção*, que se dá no *plano infraconstitucional* da lei ordinária ou complementar". Na mesma ordem de ideias, Fábio Fanucchi[7] há muito já pontuava, enfaticamente, que "a *imunidade* (...) *só poderá transformar-se em caso de incidência* quando a *decisão parta de legislador maior*: o *constituinte*. *Enquanto não removida a barreira constitucional, nenhuma escolha cabe ao legislador ordinário*, senão a de se *conformar* com o fato de a *coisa*, a *pessoa* ou o *negócio* estarem *absolutamente apartados do campo da incidência*".

Sob o *ponto de vista subjetivo* de sua aplicação concreta, verifica-se que a *imunidade tributária* é concedida *intuitu personae* às "instituições de educação e

5. STF, 1ª Turma, RMS 22.192-DF, rel. Min. Celso de Mello, *DJU* 19.12.1996, p. 51.802; *RTJ* 186/900.

6. Cf. Misabel Abreu Machado Derzi, "Nota" in *Limitações Constitucionais ao Poder de Tributar*, de Aliomar Baleeiro, 7ª ed., Rio de Janeiro, Forense, 1997, pp. 225-226.

7. Cf. Fábio Fanucchi, *Curso de Direito Tributário Brasileiro*, 4ª ed., vol. 1, São Paulo, Resenha Tributária/ IBET, 1980, p. 381.

de assistência social sem fins lucrativos", e, por consubstanciar uma *exceção* aos *princípios* da *generalidade*, da *igualdade*, da *uniformidade* e da *universalidade* da tributação, somente se justifica sob o *primordial "interesse público"*[8] existente nas *atividades* e *serviços* por elas *desenvolvidos* e *desinteressadamente prestados à coletividade* nas respectivas *áreas sociais de atuação* (saúde, educação, assistência social, cultura, habilitação e reabilitação das pessoas portadoras de deficiência, desenvolvimento científico, artístico e tecnológico, desporto e lazer etc.), que, por *corresponderem* ao atendimento de "direitos sociais" assegurados pela Constituição, o Estado tem o *dever de prestar e de estimular* (arts. 194, 196, 205, 206, 208 e 215-218 da CF/1988) e, se viesse a prestar com as mesmas *amplitude e eficiência* do setor privado, ou a subvencionar na mesma medida, como deveria, certamente incorreria em *custos financeiros* muito *superiores ao valor da tributação inibida.*

Portanto, é inquestionável que a outorga constitucional de imunidade de *impostos e contribuições sociais* concedida às "instituições de educação e de assistência social sem fins lucrativos" *não consubstancia* qualquer tipo de *renúncia fiscal, ato de "graça" ou "favor"* do Estado em relação àquelas instituições;[9] mas muito ao revés, assenta em *dupla fundamentação*, pois, se, de um lado, contempla um especifico *interesse econômico* do próprio Estado, por *aliviá-lo parcial ou integralmente* dos encargos financeiros da prestação de serviços que lhe são cometidos pela Constituição, de outro lado, inspira-se no *mesmo fundamento inspirador da "imunidade recíproca"* prescrita na alínea "a" do inciso I do art. 150 da CF,[10] posto que uma como a outra visam fundamentalmente a *tutelar o interesse publico* existente na *prestação desinteressada*, à coletividade, de *serviços* que são *próprios da função estatal*, ainda quando *indiretamente* prestados por entidades de direito privado, em *substituição* ou *complementação* à atividade estatal no mesmo setor.

Nessa ordem de ideias, a rigor, a própria *expressão "instituição sem fins lucrativos*", utilizada no texto constitucional, seria *redundante*, pois há muito já se pacificaram doutrina[11] e jurisprudência[12] no sentido de que o *conceito de "instituição"* é *reservado* unicamente àquelas entidades essencialmente *no profit*, que *desinteressadamente prestam à coletividade* os *serviços de utilidade* ou de *interesse públicos* e que ao Estado cumpre *prover e estimular*, na sua *função institucional* de *tutelar* os *direitos individuais e sociais* assegurados pela Constituição. Entretanto, a *especificação "sem fins lucrativos"* evidencia que o legislador constituinte pretendeu *reforçar* que a imunidade constitucional

8. Cf. Ives Gandra da Silva Martins, in *RDDT* 37/97-117. Cf. também Aliomar Baleeiro, in *Clínica Fiscal*, p. 127, e in *Limitações Constitucionais ao Poder de Tributar*, p. 226, *apud* Souto Maior Borges, *Isenções Tributárias*, 2ª ed., São Paulo, Sugestões Literárias, 1980, pp. 66, nota 85, e 71, nota 97.

9. Cf. Ives Gandra da Silva Martins, in *RDDT* 37/100.

10. Cf. Ruy Barbosa Nogueira, *Imunidades Contra Impostos na Constituição Anterior e sua Disciplina na Constituição de 1988*, São Paulo, IBDT/ Resenha tributária, 1990, p. 92.

11. Cf. Aliomar Baleeiro, *Limitações Constitucionais ao Poder de Tributar*, 6ª ed., revista e atualizada por Flavio Bauer Bovelli, Rio de Janeiro, Forense, 1985, pp. 144-145.

12. Cf. STF, 2ª Turma, RE 93.463-RJ, rel. Min. Cordeiro Guerra, j. 16.4.1982, *RTJ* 101-102/769-775.

concedida àquelas instituições *vincula-se exclusivamente* não só ao seu *objeto social* (atividades e serviços desenvolvidos nas áreas sociais de saúde, educação, assistência social, cultura, habilitação e reabilitação das pessoas portadoras de deficiência, desenvolvimento científico, artístico e tecnológico, desporto e lazer etc.), mas à sua *finalidade institucional* ("sem fins lucrativos"), pouco importando a *forma* de pessoa jurídica que adotem (associação, sociedade civil, fundação pública ou privada, organização religiosa, organização não governamental-ONG, Organização da Sociedade Civil de Interesse Público-OSCIP etc.) ou o *caráter* que se lhes atribua (beneficente, filantrópico, recreativo, cultural, científico, religioso etc.) – evidentemente, desde que forma e caráter sejam *lícitos* e justifiquem a destinação e a aplicação da propriedade privada e suas instrumentalidades às finalidades institucionais para as quais foram criadas.

Referendando esses ensinamentos da doutrina, a jurisprudência do Pretório Excelso[13] já pontuou que a *cláusula "no profit" não traduz* qualquer *proibição* ou *exclusão* de *exercício* de *atividade econômica e financeira, nem de cobrança de serviços* pela instituição, mas, sim, a *condição* de que essas *atividades sejam exercidas como instrumentos à consecução de suas finalidades institucionais de interesse público* – condição, esta, cujo *adimplemento* é, a final, aferido pela *comprovação* do fato *de não destinarem seus resultados positivos à distribuição de lucros* e da consequente *aplicação integral no País* e *nas aludidas finalidades*, de todos os *resultados líquidos não distribuídos*.

De fato, coerente com esta linha de raciocínio, a Suprema Corte tem reiteradamente proclamado que a "característica" das entidades sem fins lucrativos imunizadas de tributação "*não é a ausência de atividade econômica*, mas *o fato de não destinarem os seus resultados positivos à distribuição de lucros*";[14] razão pela qual *não perdem a imunidade* "*as instituições (...) pela remuneração de seus serviços*",[15] eis que, sendo "instituição de assistência social, (...) *goza da imunidade tributária (...), mesmo na operação de prestação de serviços de diversão pública (cinema), mediante cobrança de ingressos* aos (...) seus filiados e ao público em geral",[16] pois "a *finalidade pública* da entidade e a *generalidade de sua atuação não se acham comprometidas* pelo *fato de se destinarem ao universo de beneficiários constituídos por todos quantos são ou venham a ser empregados de uma empresa ou da própria fundação*".[17] Mais recentemente o Pleno do STF pacificou o entendimento segundo o qual "a *imunidade tributária* do *patrimônio* das instituições de assistência social (CF, art. 150, VI, c)" *aplica-se* "de modo a *preexcluir a incidência do IPTU sobre imóvel de propriedade da entidade imune, ainda quando alugado a terceiro, sempre que a renda dos aluguéis seja aplicada em suas finalidades institucionais*".[18]

13. Cf. acórdãos do STF in *RTJ* 38/182, 57/274, 66/257, 101/769, 111/694.

14. STF, Pleno, ADI/MC 1.802-DF, rel. Min. Sepúlveda Pertence, j. 27.8.1998, *DJU* 13.2.2004, p. 10; *Ement.* 02139-01/64.

15. STF, 2ª Turma, RE 93.463-RJ, rel. Min. Cordeiro Guerra, j. 16.4.1982, *DJU* 14.5.1982, p. 4.568; *RTJ* 101-1002/769.

16. STF, 1ª Turma, RE 116.188-SP, rel. Min. Octávio Gallotti, j. 20.2.1990, *DJU* 16.3.1990, p. 1.869; *Ement.* 01573-01/162.

17. STF, 1ª Turma, RE 116.631-RS, rel. Min. Octávio Gallotti, j. 30.8.1988, *DJU* 23.9.1988, p. 24.175; *Ement.* 01516-04/750.

18. STF, Pleno, RE 237.718-SP, rel. Min. Sepúlveda Pertence, *DJU* 6.9.2001. No mesmo

Assim, resulta claro que *a expressão "instituição sem fins lucrativos"*, utilizada no texto constitucional para *delimitar* o *âmbito ou núcleo de atuação* da imunidade tributária – este último exclusivamente vinculado ao *objeto social* (atividades e serviços desenvolvidos nas mais diversas áreas sociais de saúde, educação etc.) e à *finalidade institucional* ("sem fins lucrativos") da pessoa jurídica –, *não está* de forma alguma *vinculada à produção* dos recursos financeiros por ela obtidos no desempenho de suas atividades institucionais, mas *única e exclusivamente vinculada à aplicação, gestão e destinação final* dos referidos recursos financeiros (fato de não destinar seus resultados positivos à distribuição de lucros) – e, portanto, *não pressupõe nem impõe qualquer obrigação de gratuidade*,[19] seja na *prestação dos serviços sociais* que *desinteressadamente presta à coletividade*, seja na *destinação ou alocação integral* de seu *patrimônio* e respectivas *instrumentalidades* nas finalidades a que se destina.

Note-se que, a par de *não constituir pressuposto constitucional* para a imunidade tributária assegurada às instituições de educação e assistência social, a instituição de *obrigação de gratuidade na prestação de serviços* desinteressadamente por elas prestados representaria grave *atentado à Constituição*, eis que, ao tutelar os "valores sociais do trabalho e da livre iniciativa" (CF/1988, arts. 1º, IV, e 170), a "propriedade privada" (CF/1988, arts. 5º, XXII, e 170, II), a "livre concorrência" (CF/1988, art. 170, IV) e o "*livre exercício de qualquer atividade econômica*, independentemente de autorização de órgão públicos" (CF/1988, art. 170, parágrafo único), o legislador constituinte pretendeu *assegurar* o "princípio econômico" segundo o qual "*a fixação dos preços das mercadorias e serviços não pode resultar de atos de autoridade*, mas sim do livre jogo das forças em disputa de clientela na *economia de mercado*",[20] donde resulta que a *intervenção do Estado naquelas atividades* somente se justificaria, como órgão controlador, unicamente para reprimir, na forma da lei, as estritas hipóteses de *abuso do poder econômico* que vise à *dominação de mercados*, à *eliminação da concorrência* e ao *aumento arbitrário dos lucros* (CF/1988, art. 173, § 3º), mas jamais para impor-lhes qualquer *obrigação de gratuidade*, *incompatível com o referido princípio* adotado pelo constituinte originário.

Em suma, a imunidade tributária assegurada às instituições *sem fins lucrativos pressupõe apenas ausência de fina-*

sentido: STJ, 2ª Turma, REsp 717.308-MG (reg. 2004/0168530-2), rel. Min. Castro Meira, j. 19.5.2005, *DJU* 1.8.2005, p. 420.

19. Nesse sentido, a Suprema Corte, em memorável voto do Min. Cordeiro Guerra, já assentou que "*não procede o argumento* de que a expressão '*instituição de educação*' esteja empregada no texto constitucional no *sentido de prestação de serviços, sempre gratuitos*, *sem auferição de rendas* para a sua manutenção. *A instituição pode ter rendas e cobrar serviços*. A *condição* para a *imunidade* é que essas *rendas ou recebimento da prestação de serviços sejam aplicados integralmente no País, para as respectivas finalidades*. Se a lei fala em *aplicação de rendas no País* é porque *admite a existência destas*, e, consequentemente, o *ensino retribuído*. Com a imunidade, *quis o Estado atrair a iniciativa particular* para o *terreno da educação*, *suprindo-lhe as deficiências* e *secundando-lhe a ação nesse setor de magna importância social*" (STF, 2ª Turma, RE 93.463-RJ, rel. Min. Cordeiro Guerra, j. 16.4.1982, *DJU* 14.5.1982, p. 4.568; *RTJ* 101-1002/769).

20. Cf. Miguel Reale, *Aplicações da Constituição de 1988*, Rio de Janeiro, Forense, 1990, pp. 14 e 43-44.

lidade de lucro, mas *não exige ausência de atividade econômica, de rendimentos ou de cobrança pelos serviços prestados*, sem os quais as referidas instituições sequer se poderiam manter – o que seria um *contrassenso*, pois, como ensina Carlos Maximiniano, "a Constituição não destrói a si própria", eis que *não pode* "a *garantia individual*, (...), a *faculdade* (...), *exarada num dispositivo, ser anulada praticamente por outro*".[21]

Portanto, conclui-se que *a expressão "instituição sem fins lucrativos"*, utilizada no texto constitucional para *delimitar* o *âmbito ou núcleo de atuação* da imunidade tributária, *vincula* o gozo da exoneração tributária *exclusivamente* ao *objeto social* (atividades e serviços desenvolvidos nas mais diversas áreas sociais de saúde, educação etc.), à sua *finalidade institucional* ("sem fins lucrativos") e à *aplicação, gestão e destinação final* dos recursos financeiros (*fato de não destinar seus resultados positivos à distribuição de lucros*) obtidos pela instituição no desempenho de suas atividades institucionais, *sem qualquer outra restrição* quanto à *forma* de pessoa jurídica que adote (associação, sociedade civil, fundação pública ou privada, organização religiosa, organização não governamental-ONG, Organização da Sociedade Civil de Interesse Público-OSCIP etc.), ao *caráter* que se lhe atribua (beneficente, filantrópico, recreativo, cultural, científico, religioso etc.), ou à *produção dos recursos* financeiros por ela obtidos, desde que sejam *lícitos* e justifiquem a destinação e a aplicação da propriedade privada e suas instrumentalidades às finalidades institucionais para as quais foi criada.

Releva, finalmente, ressaltar que esse *núcleo substancial de atuação* que *delimita e justifica* a *imunidade tributária* assegurada às *instituições de educação e de assistência social sem fins lucrativos*, por ser de *índole constitucional*, obviamente *não pode* ser traspassado pela *legislação infraconstitucional* (complementar ou ordinária), pois, como há muito já ensinava Cooley, como regra elementar de interpretação, "quando a Constituição define as circunstâncias sob as quais um direito pode ser exercido, (...), a especificação é uma proibição implícita contra qualquer interferência legislativa para acrescer a condição (...) a outros casos".[22]

Nesse particular ainda vale lembrar a *advertência* da Suprema Corte no sentido de que "o Poder Público, especialmente em *sede de tributação*, *não pode agir imoderadamente*, pois a *atividade estatal acha-se essencialmente condicionada pelo princípio da razoabilidade*, que traduz *limitação material à ação normativa do Poder Legislativo. O Estado não pode legislar abusivamente.* A *atividade legislativa* está necessariamente *sujeita à rígida observância de diretriz fundamental*, que, encontrando suporte teórico no *princípio da proporcionalidade*, *veda os excessos normativos e as prescrições irrazoáveis do Poder Público*. O *princípio da proporcionalidade*, nesse contexto, acha-se *vocacionado a inibir e a neutralizar os abusos do Poder Público no exercício de suas funções*, qualificando-se como *parâmetro de aferição da própria constitucionalidade material dos atos estatais*. A *prerrogativa institucional de tributar*, que o ordenamento positivo reconhece ao Estado, *não lhe outorga o poder de*

21. Cf. Carlos Maximiniano, *Comentários à Constituição de 1946*, 5ª ed., vol. I, Rio de Janeiro, Freitas Bastos, 1954, p. 134.

22. Cf. Thomas Cooley, *Constitucional Limitations*, 8ª ed., vol. I, Boston, Little, Brown and Co., 1927, p. 139.

suprimir (ou de inviabilizar) direitos de caráter fundamental constitucionalmente assegurados ao contribuinte. É que *este dispõe*, nos termos da própria Carta Política, de um *sistema de proteção destinado a ampará-lo contra eventuais excessos cometidos pelo poder tributante* ou, ainda, contra *exigências irrazoáveis veiculadas em diplomas normativos editados pelo Estado*".[23]

Uma vez explicitados o *âmbito ou núcleo de atuação da imunidade tributária* assegurada ao Terceiro Setor e sua *teleologia*, passemos ao exame da *competência constitucional* e dos *limites legislativos* para a *fixação dos requisitos* ao reconhecimento da referida exoneração tributária constitucionalmente assegurada.

3. A reserva de lei complementar para regular os requisitos da imunidade assegurada ao Terceiro Setor

A Constituição Federal expressamente *reservou à lei complementar* (art. 146) a *competência* para "regular as limitações constitucionais ao poder de tributar", cujo *objetivo precípuo* foi exatamente o de "*proteger algumas matérias*, em seu *aspecto específico*, de *alterações imprudentes*"[24] por parte dos legisladores ordinários dos entes federados.

Como é curial e há muito já assentou a melhor doutrina, "a lei complementar não cria limitações que já não existam na Constituição, não restringe nem dilata o campo limitado", mas *apenas* "completa e esclarece as disposições relativas à limitação, facilitando sua execução de acordo com os fins que inspiraram o legislador constituinte".[25]

Ao dispor sobre os *efeitos jurídicos* da atribuição constitucional de determinada matéria à *reserva qualificada de lei complementar*, a Suprema Corte, na voz emérito Min. Celso Mello, ressalta que "essa *reserva constitucional da lei complementar*, em última análise, enquanto *instrumento de limitação normativa da ação tributante* do Estado, *destina-se a conferir proteção efetiva* e a *dispensar tutela plena aos sujeitos passivos* da obrigação tributária. (...). A *lei complementar* a que se refere o preceito inscrito no art. 146 da Carta Política tem o *caráter de lei nacional, projetando-se e impondo-se, na esfera jurídico-normativa*, e no que concerne aos *estritos limites materiais de sua incidência*, à *compulsória observância das pessoas estatais investidas*, pelo ordenamento constitucional, de *competência impositiva*. Nessa condição formal, a lei complementar, que *veicula regras disciplinadoras do conflito de competências tributárias* e que dispõe sobre *normas gerais de direito tributário*, evidencia-se como *espécie normativa* que, embora necessariamente obediente às diretrizes traçadas pela Carta da República, *constitui manifestação superior da vontade jurídica do próprio Estado Federal*. A *autoridade dessa lei complementar* – cuja gênese

23. STF, Pleno, ADI/MC/QO 2.551-MG, rel. Min. Celso de Mello, j. 2.4.2003, *DJU* 20.4.2006, p. 5; *Ement.* 02229-01/25.

24. Cf. José Cretella Jr., *Comentários à Constituição de 1988*, 2ª ed., vol. III, (p. 1.679) e vol. VII (p. 3.504), Rio de Janeiro, Forense Universitária, 1993.

25. Cf. Aliomar Baleeiro, *Limitações Constitucionais ao Poder de Tributar*, cit., 7ª ed., "Nota" na p. 105. No mesmo sentido: cf. Pontes de Miranda, *Comentários à Constituição de 1967 com a Emenda n. 1 de 1969*, t. II, p. 384; cf. também José Cretella Jr., *Comentários à Constituição de 1988*, cit., 2ª ed., vol. VII, p. 3.548.

reside no próprio texto da Constituição – *vincula, em sua formulação normativa, as pessoas políticas que integram*, no plano da Federação Brasileira, a *comunidade jurídica total*. (...). *Nem mesmo o poder jurídico deferido aos Estados-membros e ao Distrito Federal* pelo art. 24, §§ 2º e 4º, da CF e pelo art. 34, § 3º, do ADCT *permitirá que estes legislem, autonomamente*, (...)".[26]

Em suma, nos *estritos limites materiais* de sua incidência, a atribuição constitucional de determinada matéria à *reserva qualificada de lei complementar* não somente torna *imprescindível* a *legislação integrativa da vontade do constituinte* (*interpositio legislatoris*[27]) para que a *competência legislativa* dos entes federados possa operar, em plenitude, todas as suas consequências e virtualidades eficaciais, nem somente consubstancia *instrumento de limitação normativa de compulsória observância* da ação tributante do Estado, como se *destina a conferir proteção efetiva* e a *dispensar tutela plena aos sujeitos passivos* de obrigações tributárias.

26. STF, Pleno, RE 136.215-RJ, voto do Min. Celso de Mello, *RTJ* 147/983-986.

27. Reconhecendo a existência de um "gradualismo na eficácia das normas constitucionais" e a necessidade da *interpositio legislatori*, a e. Suprema Corte, na voz do eminente Min. Celso Mello, expressamente reconhece que "a doutrina constitucional, quer no *plano do Direito Brasileiro* (com Rui Barbosa, *Comentários à Constituição Federal Brasileira*, coligidos por Homero Pires, vol. 2/274-276, 1933; José Afonso da Silva, *Aplicabilidade das Normas Constitucionais*, pp. 253-255, 1968, Ed. RT; Celso Ribeiro Bastos/Carlos Ayres Britto, *Interpretação e Aplicabilidade das Normas Constitucionais*, 1982, Saraiva, dentre outros), quer no plano do *Direito Comparado* (com Thomas M. Cooley, *A Treatise on the Constitutional Limitations which Rest upon the Legislative Power of the States of the American Union*, pp. 119-120, 1903, Boston; Caetano Azzariti, *Problemi Attuali de Diritto Costituzionale*, p. 98, 1951, Milano; Vezio Crisafulli, *La Costituzioni e le sue Disposizione di Principio*, 1952, Milano – *inter plures*), sempre sustentou, ainda que com variações terminológicas diversas e expressões conceituais distintas, a existência de um *irrecusável gradualismo eficacial entre normas constitucionais*. Maria Helena Diniz, em científica abordagem desse tema (*Norma Constitucional e seus Efeitos*, p. 104, 1989, Saraiva), assevera que: 'Há, portanto, um *gradualismo na eficácia das normas constitucionais*, por não serem idênticas quanto à produção de seus efeitos e à sua intangibilidade ou emendabilidade. Certos mandamentos constitucionais são *completos e plenos*, por não exigirem normação subconstitucional posterior, independendo de leis complementares ou de leis ordinárias que permitam a sua aplicação imediata; *outros não têm essa execução imediata*, devendo ser *completados por leis ulteriores*. Nestes últimos, os *efeitos pretendidos pelo poder constituinte só ocorrerão se houver a requerida emissão de norma jurídica ordinária ou complementar*. Há um *escalonamento* na *intangibilidade* e nos *efeitos constitucionais*, pois a Constituição contém normas com *eficácia absoluta, plena e relativa*. (...). *Sem a legislação integrativa da vontade do constituinte, normas constitucionais* – como a de que ora se trata – '*não produzirão efeitos positivos*' *e nem mostrar-se-ão aplicáveis em plenitude*, pois '*não receberam* (...) *do constituinte normatividade suficiente para sua aplicação imediata*''' (Maria Helena Diniz, ob. cit., p. 101). *Reclamam, em caráter necessário, atos de mediação legislativa que lhes complementem o próprio conteúdo normativo*. Essa *exigência de completabilidade da norma constitucional de eficácia meramente relativa* torna-a, por via de consequência, *diretamente dependente, para fins de sua integral aplicabilidade, de ato legislativo futuro*. Essa *particular situação normativa das regras constitucionais que demandam a* ***interpositio legislatoris*** *para que possam, então, operar, em plenitude, todas as suas consequências e virtualidades eficaciais* foi bem apreendida por Vezio Crisafulli (ob. cit., p. 159), que lhes conferiu a designação formal de *normas constitucionais de eficácia limitada*, por *dependerem* '(...) *de emissão de uma normatividade futura,*

Assim, desde logo verifica-se que as expressões "exigências estabelecidas em lei" e "atendidos os requisitos da lei", utilizadas na Constituição – para assegurar a imunidade de impostos (art. 150, I, "c", e § 4º) e contribuições sociais (art. 195, § 7º) às "instituições de educação e de assistência social sem fins lucrativos"–, necessariamente remetem a regulamentação da imunidade à lei complementar de caráter nacional, que é a única via legislativa constitucionalmente qualificada no texto constitucional para regular as limitações constitucionais da espécie (art. 146, II, da CF/1988), de modo a garantir ao referido instituto tributário a imprescindível *uniformidade material* e *efetiva proteção* contra *alterações legislativas imprudentes* por parte dos legisladores ordinários dos entes federados.

Na aplicação concreta desses preceitos há muito consolidados na doutrina, depois de reconhecer o "cunho nitidamente social de nossa Constituição", a Suprema Corte tem reiterado que *tudo* "o que diga respeito aos lindes da imunidade, (...), quando suscetíveis de disciplina infraconstitucional, ficou reservado à lei complementar".[28]

Ao cumprir esse *mister constitucional* de *regular as limitações constitucionais ao poder de tributar*, o Código Tributário Nacional (art. 14) – que tem foros de lei complementar e foi recepcionado pela Constituição de 1988 – expressamente estabeleceu que a *imunidade de impostos* constitucionalmente assegurada às instituições de educação e de assistência social sem fins lucrativos está *subordinada* à observância de *apenas três requisitos* pelas entidades nele referidas, quais sejam: (a) "não distribuírem qualquer parcela de seu patrimônio ou de suas rendas, a qualquer título";[29] (b) "aplicarem integralmente, no País, os seus recursos na manutenção dos seus objetivos institucionais"; e (c) "manterem escrituração de suas receitas e despesas em livros revestidos de formalidades capazes de assegurar sua exatidão".

Por seu turno, ao estabelecer objetivamente os requisitos necessários para o gozo da imunidade, os §§ 2º e 3º do art. 12 da Lei 9.532/1997 expressamente dispõem:

"Art. 12. Para efeito do disposto no art. 150, inciso VI, alínea 'c', da Constituição, considera-se imune a instituição de educação ou de assistência social que preste os serviços para os quais houver sido instituída e os coloque à disposição da população em geral, em caráter complementar às atividades do Estado, sem fins lucrativos.

"(...).

em que o legislador ordinário, integrando-lhes a eficácia, mediante lei (...), lhes dê capacidade de execução em termos de regulamentação daqueles interesses visados' (...). A imprescindibilidade da ***interpositio legislatoris*** *evidencia-se em face da insuficiência mesma dos elementos normativos que compõem a estrutura da regra constitucional* em questão. Na expressiva lição dos eminentes constitucionalistas Celso Ribeiro Bastos e Carlos Ayres Britto (v. *Interpretação e Aplicabilidade das Normas Constitucionais*, pp. 48-49, 1982, Saraiva), *as normas de integração* – como a de que se trata – *são 'inexequíveis em toda a sua potencialidade', condicionando-se*, por isso mesmo, *a sua real aplicação, à existência de 'outra norma integradora de sentido, de modo a surgir uma unidade de conteúdo entre as duas espécies normativas*'" (STF, 1ª Turma, RE 161.206-RS, rel. Min. Celso de Mello, *RTJ* 150/659-663).

28. STF, Pleno, ADI 1.802-3, rel. Min. Sepúlveda Pertence, *DJU* 13.2.2004; *RDDT* 103/199.

29. Na redação dada pela Lei Complementar 104, de 10.1.2001.

"§ 2º. Para o gozo da imunidade, as instituições a que se refere este artigo estão obrigadas a atender aos seguintes requisitos: a) não remunerar, por qualquer forma, seus dirigentes pelos serviços prestados; [*v. Lei 10.637/2002*] b) aplicar integralmente seus recursos na manutenção e desenvolvimento dos seus objetivos sociais; c) manter escrituração completa de suas receitas e despesas em livros revestidos das formalidades que assegurem a respectiva exatidão; d) conservar em boa ordem, pelo prazo de 5 (cinco) anos, contado da data da emissão, os documentos que comprovem a origem de suas receitas e a efetivação de suas despesas, bem assim a realização de quaisquer outros atos ou operações que venham a modificar sua situação patrimonial; e) apresentar, anualmente, Declaração de Rendimentos, em conformidade com o disposto em ato da Secretaria da Receita Federal; f) [*vigência suspensa*]; g) assegurar a destinação de seu patrimônio a outra instituição que atenda às condições para gozo da imunidade, no caso de incorporação, fusão, cisão ou de encerramento de suas atividades, ou a órgão público; h) outros requisitos, estabelecidos em lei específica, relacionados com o funcionamento das entidades a que se refere este artigo.

"§ 3º. Considera-se entidade sem fins lucrativos a que não apresente superávit em suas contas ou, caso o apresente em determinado exercício, destine referido resultado, integralmente, à manutenção e ao desenvolvimento dos seus objetivos sociais" (redação dada pela Lei 9.718/1998).

No que toca à *imunidade das contribuições sociais* assegurada no § 7º do art. 195 da CF/1988 verifica-se que na interpretação dos dispositivos da legislação infraconstitucional que *regulamentou* os requisitos da imunidade constitucional a Suprema Corte *suspendeu a eficácia* dos arts. 1º, 4º, 5º e 7º da Lei 9.732/1998,[30-31] bem como dos arts. 12, §§ 1º e 2º, "f",

30. O teor dos dispositivos da Lei 9.732, de 11.12.1998, cuja eficácia foi suspensa pela Suprema Corte, é o seguinte:

"Art. 1º. Os arts. 22 e 55 da Lei n. 8.212, de 24 de julho de 1991, passam a vigorar com as seguintes alterações:

"(...).

"'Art. 55. (...) III – promova, gratuitamente e em caráter exclusivo, a assistência social beneficente a pessoas carentes, em especial a crianças, adolescentes, idosos e portadores de deficiência; (...).

"'(...).

"'§ 3º. Para os fins deste artigo, entende-se por assistência social beneficente a prestação gratuita de benefícios e serviços a quem dela necessitar.

"'§ 4º. O Instituto Nacional do Seguro Social-INSS cancelará a isenção se verificado o descumprimento do disposto neste artigo.

"'§ 5º. Considera-se também de assistência social beneficente, para os fins deste artigo, a oferta e a efetiva prestação de serviços de pelo menos 60% (sessenta por cento) ao Sistema Único de Saúde, nos termos do regulamento."

"Art. 4º. As entidades sem fins lucrativos educacionais e as que atendam ao Sistema Único de Saúde, mas não pratiquem de forma exclusiva e gratuita atendimento a pessoas carentes, gozarão da isenção das contribuições de que tratam os arts. 22 e 23 da Lei n. 8.212, de 1991, na proporção do valor das vagas cedidas, integral e gratuitamente, a carentes e do valor do atendimento à saúde de caráter assistencial, desde que satisfaçam os requisitos referidos nos incisos I, II IV e V do art. 55 da citada Lei, na forma do regulamento."

"Art. 5º. O disposto no art. 55 da Lei n. 8.212, de 1991, na sua nova redação, e no art. 4º desta Lei terá aplicação a partir da competência abril de 1999."

"Art. 7º. Fica cancelada, a partir de 1º de abril de 1999, toda e qualquer isenção concedida, em caráter geral ou especial, de contribuição para a seguridade social em desconformidade *caput*, e 14 da Lei 9.532/1997,[32-33] aos *judiciosos fundamentos* de que os referidos dispositivos *desvirtuariam* "o próprio conceito constitucional de entidade beneficente de assistência social", *limitando indevidamente* "a própria extensão da imunidade" constitucional.

Como é curial e já assentou sua jurisprudência, o "STF dispõe de competência para exercer (...) o *poder geral de cautela de que se acham investidos todos os órgãos judiciários*, independentemente de expressa previsão constitucional. A prática da jurisdição cautelar, nesse contexto, acha-se *essencialmente vocacionada* a conferir *tutela efetiva* e *garantia plena* ao resultado que deverá emanar da decisão final a ser proferida no processo objetivo de controle abstrato. (...). O *provimento cautelar deferido* pelo STF, (...) além de *produzir eficácia "erga omnes"*, reveste-se de *efeito vinculante*, relativamente ao *Poder Executivo e aos demais órgãos do Poder Judiciário*. (...). A *eficácia vinculante*, que *qualifica* tal decisão – precisamente por derivar do *vínculo subordinante* que lhe é inerente –, *legitima o uso da reclamação* se e quando a integridade e a autoridade desse julgamento forem desrespeitadas".[34]

Assim, em decorrência das decisões da Suprema Corte, constata-se que o *critério legal* objetivamente estabelecido para o gozo da imunidade de impostos e contribuições assegurada às instituições de educação e de assistência social sem fins lucrativos (cf. art.14, I e II do CTN; art. 12, §§ 2º, "b", e 3º, da Lei 9.532/1997), em conformidade com a Constituição, *vincula-se* fundamentalmente ao adimplemento de *cinco condições legalmente estabelecidas* e consubstanciadas nas *obrigações cumulativas* de: (a) *aplicação final e integral dos recursos financeiros da entidade no País e em prol de suas finalidades institucionais não lucrativas e de interesse público*; (b) *não distribuição de qualquer parcela de seu patrimônio ou de suas rendas a título de lucro ou participação no seu resultado*; (c) "não remunerar, por qualquer forma, seus dirigentes pelos serviços prestados"; (d) "*conservar em boa ordem, pelo prazo de cinco anos*, contado da data da emissão, os *documentos que comprovem a origem de suas receitas* e a *efetivação de suas despesas*, bem assim *a realização de quaisquer outros atos ou operações que venham a modificar sua situação patrimonial*" – documentos, estes, capazes de assegurar a exatidão de suas contas; e (e) "*apresentar, anualmente, Declaração*

com o art. 55 da Lei n. 8.212, de 1991, na sua nova redação, ou com o art. 4º desta Lei."

31. Cf. STF, Pleno, ADI/MC 2.028-5-DF, rel. Min. Moreira Alves, j. 11.11.1999, *DJU* 16.6.2000, p. 30.

32. O teor dos dispositivos da Lei 9.532, de 10.12.1997, cuja eficácia foi suspensa pela Suprema Corte é o seguinte:

"Art. 12. (...).

"§ 1º. Não estão abrangidos pela imunidade os rendimentos e ganhos de capital auferidos em aplicações financeiras de renda fixa ou de renda variável.

"§ 2º. Para o gozo da imunidade, as instituições a que se refere este artigo estão obrigadas a atender aos seguintes requisitos: (...) f) recolher os tributos retidos sobre os rendimentos por elas pagos ou creditados e a contribuição para a seguridade social relativa aos empregados, bem assim cumprir as obrigações acessórias daí decorrentes; (...)."

33. Cf. STF, Pleno, ADI 1.802-3-DF, rel. Min. Sepúlveda Pertence, j. 27.8.1998, *DJU* 13.2.2004.

34. STF, Pleno, ADC/MC 8-DF, rel. Min. Celso de Mello, j. 13.10.1999, *DJU* 4.4.2003, p.. 38; *Ement.* 02105-01/001.

de Rendimentos, em conformidade com o disposto em ato da Secretaria da Receita Federal".

Estes *requisitos e critérios* especificamente instituídos pela lei para conferir o direito à imunidade constitucional das instituições sem fins lucrativos (cf. art. 14, I e II, do CTN; art. 12, §§ 2º, "b", e 3º, da Lei 9.532/1997) obviamente *não se confundem* com os *requisitos legais previstos no art. 55 da Lei 8.212/1991*, que, sem fazer qualquer referência explícita à Constituição, apenas *instituiu e regulamentou os requisitos da isenção do antigo Finsocial e da CSSLL*, o que os *exclui adredemente do universo jurídico da regulamentação da imunidade deferida às instituições sem fins lucrativos*, cujos requisitos, embora definidos pela lei complementar e pela legislação específica do PIS e da COFINS (cf. arts. 13, III, e 14, X e § 1º, da Medida Provisória 2.158-35, de 24.8.2001, antiga Medida Provisória 1.858-6/1999 –, c/c os §§ 2º e 3º do art. 12 da Lei 9.532/1997), por serem de *índole constitucional*, como já demonstrado, obviamente *não podem* ser traspassados pela *legislação infraconstitucional* (complementar ou ordinária).

Assim, seja porque os *dispositivos isencionais* do *antigo Finsocial* e da *CSSLL* somente comportam *interpretação literal* (art. 111, II, do CTN), *não comportando interpretação extensiva ou analógica*, seja porque em face da *tipicidade de institutos de direito tributário não se confundem* a *imunidade e a isenção*, parece não haver dúvida de que são *inexigíveis* e, consequentemente, *desinfluentes* para o *gozo da imunidade das instituições de educação e de assistência social sem fins lucrativos* as *exigências instituídas* para o gozo da *isenção* do *antigo Finsocial e da CSSLL*, previstas no art. 55 da Lei 8.212/1991 e consubstanciadas nas obrigações de que referidas instituições: (a) sejam *reconhecidas como de utilidade pública* federal e estadual ou do Distrito Federal ou municipal; (b) sejam portadoras do *Certificado ou do Registro de Entidade de Fins Filantrópicos*, fornecido pelo Conselho Nacional de Serviço Social, renovado a cada três anos; (c) promovam a *assistência social beneficente, inclusive educacional ou de saúde, a menores, idosos, excepcionais ou pessoas carentes*; e (d) *promovam, gratuitamente e em caráter exclusivo, a assistência social beneficente a pessoas carentes, em especial a crianças, adolescentes, idosos e portadores de deficiência*.

Mas, ainda que tivessem sido instituídas para os *fins específicos do gozo da imunidade* constitucional de contribuições sociais concedida às instituições de assistência social, as *exigências* para o gozo da *isenção* previstas no art. 55 da Lei 8.212/1991 seriam *manifestamente inconstitucionais*, seja porque os referidos dispositivos *desvirtuam* "o próprio conceito constitucional de entidade beneficente de assistência social", *limitando indevidamente* "a própria extensão da imunidade" constitucional, tal como já proclamou a Suprema Corte, seja, ainda, porque, como já proclamou a jurisprudência do egrégio STJ, "a lei ordinária que dispõe a respeito de matéria reservada a lei complementar usurpa competência fixada na Constituição Federal, incidindo no vício de inconstitucionalidade".[35]

Entretanto, verifica-se que esta discussão torno da *inconstitucionalidade* do art. 55 da Lei 8.212/1991 seria *ociosa*, em face de sua *expressa revogação pelo art. 48 da Medida Provisória 446*, de 7.11.2008, que, sob o *pretexto* de dispor "sobre a certificação das entidades bene-

35. STJ, 2ª Turma, REsp 83.364-RS, J. 28.3.1996, *DJU* 5.8.1996, p. 26.338.

ficentes de assistência social" e "regular os procedimentos de isenção de contribuições para a seguridade social", *reedita e impõe* uma série de *novas exigências às instituições de educação e assistência social*, mas que, segundo consta, teria sido *devolvida* à Presidência da República por ato do Presidente do Senado, *sem submetê-la A apreciação*.

A *mera rejeição* da referida *Medida Provisória 446* por ato do Presidente do Senado, por si só, já a *despoja* de todos os seus *efeitos eficaciais*.

Realmente, ao tecer *severas críticas* à proliferação de medidas provisórias, a Suprema Corte tem reiteradamente advertido que "a *crescente apropriação institucional do poder de legislar* por parte dos sucessivos Presidentes da República tem despertado *graves preocupações de ordem jurídica*, em razão do fato de a utilização excessiva das medidas provisórias causar *profundas distorções* que se projetam no plano das relações políticas entre os Poderes Executivo e Legislativo. *Nada pode justificar a utilização abusiva de medidas provisórias*, sob pena de o Executivo – quando *ausentes razões constitucionais de urgência, necessidade e relevância material* – *investir-se, ilegitimamente, na mais relevante função institucional* que *pertence ao Congresso Nacional*, vindo a *converter-se*, no âmbito da comunidade estatal, em *instância hegemônica de poder, afetando*, desse modo, com *grave prejuízo* para o *regime das liberdades públicas* e sérios reflexos sobre o *sistema de* ***checks and balances***, a *relação de equilíbrio* que necessariamente deve existir entre os Poderes da República. Cabe ao *Poder Judiciário*, no desempenho das *funções* que lhe são *inerentes*, impedir que o *exercício compulsivo da competência extraordinária de editar medida provisória* culmine por introduzir no processo institucional brasileiro, em matéria legislativa, *verdadeiro cesarismo governamental*, provocando, assim, *graves distorções* no modelo político e gerando *sérias disfunções comprometedoras* da integridade do *princípio constitucional da separação de Poderes*".[36]

Em outra assentada, a Suprema Corte, como *minúcia didática*, esclarece que "a *rejeição parlamentar de medida provisória* – ou de seu *projeto de conversão* –, além de *desconstituir-lhe* ***ex tunc*** *a eficácia jurídica*, opera uma *outra relevante consequência* de ordem político-institucional, que consiste na *impossibilidade de o Presidente da Republica renovar esse ato quase legislativo, de natureza cautelar. Modificações secundárias de texto*, que em nada afetam os aspectos essenciais e intrínsecos da medida provisória expressamente repudiada pelo Congresso Nacional, constituem *expedientes incapazes de descaracterizar a identidade temática* que existe entre o ato não convertido em lei e a nova medida provisória editada. O *poder absoluto* exercido pelo Estado, *sem quaisquer restrições e controles, inviabiliza*, numa comunidade estatal concreta, a *pratica efetiva das liberdades* e o *exercício dos direitos e garantias* individuais ou coletivos. É preciso *respeitar*, de *modo incondicional*, os *parâmetros de atuação delineados no texto constitucional*. Uma Constituição escrita não configura mera peça jurídica, nem é simples escritura de normatividade e nem pode caracterizar um irrelevante acidente histórico na vida dos povos e das Nações. Todos os *atos estatais que repugnem a Constituição expõem-se a censura jurídica* – dos tribunais, especialmente –, porque *são írritos, nulos e desvestidos de qualquer validade*.

36. STF, Pleno, ADI/MC 2.213-DF, rel. Min. Celso de Mello, j. 4.4.2002, *DJU* 23.4.2004, p. 7; *Ement.* 02148-02/296.

A *Constituição não pode submeter-se à vontade dos poderes constituídos e nem ao império dos fatos e das circunstancias*. A *supremacia* de que ela se reveste – enquanto for respeitada – constituirá a *garantia mais efetiva de que os direitos e as liberdades não serão jamais ofendidos*. Ao STF incumbe a tarefa, magna e eminente, de *velar* por que essa *realidade não seja desfigurada*".[37]

Entretanto, a própria Suprema Corte esclarece que "a norma inscrita no art. 67 da Constituição – que consagra o *postulado da irrepetibilidade dos projetos rejeitados na mesma sessão legislativa – não impede o Presidente da República de submeter à apreciação do Congresso Nacional*, reunido em convocação extraordinária (CF, art. 57, § 6º, II), *projeto de lei versando, total ou parcialmente*, a *mesma matéria* que constituiu *objeto de medida provisória rejeitada* pelo Parlamento, em sessão legislativa realizada no ano anterior".[38]

Mas, tal como ocorre com o art. 55 da Lei 8.212/1991 (e suas alterações pelas Leis 9.429/1996, 9.528/1997 e 9.732/1998 e Medida Provisória 2.187-13/2001), mesmo que submetidos ao Congresso Nacional *como projeto de lei* os referidos *dispositivos isencionais* da Medida Provisória 446/08 acertadamente rejeitados – por não terem sido editados para os *fins específicos do gozo da imunidade* constitucional de contribuições sociais concedida às instituições de assistência social –, seriam *inexigíveis* e, consequentemente, *desinfluentes* para o *gozo da imunidade*.

Na *improvável hipótese* de sua *conversão em lei*, os dispositivos da malsinada medida provisória padeceriam de *insanável inconstitucionalidade (formal e material)*, seja porque, ao *disporem a respeito de matéria reservada à lei complementar, usurpam de competência constitucional reservada à lei complementar, incidindo no vício de inconstitucionalidade formal*, seja ainda porque, *em substância, desvirtuam* "o próprio conceito constitucional de entidade beneficente de assistência social", *limitando indevidamente* "a própria extensão da imunidade", padecendo de *inconstitucionalidade substancial*, tal como já proclamou a Suprema Corte anteriormente, nos casos de *suspensão da legislação de idêntico conteúdo*.

Em suma, por maiores sejam as concessões que se faça, os *dispositivos isencionais* da Medida Provisória 446/2008, acertadamente rejeitados pelo Congresso, não teriam a menor condição jurídica de vingar, em face de sua *inconstitucionalidade manifesta*.

Uma vez examinados os *limites legislativos* para a *fixação dos requisitos* ao reconhecimento da imunidade tributária constitucionalmente assegurada ao Terceiro Setor, passemos ao *exame das normas infralegais* que pretenderam *regulamentar* os *requisitos* para o funcionamento das entidades de assistência social sem fins lucrativos, para assim *negar-lhes indiretamente o reconhecimento da imunidade*.

4. A reserva de lei e a inconstitucionalidade das normas regulamentares das entidades de assistência social

Ao dispor sobre a "organização da assistência social", a Lei 8.742, de 7.12.1993, expressamente estabeleceu em seus arts. 3º, 9º e 18, IV, que:

37. STF, Pleno, ADI/MC 293-DF, rel. Min. Celso de Mello, j. 6.6.1990, *DJU* 16.4.1993, p. 6.429; *Ement.* 01699-01/09.

38. STF, Pleno, ADI/MC 2.010-DF, rel. Min. Celso de Mello, j. 30.9.1999, *DJU* 12.4.2002, p. 51; *Ement.* 02064-01/86.

"Art. 3º. Consideram-se entidades e organizações de assistência social aquelas que prestam, sem fins lucrativos, atendimento e assessoramento aos beneficiários abrangidos por esta Lei, bem como as que atuam na defesa e garantia de seus direitos".

"Art. 9º. O funcionamento das entidades e organizações de assistência social depende de prévia inscrição no respectivo Conselho Municipal de Assistência Social, ou no Conselho de Assistência Social do Distrito Federal, conforme o caso.

"§ 1º. A regulamentação desta Lei definirá os critérios de inscrição e funcionamento das entidades com atuação em mais de um Município no mesmo Estado, ou em mais de um Estado ou Distrito Federal.

"§ 2º. Cabe ao Conselho Municipal de Assistência Social e ao Conselho de Assistência Social do Distrito Federal a fiscalização das entidades referidas no *caput*, na forma prevista em lei ou regulamento.

"§ 3º. A inscrição da entidade no Conselho Municipal de Assistência Social, ou no Conselho de Assistência Social do Distrito Federal, é condição essencial para o encaminhamento de pedido de registro e de certificado de entidade de fins filantrópicos junto ao Conselho Nacional de Assistência Social-CNAS.

"§ 4º. As entidades e organizações de assistência social podem, para defesa de seus direitos referentes à inscrição e ao funcionamento, recorrer aos Conselhos Nacional, Estaduais, Municipais e do Distrito Federal."

"Art. 18. Compete ao Conselho Nacional de Assistência Social: I – aprovar a Política Nacional de Assistência Social; II – normatizar as ações e regular a prestação de serviços de natureza pública e privada no campo da assistência social; III – fixar normas para a concessão de registro e certificado de fins filantrópicos às entidades privadas prestadoras de serviços e assessoramento de assistência social; IV – conceder atestado de registro e certificado de entidades de fins filantrópicos, na forma do regulamento a ser fixado, observado o disposto no art. 9º desta Lei; (...)."

Por seu turno, ao regulamentar os dispositivos legais retromencionados, o Decreto 2.536, de 6.4.1998, veio dispor, em seus arts. 1º, 2º e 3º, que:

"Art. 1º. A concessão do Certificado de Entidade de Fins Filantrópicos pelo Conselho Nacional de Assistência Social-CNAS, de que trata o inciso IV do art. 18 da Lei n. 8.742, de 7 de dezembro de 1993, obedecerá ao disposto neste Decreto.

"Art. 2º. Considera-se entidade beneficente de assistência social, para os fins deste Decreto, a pessoa jurídica de direito privado, sem fins lucrativos, que atue no sentido de: I – proteger a família , a maternidade, a infância, a adolescência e a velhice; II – amparar crianças e adolescentes carentes; III – promover ações de prevenção, habilitação e reabilitação de pessoas portadoras de deficiências; IV – promover, gratuitamente, assistência educacional ou de saúde; V – promover a integração ao mercado de trabalho.

"Art. 3º. Faz jus ao Certificado de Entidade de Fins Filantrópicos a entidade beneficente de assistência social que demonstre, nos 3 (três) anos imediatamente anteriores ao requerimento, cumulativamente: I – estar legalmente constituída no País e em efetivo funcionamento; II – estar legalmente inscrita no Conselho Municipal de Assistência Social do Município de sua sede, se houver, ou no Conselho Estadual de Assistência Social, ou Conselho de Assistência Social do Distrito Federal; III – estar previamente registrada no CNAS; IV – aplicar suas rendas, seus recursos e eventual resultado operacional integralmente ao território nacional e na manutenção e no desenvolvimento de seus objetivos institucionais; V – aplicar as subvenções e doações recebidas nas finalidades a que estejam vinculadas; VI – aplicar anualmente, em gratuidade, pelo menos 20% (vinte por cento) da receita bruta proveniente da venda de serviços, acrescida da receita decorrente de aplicações financeiras, de locação de bens, de venda de bens não integrantes do ativo imobilizado e de doações particulares, cujo montante nunca será inferior à isenção de contribuições sociais usufruída; VII – não distribuir resultados, dividendos, bonificações, participações ou parcela do seu patrimônio, sob nenhuma forma ou pretexto; VIII – não perceberem seus diretores, conselheiros, sócios, instituidores, benfeitores ou equivalentes remuneração, vantagens ou benefícios, direta ou indiretamente, por qualquer forma ou título, em razão das competências, funções ou atividades que lhes sejam atribuídas pelos respectivos atos constitutivos; IX – destinar, em seus atos constitutivos, em caso de dissolução ou extinção, o eventual patrimônio remanescente a entidades congêneres registradas no CNAS ou a entidade pública; X – não constituir patrimônio de indivíduo ou de sociedade sem caráter beneficente de assistência social.

"§ 1º. O Certificado de Entidade de Fins Filantrópicos somente será fornecido a entidade cuja prestação de serviços gratuitos seja permanente e sem qualquer discriminação de clientela, de acordo com o plano de trabalho de assistência social apresentado e aprovado pelo CNAS.

"§ 2º. O Certificado de Entidade de Fins Lucrativos terá validade de 3 (três) anos, a contar da data da publicação no *Diário Oficial da União* da resolução de deferimento de sua concessão, permitida sua renovação, sempre em igual período, exceto quando cancelado em virtude de transgressão de norma que regulamenta a sua concessão.

"§ 3º. Desde que tempestivamente requerida a renovação, a validade do Certificado contará da data do termo final do Certificado anterior.

"§ 4º. O disposto no inciso VI não se aplica à entidade da área de saúde, a qual, em substituição àquele requisito, deverá comprovar, anualmente, percentual de atendimentos decorrentes de convênio firmado com o Sistema Único de Saúde-SUS igual ou superior a 60% (sessenta por cento) do total de sua capacidade instalada."

Dos preceitos retrotranscritos contata-se que, ao regulamentar as "entidades de assistência social sem fins lucrativos" e os *requisitos* para seu *funcionamento* e *concessão do Certificado de Entidade de Fins Filantrópicos pelo Conselho Nacional de Assistência Social-CNAS*, os *arts. 2º, IV, 3º, VI, IX e X, e § 1º, do Decreto 2.536/1998 desbordam totalmente da Lei 8.742/1993*, que pretenderam regulamentar, e se achavam sob a *reserva da lei* (arts. 5º, XXI, 22, XXIII e XXIV, 24, IX e XII, 194, patágrafo único, 195, § 7º, e 197 da CF/1988), sendo certo que esta última *não previu qualquer exigência* quanto a: (a) "promover, gratuitamente, assistência educacional ou de saúde"; (b) "aplicar anualmente, em gratuidade, pelo menos 20% (vinte por cento) da receita bruta proveniente da venda de serviços, acrescida da receita decorrente de aplicações financeiras, de locação de bens, de venda de bens não integrantes do ativo imobilizado e de doações particulares, cujo montante nunca será inferior à isenção de contribuições sociais usufruída"; (c) "destinar, em seus atos constitutivos, em caso de dissolução ou extinção, o eventual patrimônio remanescente a entidades congêneres registradas no CNAS ou a entidade pública"; (d) " não constituir patrimônio de indivíduo ou de sociedade sem caráter beneficente de assistência social"; e (e) a "prestação de serviços gratuitos seja permanente e sem qualquer discriminação de clientela, de acordo com o plano de trabalho de assistência social apresentado e aprovado pelo CNAS".

Como é elementar e já assentou a Suprema Corte, "*o princípio constitucional da reserva de lei formal traduz limitação ao exercício das atividades administrativas e jurisdicionais do Estado.* A *reserva de lei* – analisada sob tal perspectiva – constitui *postulado* revestido de *função excludente, de caráter negativo*, pois *veda, nas matérias a ela sujeitas, quaisquer intervenções normativas, a título primário, de órgãos estatais não legislativos.* Essa *cláusula constitucional*, por sua vez, projeta-se em uma *dimensão positiva*, eis que a sua incidência reforça o *princípio*, que, fundado na *autoridade da Constituição, impõe, à Administração e à jurisdição, a necessária submissão aos comandos estatais emanados, exclusivamente, do legislador. Não cabe ao Poder Executivo, em tema regido pelo postulado da reserva de lei, atuar na anômala (e inconstitucional) condição de legislador*, para, em assim agindo, *proceder à imposição de seus próprios critérios, afastando*, desse modo, *os fatores que, no âmbito de nosso sistema constitucional, só podem ser legitimamente definidos pelo Parlamento.* É que, *se tal fosse possível, o Poder Executivo passaria a desempenhar atribuição que lhe é institucionalmente estranha (a de legislador), usurpando*, desse modo, no contexto de um *sistema de poderes essencialmente limitados, competência que não lhe pertence*, com *evidente transgressão ao princípio constitucional da separação de Poderes*".[39]

Nessa mesma ordem de ideias, a Suprema Corte também tem reiteradamente repelido, por *inconstitucional*, a "*atuação **ultra vires** do Poder Legislativo, consubstanciada na abdicação de sua competência institucional em favor do Poder Executivo, facultando a este*, mediante ato próprio, *a prerrogativa de inovar na ordem jurídica em assunto (liberalidade estatal em matéria tributária) no qual a Constituição Federal impõe reserva absoluta de lei em sentido formal*",[40] asseverando que "o *abuso de poder regulamentar*, especialmente *nos casos em que o Estado atua **contra legem** ou **praeter legem***, não só *expõe o ato transgressor ao controle jurisdicional*, mas *viabiliza*, até mesmo, *tal a gravidade desse comportamento governamental*, o *exercício, pelo Congresso Nacional, da competência extraordinária* que lhe confere o art. 49, V, da Constituição da República e que *lhe permite 'sustar os atos normativos do Poder Executivo que exorbitem do poder regulamentar'* (...)".[41]

Ante a *manifesta inconstitucionalidade dos arts. 2º, IV, e 3º, VI, IX e X, e § 1º, do Decreto 2.536/1998, que, desbordando totalmente da Lei 8.742/1993*, pretenderam regulamentar matéria sob *reserva de lei*, parece não haver dúvida de que a pretensão de invocação daqueles dispositivos regulamentares para *denegar a concessão do Certificado de Entidade de Fins Filantrópicos pelo Conselho Nacional de Assistência Social-CNAS – e assim indiretamente restringir a eficácia* da imunidade constitucional assegurada no art. 195, § 7º, da CF/1988 – não so-

39. STF, Pleno, ADI/MC 2.075-RJ, rel. Min. Celso de Mello, j. 7.2.2001, *DJU* 27.6.2003, p. 28; *Ement.* 02116-02/251.

40. STF, Pleno, ADI/MC 3.462-PA, rela. Min. Ellen Gracie, j. 8.9.2005, *DJU* 21.10.2005, p. 5; *RTJ* 195-03/918.

41. STF, Pleno, ACi/AgR/QO 1.033-DF, rel. Min. Celso de Mello, j. 25.5.2006, *DJU* 16.6.2006, p. 04; *Lex-STF* 28-331/5-26, 2006.

mente enseja *exegese* que "*claramente distorce a teleologia* do benefício assegurado no mais elevado plano normativo", como configura *manifesta ilegalidade*, pois, como tem reiteradamente proclamado a jurisprudência do egrégio STJ, "o *ato administrativo*, no Estado Democrático de Direito, está *subordinado ao princípio da legalidade* (CF/1988, arts. 5º, II, 37, *caput*, e 84, IV), o que equivale a assentar que *a Administração só pode atuar de acordo com o que a lei determina*. Desta sorte, ao expedir um ato que tem por *finalidade regulamentar a lei* (decreto, regulamento, instrução, portaria etc.), *não pode a Administração inovar na ordem jurídica, impondo obrigações ou limitações a direitos de terceiros*. (...). Consoante a melhor doutrina, 'é livre de qualquer dúvida ou entredúvida que, entre nós, por força dos arts. 5º, II, 84, IV, e 37 da Constituição, *só por lei se regulam liberdade e propriedade; só por lei se impõem obrigações de fazer ou não fazer*. Vale dizer: *restrição alguma se impõe à liberdade ou à propriedade pode ser imposta se não estiver previamente delineada, configurada e estabelecida em alguma lei, e só para cumprir dispositivos legais é que o Executivo pode expedir decretos e regulamentos*'".[42]

Finalmente, restam algumas breves considerações sobre a possibilidade de *suspensão da imunidade* em face do *comprovado não cumprimento de seus pressupostos*.

5. O procedimento administrativo de suspensão da imunidade e o devido processo legal

A lei complementar (arts. 9º, § 1º, e 14, § 1º, do CTN) expressamente prevê que a imunidade constitucional "*não exclui a atribuição, por lei*, às entidades" nela referidas, "da *condição de responsáveis pelos tributos que lhes caiba reter na fonte*, e *não* as *dispensa da prática de atos, previstos em lei, assecuratórios do cumprimento de obrigações tributárias por terceiros*"; e que, "na *falta de cumprimento*" *dos requisitos* nela previstos, "a *autoridade competente pode suspender a aplicação do benefício*".

Por seu turno, a Lei 9.430, de 27.12.1996 (*DOU* 30.12.1996), em seu art. 32, expressamente dispõe:

"Art. 32. A suspensão da imunidade tributária, em virtude de falta de observância de requisitos legais, deve ser procedida de conformidade com o disposto neste artigo.

"§ 1º. Constatado que a entidade beneficiária de imunidade de tributos federais de que trata a alínea 'c' do inciso VI do art. 150 da Constituição Federal não está observando requisito ou condição previsto nos arts. 9º, § 1º, e 14 da Lei n. 5.172, de 25 de outubro de 1966-Código Tributário Nacional, a Fiscalização Tributária expedirá notificação fiscal, na qual relatará os fatos que determinam a suspensão do benefício, indicando inclusive a data da ocorrência da infração.

"§ 2º. A entidade poderá, no prazo de 30 (trinta) dias da ciência da notificação, apresentar as alegações e provas que entender necessárias.

"§ 3º. O delegado ou inspetor da Receita Federal decidirá sobre a procedência das alegações, expedindo o ato declaratório suspensivo do benefício, no caso de improcedência, dando, de sua decisão, ciência à entidade.

"§ 4º. Será igualmente expedido o ato suspensivo se decorrido o prazo previsto no § 2º sem qualquer manifestação da parte interessada.

42. STJ, 1ª Turma, REsp 584.798-PE (reg. 2003/0157195-7), rel. Min. Luiz Fux, j. 4.11.0204, *DJU* 6.12.2004, p. 205.

"§ 5º. A suspensão da imunidade terá como termo inicial a data da prática da infração.

"§ 6º. Efetivada a suspensão da imunidade: I – a entidade interessada poderá, no prazo de 30 (trinta) dias da ciência, apresentar impugnação ao ato declaratório, a qual será objeto de decisão pela Delegacia da Receita Federal de Julgamento competente; II – a fiscalização de tributos federais lavrará auto de infração, se for o caso.

"§ 7º. A impugnação relativa à suspensão da imunidade obedecerá às demais normas reguladoras do processo administrativo fiscal.

"§ 8º. A impugnação e o recurso apresentados pela entidade não terão efeito suspensivo em relação ao ato declaratório contestado.

"§ 9º. Caso seja lavrado auto de infração, as impugnações contra o ato declaratório e contra a exigência de crédito tributário serão reunidas em um único processo, para serem decididas simultaneamente.

"§ 10. Os procedimentos estabelecidos neste artigo aplicam-se, também, às hipóteses de suspensão de isenções condicionadas, quando a entidade beneficiária estiver descumprindo as condições ou requisitos impostos pela legislação de regência."

Finalmente, a Lei 9.532, de 10.12.1997, veio expressamente dispor, em seu art. 13, que:

"Art. 13. Sem prejuízo das demais penalidades previstas na lei, a Secretaria da Receita Federal suspenderá o gozo da imunidade a que se refere o artigo anterior, relativamente aos anos-calendários em que a pessoa jurídica houver praticado ou, por qualquer forma, houver contribuído para a prática de ato que constitua infração a dispositivo da legislação tributária, especialmente no caso de informar ou declarar falsamente, omitir ou simular o recebimento de doações em bens ou em dinheiro, ou de qualquer forma cooperar para que terceiro sonegue tributos ou pratique ilícitos fiscais.

"Parágrafo único. Considera-se, também, infração a dispositivo da legislação tributária o pagamento, pela instituição imune, em favor de seus associados ou dirigentes, ou, ainda, em favor de sócios, acionistas ou dirigentes de pessoa jurídica a ela associada por qualquer forma, de despesas consideradas indedutíveis na determinação da base de cálculo do imposto sobre a renda ou da contribuição social sobre o lucro líquido."

Dos preceitos expostos verifica-se que o *ato de suspensão da imunidade está condicionado à apuração*, pela Administração Tributária, dos seguintes *pressupostos de fato* relativamente aos anos-calendários em que a entidade beneficiária de imunidade comprovadamente: (a) *não estiver observando requisitos ou condições previstos nos arts. 9º, § 1º, e 14 do CTN*; (b) *houver contribuído para a prática de ato que constitua infração* a dispositivo da legislação tributária; (c) *informar ou declarar falsamente, omitir ou simular o recebimento de doações* em *bens* ou *em dinheiro*; (d) de qualquer forma *cooperar para que terceiro sonegue tributos ou pratique ilícitos fiscais*; (e) *efetuar* "o *pagamento, pela instituição imune, em favor de seus associados ou dirigentes*, ou, ainda, *em favor de sócios, acionistas ou dirigentes de pessoa jurídica a ela associada* por qualquer forma, de *despesas consideradas indedutíveis na determinação da base de cálculo do imposto sobre a renda ou da contribuição social sobre o lucro líquido*".

Como é elementar e já assentou a Suprema Corte, "o Estado, em tema de *punições disciplinares ou de restrição a direitos*, qualquer que seja o destinatário de tais medidas, *não pode exercer a sua autoridade de maneira abusiva ou arbitrária*, desconsiderando, no exercício de sua atividade, o *postulado da plenitude de defesa*, pois o reconhecimento da legitimidade ético-jurídica de qualquer medida estatal – que importe punição disciplinar ou limitação de direitos – *exige*, ainda que se cuide de *procedimento meramente administrativo* (CF, art. 5º, LV), a *fiel observância do princípio do devido processo legal*. A jurisprudência do STF tem reafirmado a essencialidade desse princípio, nele reconhecendo uma *insuprimível garantia*, que, *instituída em favor de qualquer pessoa ou entidade, rege e condiciona o exercício, pelo Poder Público, de sua atividade, ainda que em sede materialmente administrativa, sob pena de nulidade do próprio ato punitivo ou da medida restritiva de direitos*".[43]

Uma vez fixados legalmente os *motivos determinantes* para a edição do *ato de suspensão da imunidade*, a *validade e eficácia deste último estão vinculadas ou condicionadas à comprovação da existência daqueles motivos legalmente estabelecidos, sem os quais o ato de suspensão deixa de ser legítimo, válido ou lícito*, eis que, como já assentou a jurisprudência administrativa, "a *suspensão de imunidade de instituição (...), para que seja eficaz, deve estar calcada em sólidas provas do desvio de finalidade* de que trata o art. 14 do CTN",[44] e "*somente após o ato formal de suspensão da imunidade pela autoridade competente é que se abre ao auditor fiscal*, que detém a prerrogativa de constituição do lançamento tributário, *a possibilidade de agir*", pois "a legislação nunca contemplou a possibilidade de suspensão de imunidade pelo próprio auditor fiscal".[45]

Nessa ordem de ideias, a lei complementar expressamente autoriza a *revisão de lançamentos* (positivos ou negativos) quando deva ser *apreciado fato não conhecido ou não provado por ocasião do lançamento anterior* (art. 149, VIII, do CTN); mas essa "revisão do lançamento" por *erro de fato*, autorizada pela lei complementar, "só pode ser iniciada enquanto não extinto o direito da Fazenda Pública" (parágrafo único do art. 149 do CTN) pela *decadência*, cujo prazo, como é curial e já assentou a jurisprudência, "*não se sujeita a suspensão ou interrupção*, sequer por ordem judicial".[46]

Finalmente, a jurisprudência do egrégio STJ já assentou que "os motivos que determinaram a vontade do agente público, consubstanciados nos fatos que serviram de suporte à sua decisão, integram a validade do ato, eis que a ele se vinculam visceralmente. (...). A *sanção*, ainda que *administrativa, não pode, em hipótese alguma, ultrapassar em espécie ou quantidade o limite da culpabilidade do autor do fato*", sendo que "*a afronta ou a não observância do princípio da proporcionalidade da pena no procedimento administrativo implica desvio de*

43. STF, 2ª Turma, AI/AgR 241.201-SC, rel. Min. Celso de Mello, j. 27.8.2002, *DJU* 20.9.2002, p. 109; *Ement.* 02083-03/589.

44. 1º Conselho de Contribuintes, 8ª Câmara, Acórdão 108-09630, Rec. 157.302, Processo 10735.003475/2005-30, rel. Cos. João Francisco Bianco, j. 25.6.2008.

45. 1º Conselho de Contribuintes, 7ª Câmara, Acórdão 107-07720, Rec. 138.982, Processo 13805.000465/93-29, rel. Cos. Luiz Martins Valero, j. 11.8.2004.

46. STJ, 2ª Turma, REsp 119.986-SP (reg. 1997/0011016-8), rela. Min. Eliana Calmon. j. 15.2.2001, *DJU* 9.4.2001, p. 337; *RSTJ* 147/154.

finalidade do agente público, tornando a *sanção aplicada ilegal e sujeita a revisão do Poder Judiciário*".[47]

Como é curial, *o controle jurisdicional do ato administrativo vinculado, pelo Poder Judiciário, compreende o exame de sua legalidade* quer nos "aspectos formais", quer nos "aspectos materiais", incluindo-se nestes últimos os "*motivos e pressupostos* que o determinaram".[48]

6. Conclusões

6.1 A imunidade tributária de impostos e contribuições (arts. 150, IV, "c", e 195, § 7º, da CF) é concedida *intuitu personae* às "instituições de educação e de assistência social sem fins lucrativos" e, por consubstanciar uma *exceção* aos *princípios* da *generalidade*, da *igualdade*, da *uniformidade* e da *universalidade* da tributação, somente *se justifica* sob o *primordial* "interesse público" existente nas *atividades* e *serviços* por elas *desenvolvidos* e *desinteressadamente prestados à coletividade*, nas respectivas *áreas sociais de atuação* (saúde, educação, assistência social, cultura, habilitação e reabilitação das pessoas portadoras de deficiência, desenvolvimento científico, artístico e tecnológico, desporto e lazer etc.), que, por *corresponderem* ao atendimento de "direitos sociais" assegurados pela Constituição, o Estado tem o *dever de prestar e de estimular* (arts. 196, 205, 206, 208 e 215-218 da CF/1988) e, se viesse a prestar com as mesmas *amplitude e eficiência* do setor privado, ou a subvencionar na mesma medida, como deveria, certamente incorreria em *custos financeiros* muito *superiores ao valor da tributação inibida.*

6.2 A *expressão "instituição de educação"* empregada no texto constitucional *não se restringe* apenas às *instituições* destinadas *à formação e ao desenvolvimento da capacidade intelectual* do indivíduo, mas *abrange* todas as *instituições* destinadas à formação e ao desenvolvimento das *capacidades físicas, morais, intelectuais, religiosas, artísticas e culturais* do indivíduo, que, suprindo as deficiências individuais (natas ou inatas) naquelas diversas áreas, o capacitam para a vida em sociedade.

6.3 A *expressão "instituição sem fins lucrativos"*, utilizada no texto constitucional para *delimitar* o *âmbito ou núcleo de atuação* da imunidade tributária, *vincula* o gozo da exoneração tributária *exclusivamente* ao *objeto social* (atividades e serviços desenvolvidos nas mais diversas áreas sociais de saúde, educação etc.), à sua *finalidade institucional* ("sem fins lucrativos") e, portanto, à *aplicação, gestão e destinação final* dos recursos financeiros (*fato de não destinarem seus resultados positivos à distribuição de lucros*) obtidos pela instituição no desempenho de suas atividades institucionais, *sem qualquer outra restrição* quanto à *forma* de pessoa jurídica que adote (associação, sociedade civil, fundação pública ou privada, organização religiosa, organização não governamental-ONG, Organização da Sociedade Civil de Interesse Público-OSCIP etc.), ao *caráter* que se lhe atribua (beneficente, filantrópico, recreativo, cultural, científico, religioso etc.), à *produção dos recursos* financeiros por ela obtidos ou à *gratuidade* nos serviços que presta, desde que estes últimos sejam *lícitos* e justifiquem a destinação e aplicação da propriedade privada

47. STJ, 2ª Turma, RMS 13.617-MG (reg. 2001/0101563-0), rela. Min. Laurita Vaz, j. 12.3.2002, *DJU* 22.4.2002, p. 183.

48. STF, Pleno, RE/EDv 75.421-BA, rel. Min. Xavier de Albuquerque, j. 18.9.1975, *DJU* 1.10.1976; *Ement.* 01036-01/209 e *RTJ* 79-02/478.

e suas instrumentalidades às finalidades institucionais para a qual foi criada.

6.4 Esse *núcleo substancial de atuação* que *delimita e justifica a imunidade tributária* assegurada às *instituições de educação e de assistência social sem fins lucrativos*, por ser de *índole constitucional*, obviamente *não pode* ser traspassado pela *legislação infraconstitucional* (complementar ou ordinária), pois *imunidade é regra jurídica*, com *sede constitucional, delimitativa* (no *sentido negativo*) da *competência dos entes políticos da Federação*, ou *regra de incompetência*, que *obsta ao exercício da atividade legislativa do ente estatal*, pois *nega competência para criar imposição em relação a certos fatos especiais e determinados* – e, portanto *não se confunde* e *se distingue da isenção*.

6.5 A Constituição Federal expressamente reservou à lei complementar (art. 146) a competência para regular as "limitações constitucionais ao poder de tributar", cujo *objetivo precípuo* foi exatamente o *de proteger algumas matérias, em seu aspecto específico, de alterações imprudentes por parte dos legisladores ordinários* dos entes federados, o que não somente torna *imprescindível* a *legislação integrativa da vontade do constituinte* (*interpositio legislatoris*), para que a competência legislativa dos entes federados possa operar, em plenitude, todas as suas consequências e virtualidades eficaciais, nem somente *consubstancia instrumento de limitação normativa de compulsória observância da ação tributante do Estado*, como *se destina a conferir proteção efetiva e a dispensar tutela plena aos sujeitos passivos* da obrigação tributária. Nem mesmo o poder jurídico deferido aos Estados-membros e ao Distrito Federal pelo art. 24, §§ 2º e 4º, da CF *permitirá que estes legislem autonomamente*, eis que *tudo que diga respeito aos lindes da imunidade, quando suscetível de disciplina infraconstitucional, ficou reservado à lei complementar*.

6.6 O *critério legal* objetivamente estabelecido para o gozo da imunidade de impostos e contribuições assegurada às instituições de educação e de assistência social sem fins lucrativos (cf. art. 14, I e II, do CTN; arts. 12, §§ 2º, "b", e 3º, da Lei 9.532/1997), em conformidade com a Constituição, *vincula-se* fundamentalmente ao adimplemento de *cinco condições legalmente estabelecidas* e consubstanciadas nas *obrigações cumulativas* de: (a) *aplicação final e integral dos recursos financeiros da entidade no País e em prol de suas finalidades institucionais não lucrativas e de interesse público*; (b) *não distribuição de qualquer parcela de seu patrimônio ou de suas rendas a título de lucro ou participação no seu resultado*; (c) "não remunerar, por qualquer forma, seus dirigentes pelos serviços prestados"; (d) "*conservar em boa ordem, pelo prazo de cinco anos*, contado da data da emissão, os *documentos que comprovem a origem de suas receitas e a efetivação de suas despesas*, bem assim *a realização de quaisquer outros atos ou operações que venham a modificar sua situação patrimonial*" – documentos, estes, capazes de assegurar a exatidão de suas contas; e (e) "*apresentar, anualmente, Declaração de Rendimentos*, em conformidade com o disposto em ato da Secretaria da Receita Federal".

6.7 O *ato de suspensão da imunidade*, pela Administração Tributária, exige observância dos postulados da ampla defesa, contraditório e devido processo legal e *está condicionado à apuração dos seguintes pressupostos de fato*, relativamente aos anos-calendários em que a entidade beneficiária de imunidade comprovadamente: (a) *não estiver observando requisitos ou condições previstos nos arts. 9º, § 1º, e 14 do CTN*; (b) *houver contribuído para a prática de ato que constitua infração* a dispositivo da legislação tributária; (c) *informar ou declarar falsamente, omitir ou simular o recebimento de doações* em *bens* ou em *dinheiro*; (d) de qualquer forma *cooperar para que terceiro sonegue tributos ou pratique ilícitos fiscais*; (e) *efetuar o pagamento, pela instituição imune, em favor de seus associados ou dirigentes*, ou, ainda, *em favor de sócios, acionistas ou dirigentes de pessoa jurídica a ela associada* por qualquer forma, de *despesas consideradas indedutíveis na determinação da base de cálculo do IR ou da CSSLL*.

6.8 A Suprema Corte *suspendeu a eficácia* dos arts. 1º, 4º , 5º e 7º da Lei 9.732/1998, bem como dos arts. 12, §§ 1º e 2º, "f", *caput*, e 14 da Lei 9.532/1997, aos *judiciosos fundamentos* de que os referidos dispositivos *desvirtuariam* "o próprio conceito constitucional de entidade beneficente de assistência social", *limitando indevidamente* "a própria extensão da imunidade" constitucional, sendo certo que o *provimento cautelar deferido* pelo STF, além de *produzir eficácia* ***erga omnes***, reveste-se de *efeito vinculante* relativamente ao *Poder Executivo e aos demais órgãos do Poder Judiciário*.

6.9 Assim, seja porque os dispositivos isencionais do antigo Finsocial e da CSSLL somente comportam *interpretação literal* (art. 111, II, do CTN), *não comportando interpretação extensiva ou analógica*, seja porque, em face da *tipicidade de institutos de direito tributário, não se confundem imunidade e isenção*, não há dúvida de que são *inexigíveis* e, consequentemente, *desinfluentes* para o *gozo da imunidade das instituições de educação e de assistência social sem fins lucrativos* as *exigências instituídas* para o gozo da *isenção* do *antigo Finsocial e da CSSLL*, previstas no art. 55 da Lei 8.212/1991 e consubstanciadas nas obrigações de que referidas instituições: (a) sejam *reconhecidas como de utilidade pública* federal e estadual ou do Distrito Federal ou municipal; (b) sejam portadoras do *Certificado ou do Registro de Entidade de Fins Filantrópicos*, fornecido pelo Conselho Nacional dc Serviço Social, renovado a cada três anos; (c) promovam a *assistência social beneficente, inclusive educacional ou de saúde, a menores, idosos, excepcionais ou pessoas carentes*; e (d) *promovam, gratuitamente e em caráter exclusivo, a assistência social beneficente a pessoas carentes, em especial a crianças, adolescentes, idosos e portadores de deficiência*.

6.10 Ainda que tivessem sido instituídas para os *fins específicos do gozo da imunidade* constitucional de contribuições sociais concedida às instituições de assistência social, as *exigências instituídas* para o gozo da *isenção* prevista no art. 55 da Lei 8.212/1991 seriam *manifestamente inconstitucionais*, seja porque os referidos dispositivos *desvirtuam o próprio conceito constitucional de entidade beneficente de assistência social, limitando indevidamente a própria extensão da imunidade* constitucional, tal como já proclamou a Suprema Corte, seja ainda porque, como já proclamou a jurisprudência do egrégio STJ, "a lei ordinária que dispõe a respeito de matéria reservada a lei complementar usurpa competência fixada na Constituição Federal, incidindo no vício de inconstitucionalidade".

6.11 A discussão em torno da inconstitucionalidade do art. 55 da Lei 8.212/1991 restou ociosa em face de sua *expressa revogação* pelo art. 48 da Medida Provisória 446, de 7.11.2008, que, sob o *pretexto* de dispor "sobre a certificação das entidades beneficentes de assistência social" e "regular os procedimentos de isenção de contribuições para a seguridade social", *reedita e impõe* uma série de *no-*

vas exigências às instituições de educação e assistência social, mas que, segundo consta, a referida medida provisória teria sido *devolvida* à Presidência da República por ato do Presidente do Senado, *sem submetê-la a apreciação*.

6.12 A *rejeição parlamentar da medida provisória* – ou de seu *projeto de conversão* –, além de *desconstituir-lhe **ex tunc** a eficácia jurídica*, opera uma *outra relevante consequência* de ordem político-institucional, que consiste na *impossibilidade de o Presidente da Republica renovar esse ato quase legislativo, de natureza cautelar, sendo certo que modificações secundárias de texto*, que em nada afetem os aspectos essenciais e intrínsecos da medida provisória expressamente repudiada pelo Congresso Nacional, constituem *expedientes incapazes de descaracterizar a identidade temática* que existe entre o ato não convertido em lei e a nova medida provisória editada. Entretanto, a norma inscrita no art. 67 da CF – que consagra o *postulado da irrepetibilidade dos projetos rejeitados na mesma sessão legislativa –não impede o Presidente da República de submeter à apreciação do Congresso Nacional*, reunido em convocação extraordinária (CF, art. 57, § 6º II), *projeto de lei versando, total ou parcialmente*, a *mesma matéria que constituiu objeto de medida provisória rejeitada* pelo Parlamento, em sessão legislativa realizada no ano anterior.

6.13 Mas,tal como ocorre com o art. 55 da Lei 8.212/19, mesmo que submetidos ao Congresso Nacional como *projeto de lei*, os referidos *dispositivos isencionais* da Medida Provisória 446/2008 rejeitados – por não terem sido editados para os *fins específicos do gozo da imunidade* constitucional de contribuições sociais concedida às instituições de assistência social – seriam *inexigíveis* e, consequentemente, *desinfluentes* para o *gozo daquela imunidade*. Na *improvável hipótese* de sua *conversão em lei*, os dispositivos da malsinada medida provisória padeceriam de insanável inconstitucionalidade, seja porque, ao *disporem a respeito de matéria reservada à lei complementar, usurpam competência constitucional reservada à lei complementar, incidindo no vício de inconstitucionalidade formal*, seja ainda porque, em *substância*, *desvirtuam* "o próprio conceito constitucional de entidade beneficente de assistência social", *limitando indevidamente* "a própria extensão da imunidade", padecendo de inconstitucionalidade, tal como já proclamou a Suprema Corte anteriormente.

Referências bibliográficas

BALEEIRO, Aliomar. *Limitações Constitucionais ao Poder de Tributar*. 6ª ed., revista e atualizada por Flavio Bauer Bovelli. Rio de Janeiro, Forense, 1985; 7ª ed. Rio de Janeiro, Forense, 1997.

COOLEY, Thomas. *Constitucional Limitations*. 8ª ed., vol. I. Boston, Little Brown and Co., 1927.

CRETELLA JR., José. *Comentários à Constituição de 1988*. 2ª ed., vols. III e VII. Rio de Janeiro, Forense Universitária, 1993.

DERZI, Misabel Abreu Machado. "Notas". In: BALEEIRO, Aliomar. *Limitações Constitucionais ao Poder de Tributar*. 7ª ed. Rio de Janeiro, Forense, 1997.

FANUCCHI, Fábio. *Curso de Direito Tributário Brasileiro*. 4ª ed., vol. 1. São Paulo, Resenha Tributária/IBET, 1980.

MARTINS, Ives Gandra da Silva. "A imunidade de entidades dedicadas a incrementar a cultura física, intelectual, moral e cívica da juventude, através do esporte". *RDA* 131/169-191; *RDDT* 37/97-117.

MAXIMILIANO, Carlos. *Comentários à Constituição de 1946*. 5ª ed., vol. I. Rio de Janeiro, Freitas Bastos, 1954.

NOGUEIRA, Ruy Barbosa. *Imunidades Contra Impostos na Constituição Anterior e sua Disciplina na Constituição de 1988*. São Paulo, IBDT/Resenha Tributária, 1990.

PONTES DE MIRANDA, F. C. *Comentários à Constituição de 1967 com a Emenda n. 1 de 1969*. t. II.

REALE, Miguel. *Aplicações da Constituição de 1988*. Rio de Janeiro, Forense, 1990.

SOUTO MAIOR BORGES, José. *Isenções Tributárias*. 2ª ed. São Paulo, Sugestões Literárias, 1980.

STORY, Joseph. *Comentários à Constituição dos Estados Unidos*. Última edição de 1891, traduzida e adaptada à Constituição brasileira por Theófilo Ribeiro. 1ª ed., vol. II. 1895.

TAVARES, André Ramos. "A imunidade de entidades dedicadas a incrementar a cultura física, intelectual, moral e cívica da juventude, através do esporte". *RDA* 131/169-191.

ARBITRAGEM E ADMINISTRAÇÃO PÚBLICA: CONTRIBUIÇÃO PARA O SEPULTAMENTO DO TEMA

RICARDO MARCONDES MARTINS

Doutorando em Direito Administrativo pela PUC/SP
– Professor de Direito Administrativo da Faculdade de Direito da PUC/SP
– Procurador do Município de São Paulo

1. Neoliberalismo e privatização. 2. Primeira fase: afronta à indisponibilidade. 3. Interesse público secundário e disponibilidade. 4. Interesse público primário e disponibilidade legislativa. 5. Segunda fase: afronta à supremacia do interesse público sobre o privado. 6. Conclusões.

1. Neoliberalismo e privatização

Nas últimas décadas o cenário jurídico brasileiro foi assolado pela difusão do que ficou conhecido como *neoliberalismo*. Os *liberais* propugnaram pela proteção da liberdade das pessoas por meio da *restrição* à atuação estatal, mas nunca assumiram uma postura de aversão ao Estado.[1] Daí a nota diferencial do *neo*liberalismo: acresce à premissa liberal um pressuposto ideológico de *aversão* à atuação estatal. Os neoliberais defendem a não intervenção máxima do Estado: como ele é, por definição, segundo eles, *ineficiente*, deve atuar o menos possível.[2]

1. Pelo contrário, os liberais sempre enfatizaram a necessidade de *intervenção*. Um dos maiores representantes do *pensamento liberal* foi John Stuart Mill (*A Liberdade* e *Principios de Economía Política*). Nesta última, apresenta extenso rol de *limites* ao princípio do *laissez faire* ou da não intervenção (Capítulo XI, pp. 1.083 e ss.).

2. Os principias representantes do *neoliberalismo* são: 1. Friedrich A. Hayek, *Los Fundamentos de la Libertad* e "Principios de un orden

Tenho enfatizado que a teoria neoliberal é *viciada*: ela não consiste numa elaboração teórica sincera, mas num *plano de ação*. O real intento dos neoliberais sempre foi o lucro de certos agentes econômicos, sempre estiveram preocupados em "obter mais dinheiro". Não obteriam êxito pela sinceridade, não poderiam dizer: "queremos enriquecer nossos clientes". Para conseguir seu intento, elaboraram uma teoria: "acreditamos que o interesse público será mais bem atendido se nossos clientes prestarem diretamente as atividades que hoje são prestadas pelo Estado".[3] Puro exercício de *poder econômico* por meio de uma postura ínsita ao exercício do poder: a *dissimulação*.[4] Por isso, do ponto de vista científico, a teoria neoliberal não é séria. Ocorre que, infelizmente, na década de 1990, o legislador brasileiro adotou-a e concretizou um *projeto de privatizações*.

O signo *privatização* é ambíguo no *direito administrativo*. Possui principalmente *quatro* significados: a) no campo dos *serviços públicos*[5] privatização consiste na *outorga da prestação* do serviço à gestão privada, mantendo-se a titularidade pública – é o que ocorre com a *concessão*, a prestação é passada aos particulares, mas o serviço continua sendo público, de titularidade do Estado – há *privatização da prestação*; b) também no campo dos *serviços públicos* privatização consiste na *extinção do serviço* público, transformando-o em atividade econômica, não há apenas a privatização da prestação, mas do próprio serviço que deixa de ser serviço público e passa a ser atividade econômica – há *privatização da atividade*; c) no campo da exploração estatal da *atividade econômica* privatização consiste na *cessação da exploração* pelo Estado e alienação do fundo de comércio à iniciativa privada; d) no campo da atividade administrativa em geral, privatização consiste na *submissão às formas de direito privado*, seja em relação à pessoa jurídica (instituição de sociedades de economia mista ou empresas públicas ao invés de autarquias), seja em relação aos contratos (contratos da administração ao invés de contratos administrativos), seja em relação ao regime pessoal (celetista ao invés de estatutário).[6]

social liberal", in *Estudios de Filosofía Política y Economía*, pp. 231-253. 2. Milton Friedman e Rose Friedman, *Libertad de elegir*. Para uma abordagem histórica do neoliberalismo consulte, por todos: David Harvey, *O Neoliberalismo: história e implicações*.

3. Com argúcia, observa Naomi Klein: "Em todos os países que adotaram as políticas da Escola de Chicago nas últimas três décadas, o que surgiu foi uma aliança determinante e poderosa entre algumas poucas corporações de grande porte e uma camada de políticos muito ricos. (...) Longe de libertar os mercados da tutela do Estado, essas elites corporativas e políticas simplesmente se juntaram para trocar favores a fim de assegurar o direito de abocanhar valiosos recursos que estavam anteriormente sob domínio público" (*A Doutrina do Choque: a ascensão do capitalismo de desastre*, p. 25).

4. A dissimulação foi associada ao exercício do poder por Pierre Bourdieu e Jean-Claude Passeron, *A Reprodução: elementos para uma teoria do sistema de ensino*, 2ª ed. Na filosofia do direito, vide: Tércio Sampaio Ferraz Jr., *Estudos de Filosofia do Direito*, p. 56.

5. A Constituição de 1988 divide as atividades em dois blocos fundamentais: serviços públicos e atividades econômicas. Sobre o tema, vide, por todos: Celso Antônio Bandeira de Mello, "Serviço público e atividade econômica: serviço postal", in Celso Antônio Bandeira de Mello, *Grandes Temas de Direito Administrativo*, pp. 300-314.

6. Três desses significados são referidos por Sebastián Martín-Retortillo, "Sentido y formas de la privatización de la administración pública", in *Os Caminhos da Privatização da Adminis-*

No chamado "projeto neoliberal de privatizações" o signo é utilizado principalmente no primeiro significado assinalado. Serviços públicos, dantes prestados pelo Estado ou por ente instituído por ele, foram *outorgados aos particulares*. Difundiu-se o sistema de *permissões* e *concessões*. Nada mais coerente com o intento dos neoliberais: como, nos termos aqui explicitados, queriam o lucro de certos agentes econômicos, possibilitaram a estes a prestação de atividades dantes executadas exclusivamente pelo Estado. O *neoliberalismo* sempre esteve comprometido com algumas *grandes* empresas estrangeiras. Por isso, atrelou-se sempre a um movimento de *desnacionalização*: mais do que possibilitar o acesso a empresas privadas, possibilitar o acesso a empresas *estrangeiras*.[7] Foi o que foi feito: outorga de concessão e permissão de serviços públicos a empresas estrangeiras.

Difundiu-se no país uma propaganda ardilosa: essas empresas estrangeiras seriam os reverenciados "investidores". O Brasil, pobre, miserável, necessitaria delas, ricas investidoras. Essas empresas estrangeiras afirmaram uma *desconfiança* em relação ao Judiciário brasileiro. Muito coerente: "confiamos no governo brasileiro, notadamente corrupto, confiamos na doutrina, bem paga, mas não confiamos no Judiciário", o governo e a doutrina defenderão nossos interesses econômicos, não o Judiciário. Por conseguinte, propagaram a ideia: "para que nós invistamos no país, para que tenhamos o lucro que tanto almejamos, eventuais controvérsias não podem ser dirimidas pelo Poder Judiciário, mas por um árbitro de nossa confiança".

2. Primeira fase: afronta à indisponibilidade

Se o empresário brasileiro afirmasse na Europa ocidental a desconfiança no Judiciário europeu, muito provavelmente, mais do que desprezado, seria alvo de descortesias. Aqui, diante de uma imprensa que faz a cabeça da população ignorante, de Poderes Executivo e Legislativo corruptos, de uma ciência jurídica ainda incipiente, de uma cultura xenófila, as pretensões estrangeiras encontraram terreno fecundo. Tornou-se comum a inserção de cláusulas arbitrais nos *contratos de concessão*.

tração pública: IV colóquio luso-espanhol de direito administrativo, pp. 19-30. Segundo ele, privatização refere-se numa *primeira acepção* à "utilización por ésta [*Administração Pública*] de personificaciones y procedimientos de derecho privado" (ob. cit., p. 20, esclarecimento nosso). É o que aqui se chamou de *submissão às formas de direito privado* (letra "d"). Com toda razão, Martín-Retortillo afirma tratar-se "de la llamada huida del Derecho administrativo" com o intuito de exonerar a administração das amarras próprias do ordenamento jurídico-administrativo. Refere-se, numa *segunda acepção*, à "transferencia al sector privado de una actividad, de una función que se considera pública" (idem, p. 21). Observa que não se trata "de una gestión privada de actividades que siguen siendo públicas como es el esquema en el que se apoya la fórmula concesional. No; es una privatización de la propia actividad" (idem, p. 24). Quer dizer: refere-se ao que aqui se chamou *extinção do serviço público* ou privatização da atividade (letra "b"). Perceba-se: a *privatização da prestação* (letra "a"), geralmente efetuada por concessão, não é arrolada pelo ínclito administrativista espanhol como espécie de privatização. Finalmente, refere-se numa *terceira acepção*, à "actividad industrial y comercial de la Administración", em que há "transferencia al sector privado de las participaciones patrimoniales del sector público en distintas empresas" (idem, p. 25). É o que aqui se chamou de *cessação da exploração de atividade econômica* (letra "c").

7. Por todos: Reinaldo Gonçalves, *Globalização e Desnacionalização*, 2ª ed.

No Agravo regimental na sentença estrangeira de n. 5.206-7, j. 12.12.2001, *DJ* 30.4.2004, p. 29, o Supremo Tribunal Federal examinou a constitucionalidade da chamada Lei da Arbitragem, Lei Federal 9.307/1996. Foi um debate acirrado: quatro ministros consideraram-na parcialmente inconstitucional, os demais não vislumbraram qualquer inconstitucionalidade. Sem embargo, todos foram expressos em afirmar: "a disponibilidade de interesses é condição necessária para a adoção da arbitragem".[8] É o que justamente preceitua o art. 1º da indigitada lei: "as pessoas capazes de contratar poderão valer-se da arbitragem para dirimir litígios relativos a *direitos patrimoniais disponíveis*".

Por isso, a boa doutrina não tardou a se insurgir contra a inserção de cláusulas arbitrais nos contratos de concessão. Em memorável parecer, o Prof. Celso Antônio Bandeira de Mello defendeu a invalidade dessas cláusulas, não apenas por atentarem contra o § 2º do art. 55 da Lei 8.666/1993, lei de regência dos contratos administrativos, segundo o qual é cláusula obrigatória a que declare *competente* o *foro* da sede da Administração para dirimir qualquer questão contratual e, assim, impõe o juízo próprio do Poder Judiciário, mas por atentar contra o princípio da *indisponibilidade do interesse público*.[9]

3. Interesse público secundário e disponibilidade

O tema suscita a análise de uma importante questão do direito administrativo: existem direitos da Administração *disponíveis*? Renato Alessi frisa a diferença entre *interesse público primário* e *interesse público secundário*.[10] O primeiro seria o "complexo de direitos individuais prevalentes em uma determinada organização jurídica da coletividade", enquanto o segundo seria "o interesse da administração enquanto aparato organizativo, unitaria-

8. A frase é extraída do voto do relator designado para o acórdão, Min. Nelson Jobin. Foram vencidos os Ministros Sepúlveda Pertence, Sydney Sanches, Néri da Silveira e Moreira Alves, para os quais a cláusula compromissória seria inconstitucional por configurar renúncia ao direito abstrato de ação, direito esse indisponível.

9. "Compromisso arbitral – nulidade na esfera do direito administrativo – reajuste de preço com base na variação do dólar: nulidade – desvio de poder", *RTDP* 39/116-126.

10. A distinção foi inicialmente efetuada por Francesco Carnelutti. O aclamado processualista conceitua *interesse* como "a posição favorável à satisfação de uma necessidade". Após, diferencia o *interesse imediato*, correspondente a situações que servem diretamente à satisfação de uma necessidade, do *interesse mediato*, correspondente a situações que realizam indiretamente essa finalidade, pois delas pode-se derivar outra situação, intermediária, da qual resulte a satisfação da necessidade. Diferencia, então, os *interesses individuais*, em que a situação favorável para satisfação de uma necessidade possa ser determinada com respeito a um indivíduo apenas, dos *interesses coletivos*, em que a situação favorável à satisfação de uma necessidade não possa ser determinada a não ser com respeito a vários indivíduos. Explica que o desenvolvimento de um interesse exige a obra do homem. No caso dos interesses coletivos, o indivíduo atua como *órgão do grupo*, enquanto realiza a *função* deste. Finalmente, explica: "há interesses individuais que podem ser mediados com respeito a interesses coletivos, no sentido de que o desfrute de bens aptos apenas para ser gozados por um ou mais indivíduos do grupo, mas não por todos, pode constituir o meio para satisfação de verdadeiros interesses coletivos". E complementa: "isto se explica quando se pensa que o desenvolvimento de um interesse coletivo pode requerer, como meio, o desfrute de coisas ou de energias humanas por parte de quem, provendo o desenvolvimento do próprio interesse, funcione como órgão do grupo". Esses interesses individuais do órgão, mediatos em

mente considerado".[11] Na doutrina brasileira, a distinção foi difundida por Celso Antônio Bandeira de Mello: o interesse primário é a dimensão pública do interesse privado, refere-se ao plexo de interesses dos indivíduos enquanto partícipes da sociedade, o secundário é o interesse particular, individual, do Estado enquanto pessoa jurídica autônoma.[12] Ambos insistiram numa observação importantíssima: o interesse público secundário só pode ser perseguido pela Administração quando for *coincidente* com o primário.[13]

Por que essa distinção é importante para o tema? Ela é importante porque Renato Alessi afirma que em relação aos interesses secundários e patrimoniais a Administração *deve* utilizar-se de meios jurídicos estabelecidos pelo *direito privado*, pois para a satisfação desses interesses ela *não goza* de supremacia jurídica sobre os particulares. Segundo sua doutrina, os meios de direito privado são fundamentalmente estabelecidos para a realização dos interesses secundários; ademais, pode a Administração, para a satisfação *indireta* do interesse primário, *renunciar* a sua posição de supremacia e voluntariamente submeter-se às regras de direito privado. Nesse caso, porém, ela põe em primeiro plano o interesse secundário e deixa no segundo plano o interesse primário. Por isso, só é possível a renúncia à posição de supremacia quando está diretamente em jogo um interesse público secundário e só indiretamente um primário.[14]

relação aos interesses coletivos, foram chamados por Carnelutti de *interesses coletivos individuais* ou *secundários* (*Sistema de Direito Processual Civil*, 2ª ed., pp. 55-60).

11. Nas palavras de Alessi: "Questi interessi pubblici, collettivi, dei quali l'amministrazione deve curare il soddisfacimento, non sono, si noti bene, semplicemente, l'interesse dell'amministrazione intesa come apparato organizzativo, sebbene quello che è stato chiamato l'interesse collettivo *primario*, formato dal complesso degli interessi individuali prevalenti in una determinata organizzazione giuridica della collettività, mentre l'interesse dell'apparato, se può esser concepito un interesse dell'apparato unitariamente considerato, sarebbe semplicemente uno degli interessi *secondari* che si fanno sentire in seno alla collettività, e che possono essere realizzati soltanto in caso di coincidenza, e nei limiti di siffatta coincidenza, con l'interesse collettivo primario" (*Principi di Diritto Amministrativo*, vol. I, § 126, pp. 200-201).

12. *Curso de Direito Administrativo*, 28ª ed., Cap. I-43-44, pp. 65-66.

13. Nas palavras de Alessi: "Anche potendosi concepire un interesse, secondario, dell'amministrazione considerata come apparato organizzativo, esso non potrebbe esser realizzato se non in caso di *coincidenza* con l'interesse primario, pubblico" (ob. cit., p. 201, grifamos). No mesmo sentido, Celso Antônio Bandeira de Mello, *Curso...*, cit., Cap. I-45, p. 66.

14. Nas palavras de Alessi: "Non sembra però privo di valore il rilievo del fatto che l'amministrazione può avvalersi di questi mezzi offerti dal diritto privato sia per una finalità che chiameremo privatistica, sia per una finalità che si può definire pubblicistica: può invero avvalersene per la finalità di dare realizzazione ad interessi meramente secondari e patrimoniali (interessi propri del soggetto giuridico come tale, attinenti al suo *patrimonio*, inteso in senso giuridico, ben s'intende) ben distinti quindi dall'interesse pubblico, che è interesse diffuso, interesse dell'intero gruppo sociale organizzato nell'ente: ad es. quando l'ente pubblico, amministra i suoi beni *patrimoniali disponibili*, amministra un fondo agricolo posseduto *iure privatorum*, stipula contratti di locazione del medesimo, e cosi via" (ob. cit., p. 234). Pouco adiante afirma: "Non potendo la determinazione volitiva unilaterale dell'amministrazione avere diretti riflessi al di fuori della sfera giuridica dell'amministrazione stessa, appunto in quanto che per il soddisfacimento dell'interesse secondario del soggetto amministrativo l'amministrazione non gode di alcuna posizione di supremazia giuridica sui privati, ove occorra attuare modificazioni giuridiche tali da riflettersi al di fuori di tale sfera,

A partir da lição de Alessi, parte da doutrina passou a defender a existência de *interesses públicos disponíveis*, justamente os *interesses patrimoniais da Administração, interesses secundários*. Em relação a esses interesses, seguindo a doutrina de Alessi, a Administração não gozaria de supremacia: estaria numa posição de igualdade em relação aos administrados. Seria, então, perfeitamente possível, nesse campo, a utilização da *arbitragem*. Esse posicionamento foi sustentado na doutrina brasileira, dentre todos, pelo saudoso Caio Tácito.[15] Foi acolhido pelo Superior Tribunal de Justiça, no Ag. Reg. no Mandado de Segurança 11.308-DF, 1ª Seção, rel. Min. Luiz Fux, j. 28.6.2006, *DJ* 14.8.2006, p. 251. Afirmou o Ministro: "naturalmente não seria todo e qualquer direito público sindicável na via arbitral, mas somente aqueles conhecidos como 'disponíveis', porquanto de natureza contratual ou privada".[16] Em suma, arbitragem, sustenta-se, só se presta para direitos disponíveis, mas o interesse público secundário ou patrimonial da Administração é disponível e, por isso, compatível com a arbitragem.

Trata-se, *data maxima venia*, de um absoluto equívoco. Comparado com o direito privado, cujas bases advêm do direito romano, a origem do direito administrativo é recente, ele nasceu das decisões do Conselho de Estado Francês, instituído pelo art. 52 da Constituição Francesa de 15.12.1799. Diante da antecedência secular, foi natural que o direito administrativo fosse pensado e construído tendo por base

sulle sfere dei soggetti privati, al pari di ogni soggetto sottoposto al diritto privato l'amministrazione dovrà provvedere contrattualmente, vale a dire coordinando la propria volontà con quella del soggetto sulla cui sfera deve riflettersi direttamente la modificazione giuridica avuta di mira dall'amministrazione" (idem, p. 236). E, ao final, Alessi expõe que, *na dúvida*, a renúncia à posição de supremacia e submissão voluntária da Administração ao direito privado só é possível quando o *interesse imediato* for a *satisfação do interesse secundário*: "Perciò, nei casi dubbi, per potersi ammettere la configurabilità privatistica del rapporto, occorre che risulti ben chiaramente che l'amministrazione ha inteso agire per realizzare direttamente un interesse di ordine patrimoniale senza diretta considerazione per un interesse pubblico generale" (idem, pp. 244-245).

15. "Se indubitavelmente, em certos casos, o princípio da indisponibilidade do interesse público repele o compromisso arbitral, não há por que obstar o benefício da transação quando a natureza da obrigação de conteúdo mercantil, a ser cumprida pelo órgão público, possibilita que ao acordo de vontade, fruto do vínculo bilateral, possa igualmente suceder o procedimento amigável como dirimente de eventual discrepância no entendimento da latitude da obrigação do administrador" (Caio Tácito, "Arbitragem nos litígios administrativos", in *Temas de Direito Público: estudos e pareceres*, vol. 3, p. 88).

16. A decisão do STJ assentou-se expressamente na doutrina de Alessi: "A escorreita exegese da dicção legal impõe a distinção jusfilosófica entre o interesse público primário e o interesse da administração, cognominado 'interesse público secundário'. (...) O Estado, quando atestada a sua responsabilidade, revela-se tendente ao adimplemento da correspectiva indenização, coloca-se na posição de atendimento ao 'interesse primário'. Ao revés, quando visa a evadir-se de sua responsabilidade no afã de minimizar os seus prejuízos patrimoniais, persegue nítido interesse secundário, subjetivamente pertinente ao aparelho estatal em subtrair-se de despesas, engendrando locupletamento à custa do dano alheio. Deveras, é assente na doutrina e na jurisprudência que indisponível é o interesse público, e não o interesse da administração. Nesta esteira, salienta-se que dentre os diversos atos praticados pela Administração, para a realização do interesse público primário, destacam-se aqueles em que se dispõe de determinados direitos patrimoniais, pragmáticos, cuja disponibilidade, em nome do bem coletivo, justifica a convenção da cláusula de *arbitragem* em sede de contrato administrativo" (STJ, AgRg no MS 11308-DF).

o direito privado: levou-se em consideração para construção de novo ramo dogmático o ramo já existente, já desenvolvido há séculos. Essa atitude natural, contudo, constituiu uma das maiores, senão a maior fonte de equívocos na compreensão do direito administrativo. Para Otto Mayer, por exemplo, a Administração Pública pode assumir dois papéis distintos, desenvolver uma atividade voltada para a satisfação de interesses públicos ou assumir a "situação de um empresário privado" e procurar seus "interesses econômicos".[17] Em relação ao segundo papel, Otto Mayer afirmou textualmente: "Se dice que la administración pública no procura en este caso intereses públicos sino sus intereses privados".[18] Designou o Estado de "Administração Pública" quando exerce o primeiro papel e de "Administração Fiscal" quando exerce o segundo, a primeira está submetida presumidamente ao direito público, a segunda está submetida presumidamente ao direito privado.[19] A doutrina de Otto Mayer é um ótimo exemplo do seguinte *vício metodológico*: supor que o Estado possa assumir a *situação jurídica de um particular* e, pois, submeter-se ao *regime de direito privado*. Ocorre que o regime privado é baseado na *liberdade individual* e na *autonomia da vontade*, na assegurada possibilidade de busca de interesses egoísticos. É um regime incompatível com a natureza do Estado, que, por definição, é um ente instrumental, existe para o cumprimento de uma *função*, vale dizer, para a busca do bem comum, para a concretização do interesse público. O Estado jamais, e não há exceção a essa assertiva, pode buscar a realização de meros interesses privados, só pode buscar o interesse público. Enfim: mesmo quando se submete às regras de direito privado, mesmo quando se aproxima da situação de proprietário, de empresário, de comerciante, o Estado não se apresenta como Administração Fiscal, mas como Administração Pública. Enfatiza-se: jamais se afasta do regime de direito público, mesmo quando se submete às regras de direito privado. Submeter-se a um regime consiste em se submeter a determinados princípios fundamentais. É possível se submeter a regras de direito civil, trabalhista, comercial sem se afastar do regime de direito administrativo. Administração Pública e regime de direito privado são, pois, expressões inconciliáveis.[20] Diante disso, a pressuposição de *interesses públicos disponíveis* decorre de um *vício metodológico*, de um *vício de premissa teórica*, da equívoca pressuposição de que a Administração pode assumir a posição jurídica de um particular e afastar-se do regime de direito público.

A própria doutrina de Renato Alessi permite superar esse vício. Há nas lições do notável jurista sobre o interesse público secundário uma palavra-chave: *coincidência*. Interesse público secundário só é reconhecido pelo Direito quando for coincidente com o interesse público primário. Coincidir, do latim medieval *coincidere*, significa *ser igual* em formas ou dimensões, ter *ajustamento perfeito*, apresentar a *mesma identidade*, caráter, sentido.[21] Não basta que o interesse secundário da Administração seja *compatível* com o primário, ele deve ser coincidente,

17. *Derecho Administrativo Alemán*, t. I, p. 188.

18. Idem, p. 188.

19. Idem, pp. 189-190.

20. Foi o que sustentei em meu "Contratos administrativos", *RBDP* 18/124-126; *Efeitos dos vícios do ato administrativo*, pp. 111-114.

21. Cf. Antônio Houaiss e Mauro de Salles Villar (ed.), *Dicionário Houaiss da Língua Portuguesa*, p. 755.

quer dizer, ele deve ser igual ao primário! Isso não é compreendido pela doutrina e, surpreendentemente, pelo próprio Alessi. O interesse público secundário, enquanto interesse juridicamente reconhecido, *não* possui *autonomia*. Ele só é juridicamente acatado pelo ordenamento se for *coincidente* com o primário ou, noutros termos, o interesse secundário será um interesse juridicamente reconhecido somente quando for também um interesse primário. Trata-se de uma *armadilha conceitual*: a Administração só pode perseguir o interesse primário e, por isso, só pode perseguir o chamado interesse secundário quando este for o interesse primário.

Com esse esclarecimento, tudo fica óbvio. Se o interesse primário é indisponível, o interesse secundário, juridicamente admitido, tem que ser indisponível, pois este deve ser *coincidente* com o primário. Para ser coincidente deve ter, necessariamente, os mesmos caracteres, as mesmas qualidades, coincidência significa identidade ontológica. O interesse público secundário *disponível* não pode ser perseguido pela Administração, pois se ele é *disponível*, não é coincidente com o primário, que é *indisponível*. Se essas assertivas não forem indiscutíveis para alguns, basta atentar para o *fundamento da indisponibilidade*. O interesse público é indisponível porque é um *interesse alheio*, não é um interesse do *agente público*, que presenta o Estado, nem, propriamente, da pessoa jurídica estatal, é um interesse do povo, dos administrados. Ora, ninguém pode dispor de interesse alheio e justamente por isso o interesse público é indisponível, porque é o interesse dos particulares enquanto partícipes da sociedade. O patrimônio estatal, o dinheiro público, por óbvio, não é do agente, nem propriamente do Estado enquanto pessoa autônoma; é, em última análise, do povo, dos administrados. A Administração Pública quando exerce a gestão de seu patrimônio imobiliário *administra bens alheios*, bens do povo; quando exerce a gestão de dinheiro público, administra dinheiro alheio, do povo. Nada mais indiscutível: a atuação do Estado é sempre regida pelo *princípio fundamental da indisponibilidade do interesse público*, mesmo quando ele atua na ordem econômica ou administra seu patrimônio. Numa linguagem prosaica, a Administração não pode jogar dinheiro para o alto sob o argumento de que o interesse é supostamente secundário e não primário e, pois, disponível.

Sintetiza-se: a teoria que sustenta a possibilidade da utilização da arbitragem pela Administração para os interesses disponíveis desta deve ser rechaçada porque a Administração, conceitualmente, não possui interesses disponíveis. O chamado interesse público secundário só é juridicamente reconhecido quando for *coincidente* com o primário. Interesse público secundário não coincidente com o primário não é tutelado pelo Direito, não é *interesse jurídico*. Por isso, a Administração, ao contrário do sustentado por Alessi, jamais pode *dispor do interesse público secundário*, enquanto interesse juridicamente reconhecido. De duas, uma: ou o interesse secundário é um interesse primário e, como tal, indisponível, ou não o é e, pois, não pode ser perseguido pela Administração. Assim, a Administração não pode valer-se da *arbitragem* para perseguir interesses patrimoniais disponíveis porque esses interesses "disponíveis", sendo não-coincidentes com o interesse primário, não são protegidos pelo Direito. Persegui-los, enfim, é atentar contra a ordem jurídica.

4. Interesse público primário e disponibilidade legislativa

A boa doutrina logo se opôs à adoção da arbitragem nas concessões de serviço público por considerá-la incompatível com a indisponibilidade do interesse público. É mister observar que o próprio Alessi, defensor da disponibilidade dos interesses secundários, sempre afirmou a incompatibilidade dos serviços públicos com o direito privado e, pois, com a disponibilidade.[22] Os empresários estrangeiros, muito bem assessorados, não se contentaram com a mera inclusão da cláusula arbitral no contrato de concessão. A saída foi astuciosa: o interesse público, indisponível, pode ser disposto se houver *autorização legislativa*; consequentemente, se o legislador *autorizar* a arbitragem, muitos passaram a defender, não haveria violação da indisponibilidade. O Governo do Presidente Fernando Henrique Cardoso, partidário de uma política neoliberal e submisso aos interesses dos empresários estrangeiros, passou a propugnar por essa autorização legislativa.

Farta legislação foi editada nesse sentido. O primeiro diploma a autorizar a arbitragem foi a Lei federal 9.472/1997, instituidora da Agência Nacional de Energia Elétrica, cujo inciso XV do art. 93 estabeleceu: "o contrato de concessão indicará: o foro e o modo de solução extrajudicial de divergências contratuais". Logo depois, foi editada a Lei federal 9.478/1997, instituidora da Agência Nacional de Petróleo, cujo inciso X do art. 43 mencionou expressamente o signo: "o contrato de concessão deverá refletir fielmente as condições do edital e da proposta vencedora e terá como cláusulas essenciais: as regras sobre solução de controvérsias, relacionadas com o contrato e sua execução, inclusive a conciliação e a arbitragem internacional". Após, a Lei Federal 10.233/2001, instituidora da Agência Nacional de Transportes Terrestres e da Agência Nacional de Transportes Aquaviários, no inciso XVI do art. 35, também previu a indigitada cláusula: "o contrato de concessão deverá refletir fielmente as condições do edital e da proposta vencedora e terá como cláusulas essenciais as relativas a: regras sobre solução de controvérsias relacionadas com o contrato de concessão e sua execução, inclusive a conciliação e a arbitragem". Até aí vigorava o *sistema de autorizações legislativas específicas*, mediante o qual o legislador autorizava (na verdade, impunha), a arbitragem em campos específicos — setor de energia elétrica, monopólio de petróleo, transportes terrestres e aquaviários. Finalmente, foi, então, editada a Lei 11.196/2005, que inseriu o art. 23-A na Lei 8.987/1995, lei geral das concessões: "o contrato de concessão poderá prever o emprego de mecanismos privados para resolução de disputas decorrentes ou relacionadas ao contrato, inclusive a arbitragem, a ser realizada no Brasil e em língua portuguesa, nos termos da Lei 9.307, de 23 de setembro de 1996". Esse dispositivo deixa bem claro o triste momento político: a absoluta submissão dos governantes aos interesses estrangeiros. A cláusula final, nesse cenário, ao menos para o editor normativo, não era óbvia: as cláusulas de um contrato de concessão seriam redigidas no vernáculo em decorrência da determinação (quase um "favor") do legislador brasileiro! Momento negro da história do país, em que a submissão aos interesses internacionais ficou estampada em muitas leis, infelizmente, ainda não revogadas.

22. Nas palavras dele: "Afirmación que, a su vez, induce a excluir la configurabilidad privada de todos los supuestos de relaciones originadas por el ejercicio de servicios públicos, dado el hecho de que la noción propia de servicio público implica el hecho de prestaciones por parte de un ente público, que se otorgan en consideración directa e inmediata de un interés público a que las prestaciones sean efectivamente otorgadas y lo sean por parte de un ente público, sin consideraciones de orden patrimonial" (*Instituciones de Derecho Administrativo*, t. I, p. 222).

Nova questão foi proposta: diante dessa *autorização legislativa* (nos três primeiros casos, verdadeira *imposição legislativa*), a adoção da arbitragem pela Administração passou a ser válida? A questão exige enfrentar outra importante questão do direito administrativo: a *disponibilidade legislativa do interesse público*. O legislador, da mesma forma que o administrador, exerce *função pública*. Ruy Cirne Lima conceituou administração como "atividade do que não é senhor absoluto".[23] E mais adiante: "é a atividade do que não é proprietário, – do que não tem a disposição da cousa ou do negócio administrado".[24] A leitura apressada dessa magna lição pode levar a equívocos: rigorosamente, nenhum agente estatal é senhor absoluto; nenhuma função estatal é atividade de proprietário, toda função é ínsita a um dever e, por isso, o legislador também é um servo do interesse público. Aplica-se também à função legislativa, com toda força, a lição do clássico doutrinador: "traço característico da atividade assim designada é estar vinculada, – não a uma vontade livremente determinada, – porém, a um fim alheio à pessoa e aos interesses particulares do agente ou órgão que a exercita".[25] Proprietário do interesse público é, em última análise, o povo, jamais o legislador.

O legislador exerce função pública; está, portanto, vinculado ao dever de concretizar o interesse público e, nesse sentido, não é senhor de absolutamente nada. No entanto, as pessoas jurídicas que presentam o Estado são proprietárias de bens e, como proprietárias, sempre tendo em vista o interesse público, têm que exercer os poderes próprios da propriedade. É plenamente aplicável a analogia: o exercício das prerrogativas que, por mera analogia, são similares às de um proprietário, é próprio da função legislativa. O Executivo, cuja função típica é a administração, não pode dispor dos bens públicos dominicais sem expressa autorização legislativa, pois vigora essa regra: o exercício de prerrogativas similares às de um proprietário é próprio da função legislativa. Não há que se falar em poderes no direito público, trata-se sempre de deveres: a alienação ou aquisição de um bem jamais se dará pelo interesse do agente, mas por imposição do interesse público. O legislador não está em situação de proprietário, está em situação de mero administrador, pois também deve tutelar o interesse alheio; porém, as prerrogativas similares às do proprietário cabem ao legislador.[26]

Assim, se o Estado necessita *dispor* de seu *patrimônio*, em sentido lato, faz-se necessária a autorização *parlamentar*, a autorização do representante popular. O patrimônio público é indisponível, mas se o interesse público exige a alienação de um bem, deve o legislador autorizar essa alienação; se o interesse público exige a doação de um bem, deve o legislador autorizar a doação. Muitos, então, passaram a sustentar: como o interesse público é indisponível, se ele exigir a adoção da arbitragem, deve o legislador autorizá-la e diante da autorização legislativa inexiste invalidade. Há um importante precedente jurisprudencial nesse sentido: trata-se do Agravo de Instrumento 52.181, julgado pelo STF em 14.11.1973, em que a Corte considerou válida arbitragem efetuada pela União. Esse precedente, marcado por significativas particularidades,[27] não é

23. *Princípios de Direito Administrativo*, 7ª ed., p. 37.

24. Idem, p. 41.

25. Idem, p. 39.

26. Foi o que afirmei em meu *Efeitos dos Vícios do Ato Administrativo*, pp. 74-75.

27. Basta um resumo do caso: o Decreto 10.358, de 31.8.1942, declarou estado de guerra.

base para justificar uma conclusão genérica. Pelo contrário: ressalvados os casos excepcionalíssimos, como o caso Lage, a autorização legislativa para realização de arbitragem pela Administração é inválida. Atente-se, todavia, para o seguinte: a invalidade não decorre da indisponibilidade do interesse público, pois a autorização legislativa seria suficiente para a disposição. Com a promulgação das leis federais mencionadas o argumento da *indisponibilidade* está superado.

5. Segunda fase: afronta à supremacia do interesse público sobre o privado

Para compreender o porquê dessa invalidade impõe-se o exame, ainda que a voo de águia, do papel do Judiciário no *ordenamento jurídico*. Oswaldo Aranha Bandeira de Mello qualificou o Poder Judiciário como o oráculo das Constituições Rígidas.[28] Celso Antônio Bandeira

Poucos meses depois, o Decreto-lei 4.648, de 2.10.1942, incorporou ao patrimônio nacional os bens e direitos da chamada Organização Lage e do Espólio de Henrique Lage, com fundamento no estado de guerra. Surpreendentemente, não foi paga indenização por essa incorporação. O governo passou a discutir o *quantum* deveria ser pago. Alguns anos depois, o Decreto-lei 7.024, de 6.11.1944, manteve a incorporação e fixou a indenização em Cr$ 316.238.053,40, deduzido o passivo de Cr$ 303.070.609,75. O Presidente da República não acolhera a indicação do Superintendente do Governo Federal, que propunha o valor de Cr$ 760.282.210,14, nem a proposta do Ministro da Fazenda, que propunha o valor de Cr$ 150.000.000,00. O Decreto-lei 7.024 exigiu a prévia homologação do Espólio, que, por óbvio, recusou assentimento. Formulou o Espólio protesto judicial no Juízo da 1ª Vara da Fazenda. Poucos anos depois, em 26.6.1946, o Decreto-lei 9.521 estabeleceu que a União pagaria pela incorporação o valor da justa indenização fixada por um Juízo Arbitral. Em 21.1.1948 o juízo arbitral fixou a indenização em Cr$ 288.460.812,00. Em 4.10.1951 o Executivo encaminhou o Aviso 164 à Comissão de Finanças do Senado, para aprovação de dotação necessária ao pagamento da indenização fixada pelo Juízo Arbitral. Em 14.11.1952, é encaminhada a Mensagem 463, solicitando o cancelamento e arquivamento da Mensagem 164. A União passou a defender a invalidade da arbitragem efetuada. Em 14.11.1973, no julgamento do Agravo 52.181, o STF teve que responder se a arbitragem era inválida, e a família continuaria sem nenhuma indenização, ou era válida e, finalmente, algo seria pago. Invalidar a arbitragem, nessa altura, era fazer tábula rasa da segurança jurídica e vilipendiar ainda mais os direitos fundamentais dos Lage. O Min. Bilac Pinto, relator, fundamentou sua decisão no parecer de Castro Nunes, segundo o qual, havendo autorização legislativa para instituição da arbitragem pela Administração, ela seria válida e, no caso, o Decreto-lei, pela teoria da recepção, tinha eficácia de lei. Argumento reiterado no voto do Min. Rodrigues Alckmin. Aliás, afirmou textualmente esse último: "Tal Decreto-lei, na verdade, corresponde, materialmente, à manifestação de vontade da União, para o acordo com os interessados no sentido de que o valor da indenização fosse fixado por terceiros". Os ilustres Ministros decidiram corretamente, mas equivocaram-se na fundamentação. Arbitragem efetuada pela Administração é inválida, mas diante das circunstâncias desse caso concreto houve uma *estabilização do vício*: com o decurso do tempo a invalidade desapareceu do mundo jurídico. Sobre o tema, vide meu *Efeitos dos Vícios do Ato Administrativo*, Cap. VIII-5.5, pp. 295 e ss. O caso, lamentável em todos os sentidos, configura, sim, um argumento a mais em prol da não adoção da arbitragem pela Administração: a solução arbitral é marcada pela *insegurança*, pois poderá ser, no futuro, impugnada pela Administração e nada assegura que o Judiciário não venha a reconhecer sua invalidade.

28. "O oráculo, em última instância, da Constituição deve ser um corpo apolítico, isento de *parti pris*, indiferente aos interesses individuais e egoísticos, e que serenamente procure a verdade, verificando se algum dos poderes governamentais se excedeu na sua missão, e assim estabeleça a hierarquia entre a Constituição e a lei ordinária ou

de Mello efetuou uma feliz extensão: o Poder Judiciário é o oráculo, não apenas da Constituição, mas do Direito.[29] O *magistrado* é o agente público encarregado, pelo sistema normativo, de expressar a última palavra sobre o Direito; de, enfim, *dizer o direito definitivamente* e, nesse sentido, é o *oráculo do Direito*. A assertiva deve ser compreendida com cautela. Não se está a afirmar que o Direito é o que o juiz diz, não se adota a posição dos *realistas*.[30] Os juízes só dizem efetivamente o Direito quando acertam na interpretação dos textos normativos; como são seres humanos, é natural a possibilidade de *erro*. Por uma questão de *necessidade*, para a manutenção da paz social e concretização da segurança, o *erro* do Judiciário é assimilado pelo sistema. Trata-se de uma *regra de calibração*:[31] a decisão jurisdicional transitada em julgado é aceita como *válida*, ainda que *cientificamente equivocada* (mesmo essa regra de calibração não é

o ato administrativo, e declare nulos e írritos, sem nenhum valor, estes últimos, quando contrários àquela. O órgão designado pela sua natureza a dizer da constitucionalidade dos atos e leis governamentais é o poder judiciário" (*A Teoria das Constituições Rígidas*, 2ª ed., pp. 89-90).

29. Afirma o brilhante jurista: "Portanto, o órgão jurisdicional, ao decidir, afirma que o direito por ele pronunciado preexiste e que a solução dada é a cabível e é a única, com exclusão de qualquer outra, porque fala em nome do que já está solucionado na lei, da qual ele é o porta-voz no caso concreto. O deslinde pode (ou não) ser difícil; pode demandar recurso a princípios gerais, mas, de direito, sua pronúncia é a expressão oracular do que as normas aplicáveis 'querem' naquele caso" ("Mandado de segurança contra denegação ou concessão de liminar", *RDP* 92/58). E, noutra oportunidade, afirmou: "O juiz é o oráculo do direito no caso concreto. É esta a função do juiz. Quando o juiz decide num sentido, aquela decisão que ele toma é para aquele instante, a verdade legal, e é produzida a título de dizer: a verdade legal, a única que existe porque duas não podem existir conflitantes numa mesma situação" ("Juízo liminar: poder-dever de exercício do poder cautelar nessa matéria", *RTDP* 3/114).

30. Karl Olivecrona apresenta um bom panorama da orientação realista (*Linguagem Jurídica e Realidade*, pp. 17 e ss.). Nesse estudo, cita a lição de Corbin, que bem sintetiza a chamada *teoria da predição*: "Um enunciado de que existe uma relação jurídica entre A e B é uma *predição* sobre o que a sociedade, atuando através de seus tribunais ou de seus órgãos executivos, fará ou não fará a favor de um e contra o outro" (ob. cit., pp. 27-28). Perceba-se: pela posição dos realistas o Direito não é uma Ciência autônoma e sim um *sub-ramo* da Sociologia.

31. A expressão é de Tércio Sampaio Ferraz Jr. (*Teoria da Norma Jurídica*, 4ª ed., p. 131 e ss.). Como explicamos em outra oportunidade: "No sistema jurídico existem regras que possibilitam atribuir validade a normas inválidas, são as chamadas *regras de calibração* e o exemplo mais corriqueiro é a coisa julgada. Perceba-se: a decisão do STF que declara a constitucionalidade de uma lei inconstitucional é válida por força da *regra de calibração*. Válida é a norma judicial, não a norma legal, esta permanece inválida, tanto que nada impede ao STF de rever sua posição e reconhecer a invalidade da norma dantes declarada por ele válida. O magistrado é, no sistema jurídico, o *oráculo do Direito*, é o agente competente para dizer a última palavra sobre o jurídico. Se o magistrado interpreta corretamente o direito e chega à decisão exigida pelo sistema, não há incidência da regra de calibração: a validade da norma editada por ele é extraída diretamente da Constituição e não indiretamente desta, quer dizer, e não da regra de calibração. Porém, como todo ser humano, o juiz está condenado ao erro, à falha, quer dizer, a interpretar mal o ordenamento e a não chegar à 'vontade' do sistema jurídico. Se isso ocorre, pelas chamadas regras de calibração, sua decisão é considerada como se fosse a correta, é acatada pelo sistema. Por óbvio, o erro reiterado do magistrado, a necessidade de constante calibração para validar sua decisão, retira-lhe o *prestígio*" ("Princípio da moralidade administrativa", in Renata Porto Adri, Luis Manuel Fonseca Pires e Maurício Zockun (coord.), *Corrupção, Ética e Moralidade Administrativa*, p. 318, rodapé 32).

absoluta: adota-se a teoria da coisa julgada inconstitucional[32]). Isso não significa que o que era inconstitucional passa a ser constitucional e vice-versa. Não: se novamente provocado, o Judiciário pode rever sua interpretação. Cabe, por isso, à Ciência do Direito apontar a *decisão jurídica correta*, mesmo após o erro do Judiciário. Daí a distinção: a decisão é cientificamente incorreta, mas, se transitada em julgado, é válida; a norma apreciada pelo juiz era inválida, suponha-se, mas sua decisão, em decorrência da regra de calibração mencionada, é válida. Esse é o papel que o sistema normativo atribui ao magistrado: seu erro é *assimilado* pelo *sistema normativo*. Ele é titular da *competência* para pôr um fim no conflito, para *dizer o direito para o conflito*. É, em suma, o agente habilitado e qualificado pelo sistema para ser o oráculo do Direito.

Esta é a pergunta-chave: pode o legislador atribuir a outrem que não o magistrado a prerrogativa de dizer a última palavra sobre o interesse público? Se foram observadas as questões formais, principalmente os princípios do contraditório, igualdade das partes, imparcialidade do árbitro e livre convencimento deste, a decisão do árbitro é imutável.[33] Quer dizer, no mérito da questão submetida à arbitragem a decisão do árbitro faz coisa julgada. O legislador não pode atribuir a decisão sobre o interesse público ao árbitro por força do *princípio da supremacia do interesse público sobre o privado*. Não há, perceba-se, por força desse princípio, razão justificável para retirar do agente considerado o oráculo do Direito, do agente habilitado e qualificado pelo sistema para dar a última palavra sobre o jurídico, a competência para o exame das questões afetas ao interesse público. Em relação às questões privadas disponíveis, o sistema jurídico admite que os particulares retirem do agente oracular a prerrogativa de dar a última palavra sobre elas. Em relação às questões indisponíveis, o sistema jurídico não admite que o legislador retire do agente oracular essa prerrogativa. E não admite justamente por causa do princípio da *supremacia do interesse público sobre o privado*: somente os interesses privados justificariam que a questão fosse atribuída ao árbitro e os interesses privados não se sobrepõem, no plano abstrato, ao interesse público.

Há quem argumente que o árbitro é mais preparado que o magistrado. Esse argumento não é juridicamente aceitável. Para o Direito não importa se de fato o árbitro é mais preparado. Pode ser que ele o seja, e que isso seja indiscutível. Contudo, do ponto de vista normativo, para o sistema jurídico, o oráculo do Direito é o magistrado; o mais habilitado para dizer o Direito, para o sistema jurídico, é o magistrado. Coerentemente, o sistema atribui apenas ao magistrado os chamados *atributos da magistratura*. O que interessa para o Direito é o ponto de vista normativo, não o ponto de vista sociológico. Suponha-se que alguém tenha feito facul-

32. Sobre o tema vide meu *Efeitos dos Vícios do Ato Administrativo*, VIII-5.6.2, pp. 301-302, VIII-6.3, pp. 349-350, XII-4.1, p. 653.

33. Nos termos do art. 32 e § 2º do art. 33 da Lei 9.307/1996, a sentença arbitral só pode ser declarada nula pelo Judiciário se: for nulo o compromisso; emanou de quem não podia ser árbitro; comprovado que foi proferida por prevaricação, concussão ou corrupção passiva; proferida fora do prazo, respeitado o disposto no art. 12, inciso III, desta Lei; e forem desrespeitados os princípios de que trata o art. 21, § 2º, desta Lei. O referido § 2º estabelece: "serão, sempre, respeitados no procedimento arbitral os princípios do contraditório, da igualdade das partes, da imparcialidade do árbitro e de seu livre convencimento".

dade de engenharia e de direito, tenha sido aprovado num concurso da magistratura e nomeado juiz de direito. Para o sistema normativo ele é considerado não detentor de conhecimento da área de engenharia, ele deve, apesar de ter se diplomado na matéria, nomear um perito para examinar questões técnicas não-jurídicas. Trata-se de algo não compreensível por muitos: para entender a realidade jurídica, faz-se necessária uma *abstração*.[34] Do ponto de vista normativo, insiste-se, e isso é indiscutível, é o magistrado o mais habilitado para dizer o direito, a ele o sistema imputa a magna função de dizer definitivamente o direito perante um conflito de interesses, ele é, enfim, no mundo jurídico, o oráculo do Direito. Não pode o legislador, sob pena de ofensa ao princípio da supremacia do interesse público sobre o privado, destituir o magistrado da função de dizer definitivamente o direito nos casos de conflitos relativos ao *interesse público*. Todas as leis que autorizam a realização de arbitragem pela Administração Pública são, por esse motivo, inconstitucionais.

6. Conclusões

1. O neoliberalismo sempre esteve comprometido com interesses econômicos de empresas estrangeiras. Na década de 1990 o legislador brasileiro adotou uma política neoliberal e concretizou um projeto de privatizações: outorgou a empresas estrangeiras, por concessão e permissão, serviços dantes prestados pelo Estado ou por entes estatais. Essas empresas estrangeiras propagaram a não confiança no Judiciário brasileiro e clamaram pela adoção da arbitragem para solução das controvérsias relativas às concessões e permissões que lhes foram outorgadas. Tornou-se comum a inserção da cláusula arbitral nos contratos de concessão.

2. A arbitragem foi considerada constitucional pelo Supremo Tribunal Federal desde que restrita a direitos disponíveis. Há quem sustente que o interesse público secundário ou patrimonial da Administração é disponível e, por isso, compatível com a arbitragem. Trata-se de um equívoco: o chamado interesse público secundário só é juridicamente reconhecido quando coincidente com o primário. Coincidente significa ser igual, ter ajustamento perfeito, ter a mesma identidade. Ou o interesse secundário é um interesse primário e, como tal, indisponível, ou não o é e, pois, não pode ser perseguido pela Administração. Concluiu-se: a Administração não pode valer-se da arbitragem para perseguir interesses patrimoniais disponíveis porque esses interesses "disponíveis", sendo não coincidentes com o interesse primário, não são protegidos pelo Direito, persegui-los é atentar contra a ordem jurídica.

3. Foram, então, editadas leis autorizando ou impondo a adoção da arbitragem nos contratos de concessão. O legislador também exerce função pública e, assim, está adstrito à tutela do interesse alheio, dos particulares enquanto partícipes da sociedade. Quando o Estado necessita exercer prerrogativas similares às de um proprietário, faz-se necessária a autorização legislativa. Assim, havendo autorização legislativa, não há, de fato, que se falar em ofensa ao princípio da indisponibilidade do interesse público.

34. Nas palavras do insigne Celso Antônio Bandeira de Mello: "Vê-se, assim, a diferença profunda apresentada pelo mundo natural e mundo jurídico. Daí o caráter formal do direito, sendo uma construção dos homens, para entendê-lo e interpretá-lo deve-se levar em conta o que está contido no sistema normativo e não indagar sobre sua aproximação do mundo natural". "Introdução", in Geraldo Ataliba (coord.), *Elementos de Direito Tributário*, p. 8.

Mesmo assim, a arbitragem efetuada pela Administração é inválida.

4. Para o sistema jurídico, o magistrado é o mais habilitado para dizer o Direito, de modo que o sistema lhe atribui a magna função de dizer definitivamente o direito perante um conflito de interesses. O magistrado é, no mundo jurídico, o oráculo do Direito. Não pode o legislador, sob pena de ofensa ao princípio da supremacia do interesse público sobre o privado, destituir o magistrado da função de dizer definitivamente o direito nos casos de conflitos relativos ao interesse público. Somente os interesses privados justificariam a atribuição dessa competência a um árbitro e, no plano abstrato, o interesse público sobrepõe-se ao interesse privado. Concluiu-se: todas as leis que autorizam a realização de arbitragem pela Administração Pública são, em decorrência da supremacia do interesse público sobre o privado, inconstitucionais.

Referências bibliográficas

ALESSI, Renato. *Principi di diritto amministrativo*, vol. I. Milano, Giuffrè, 1966.

BANDEIRA DE MELLO, Celso Antônio. "Serviço público e atividade econômica: serviço postal", in *Grandes Temas de Direito Administrativo*. São Paulo, Malheiros, 2009, pp. 300-314.

______. "Compromisso arbitral – nulidade na esfera do direito administrativo – reajuste de preço com base na variação do dólar: nulidade – desvio de poder", *Revista Trimestral de Direito Público* 39/116-126. São Paulo, 2002.

______. *Curso de Direito Administrativo*. 28ª ed. São Paulo: Malheiros Editores, 2011.

______. "Mandado de segurança contra denegação ou concessão de liminar", *Revista de Direito Público* 92/55-61. São Paulo, ano 22, out.-dez. 1989.

______. "Juízo liminar: poder-dever de exercício do poder cautelar nessa matéria", *Revista Trimestral de Direito Público* 3/106-116. São Paulo, 1993.

______. Introdução, in ATALIBA, Geraldo (coord.). *Elementos de Direito Tributário*. São Paulo, Ed. RT, 1978.

BANDEIRA DE MELLO, Oswaldo Aranha. *A Teoria das Constituições Rígidas*. 2ª ed. São Paulo, Bushatsky, 1980.

BOURDIEU, Pierre; PASSERON, Jean-Claude. *A Reprodução: elementos para uma teoria do sistema de ensino*. 2ª ed. Trad. de Reynaldo Bairão. Rio de Janeiro, Francisco Alves, 1982.

CARNELUTTI, Francesco. *Sistema de Direito Processual Civil*. Trad. de Hiltomar Martins Oliveira. 2ª ed. São Paulo, Lemos e Cruz, 2004.

CIRNE LIMA, Ruy. *Princípios de Direito Administrativo*. 7ª ed. São Paulo, Malheiros Editores, 2007.

FERRAZ JR., Tércio Sampaio. *Estudos de Filosofia do Direito*. São Paulo, Atlas, 2002.

______. *Teoria da Norma Jurídica*. 4ª ed. Rio de Janeiro, Forense, 2002.

FRIEDMAN, Milton; FRIEDMAN, Rose. *Libertad de elegir*. Trad. de Carlos Rocha Pujol. Madrid, Gota a Gota, 2008.

GONÇALVES, Reinaldo. *Globalização e Desnacionalização*. 2ª ed. São Paulo, Paz e Terra, 2006.

HARVEY, David. *O Neoliberalismo: história e implicações*. Trad. Adail Sobral e Maria Stela Gonçalves. São Paulo, Loyola, 2008.

HAYEK, Friedrich A. *Los fundamentos de la libertad*. Trad. José Vicente Torrente. 8ª ed. Madrid, Unión Editorial, 2008.

______. "Principios de un orden social liberal", in *Estudios de Filosofía Política y Economía*. Trad. de Juan Marcos de la Fuente. Madrid, Unión Editorial, 2007, pp. 231-253.

HOUAISS, Antônio; VILLAR, Mauro de Salles (ed.). *Dicionário Houaiss da Língua Portuguesa*. Rio de Janeiro, Objetiva, 2001.

KLEIN, Naomi. *A Doutrina do Choque: a ascensão do capitalismo de desastre*. Trad. Vania Cury. Rio de Janeiro, Nova Fronteira, 2008.

MARTÍN-RETORTILLO, Sebastián. "Sentido y formas de la privatización de la administración pública", in *Os Caminhos da Privatização da Administração Pública*: IV colóquio luso-espanhol de direito administrativo. Coimbra: Coimbra, 2001, pp. 15-30.

MARTINS, Ricardo Marcondes. "Contratos administrativos", *Revista Brasileira de Direito Público* (RBDP) 18/117-168. Belo Horizonte, ano 5, jul.-set. 2007.

______. *Efeitos dos Vícios do ato Administrativo*. São Paulo, Malheiros Editores, 2008.

______. "Princípio da moralidade administrativa", in ADRI, Renata Porto; PIRES, Luis Manuel Fonseca; ZOCKUN, Maurício (coord.). *Corrupção, Ética e Moralidade Administrativa*. Belo Horizonte, Forum, 2008, pp. 305-334.

MAYER, Otto. *Derecho Administrativo Alemán*, t. I. Trad. de Horacio H. Heredia y Ernesto Krotoschin. Buenos Aires, Depalma, 1949.

OLIVECRONA, Karl. *Linguagem Jurídica e Realidade*. Tradução de Edson L. M. Bini. São Paulo, Quartier Latin, 2005.

PASSERON, Jean-Claude; BOURDIEU, Pierre. *A Reprodução: elementos para uma teoria do sistema de ensino*. 2ª ed. Trad. de Reynaldo Bairão. Rio de Janeiro, Francisco Alves, 1982.

STUART MILL, John. *A Liberdade*. Trad. Eunice Ostrensky. São Paulo, Martins Fontes, 2000.

______. *Principios de Economía Política*. Madrid, Fundación Ico, 2007.

TÁCITO, Caio. "Arbitragem nos litígios administrativos", *Temas de Direito Público: estudos e pareceres*, vol. 3. Rio de Janeiro, Renovar, 2002, pp. 83-88.

VILLAR, Mauro de Salles; HOUAISS, Antônio (ed.). *Dicionário Houaiss da Língua Portuguesa*. Rio de Janeiro, Objetiva, 2001.

DEMOCRACIA E CONCESSÃO DE SERVIÇO PÚBLICO

José Guilherme Giacomuzzi*

Doutor em Direito (2007) e *Master of Laws*,
George Washington University Law School, EUA (2004)
– Mestre em Direito, UFRGS (2000) – Pesquisador Visitante
na Columbia Law School, EUA (2005) – Professor das Faculdades de
Direito da UNISC (graduação e mestrado) e do UniRitter, Porto Alegre-RS
– Promotor de Justiça no RS desde 1995

Introdução. 1. Licitação e democracia: 1.1 Reserva de administração, concessão e autorização legislativa específica; 1.2 A prorrogação do prazo é inerente à concessão? 1.3 A regra geral da prorrogação não supriria a falta de regra especial sobre a prorrogação? 2. Licitação, equilíbrio econômico-financeiro dos contratos e moralidade administrativa: 2.1 Causas passadas do desequilíbrio e a moralidade administrativa; 2.2 Causas futuras e moralidade administrativa. 3. Considerações finais.

Introdução

Em janeiro de 1996, na esteira de iniciativas parecidas tomadas em outras unidades da Federação no final do século passado,[1] deu-se início no Rio Grande do Sul a um Programa Estadual de Concessão Rodoviária (PECR): obedecendo à norma constante do art. 6º da Lei Estadual Geral de Licitações (Lei Estadual-RS 10.086/1994), que condiciona toda concessão à edição de uma lei específica que discrimine, dentre outros elementos, o

* E-mail: *giacomuzzi@mp.rs.gov.br*

1. A onda de iniciativas foi impropriamente chamada de "privatização do Estado". Alguns dos modelos de "privatização" de rodovias adotados no Brasil foram referidos na dissertação de mestrado de Garcia, pp. 54-59.

prazo da concessão,[2] foram promulgadas nove leis autorizando o Poder Executivo gaúcho a conceder, por quinze anos, os serviços de operação e exploração, conservação, manutenção, melhoramentos e ampliação de novos trechos de rodovias integrantes do sistema rodoviário estadual.[3] Decorrido o processo licitatório, a execução dos contratos de concessão iniciou em 1998; entretanto, em 10.11.2008, cinco anos antes do término dos contratos, o mesmo Poder Executivo encaminhou ao Parlamento do RS um Projeto de Lei (PL 279/2008) que visava à prorrogação, sem licitação, de todos os contratos de concessão, indistintamente, por mais quinze anos; essa prorrogação, segundo o Governo, seria parte de um projeto mais amplo de infraestrutura e logística, um "Programa Estruturante", chamado DUPLICA-RS.

Junto com o PL 279/2008, o Governo do RS encaminhou à Assembleia Legislativa uma "Justificativa", i.e., uma espécie de "Exposição de Motivos" na qual tornou públicas as razões pelas quais pretendia prorrogar os contratos em vigor; as razões apresentadas eram, basicamente, de duas ordens: a prorrogação das concessões seria, primeiro, necessária para restabelecer o equilíbrio econômico-financeiro dos contratos e, depois, juridicamente possível, porque um item específico do Edital de Pré-Qualificação da Licitação permitia expressamente a prorrogação por mais quinze anos, desde que atendesse "ao interesse público e às necessidades ditadas pelo valor do investimento".[4] O aspecto do equilíbrio financeiro dos contratos era desdobrado em dois: (1) haveria um suposto desequilíbrio dos contratos, em favor das concessionárias, acumulado desde o início da concessão; na Justificativa, o Governo do RS, sem revelar o montante da "dívida" do Estado para com as concessionárias, confessava-se publicamente devedor das empresas concessionárias e afirmava que a prorrogação das concessões era "alternativa a evitar a elevação das tarifas"; (2) o PL 279/2008 continha ele próprio uma proposta de alteração de algumas cláusulas contratuais de serviço (as alterações consistiam basicamente na duplicação de alguns trechos das rodovias pedagiadas), mudança essa que seria, segundo o Governo, indispensável à retomada da "competitividade" do Estado do RS, que estaria frente a uma "necessidade urgente de ampliar a infraestrutura rodoviária, sob pena de inviabilizar, em curto prazo, o crescimento do Estado, em decorrência de *gargalos* do modal rodoviário e do custo logístico" (*sic*); alteradas as cláusulas de serviço, estaria alterado o equilíbrio do contrato, que então deveria ser equacionado via prorrogação da concessão.

2. "Art. 6º. Toda concessão dependerá de lei específica que a autorize e discrimine os seguintes elementos: I – prazo da concessão; (...)."

3. Leis Estaduais RS 10.698, 10.699, 10.700, 10.701, 10.702, 10.703, 10.704, 10.705 e 10.706, todas de 12.1.1996. Essas leis são idênticas em conteúdo, variando somente o art. 1º, que especifica o polo de pedágio a ser concedido; o art. 3º de todas as leis dispõe: "O prazo de concessão será de quinze anos".

4. Edital de Pré-Qualificação 70/96, de 12.11.1996 (item 3, 3.1). Em função da complexidade do certame, o Estado do RS valeu-se do art. 114 da Lei Federal 8.666/1993: "Art. 114. O sistema instituído nesta Lei não impede a pré-qualificação de licitantes nas concorrências, a ser procedida sempre que o objeto da licitação recomende análise mais detida da qualificação técnica dos interessados". Assim, a concorrência teve três etapas: à etapa de pré-qualificação seguiram-se duas outras, disciplinadas por mais dois editais, chamados pelo Edital de Pré-Qualificação (item 8) de *Editais de convocação*.

Logo se formou forte oposição ao PL 279/2008, vinda de vários setores da sociedade. As razões apresentadas eram igualmente de duas ordens: primeiro, a prorrogação das concessões seria juridicamente inviável, porque nem as leis específicas que autorizaram as concessões, nem os Editais de Convocação e tampouco os contratos firmados previam a prorrogação; depois, o alegado desequilíbrio econômico-financeiro da economia contratual acumulado em favor das concessionárias (1) não vinha acompanhado de qualquer comprovação, bem como (2) as alterações nas cláusulas de serviço propostas pelo PL 279/2008 não justificariam uma prorrogação por quinze anos, fosse porque alterariam a substância dos contratos iniciais, ferindo o princípio licitatório, fosse porque seriam alterações insuficientes, em quantidade e qualidade, aos propósitos alegados pelo Poder Executivo de "adequação ao interesse público".

Em 18.12.2008, porém, o Poder Executivo, por razões políticas que não interessam aqui,[5] solicitou ao Parlamento a retirada do PL 279/2008, o qual teve seu processo legislativo arquivado no dia seguinte; com isso, o debate jurídico sobre o assunto, que se avizinhava e prometia ser rico, sequer nasceu formalmente.

Quero reavivar esse natimorto debate. Embora eu apresente neste estudo argumentos para demonstrar que a prorrogação dos contratos de concessão no caso em análise fere a CF/1988, meu interesse é mais amplo: aproveito o episódio concreto para explorar pontos específicos da teoria do contrato administrativo e vinculá-los às concepções de democracia e separação de poderes adotada pela CF/1988; o debate que proponho, então, é mais amplo do que o exame de uma hipótese específica, que serve tão somente de ponto de partida. Tenho dois objetivos principais: salientar o aspecto político-constitucional do instituto da concessão, explicando qual o papel que o princípio democrático joga na interpretação das questões suscitadas pelo caso concreto (Item 1); chamar a atenção para alguns aspectos acerca do uso da prorrogação do prazo do contrato de concessão para fins de reequilíbrio econômico-financeiro do contrato administrativo e vinculá-los à moralidade administrativa (Item 2). Para atingir esses objetivos, examino criticamente os tópicos abertos pela própria Justificativa ofertada pelo Governo do RS, acima minimamente delineada e abaixo pormenorizada. Seguem considerações finais.

1. Licitação e democracia

Não há uma conexão necessária e *a priori* entre democracia e a exigência de o

5. A razão principal, porém, pode ser assim resumida: dentre as rodovias pedagiadas constantes do PECR, várias englobavam trechos de rodovias federais, pelo que a União deveria anuir previamente com a proposta de prorrogação das concessões. Como a União não concordou com a prorrogação, o projeto tornou-se inviável aos olhos do Poder Executivo gaúcho. Seguiu-se então ato administrativo insólito: o Poder Executivo gaúcho "denunciou" o contrato à União, com o intuito de passar a esta a responsabilidade de fiscalizar toda a malha viária pedagiada; ante a recusa da União em "assumir a responsabilidade" (que aliás jamais teve) pela fiscalização das concessões, e diante do hiato criado (quem fiscaliza?), o Tribunal de Contas do RS, em decisão liminar datada de 10.1.2010 (publicada em 28.1.2010), determinou ao Poder Executivo do RS que retomasse imediatamente o controle das concessões. Essa decisão baseou-se em vasto Relatório Preliminar de Auditoria Operacional daquela Corte de Contas e foi confirmada pelo Plenário do TCE-RS em 10.2.2010. O referido Relatório tem 249 pp. e é o resultado, em tudo impressionante, de um trabalho que perdurou de 12.11.2008 a 21.10.2009; o Relatório analisou o PECR de 1997 a 2009.

Estado proceder à licitação para contratar; um país não é menos ou mais democrático por simplesmente ter ou deixar de ter esta ou aquela norma ou conjunto de normas que regem a contratação pública. Não há um "modelo a seguir", nem existe um conjunto de normas ideais a serem adotadas no que toca à delicada temática das contratações públicas. Entretanto, observando o ordenamento jurídico brasileiro não é difícil ver que há uma conexão feita pelo legislador constitucional entre, de um lado, as normas que delineiam a licitação e, de outro, a democracia; essa conexão é ainda mais palpável quando se trata de contratos de concessão de serviços públicos. O jurista deve reconhecer essa opção política, compreendê-la e resolver os casos concretos *a partir dela.*

É digno de nota que o Brasil tenha elevado ao nível constitucional o princípio da concorrência pública, via licitação, tanto para os casos de concessões e permissões de serviços públicos (art. 175, *caput*, CF/1988) – o que nos interessa mais de perto –, como para os casos de obras, serviços, compras e alienações (art. 37, XXI, CF). Essa opção política brasileira é peculiar.

O sistema jurídico francês, do qual o Brasil importou por mais de século um modelo de Estado e todo um arcabouço teórico juspublicista – principalmente a ideia de serviço público –,[6] conferia, até ontem, a escolha do concessionário à discricionariedade da Administração Pública. Foi com a chamada "Lei *Sapin*", de 29.1.1993, que se deu importante alteração no sistema francês, a fim de conferir maior transparência na escolha do concessionário; ainda assim, vencida uma primeira etapa de habilitação dos candidatos, etapa que deve ser pública, a Lei Sapin prevê que a autoridade concedente pode negociar livremente com as empresas habilitadas sobre as ofertas de prestação do serviço (art. 38).[7] Mesmo assim, a liberdade de contratar da Administração francesa é ainda bem maior que a liberdade contratual do ente público brasileiro no que toca à concessão.

Esse brevíssimo dado comparativo é aqui trazido somente na intenção de frisar o caráter *político* da opção brasileira pela concorrência; numa palavra: o direito brasileiro poderia ter feito outra opção, dando maior liberdade ao poder concedente, como ocorre na França. Não foi esta a escolha do legislador constitucional brasileiro, que optou por impor ao Estado o dever de proceder à concorrência. Explicitar as razões dessa opção política interessa ao argumento que desenvolvo.

Parece haver duas razões principais pelas quais o constituinte brasileiro optou por impor a concorrência pública no caso das concessões (e dos demais contratos públicos). Por didatismo, chamo a primeira de razão "histórica"; a segunda, razão "ideológica". A primeira razão foi tentar

6. Nos países da *common law*, por exemplo, que tão fortemente têm influenciado a cultura juspolítica brasileira nas últimas duas décadas, não se compreende o conceito de serviço público como nós, brasileiros e franceses. Na tradição da *common law*, "serviço público" pode ser um conceito político, mas não tem definição legal. Como destaca John Bell, "existem assunções e valores associados a conceitos jurídicos particulares e por isso a estrutura conceitual do direito faz diferença na forma com que os operadores jurídicos pensam" (Bell, p. 1.275). Sobre o forte caráter ideológico da noção de serviço público, ausente nas EUA, cf. Chevallier, pp. 562-576. Comparei a essência dos contratos administrativos brasileiro, francês e norte-americano na minha tese de doutorado nos EUA e recentemente traduzida. Cf. Giacomuzzi (*Estado e Contrato*, no prelo).

7. Cf. Richer, p. 570. Ainda assim, frise-se, a regra na França é infraconstitucional.

evitar, via transparência administrativa, a corrupção e a confusão entre o público e o privado, mazelas que infelizmente acompanham nossa história.[8] Se tivéssemos níveis mais baixos de corrupção, talvez a opção constitucional tivesse sido outra, permitindo-se então maior liberdade de escolha ao Estado (ao administrador público, em suma).

A segunda razão, ideológica, é esta: quer-se aumentar a qualidade do serviço público, confiando na ideia liberal de que o mercado pode também auxiliar o Estado na busca de uma melhor prestação do serviço público. Essa ideia tem por trás uma aberta filosofia anglo-americana, que também inspirou reformas no sistema de contratação pública de países como a França, para ficarmos com o mesmo paradigmático exemplo.[9] A frase de um *scholar* norte-americano especialista no tema, referindo-se à exigência normativa da promoção, pelo Estado, de uma ampla e aberta competição nos contratos públicos do seu próprio país resume bem essa razão ideológica nos Estados Unidos: "Promovemos a *competição* porque acreditamos no poder do mercado".[10] Numa palavra, a ideia animadora do constituinte brasileiro é a de que a concorrência pública aumentaria não só a transparência, evitando a corrupção, mas também melhoraria a qualidade do serviço público prestado, fomentando assim a eficiência administrativa; ambas as proposições políticas terminaram também positivadas no texto constitucional em dois enunciados normativos: impessoalidade e eficiência (art. 37, *caput*, CF). Da forma com que vinha posto, o PL 279/2008 dava margem ao ferimento da impessoalidade e da eficiência administrativas. Por quê?

Para responder, procederei dialeticamente, confrontando meus argumentos com aqueles oferecidos pela Justificativa ao PL 279/2008.[11] Usar a Justificativa como ponto de partida à reflexão é obedecer à moralidade administrativa: se, como penso, a moralidade veicula um dever de honestidade por parte do administrador público,[12] induzindo e pressupondo no administrado (e no jurista) a confiança, devo levar a sério os motivos que constam da Justificativa do Governo do RS.

Relembrando: tanto as leis específicas que autorizavam as concessões quanto os contratos de concessão firmados previam um prazo de quinze anos, silenciando

8. Corrupção que não é, obviamente, monopólio brasileiro. No âmbito dos contratos públicos, tema que interessa aqui, a corrupção existe, em maior ou menor grau, em todas as latitudes, em países desenvolvidos ou em desenvolvimento. Na literatura norte-americana, cf. Rose-Ackerman, especialmente pp. 27-35. Na Espanha, cf. Juan, especialmente pp. 15-64.

9. A doutrina especializada francesa também refere que o caráter ideológico liberal está por trás das reformas havidas na França no que toca aos contratos administrativos, dentre eles a concessão, reformas que diminuíram, como mencionado no texto, a liberdade de contratar do poder público. Cf. Guettier, p. 12.

10. Schooner, 2002, p. 104. Em nota de rodapé, o autor aduz: "Acreditamos que o mercado prospera em razão do autointeresse do ser humano, o qual se comprova ser bem mais eficaz que políticas legislativas ou regulatórias".

11. Anote-se, embora evidente, que a Justificativa é uma peça política, não jurídica; dela não se esperam, então, lições de direito. Não é menos verdade, porém, que ela não é obrigatória, isto é, nada obriga o autor de um PL a indicar por escrito os motivos pelos quais propõe uma lei. Ao fazê-lo, e de forma escrita e pública, o propositor de um PL nada mais faz do que permitir a crítica pública e democrática à proposta. Sob este aspecto, é de todo elogiável a postura de oferecer publicamente as razões de ser de uma proposta legislativa.

12. Cf. Giacomuzzi, 2002, *passim*.

sobre eventual prorrogação. Entretanto, a Justificativa ao PL 279/2008 expressamente referia que o Edital de Pré-Qualificação possibilitava a prorrogação dos contratos "por mais 15 anos para atender ao interesse público e à necessidade de novos investimentos"; de acordo com a Justificativa, isso estaria de acordo com "previsões específicas dos prazos contratuais, seja na Lei federal – 8.987/1995 – seja na Lei 8.666/1993 (previsão específica de prorrogação de prazo)" (*sic*). Começo analisando um erro grosseiro da Justificativa para, depois, partir para a análise da legalidade da proposta (aqui, vou melhorar, por amor ao debate, propositadamente, o argumento do PL 279/2008).

O erro grosseiro: ao invocar a Lei federal 8.987 para os fins que pretendia, a Justificativa negligenciava o inciso XII do art. 23 dessa lei, que de fato contém disposição sobre prorrogação de prazo contratual, mas na verdade traz norma *contrária* aos interesses do PL 279/2008. Esse inciso refere ser *essencial* ao contrato uma cláusula que disponha sobre as "condições para prorrogação do contrato". Ora, os contratos de concessão em discussão não previam *nenhuma* cláusula sobre prorrogação, exatamente, repito, conforme as leis específicas que autorizaram as concessões. Ora, uma cláusula dita *essencial* não pode ser considerada escrita quando simplesmente não existe. Mas o Edital de Pré-Qualificação, que previa expressamente, ele sim, a possibilidade de prorrogação dos contratos, não poderia justificar a prorrogação, *ainda que* as leis autorizadoras da concessão, o Edital do Certame e os próprios contratos não tivessem previsto essa possibilidade? Em palavras simples: o Edital de Pré-Qualificação não faz parte do certame?

A resposta passa por lembrar uma trivialidade referida pela doutrina e aceita nos tribunais: "A pré-qualificação consiste na dissociação da fase de habilitação do restante do procedimento".[13] Ora, a fase de pré-qualificação, como se lê num manual básico, "não faz parte da concorrência";[14] nessa fase, o que se pretende é somente qualificar o licitante.[15] O edital que se constitui na "*lei interna da concorrência*",[16] como se convencionou dizer, é o Edital de Convocação, que deve conter "a minuta do respectivo contrato, que conterá as cláusulas essenciais referidas no art. 23 desta Lei, quando aplicáveis" (art. 18, inc. XIV, Lei Federal 8.987/1995), e jamais o Edital de Pré-Qualificação. A pré-qualificação limita-se a habilitar as empresas aptas a participarem da futura concorrência, a qual, no caso da concessão, deve ser balizada pelos parâmetros da lei autorizadora. A "habilidade" da empresa que pretende participar do certame pode, na fase de pré-qualificação, ficar até muito além das exigências constantes da futura concorrência (talvez isso até seja recomendável; e mesmo, um critério de pontuação); o que não pode é a empresa ficar aquém das exigências. Dito de outro modo, o que se quer na fase de pré-qualificação é atestar a capacidade técnica de uma empresa para prestar o serviço "x"; não se pode depois exigir da empresa que ela preste um serviço "x + 1" ou, menos ainda, o serviço "y", mas se lhe pode exigir o serviço "x – 1". É a lei, e só ela, porém, que diz o que equivale a "x". Se o serviço que a lei autoriza é "x" e o Edital de Pré-Qualificação habilita as empresas a prestar o serviço "x + 1", não

13. Justen Filho, 2010, p. 950. Cf. TJRS, 1ª CCív., ACí 70024900391, rel. Des. Carlos Roberto L. Caníbal, j. 24.9.2008.

14. Mukay, 2008, p. 229.

15. Cf. TJRS, 21ª CCív, ACí 700212181928, rel. Des. Marco A. Heinz, j. 10.10.2007.

16. Meirelles, 2010, p. 166.

há qualquer problema para a concorrência, *desde que* o serviço concedido fique limitado a "x". Por quê? Porque o Edital de Pré-Qualificação, ato unilateral do Poder Executivo, não delimita o serviço público a ser concedido; quem o faz é a lei. Esse ponto ficará melhor explicitado abaixo.

No caso em análise, as empresas habilitadas a firmar os contratos tiveram atestada, na fase de pré-qualificação, sua capacidade de operar as concessões por quinze anos, prorrogáveis até trinta anos, se necessário; essa capacitação é um dado técnico. Mas as mesmas empresas concorreram a uma licitação de quinze anos somente; esse é um fator legal. O fato de as concessionárias estarem aptas a operar as concessões por até trinta anos (o que se lhes exigiu via Edital de Pré-Qualificação) não significa que os contratos devam ou possam durar trinta anos. Repita-se: a capacidade de operação das empresas é um dado técnico; o que se pode conceder depende de lei. Em palavras simples: a prorrogação dessas concessões por mais quinze pode ser necessária (aceitemos essa tese) e ao mesmo tempo não ser juridicamente possível; é a lei, não o edital de Pré-Qualificação (ou mesmo o Edital do Certame, que tem certos limites legais), que baliza os termos de uma concessão.

Talvez se pudesse encerrar a discussão e concluir que não era nem é possível prorrogar os contratos diante da falta de previsão legal e contratual que expressamente permita prorrogação. Por amor ao debate, porém, vou aqui melhorar os débeis argumentos da Justificativa e aproveitar para suscitar e enfrentar questões interessantes e pouco exploradas entre nós na teoria dos contratos administrativos. Ofereço três linhas argumentativas à tese da possibilidade da prorrogação, para depois refutá-las; os argumentos são sucessivos e prejudiciais: (1) a matéria de delegação dos serviços públicos faria parte da "reserva de Administração"; assim, submeter o Poder Executivo ao controle legislativo no que toca a serviços públicos ofenderia o princípio da separação dos poderes (art. 2º, CF); isso implicaria a inconstitucionalidade do art. 2º da Lei Federal 9.074/1995 e do *caput* do artigo 6º da Lei Estadual-RS 10.086/1994, que requerem lei específica autorizadora de toda concessão; (2) a prorrogação do prazo contratual seria *inerente* a toda concessão; (3) ainda que assim não fosse, o § 4º do art. 4º da Lei Estadual-RS 10.086/1994, ao dispor que as concessões não terão prazo superior a trinta anos, podendo, contudo, ser prorrogadas até o máximo de cinquenta anos, estaria a autorizar a prorrogação. Assim, em resumo, os argumentos teriam a seguinte estrutura: (1) a Administração não precisaria de autorização legislativa para delegar, ou para prorrogar, um serviço público; se não isso, em sendo necessária a lei, e embora as leis específicas tenham silenciado sobre a possibilidade de prorrogação, essa possibilidade, ou (2) deveria ser considerada inerente à concessão, ou (3) poderia ser considerada suprida pela regra geral da Lei Estadual-RS 10.086/1994. Esses argumentos pedem resposta.

1.1 Reserva de administração, concessão e autorização legislativa específica

Parte da doutrina nacional entende que não é necessária a autorização legislativa específica para a delegação de serviços públicos;[17] a necessária consequência desse entendimento é a de que seria inconstitucional o art. 2º da Lei Federal 9.074/1995 (e, pelo mesmo motivo, do *caput* do artigo 6º da Lei Estadual-RS 10.086/1994), o qual veda a prestação de

17. Cf., p. ex., Di Pietro, 2009, pp. 71-73; Oliveira, pp. 197-198; Souto, 2004, pp. 47-49.

serviços públicos, via concessão e permissão, sem que lei específica as autorize. Os argumentos em favor dessa tese, conjugados e com pequenas variações, têm basicamente a seguinte estrutura: celebrar contratos é uma "função administrativa típica", sendo a delegação de um serviço público um "ato de gestão"; por isso, exigir autorização legislativa prévia à concessão é ferir o princípio da separação de poderes, o que só é possível nos casos expressos na CF.

Não deixa de ser curioso o fato de que nenhum dos autores que defendem essa tese cita o único julgado do Supremo Tribunal Federal específico sobre o tema, de 1997, que a suporta.[18] Essa corrente doutrinária apresenta ainda uma tese subsidiária: se não é inconstitucional (materialmente) o mencionado art. 2º nesta parte, ao menos o é (formalmente) na parte em que exige a lei específica a todos os entes federados; por ser federal a Lei 9.074/1995, ela não poderia ter disposto aos Estados-membros e Municípios (nesta versão subsidiária, o *caput* do artigo 6º da Lei Estadual-RS 10.086/1994 permaneceria intacto).

Outra parte da doutrina defende o contrário,[19] com o aval, indireto, de pelo menos uma decisão do STJ.[20] Os argumentos têm, resumidamente, a seguinte estrutura: a delegação de um serviço público deriva do princípio da República e da soberania popular; por isso, só o povo pode delegar um serviço público, que deve ser prestado pelo Estado; quando o serviço é prestado diretamente, não é necessária lei, ao passo que a lei autorizadora específica é necessária quando o serviço é prestado de forma indireta, via concessão. Segundo essa corrente, a obrigatoriedade de autorização legislativa específica para a concessão deriva da própria CF, sendo a regra do art. 2º da Lei Federal 9.074/1995 (e, por conseguinte, também a do *caput* do artigo 6º da Lei Estadual-RS 10.086/1994) "meramente explicitadora da previsão constitucional".[21]

Parece-me que ambas as linhas argumentativas extraem do texto da CF normas que ela não veicula, embora a conclusão a que chega a segunda corrente seja acertada;[22] o fundamento desta corrente é que está equivocado: a necessidade de autorização legislativa decorre da lei – que nada tem de inconstitucional –, e não diretamente da CF. Justifico.

A moderna dogmática constitucional cuidou de estruturar o tema em torno do

18. STF, Pleno, ADI 462-0-BA, j. 20.8.1997, rel. Min. Moreira Alves, *DJ* 18.2.2000: a Corte julgou inconstitucional a parte do § 1º do art. 25 da Constituição do Estado da Bahia que condicionava a delegação de serviços públicos à previa autorização legislativa. O argumento utilizado pela Corte é o de que a exigência de prévia autorização legislativa não se coaduna com o poder de fiscalização *a posteriori* que pela CF incumbiria ao Poder Legislativo, pelo que violaria o princípio da separação dos poderes; além disso, segundo o STF, "a exigência da licitação pública para a concessão de serviços públicos decorre do art. 175, 'caput', da CF" (fl. 11 do acórdão). Essa frase não segue a lógica do argumento e está solta. Ninguém discutiu ou discute que a licitação é devida; o que se discutia na ADI é se a CE da Bahia poderia vincular o Executivo ao Poder Legislativo no que toca à delegação do serviço.

19. Cf. Justen Filho, 2003, pp. 175-176. Bandeira de Mello, pp. 721-722.

20. Cf. STJ, 1ª T., RE 622.101-RJ, rel. Min. José Delgado, j. 20.4.2004, *DJ* 17.5.2004.

21. Justen Filho, 2003, p. 177.

22. Acerta o tom quem afirma que "o serviço público é outorgado ao Estado por decisão do povo, consagrada na Constituição ou em leis infraconstitucionais. O governante não é o senhor do serviço público nem da opção de prestá-lo" – Justen Filho, 2003, p. 176. No mesmo sentido, cf. Bandeira de Mello, p. 722.

que se chama hoje de "reserva de lei",[23] a qual não se confunde com o mais genérico – e incerto – princípio da legalidade.[24] Uma definição útil refere que "existe reserva de lei quando a constituição prescreve que regime jurídico de determinada matéria seja regulamentado por lei e só por lei, com exclusão de outras fontes normativas".[25] Mas essa definição aparentemente simples envolve um tema complexo, qual seja, o das competências materiais e formais da organização do Estado, tema que atinge o coração do princípio democrático e da separação de poderes. Aqui, a chave da questão é lembrar um paradoxalmente esquecido truísmo: cada democracia segue o seu rumo no que toca ao "princípio" da separação de poderes. Na verdade, a reserva da lei "não deve divorciar-se das estruturas constitucionais concretas de cada país"; assim, os problemas que ela coloca "só em face dos ordenamentos constitucionais positivos podem ser esclarecidos".[26]

Não obstante isso, é possível identificar problemas – não as soluções – semelhantes nos diversos ordenamentos constitucionais modernos; os limites da reserva da lei constituem um desses problemas, e, dentro dele, um item importante é o da "reserva de administração" ou "reserva constitucional de administração", o qual tem sido estudado pela dogmática constitucional-administrativa estrangeira, alemã sobretudo,[27] com incipientes reflexos na doutrina nacional.[28] O problema envolveria, basicamente, questões na seguinte direção: haveria matérias que estariam "a salvo" da atividade do Parlamento, as quais não seriam expropriáveis por este, em razão de serem reservadas à Administração? Essas reservas seriam absolutas, no sentido de não permitirem nenhuma delimitação legislativa (ou controle judicial),[29] ou haveria graus de ingerência/controle possíveis? O serviço público seria uma dessas matérias? Se positiva a resposta, em que grau?

Embora evidente, anote-se que não estamos diante de um simples problema de legalidade ou de primazia da lei – é claro o Administrador deve obedecer à lei.[30] O problema é outro: saber se há alguma matéria que o sistema jurídico-constitucional reserva *somente* à Administração, bloqueando a ingerência do legislador.[31]

Como sempre, o exame do texto da CF deve ser o ponto de partida. O que a CF diz sobre o assunto da necessidade de autorização legislativa específica à delegação dos serviços públicos? Diretamente, ela nada diz; ela *remete o assunto ao legislador*. Com efeito, o art. 175 da CF limita-se a expressamente dar ao legislador ("na forma da lei") o poder de regulamentar a prestação do serviço

23. Entre nós, por todos, Afonso da Silva, 2009, pp. 83-84. Na doutrina portuguesa, examinando o conceito no direito alemão, onde ele melhor se desenvolveu, Cabral de Moncada, pp. 159-296.

24. Sobre a vinculação da Administração à lei, cf. Otero.

25. Canotilho, p. 724.

26. Idem, ibidem.

27. Cf., por exemplo, Cabral de Moncada, pp. 369-411 (sobre o direito alemão), pp. 600-606 (italiano); Canotilho, pp. 739-743; Maurer, pp. 122-140.

28. Cf. Correia, 2008.

29. O problema do controle judicial não interessa ao presente artigo.

30. Cf., na doutrina alemã, Maurer, p. 125.

31. À luz da teoria constitucional-administrativa moderna, penso que é esse o tema a ser debatido; no limite, é possível dizer que ambas as correntes acima referidas apresentam argumentos que podem encaixar-se nesse debate. Não parece, porém, que os autores tenham argumentado conscientes dos conceitos dogmáticos que exploravam.

público, o qual, entre nós, permanece sob a titularidade do Estado.[32] Numa palavra: a CF diz expressamente que a lei disporá sobre serviços públicos. Por que então, diante da clareza da CF, parte da doutrina nacional insiste em afirmar que a lei não pode exigir que a concessão dependa da autorização legislativa específica? A resposta passa por compreender a herança cultural que ainda governa a mente de parte significativa da nossa doutrina.

Nos parâmetros "clássicos" do direito administrativo, está correto afirmar que delegar serviço público é uma função administrativa "típica" ou um "ato de gestão"; está igualmente correto inferir que essa função, porque "típica", seria "indelegável". Mas é preciso acrescer que isso ocorre no direito administrativo *francês*, sistema jurídico de onde a corrente doutrinária brasileira que sustenta a desnecessidade de autorização legislativa específica para delegação de serviços públicos parece ter partido para formular seu argumento; ora, a razão epistemológica dessa vassalagem cultural é facilmente compreensível: a estrutura mental (*mentalité*) do jurista brasileiro trabalha, no que toca ao direito administrativo, com a matriz francesa de pensamento – e isso é, ainda hoje, *natural* ao jurista brasileiro.[33] Na França, a autoridade administrativa encarregada dos serviços públicos tem, em princípio e por força da história singular daquele país, a liberdade de decidir se e como delegará um serviço público (se por contrato ou mesmo por um ato unilateral); só em caso de *privatização* (leia-se *venda*) do serviço é necessária a autorização legislativa.[34] Essa estrutura jurídica é o reflexo de uma realidade cultural na qual a burocracia administrativa ganhou força inigualável e incomparável a qualquer sistema jurídico moderno.[35] Na França, uma ideia positiva da Administração Pública ganhou ao longo dos séculos ares mitológicos, levando o cidadão a aderir a uma ideologia que sustenta o poder estatal; na França, a *Administration* aparece a uma só vez como agente do Estado e da Nação, sendo *État* e *Nation* o par de símbolos em torno do qual se movimenta e se legitima a sociedade francesa.[36]

Ocorre que o Brasil não transplantou todo o sistema jurídico administrativo francês, nem poderia fazê-lo. Mitos e ideologias não são *commodities* que se transfiram numa penada de tinta ou no digitar de um botão, e culturas inteiras não viajam de navio para se instalarem em novas democracias. A opção política do sistema brasileiro não confere à Administração Pública o poder de, sozinha, delegar serviços públicos; entre nós, a CF quis que o Parlamento não se demitisse de regrar o assunto; no nosso sistema jurídico, a função administrativa de delegar serviços públicos, "clássica" ou não, deve

32. Avaliar se essa opção constitucional é a melhor, ou se a concepção de serviço público "morreu" ou deve ser alterada, redefinida ou o que for é um problema político. Um apanhado recente e esclarecedor sobre as "crises" do serviço público encontra-se em Aragão. Um estudo interessante sobre a titubeante concepção de serviço público no STF encontra-se em Vojvodic, 2009.

33. Tratei da influência das *mentalités* nas concepções teóricas do contrato administrativo em Giacomuzzi (*Estado e Contrato*, no prelo).

34. Agradeço à Laurence Lalliot-Folliot, Professora de Direito Administrativo nas Universidades Nanterre (Paris X) e Sorbonne (Paris I) e consultora do Banco Mundial, pelos esclarecimentos devidos quanto ao direito administrativo francês.

35. "Em nenhum país europeu a prática legislativa andou tão longe da ideia de lei como em França, o que se verifica ainda hoje (...)." Cabral do Moncada, p. 662.

36. Cf. Chevallier, pp. 561-611.

ser autorizada pela lei. Talvez até haja argumentos políticos hábeis, ou mesmo brilhantes argumentos sociológicos, a recomendar que a função de delegar um serviço público no Brasil seja função afeita à Administração Pública, devendo por isso ser a ela reservada exclusivamente; esses argumentos, porém, não convenceram nem o legislador constituinte, nem o legislador ordinário. Daí por que não é correta a interpretação de que o texto do art. 2º da Lei 9.074/1995 (ou o do *caput* do artigo 6º da Lei Estadual-RS 10.086/1994) ofende o princípio da separação dos poderes por tratar de um "ato de gestão" de uma "função administrativa típica" (o que a melhor dogmática chamaria de "reserva de administração").

Por outro lado, também não é correto o argumento de que o art. 2º da Lei 9.074/1995 meramente explicita uma exigência da própria CF no sentido de que deve haver lei específica autorizando a concessão. Esse poder decorre da lei, não da CF,[37] que confere expressamente – i.e., reserva – ao legislador o poder de dispor sobre a delegação de serviços públicos; não há, portanto, uma "reserva de administração" no tema em análise; o que há é uma reserva de lei.

Na teoria constitucional e política, não há, repito, um campo *a priori* de matérias reservadas à Administração; cada sistema jurídico faz suas "reservas". A CF/1988 reservou a temática da delegação de serviços públicos à lei, e encarregaram-se de regular a matéria, no plano Federal, as Leis 8.987 e 9.074, ambas de 1995 (no plano Estadual-RS, a Lei 10.086/1994). Essas leis, todas, determinam que deve o Parlamento autorizar prévia e especificamente cada delegação de serviço público que o Poder Executivo venha a implementar. Essa é a forma que o sistema jurídico brasileiro escolheu para o balanceamento das funções entres os poderes no que toca às delegações de serviços públicos.

Como se viu, o ordenamento jurídico brasileiro não somente impôs limites ao poder concedente na escolha do concessionário, mas também conferiu ao cidadão, no art. 175 da CF/1988, a opção política de, por meio dos seus representantes no Parlamento – e não no Poder Executivo –, escolher a forma pela qual alguns serviços públicos serão prestados, se diretamente pelo Estado ou indiretamente via concessão ou permissão. Dentre os vários reflexos dessa opção política, destaco o seguinte: escolher a forma de prestação de serviços públicos é direcionar parte do dinheiro do cidadão e consequentemente da receita pública e também da economia; se o serviço é estatal, serão devidos e cobrados tributos; se for concedido, será devida e cobrada tarifa. Em suma, o cidadão, ao autorizar a concessão do serviço público, possibilita no mínimo duas coisas: (1) que o Estado redirecione a receita pública (invista de forma diferente) de um serviço público a outro; (2) que o particular mais apto e eficiente dentre os concorrentes, obedecendo ao risco inerente à concessão, aufira lucro pelo serviço prestado. O Brasil resolveu colocar essas opções nas mãos do legislador, não do administrador.

1.2 A prorrogação do prazo é inerente à concessão?

A norma contida nos incisos II e III do art. 2º da Lei Federal 8.987/1995 (bem

37. A discussão que poderia ser feita seria sobre os limites dessa lei: por exemplo, poderia a lei simplesmente delegar totalmente ao Executivo a regulamentação da temática das delegações de serviço público? Em assim fazendo, não estaria o legislador demitindo-se da função que a CF lhe conferiu? Essas discussões não serão feitas neste artigo.

como nos incs. II e III do art. 3º da Lei Estadual-RS 10.086/1994) determina que a delegação de uma concessão seja sempre e necessariamente temporária.[38] O art. 2º da Lei Federal 9.074/1995, como se viu, veda à União, Estados, Distrito Federal e Municípios a execução de "obras e serviços públicos por meio de concessão e permissão de serviço público, sem lei que lhes autorize e fixe os termos". Sobre os contratos de concessão, o inc. I do art. 23 da Lei Federal 8.987/1995 estabelece como essencial a cláusula que lhe estipula o prazo, e o inc. XII do mesmo artigo estabelece como essencial a cláusula relativa "às condições para a prorrogação do contrato". As mesmas normas encontram-se nos incisos I e XII do art. 9º da Lei Estadual-RS 10.086/1994, com a especificidade de que a lei gaúcha ainda explicita, sobre a prorrogação, que suas condições devem estar previstas no edital de licitação.[39]

Se a Lei Geral de Concessão dos outros Estados-membros não exige forma específica para a concessão, parece razoável sustentar que o legislador estadual poderia, via lei específica, limitar-se a autorizar o serviço público de forma mais genérica,[40] deixando o prazo da concessão em aberto, isto é, deixando ao Poder Executivo maior discricionariedade na implantação da política pública na matéria. No RS, entretanto, essa liberdade não existe, porque, repete-se, o *caput* do art. 6º da Lei 10.086/1994 (Lei Geral Estadual das Concessões)[41] expressamente exige que a concessão somente poderá dar-se por lei específica que a autorize e discrimine alguns itens, sendo o prazo o primeiro deles.[42] O legislador gaúcho de 1996, ao montar o PECR, poderia ter estabelecido outro prazo para a concessão, prorrogável ou não, desde que não ultrapassasse os trinta anos, prorrogáveis até cinquenta anos (artigo 4º, § 1º, Lei Estadual 10.086).[43]

Esse arcabouço legal indica que o prazo do contrato faz parte da *essência* da concessão; não há concessão sem prazo; no RS, aliás, o prazo deve constar da lei específica autorizadora. Da mesma forma, as "condições para a prorrogação do contrato" também fazem parte da *essência* da concessão; não há prorrogação de concessão sem que as condições da prorrogação estejam previstas no contrato; no RS, há expressa determinação legal de que essas condições também constem do edital de licitação. Se o edital do certame e o contrato não falam em condições de prorrogação, então é porque não há possibilidade de prorrogação, *porque não há prorrogação sem condições*, as quais são

38. A clareza da lei não possibilita qualquer discussão doutrinária. Cf., por todos, Justen Filho, 2003, p. 56. O texto legal dos incisos referidos da Lei Estadual-RS 10.086/1994 tem teor quase idêntico aos da Lei Federal 8.987/1995.

39. "Art. 9º. São cláusulas essenciais do contrato, no que for aplicável, as relativas a: I – objeto, área de prestação do serviço e *prazo de concessão*; (...) XII – condições para prorrogação do contrato, *desde que previstas no edital de licitação*; (...)" (grifo nosso).

40. Cf., por exemplo, a posição de Bandeira da Mello, p. 722: "Assim, cumpre que a lei fundamente o ato administrativo da concessão, outorgando ao Executivo competência para adoção desta técnica de prestação de serviço. Nada impede, todavia, que a lei faculte, genericamente, a adoção de tal medida, em relação a uma série de serviços que indique". No mesmo sentido, cf. Justen Filho, 2003, p. 173.

41. Ver nota de rodapé n. 2 *supra*.

42. Cf. argumentos em prol da tese aqui sustentada em Justen Filho, 2003, pp. 175-177.

43. Ou seja, a própria Lei Geral Estadual das Concessões previu um prazo máximo razoável às concessões no RS, mas deixou ao legislador uma margem ao exercício da *discricionariedade legislativa* para estabelecer um prazo à concessão.

da essência do contrato. Daí que não há como a prorrogação ser considerada implícita ao contrato de concessão.

1.3 A regra geral da prorrogação não supriria a falta de regra especial sobre a prorrogação?

Acima foi dito que a própria Lei Estadual-RS 10.086/1994 prevê que as concessões no RS não podem ultrapassar os trinta anos, prorrogáveis até cinquenta anos. O texto do artigo 4º, § 1º, da Lei Estadual-RS 10.086 é este: "A concessão não poderá ser por prazo superior a trinta anos, podendo, contudo, ser prorrogada até o máximo de cinquenta anos no total" (*sic*). Desse texto não se poderia extrair norma no sentido de que toda concessão seria sempre prorrogável, desde que não ultrapasse os cinquenta anos? O argumento teria a seguinte estrutura: tendo a lei geral de licitações do RS previsto genericamente a possibilidade de prorrogação da concessão, as leis específicas autorizativas das concessões, embora devam prever o prazo da concessão (segundo o já mencionado art. 6º, I), não precisariam expressamente prever a possibilidade da prorrogação.

Não parece ser essa a melhor leitura do texto legal. Levado ao extremo, o argumento poderia conduzir à seguinte situação: imaginemos que uma lei específica autorizasse uma concessão de serviço público por cinco anos, silenciando sobre a possibilidade de prorrogação; se aplicarmos o raciocínio de que a prorrogação de até cinquenta anos estaria prevista de antemão na lei geral, então teríamos que aceitar que uma autorização de cinco anos dada pela lei específica pode na prática equivaler a uma autorização dez vezes maior que a autorização dada inicialmente. Levando o caso ao extremo, a aceitação desse argumento anularia a exigência do prazo como elemento essencial da licitação, uma vez que seria possível a prorrogação até cinquenta anos de qualquer concessão desde que o legislador específico tivesse previsto qualquer prazo menor que trinta anos para a concessão (um ano, por exemplo); assim, todas as concessões no RS poderiam, com sucessivas prorrogações, durar até cinquenta anos.

Alguém poderia dizer que critérios de razoabilidade e proporcionalidade limitariam o tempo de prorrogação da concessão, que poderia ter como parâmetro o próprio prazo legal do contrato, talvez utilizando-se, por exemplo, de uma simples regra de três, assim: se a lei geral estabelece trinta anos como prazo máximo de concessão e cinquenta como prazo máximo de prorrogação, temos um limitador inicial de 66,6% do prazo inicial (cinquenta anos corresponde a 66,6% a mais que trinta anos); então a prorrogação da concessão não poderia jamais exceder a 66,6% do prazo original da concessão, que é necessariamente fixado por lei. Esse raciocínio, porém, parte de premissa equivocada, porque confunde a razão de ser da prorrogação, que nada tem a ver com a possibilidade *a priori* de aumentar o prazo de concessão, mas sim com a eventual necessidade de prorrogar a concessão por razões que devem de antemão vir fixadas no edital e constar dos contratos. A prorrogação é *sempre exceção*, nunca a regra de uma concessão. A regra é a concessão ter prazo determinado – aliás, isso é da sua essência; esse prazo não deve equivaler ao seu valor mais um percentual "x", tirado da interpretação da lei. Esse raciocínio tortuoso de somar de antemão um prazo "razoável" de prorrogação a toda concessão destruiria a razão de ser do instituto da concessão, que, entre nós, como já foi dito acima, tem íntima vinculação com a democracia. Quem autoriza uma licitação por quinze anos não a autoriza por trinta, nem por 25 (o que corresponderia, grosso modo, a quinze anos mais 66%).

Nada disso obstante, imaginemos que todos os argumentos acima sejam insuficientes para empecer a prorrogação dos contratos. Nesse caso, teríamos que ainda analisar o fundamento principal do PL 279/2008, qual seja, o alegado desequilíbrio econômico-financeiro dos contratos de concessão.

2. Licitação, equilíbrio econômico-financeiro dos contratos e moralidade administrativa

O direito ao equilíbrio econômico-financeiro do contrato administrativo é norma contida no texto do inc. XXI do art. 37 da CF/1988 e ao mesmo tempo é o ponto de partida para o razoável entendimento, hoje dominante na doutrina pátria, de que a prorrogação dos contratos de concessão pode ser usada como mecanismo de recomposição da economia interna do contrato.[44] Comungo desse entendimento, e seria desnecessário dizer a esta altura que a possibilidade de prorrogação deve constar da lei autorizadora da concessão, ou pelo menos do edital e do contrato.

Embora o instituto do equilíbrio econômico-financeiro do contrato administrativo ofereça um riquíssimo campo de análise e não tenha merecido muita atenção da doutrina brasileira,[45] não enfrentarei o tema aqui. Vou me limitar a algumas considerações visando a chamar atenção aos surpreendentes argumentos constantes da Justificativa ao PL 279/2008 apresentada pelo Governo do RS, a qual apresentava o equilíbrio econômico-financeiro dos contratos de concessão como a principal razão para prorrogar os atuais contratos de concessão.

Como foi dito na Introdução, seriam duas as causas desse suposto desequilíbrio: uma causa futura ("recomposição da equação financeiro-econômica a ser rompida com as alterações e modificações dos encargos"), e outra passada ("a consolidação dos desequilíbrios da equação financeira dos contratos de concessão apurados até dezembro de 2007"). A causa futura estaria relacionada diretamente com as alterações contratuais que o PL 279/2008 propunha, isto é, com os acréscimos às obrigações originárias das concessionárias. A causa passada estaria relacionada com um suposto prejuízo às concessionárias já detectado – e confessado – pelo Estado, prejuízo esse que estaria já mensurado por estudo realizado pela Fundação Getúlio Vargas. Interpretada sem rodeios, a Justificativa sugeria que a alternativa à prorrogação dos contratos seria a elevação de tarifas dos pedágios. Em suma, o PL 279/2008 veiculava a matéria como se houvesse somente duas opções: ou se prorrogavam os contratos por mais quinze anos para pagar o passivo confessado pelo Estado e ampliar o polo rodoviário, o que seria indispensável ao crescimento e à competitividade do RS, ou se aumentavam as tarifas de pedágio para

44. Cf., p. ex., Santos; Justen Filho, pp. 405-406 (alterando posição anterior, da edição de 1997, p. 270, contrária à introdução de "cláusulas assegurando que a concessão po[ssa] ser prorrogada, ao final do prazo contratual, a critério exclusivo do poder concedente, se tal atender ao interesse público"). Cf. também, um pouco mais elaborado, Barroso. Contra, embora tratando do contrato de concessão de obra pública, cf. Hupsel.

45. O mais completo estudo sobre o tema é a monumental tese de doutoramento defendida na Universidade de Paris II, publicada em 2005, escrita por Vidal.

pagar o passivo e se deixava o Estado no atual estágio de desenvolvimento.

2.1 Causas passadas do desequilíbrio e a moralidade administrativa

O texto normativo referente à moralidade administrativa (art. 37, *caput*, CF/1988) contém ao menos duas normas importantes para o caso ora em análise: impõe ao Estado o dever de honestidade e veicula o princípio da confiança dos administrados na Administração.[46] Essas normas estendem-se também, claro, a atos como o envio de um projeto de lei ao Parlamento e as justificativas apresentadas publicamente para propor, como no caso, a prorrogação de concessões públicas.[47]

Nessa esteira, é digno de nota que o Governo do Estado do RS *jamais* tenha enviado ao Parlamento o cálculo do suposto desequilíbrio dos contratos. Esse cálculo era a base fática, a *razão de ser* da prorrogação dos contratos, sobre a qual toda a engenharia da prorrogação estava sendo montada e mostrada à sociedade. Ora, se a razão de ser da prorrogação não pode sequer ser examinada por quem tem o poder constitucional de decidir sobre a delegação de serviços públicos (o Parlamento, como visto acima), como seria possível aquilatar a justa medida e a necessidade da prorrogação dos contratos, medida sempre excepcional levando-se em conta a vinculação estreita entre concessão e democracia? Se uma das principais razões da pleiteada prorrogação das concessões era pagar uma suposta dívida com as empresas concessionárias, como poderia a sociedade autorizar a prorrogação dos contratos (em suma, a realocação da verba pública, como salientado antes) sem ter acesso ao cálculo dessa dívida, i.e., ao motivo determinante da prorrogação?

Outro ponto merece análise mais detida: a própria Justificativa expressava a intenção comutativa da prorrogação dos contratos, isto é, queria-se *compensar* o que, na visão do Governo, se deixou de pagar às concessionárias. Se assim era, então a prorrogação dos contratos deveria dar-se na medida da dívida para com as concessionárias; aliás, é somente a forma comutativa da prorrogação que, por amor ao argumento, está sendo aqui aceita. Assim sendo, se a dívida existente (vamos admiti-la) é "x", a prorrogação deve ser "x"; se a dívida é "x + 1", a prorrogação é "x + 1", e assim por diante. Seriam as supostas dívidas para com as concessionárias todas idênticas em todos os polos de rodovias pedagiadas? Se a resposta for negativa, não poderia ter sido proposta a mesma prorrogação para todos os contratos; uma prorrogação indistinta só poderia dar-se diante de dívidas idênticas. O que deve ficar claro é isto: se a prorrogação do contrato de concessão fosse admitida *para fins de compensação* do equilíbrio do contrato, então ela deveria dar-se na exata medida das dívidas supostamente existente, e não de forma igual para todos os contratos.

2.2 Causas futuras e moralidade administrativa

Quanto à causa futura (alteração das cláusulas de serviço e ampliação do polo

46. Tratei da vinculação da confiança legítima ao princípio da moralidade administrativa em obra anterior. Cf. Giacomuzzi, 2002, *passim*.

47. Foi por confiar na honestidade de propósito da Justificativa do PL 279/2008 que dei a ela o destaque devido e dela parti para racionalmente apresentar os argumentos que o leitor ora analisa. De certa forma e sem a pretensão de traçar um paralelo exato, uma Justificativa, ou Exposição de Motivos de um Projeto de Lei, equivale aos "motivos determinantes" de um ato administrativo.

rodoviário para possibilitar a "retomada da competitividade"), não são possíveis muitas digressões, uma vez que, em havendo alteração do contrato, ninguém discute que se devesse aplicar a Constituição (art. 37, XXI) e as leis,[48] além das cláusulas contratuais.[49] Nem é possível discutir se a sugerida "modernização do modal rodoviário" do propalado "Programa Estruturante DUPLICA RS" seria ou não conveniente ao Estado do RS; a discussão sobre a necessidade ou não de ampliar o polo rodoviário, em que termos e medidas, é nitidamente técnico-política, e, em princípio e salvo flagrante desproporcionalidade entre meios e fins (análise de resto dificílima na prática), não cabe ao operador do direito, em última instância ao poder judiciário, avaliar se existe ou não a alegada "necessidade urgente" de ampliar a malha rodoviária do RS, ou, mesmo que existisse essa necessidade, não caberia ao juiz perscrutar se a prorrogação dos contratos atuais seria a melhor forma de se atingir o objetivo pretendido.[50]

Parece haver neste item, porém, um aspecto jurídico sutil e interessante que não pode passar despercebido, sempre com o norte no princípio da moralidade administrativa: o PL 279/2008 deixava claro que o atual modelo de concessão de rodovias não serve ao "interesse público" e por isso precisaria ser modificado pela via da alteração unilateral das cláusulas de serviço, compensada pela prorrogação dos contratos (prorrogação essa que também serviria como forma de "pagamento" de um passivo existente, como vimos); e, em reforço a esse raciocínio, o Governo gaúcho sugeria que, a despeito de o atual modelo de concessão não atender ao "interesse público", não poderia o Estado do RS proceder a uma nova licitação a qualquer tempo antes de 2013, prazo do término dos atuais contratos, porque dessa forma estaria dando causa a um novo desequilíbrio nos contratos em favor das concessionárias,[51] assim gerando ou despesa ao erário, ou aumento de tarifa, ou outra forma de compensação. Noutras palavras, o argumento do Poder Executivo pareceu ser o de que o "interesse público", *também* por não poder o Estado realizar nova licitação antes de 2013, estaria a requerer a alteração e a prorrogação dos atuais contratos para evitar o "engessa-

48. Leis Federais 8.897/1995, art. 9º, § 4º; 8.666/1993, art. 65, § 6º; Lei Estadual 10.086/1994, art. 10, *caput*, e art. 12, § 2º.

49. No caso, as cláusulas-padrão n. 15.1.3 e n. 15.2.2 dos contratos originais, firmados em 1998.

50. Devo entretanto registrar que o Relatório de Auditoria Operacional do TCE refere, na fl. 61, ao analisar o critério para o julgamento da melhor proposta comercial adotado pelo Edital do PECR, qual seja, a "maior oferta em extensão de malha", que neste caso "o licitante pode sagrar-se vencedor mesmo superestimando custos, e tais valores ainda podem servir de base para futuras solicitações de revisões de tarifas por parte da concessionária, onerando sobremaneira o usuário". Talvez aí se possa encontrar, se não uma razão definitiva, ao menos uma razão incipiente para questionar se o modelo de concessão adotado no RS não deveria ser extinto em nome do "interesse público", ao invés de prorrogado por quinze anos em nome desse mesmo interesse. Essa razão incipiente encontraria nas conclusões do mesmo Relatório um elemento que não pode ser desconsiderado: "Assim, não se recomenda, tecnicamente, a prorrogação do PECR além do limite contratual previsto [i.e., quinze anos], pois a tendência apresentada ***pelo modelo*** é de que a sua própria operação induz à geração de novas situações de desequilíbrio" (grifo no original).

51. Fosse extinguindo os atuais contratos e fazendo outros, fosse mantendo os atuais contratos, mas concedendo a duplicação das rodovias a outras empresas que porventura viessem a vencer o novo certame, com isso diminuindo o tráfego nas atuais rodovias pedagiadas.

mento" do Estado no que toca à estrutura logística de sua malha rodoviária.[52]

Se, obedecendo ao princípio da confiança, devemos levar a sério a Justificativa ao PL 279/2008, veremos que o argumento é falacioso: se ele segue a lógica de que nova licitação só seria possível ao término dos atuais contratos, então por coerência deveria seguir a mesma lógica para concluir que, se fosse aprovado o PL 279/2008, estariam proibidas novas licitações até 2028, quando terminaria a prorrogação sugerida. Por esse raciocínio, se o Estado está hoje "engessado" com os atuais contratos de concessão, não podendo proceder à nova licitação antes de 2013, então estaria também "engessado" até 2028 com a prorrogação/alteração desses mesmos contratos (cujo modelo é ruim, conforme reconhecido pelo próprio Governo), por melhores e mais bem elaboradas que fossem as alterações das cláusulas de serviço.

Ora, essa hipotética conclusão encerra uma contradição em termos, além de contrariar a "natureza" do contrato administrativo, que se define justamente pela mutabilidade de suas cláusulas de serviço: o Estado tem o poder-dever de agir em nome do interesse público e por isso pode alterar a qualquer tempo ou mesmo extinguir unilateralmente os contratos, tendo como consequência o dever de reequilibrar a equação econômico-financeira. Se aceitarmos a conclusão acima sugerida pela Justificativa, então estaria negado o próprio fundamento utilizado pelo PL 279/2008, o qual queria alterar as cláusulas de serviço dos atuais contratos de concessão em nome do "interesse público". Meu ponto é simples: os atuais contratos de concessão não podem servir de argumento para a não-realização de nova licitação a qualquer tempo antes de 2013, acaso assim requeira o interesse público.

3. Considerações finais

O caso concreto que serve de base a este estudo oferece material para análise de inúmeros outros pontos que mereceriam atenção não só de juristas como também de cientistas políticos e sociólogos, para ficarmos em áreas afins ao direito. Um estudo interdisciplinar que conjugasse o interesse de um sociólogo do direito e de um cientista político encontraria riquíssima base empírica para investigar, sob vários ângulos, o fenômeno da regulação dos serviços públicos, bem como o papel fiscalizador do Estado nas concessões públicas;[53] os estudiosos da área de Gestão

52. Mesmo que não fosse essa a intenção da Justificativa ao PL 279/2008 (documento, aliás, de insólita redação), o argumento que pretendo desenvolver aqui persiste, uma vez que quero demonstrar tão somente isto: se a existência dos atuais contratos de concessão impede que nova licitação seja aberta até 2013, então a prorrogação dos mesmos contratos até 2028 impedirá novas licitações até 2028.

53. O minucioso Relatório de Auditoria Operacional do TCE mencionado na nota 5 *supra* atesta o seguinte na fl. 103: "O TCE, em suas auditorias, tem demonstrado a ineficácia da fiscalização do Poder Concedente com relação ao andamento e cumprimento dos contratos de concessão rodoviária no Estado". Os processos de Auditoria referidos são os de n. 3945-02.00/00-6 e 10087-02.00/05-0. O TCE-RS, neste ponto, vem apontando reiteradamente que desde 1999 o DAER-RS e a AGERGS não têm cumprido o seu dever de fiscalizar as concessões em vigor. Na fl. 111 consta: "A ausência e/ou deficiência desse controle [por parte do DAER-RS] implica omissão de responsabilidade, colocando sob risco a garantia da adequada prestação dos serviços concedidos, estabelecida no art. 175 da Carta Magna". O sociólogo do direito e o cientista político teriam aqui um exemplo empírico extremo

Pública poderiam colaborar em muito com os juristas se se dedicassem a analisar, sob o ângulo da eficiência administrativa, as causas e consequências de um ato político que não segue as diretrizes jurídicas do seu corpo técnico.[54] Escolhi, como se viu acima, outros pontos de análise, e dos argumentos acima podem ser retiradas ao menos duas conclusões.

A primeira conclusão é a de que há íntima conexão entre a democracia e o instituto da concessão no Brasil; entre nós, a CF reservou à lei, e não ao administrador, a tarefa de dar as regras gerais sobre concessões públicas. A segunda conclusão é a de que é necessária lei específica para a concessão de serviços públicos; no RS, essa lei deverá prever o prazo da concessão. É recomendável que as leis específicas, ao fixarem o prazo da concessão, também estipulem claramente sobre a possibilidade de prorrogação do prazo de concessão, evitando a genérica fórmula do "interesse público"; essa possibilidade de prorrogação, se existente, deve vir minudenciada no edital do certame e no contrato, com todas as suas condições.

de que o grito liberal por um "Estado mínimo" e por "privatizações" no Brasil (ou, arrisco, em qualquer lugar) não pode ser dado sem que haja uma regulação eficiente do próprio Estado.

54. O mesmo Relatório de Auditoria Operacional do TCE-RS revela, nas fls. 113-115 e 121, que tanto a Controladoria Geral do Estado quanto a Procuradoria-Geral do Estado não recomendavam a utilização dos cálculos da FGV como base para aferir um suposto desequilíbrio econômico dos contratos; segundo a PGE-RS, o estudo da FGV continha parâmetros de cálculo que poderiam ser imprestáveis a aferir o alegado desequilíbrio. Ainda assim, por razões que escapam ao operador do direito de boa-fé, o Governo do RS apresentou o PL 279/2008 ao Parlamento gaúcho alegando que os cálculos da FGV eram a base fática da proposta de prorrogação dos contratos.

Essas medidas, se tomadas futuramente pelo Estado legislador e administrador, reforçarão a incipiente democracia brasileira e contribuirão para evitar problemas futuros em uma área sensível do direito público, a qual vem se prestando não só a desmandos administrativos, mas também à ineficiência e à prestação deficitária de serviços públicos.

Referências

ARAGÃO, Alexandre dos Santos (2008). "O Serviço Público e as suas Crises", in BARROSO, Luís Roberto (Org.). *A Reconstrução Democrática do Direito Público no Brasil*. Rio de Janeiro, Renovar, pp. 613-635.

BANDEIRA DE MELLO, Celso Antônio (2011). *Curso de Direito Administrativo*. 28ª ed. São Paulo, Malheiros Editores.

BARROSO, Luís Roberto (2006). "Alteração dos contratos de concessão rodoviária", *Revista de Direito Público da Economia*, n. 15. Belo Horizonte, ano 4, jul./set., pp. 99-129.

BELL, John (2008). "Comparative Administrative Law", in REIMANN, Mathias; ZIMMER, Reinhard (Eds.). *The Oxford Handbook of Comparative Law*. Oxford, Oxford University Press, pp. 1.259-1.286.

BRASIL. Tribunal de Contas do Estado do Rio Grande do Sul. Processo de Auditoria Operacional 9176-02.00/08-8, Relator: Conselheiro Cezar Miola.

CABRAL DE MONCADA, Luís S. (2002). *Lei e Regulamento*. Coimbra, Coimbra Ed.

CANOTILHO, J.J. Gomes (2003). *Direito Constitucional e Teoria da Constituição*. 7ª ed. Coimbra, Almedina.

CHEVALLIER, Jacques (2002). *Science Administrative*. 3ª ed. Paris, PUF.

CORREIA, Arícia Fernandes (2008). "Reserva de Administração e Separação de Poderes", in BARROSO, Luís Roberto (Org.). *A Reconstrução Democrática do Direito Público no Brasil*. Rio de Janeiro, Renovar, pp. 575-612.

DI PIETRO, Maria Sylvia Zanella (2009). *Parcerias na Administração Pública: Concessão, Permissão, Franquia, Terceirização, Parceria Público-Privada e outras Formas*. 7ª ed. São Paulo, Atlas.

GARCIA, Flávio Amaral (2004). *Regulação Jurídica das Rodovias Concedidas*. Rio de Janeiro, Lumen Juris.

GIACOMUZZI, José Guilherme (2002). *A Moralidade Administrativa e a Boa-Fé da Administração Pública: o conteúdo dogmático da moralidade administrativa*. São Paulo, Malheiros Editores.

______. *Estado e Contrato*. São Paulo, Malheiros Editores. No prelo.

GUETTIER, Christophe (2008). *Droit des Contrats Administratifs*. 2ª ed. Paris, PUF.

HUPSEL, Edite Mesquita (2003). "Contrato de Concessão de Obra Pública – A prorrogação do prazo não se situa no âmbito da discricionariedade administrativa – Inadmissibilidade pelo direito pátrio de prorrogação quando se traduz benesse para o concessionário", *Informativo de Licitação e Contratos*, vol. 10, n. 111. Curitiba, maio, pp. 412-414.

JUAN, Miguel Domíngues-Berrueta de (2006). "Sobre la Ley de Contratos de las Administraciones Públicas. Factores de la reforma de la normativa reguladora de la contratación pública", in CASSAGNE, Juan Carlos; YSEN, Enrique Rivero (Dirs.). *La contratación pública*, vol. 1. Buenos Aires, Hammurabi, pp. 137-165.

JUSTEN FILHO, Marçal (2010). *Comentários à Lei de Licitações e Contratos Administrativos*. 14ª ed. São Paulo, Dialética.

______ (2003). *Teoria Geral das Concessões de Serviço Público*. São Paulo, Dialética.

MAURER, Harmut (2006). *Direito Administrativo Geral*. 14ª ed. Trad. Luís Afonso Heck. Barueri, SP, Manole.

MEIRELLES, Hely Lopes (2010). *Licitação e Contrato Administrativo*. Atualizada por José Emmanuel Burle Filho, Carla Rosado Burle e Luís Fernando Pereira Franchini. 15ª ed. São Paulo, Malheiros Editores.

MUKAY, Toshio (2008). *Licitações e Contratos Públicos*. 8ª ed. São Paulo, Saraiva.

OLIVEIRA, Rafael Carvalho Resende (2009). *Administração Pública, Concessões e Terceiro Setor.* Rio de Janeiro, Lumen Juris.

OTERO, Paulo (2003). *Legalidade e Administração Pública: o Sentido da Vinculação Administrativa à Juridicidade*. Coimbra, Almedina.

RICHER, Laurent (2008). *Droit des Contrats Administratifs*. 6ª ed. Paris, LGDJ.

ROSE-ACKERMAN, Susan (1999). *Corruption and Government: causes, consequences and reform*. New York, Cambridge University Press.

SANTOS, Rodrigo Valgas dos (2006). "Concessão de Serviço Público: a Prorrogação do Prazo de Exploração para Recomposição do Equilíbrio Econômico-Financeiro do Contrato", *Interesse Público*, vol. 8, n. 38, jul./ago. 2006, pp. 85-111.

SOUTO, Marcos Juruena Vilella (2004). *Direito Administrativo das Concessões*. 5ª ed. Rio de Janeiro, Lumen Juris.

SCHOONER, Steven (2002). "Desiderata: Objectives for a System of Government Contract Law", *Public Procurement Law Review*, vol. 11, n. 2, pp. 103-110.

VIDAL, Laurent (2005). *L'Équilibre Financier du Contrat dans la Jurisprudence Administrative.* Bruxelles, Bruylant.

VOJVODIC, Adriana de Moraes (2009). "Nos Labirintos do STF: em Busca do Conceito de 'Serviço Público'. Uma Visão a Partir do 'Caso ECT'", in COUTINHO, Diogo R.; VOJVODIC, Adriana de Moraes (Orgs.). *Jurisprudência Constitucional: como decide o STF?* São Paulo, Malheiros Editores, pp. 414-432.

JURISPRUDÊNCIA SELECIONADA

HÁ DIREITO ADQUIRIDO OU EXPECTATIVA DE DIREITO À NOMEAÇÃO NA HIPÓTESE DE O CANDIDATO TER SIDO APROVADO DENTRO DO NÚMERO DE VAGAS PREVISTO NO EDITAL?

STF – Repercussão Geral no RE 598.099-MS – Rel. para o acórdão Min. Gilmar Mendes – Recorrente: Estado de Mato Grosso do Sul – Recorrido: Rômulo Augusto Duarte – j. 24.4.2009.

Ementa: Direito administrativo – Concurso público. 2. Direito líquido e certo à nomeação do candidato aprovado entre as vagas previstas no edital de concurso público. 3. Oposição ao poder discricionário da Administração Pública. 4. Alegação de violação dos arts. 5º, inciso LXIX, e 37, *caput* e inciso IV, da Constituição Federal. 5. Repercussão geral reconhecida.

Decisão: O Tribunal reconheceu a existência de repercussão geral da questão constitucional suscitada. Não se manifestaram os Mins. Cézar Peluso, Cármen Lúcia, Ellen Gracie e Joaquim Barbosa.

Brasília, 24 de abril de 2009 – *Gilmar Mendes* (art. 38, II, do RISTF) pres. e relator para o acórdão.

RELATÓRIO – *O Min. Menezes Direito*: Direito administrativo – Concurso público – Candidato aprovado entre as vagas previstas no edital – Direito à nomeação – Poder discricionário da Administração Pública – Existência de repercussão geral.

O Estado do Mato Grosso do Sul interpõe recurso extraordinário, com fundamento na alínea "a" do permissivo constitucional, contra acórdão da 5ª Turma do Superior Tribunal de Justiça, assim ementado:

"Recurso em mandado de segurança – Administrativo – Concurso público – Direito à nomeação – Candidato aprovado entre as vagas Previstas no edital – Direito líquido e certo – Recurso provido.

"1. A aprovação do candidato no limite do número de vagas definido no edital do concurso gera em seu favor o direito subjetivo à nomeação para o cargo.

"2 As disposições contidas no edital vinculam as atividades da Administração, que está obrigada a prover os cargos com os candidatos aprovados no limite das vagas previstas. A discricionariedade na nomeação de candidatos só incide em relação aos classificados nas vagas remanescentes.

"3. Não é lícito à Administração, no prazo de validade do concurso público, simplesmente omitir-se na prática dos atos de nomeação dos aprovados no limite das vagas ofertadas, em respeito aos investimentos realizados pelos concursantes, em termos financeiros, de tempo e emocionais, bem com às suas legítimas expectativas quanto à assunção do cargo público.

"4. Precedentes desta Corte Superior: RMS n. 15.034-RS e RMS n. 10.817-MG.

"5. Recurso ordinário provido" (fls. 130).

Opostos embargos de declaração (fls. 134-145), foram rejeitados (fls. 169-174).

Em preliminar formal e devidamente fundamentada, o Estado recorrente sustenta que a discussão acerca da obrigação da Administração Pública de nomear os candidatos aprovados dentro do número de vagas oferecidas no edital do concurso público apresenta relevância jurídica e econômica ao impor à Administração a obrigação de contratar pessoal além das suas necessidades, implicando, conseqüentemente, aumento desnecessário das despesas públicas.

Destaca que o tema aqui examinado apresenta "alta sensibilidade social e jurídica que transcende os interesses intersubjetivos das partes envolvidas na relação processual concreta" (fls. 182) e tem, igualmente, o condão de apresentar efeito multiplicador de demandas no Poder Judiciário.

No mérito, sustenta contrariedade aos arts. 5º, inciso LXIX, e 37, *caput* e inciso IV, da Constituição Federal, uma vez que "não há qualquer direito líquido e certo à nomeação daqueles aprovados, o que decorre de uma equivocada interpretação da sistemática constitucional adotada em torno do tema" (fls. 185).

Aduz que as referidas normas constitucionais têm por escopo "preservar a autonomia da Administração Pública, conferindo-lhe margem de discricionariedade para aferir a real necessidade de nomeação de candidatos aprovados em concurso público" (fls. 188).

Conclui acenando que o cumprimento da ordem emanada do acórdão atacado impõe a nomeação de candidato sem que seja observada a ordem classificatória do certame.

Considero que a matéria constitucional presente nestes autos extrapola o interesse subjetivo das partes, na medida em que se discute a limitação do poder discricionário da Administração Pública em favor do direito de nomeação dos candidatos que lograram aprovação em concursos públicos e que estão classificados até o limite de vagas anunciadas no edital que regulamenta o certame.

A questão possui repercussão, notadamente, no aspecto social, ao atingir diretamente o interesse de relevante parcela da população que participa dos processos seletivos para ingressar no serviço público.

Afeta, também, a Administração Pública Federal, Estadual e Municipal, que, a partir da decisão emanada por esta Suprema Corte, poderá elaborar e realizar os concursos públicos ciente da extensão das obrigações que possui em relação aos candidatos aprovados e incluídos no rol das vagas ofertadas no processo seletivo.

Assim, considero presente a repercussão geral.

Brasília, 3 de abril de 2009.

PRONUNCIAMENTO – *O Sr. Min. Marco Aurélio*: Concurso público – Edital – Vagas anunciadas – Direito subjetivo à nomeação – Recurso extraordinário – Repercussão geral – Configuração.

1. O Gabinete assim revelou as balizas deste recurso extraordinário:

"Eis a síntese do que discutido no RE n. 598.099-5-MS, da relatoria do Min. Menezes Direito, inserido no sistema eletrônico da repercussão geral em 3.4.2009.

"O Superior Tribunal de Justiça deu provimento a recurso ordinário em mandado de segurança para determinar a nomeação do ora recorrido, aprovado e classificado em concurso público na 82ª posição, no cargo de Agente Auxiliar de Perícia da Polícia Civil de Mato Grosso do Sul. Consignou não ser lícito à Administração, no prazo de validade do certame, deixar de nomear candidato aprovado dentro do número de vagas ofertadas no edital (no caso, 111 vagas) , tendo em conta os investimentos realizados, em termos financeiros, emocionais e de tempo, bem como as legítimas expectativas em assumir o cargo público. Entendeu haver discricionariedade quanto à nomeação de candidatos apenas em relação àqueles classificados nas vagas remanescentes.

"Embargos declaratórios foram desprovidos.

"No extraordinário, interposto com alegada base na alínea 'a' do permissivo constitucional, o Estado de Mato Grosso do Sul articula com a transgressão dos arts. 5º, inciso LXIX, e 37, cabeça e inciso IV, do Diploma Maior. Sustenta, à luz do princípio da eficiência e da autonomia administrativa, possuir margem de discricionariedade para aferir a real necessidade de provimento de cargos, não havendo que se falar em direito subjetivo, líquido e certo, à nomeação de candidato aprovado em concurso público. Assevera que entendimento contrário conduz à inversão de valores, porquanto colocaria em supremacia o interesse privado e pessoal dos concursados. Aduz ter a Corte de origem desatendido à ordem classificatória do certame ao determinar a nomeação do impetrante em detrimento dos candidatos mais bem posicionados que não recorreram ao Poder Judiciário.

"Sob o ângulo da repercussão geral, afirma que a questão jurídica trazida se apresenta relevante do ponto de vista econômico, social e jurídico, ultrapassando os. interesses subjetivos das partes. No campo econômico, a relevância da matéria estaria demonstrada pelo dever de eficiência na gestão de recursos materiais e humanos do Estado dentro dos limites das necessidades e possibilidades orçamentário-financeiras. Em âmbito social e jurídico, o tema constitucional debatido teria o condão de apresentar efeito multiplicador de demandas judiciais, bem como envolveria todos os entes da Federação.

"Abaixo a manifestação do Min. Menezes Direito:

"'Direito administrativo – Concurso público – Candidato aprovado entre as vagas previstas no edital – Direito à nomeação – Poder discricionário da Administração Pública – Existência de repercussão geral.

"'O Estado do Mato Grosso do Sul interpõe recurso extraordinário, com fundamento na alínea 'a' do permissivo constitucional, contra acórdão da 5ª Turma do Superior Tribunal de Justiça, assim ementado:

"'Recurso em mandado de segurança – Administrativo – Concurso público – Direito à nomeação – Candidato aprovado entre as vagas previstas no edital – Direito líquido e certo – Recurso provido.

"'1. A aprovação do candidato no limite do número de vagas definido no edital do concurso gera em seu favor o direito subjetivo à nomeação para o cargo.

"'2. As disposições contidas no edital vinculam as atividades da Administração, que está obrigada a prover os cargos com os candidatos aprovados no limite das vagas previstas. A discricionariedade na nomeação de candidatos só incide em relação aos classificados nas vagas remanescentes.

"'3. Não é lícito à Administração, no prazo de validade do concurso público, simplesmente omitir-se na prática dos atos de nomeação dos aprovados no limite das vagas ofertadas, em respeito aos investimentos realizados pelos concursantes, em termos financeiros, de tempo e emocionais, bem com às suas legítimas expectativas quanto à assunção do cargo público.

"'4. Precedentes desta Corte Superior: RMS n. 15.034-RS e RMS n. 10.517-MG.

"'5. Recurso ordinário provido' (fls. 130).

"Opostos embargos de declaração (fls. 134-145), foram rejeitados (fls. 169-174).

"Em preliminar formal e devidamente fundamentada, o Estado recorrente sustenta que a discussão acerca da obrigação da Administração Pública de nomear os candidatos aprovados dentro do número de vagas oferecidas no edital do concurso público apresenta relevância jurídica e econômica ao impor à Administração a obrigação de contratar pessoal além das suas necessidades, implicando, conseqüentemente, aumento desnecessário das despesas públicas.

"Destaca que o tema aqui examinado apresenta 'alta sensibilidade social e jurídica que transcende os interesses intersubjetivos das partes envolvidas na relação processual concreta' (fls. 182) e tem, igualmente, o condão de apresentar efeito multiplicador de demandas no Poder Judiciário.

"No mérito, sustenta contrariedade aos arts. 5º, inciso LXIX, e 37, *caput* e inciso IV, da Constituição Federal, uma vez que não há qualquer direito líquido e certo à nomeação daqueles aprovados, o que decorre de uma equivocada interpretação da sistemática constitucional adotada em torno do tema (fls. 185).

"Aduz que as referidas normas constitucionais têm por escopo preservar a autonomia da Administração Pública, conferindo-lhe margem de discricionariedade para aferir a real necessidade de nomeação de candidatos aprovados em concurso público (fls. 188).

"Conclui acenando que o cumprimento da ordem emanada do acórdão atacado impõe a nomeação de candidato sem que seja observada a ordem classificatória do certame.

"Considero que a matéria constitucional presente nestes autos extrapola o interesse subjetivo das partes, na medida em que se discute a limitação do poder discricionário da Administração Pública em favor do direito de nomeação dos candidatos que lograram aprovação em concursos públicos e que estão classificados até o limite de vagas anunciadas no edital que regulamenta o certame.

"A questão possui repercussão, notadamente, no aspecto social, ao atingir diretamente o interesse de relevante parcela da população que participa dos processos seletivos para ingressar no serviço público.

"Afeta, também, a Administração Pública Federal, Estadual e Municipal, que, a partir da decisão emanada por esta Suprema Corte, poderá elaborar e realizar os concursos públicos ciente da extensão das obrigações que possui em relação aos candidatos aprovados e incluídos no rol das vagas ofertadas no processo seletivo.

"Assim, considero presente a repercussão geral.

"Brasília, 3 de abril de 2009."

2. Muito embora haja pronunciamento do Tribunal no sentido do acórdão proferido na origem, revela-se a necessidade de sedimentação da jurisprudência. O Pleno deve manifestar-se sobre a existência, ou não, do direito subjetivo à nomeação de candidatos aprovados em concurso público quando no edital do certame anunciam-se vagas de forma específica e, com isso, arregimentam-se cidadãos para a elas concorrerem.

3. Tal como fez o Relator, Min. Menezes Direito, admito a configuração de repercussão geral.

4. Publiquem.

Brasília, 16 de abril de 2009.

REQUISITOS PARA O PODER PÚBLICO CONTRATAR, COM DISPENSA OU INEXIGIBILIDADE DE LICITAÇÃO, ADVOGADO PARA DEFENDER OS INTERESSES DO PODER PÚBLICO. REQUISITOS PARA QUALIFICAÇÃO DE PROFISSIONAL JURÍDICO COMO NOTORIAMENTE ESPECIALIZADO

STJ – 1ª Turma – REsp 703.656-MT (2004/0100188-2) – Rel. Min. Teori Albino Zavascki – Recorrente: Armando Conceição – Recorrido: Estado de Mato Grosso do Sul – j. 9.3.2010.

Ementa: Processual civil – Administrativo – Ação rescisória – Contrato administrativo – Serviços de advogado – Incompetência do Procurador-Geral do Estado para a contratação (Lei n. 4.280/1980 do Estado de Mato Grosso) – Inexigibilidade de licitação – Ausência de pressupostos e de observância aos requisitos formais de validade do ato administrativo (arts. 23, II, 24 e 51, § 1º, do Decreto-lei n. 2.300/1986) – Configuração de violação a literais disposições de leis (art. 485, V, do CPC) – Recurso especial a que se nega provimento.

ACÓRDÃO – Vistos e relatados estes autos, em que são partes as acima indicadas: Decide a egrégia 1ª Turma do Superior Tribunal de Justiça, por unanimidade, negar provimento ao recurso especial, nos termos do voto do Sr. Ministro Relator. Os Srs. Mins. Benedito Gonçalves e Luiz Fux votaram com o Sr. Ministro Relator.

Ausente, justificadamente, a Sra. Min. Denise Arruda.

Licenciado o Sr. Min. Hamilton Carvalhido.

Sustentou oralmente o Dr. Wilson Alexandre des Essarts Barufaldi, pela parte recorrente, Armando Conceição, e o Dr. Rogério Luiz Gallo, pela parte recorrida, Estado de Mato Grosso.

Brasília, 9 de março de 2010 – *Teori Albino Zavascki*, relator.

RELATÓRIO – *O Sr. Min. Teori Albino Zavascki*: A controvérsia que deu origem ao presente recurso especial foi assim relatada pelo parecer do Ministério Público Federal (fls. 1.805-1.807):

"Armando Conceição interpôs o recurso especial de fls. 1.627-1.745, com arrimo nas alíneas 'a' e 'c' do permissivo constitucional, contra o v. acórdão proferido pelas Câmaras Cíveis Reunidas do Tribunal de Justiça do Estado de Mato Grosso, por meio do qual foi rejeitada a argüição de decadência (...) e dada procedência parcial à ação rescisória proposta pelo recorrido (fls. 1.567-1.586 e 1.615-1.619). O v. acórdão recorrido está assim ementado: '"Ação rescisória – Preliminar – Decadência – Vícios catalogados no art. 485 do CPC – Matéria vinculada ao mérito – Contrato administrativo – Prestação de serviço – Notória especialização – Inexigibilidade de licitação – Violação de literal disposição de lei – Pedido rescisório parcialmente procedente' (fls. 1.585).

"O recorrente ajuizou ação ordinária de cobrança de honorários em face do recorrido, com base em contratos de prestação de serviços advocatícios para defesa de interesses do Estado em ações de desapropriações indiretas, a serem propostas em face da União e da FUNAI. Assinou pelo Estado o Procurador-Geral do Estado.

"Havendo demora no julgamento das ações propostas perante o Supremo Tribunal Federal, as partes – Procurador-Geral do Estado e recorrente – alteraram os termos do contrato, ficando acertado que, se até 10.9.1991 não fossem julgadas as ações, ter-se-ia por revogado o mandato e o contratado receberia importância não inferior a 1% sobre o valor atribuído às causas.

"Vencido o prazo e implementadas as condições estabelecidas, o recorrente propôs ação de cobrança dos contratos, obtendo decisão favorável em sede de apelação, com condenação do Estado ao pagamento de honorários advocatícios, fixados em 1% sobre os valores das ações em que atuou.

"Na fase de execução o recorrente requereu o pagamento de quase 25 milhões de Reais, atualizados até o ajuizamento da ação, em fevereiro de 1999.

"Irresignado, o Estado ajuizou ação rescisória, com fulcro no art. 485, incisos V, VII, VIII e IX, do CPC, alegando ilegalidade na delegação de poderes institucionais inerentes à Procuradoria-Geral do Estado, conferida ao réu, para representá-la judicialmente; teratologia no pacto avençado entre o então Procurador-Geral do Estado e o réu, sem o procedimento licitatório e o conseqüente registro no Tribunal de Contas do Estado de Mato Grosso; dolo na novação contratual que fixou os honorários em 1% sobre o valor das causas se as ações não fossem julgadas até 10.9.1991; inexistência de benefício para o autor decorrente dos trabalhos prestados; infringência aos arts. 12, §§ 1º e 2º, e 23 do Decreto-lei 2.300/1986.

"Julgada procedente a ação, o réu, após a rejeição de embargos de declaração, interpôs este recurso especial (...), sustentando contrariedade ao art. 535, incisos I e II, do CPC e afronta aos arts. 219, *caput* e §§ 1º, 2º, 3º e 4º, 263 e 485, incisos V e IX, §§ 1º e 2º, do CPC, aos arts. 23, II, 24 e 51, § 1º, do Decreto-lei n. 2.300/1986, bem como divergência jurisprudencial.

"Contra-razões no sentido do não seguimento ou pelo improvimento do recurso (fls. 1.758/1.789)."

O Ministério Público Federal opina pelo parcial conhecimento do recurso e, na parte conhecida, por seu improvimento.

E o relatório.

VOTO – *O Sr. Min. Teori Albino Zavascki* (relator): 1. O acórdão recorrido não contém qualquer dos vícios do art. 535 do CPC. Nos limites do que tinha que decidir, o que nele ficou assentado teve fundamentação adequada e suficiente. É de se observar que não se pode considerar obscuro ou omisso o acórdão sob o argumento de que ele teria feito um exame equivocado da prova ou dos fatos. Se isso tivesse ocorrido, o erro seria *in judicando*, ***não*** *in procedendo*.

2. Também não ocorreu a decadência. Nesse ponto, eis o que ficou registrado no acórdão recorrido:

"A preliminar de mérito relacionada com a decadência não deve ser acolhida, uma vez que a ação foi proposta dentro do biênio previsto na lei e o fato que retardou a citação do réu, fazendo com que aquele prazo fosse ultrapassado, não deve ser atribuído ao autor.

"Noticiam os autos que o trânsito em julgado do acórdão rescindendo deu-se em 13.4.1998, sendo esta data o marco inicial da contagem do prazo decadencial (art. 495 do CPC), findando, portanto, em 13.4.2000.

"Sucede que a presente ação rescisória foi protocolizada em 16.12.1999, logo, quatro meses antes de expirar o biênio; o despacho que determinou a citação do réu foi proferido somente em 22.3.2000 (fls. 1.169-TJ) e a carta citatória postada em 11.4.2000 (fls. 1.175-TJ). Esta correspondência foi devolvida por haver o destinatário mudado de endereço, quando já havia expirado o biênio decadencial.

"Assim sendo, a não citação do réu no 10 dias subseqüentes ao despacho que a ordenou, nos termos do art. 219 do CPC, e a ocorrência do termo fatal para a propositura da ação rescisória não foram ocasionados pelo autor, ficando, portanto, afastada a hipótese de decadência.

"A jurisprudência dos tribunais é consolidada no sentido de que: 'O autor não pode ser prejudicado pela prescrição se não deu causa à demora na efetivação da citação' (Nelson Nery Jr. e Rosa Maria de Andrade Nery, in *Código de Processo Civil Comentado*, Ed. RT, 4ª edição, 1999, nota art. 219:16, p. 691).

"Esta orientação encontra suporte na Súmula n. 106 do STJ, que estabelece: 'Proposta a ação no prazo fixado para o seu exercício, a demora na citação, por motivos inerentes ao mecanismo da Justiça, não justifica o acolhimento da argüição de prescrição ou decadência'.

"Na hipótese dos autos, quando já expirados o decêndio da citação (art. 219, § 2º, do CPC) e o prazo de decadência, a petição inicial chegou a ser indeferida por decisão do Relator, devido à desídia do autor em diligenciar no sentido de oferecer o endereço atualizado do réu, para que fosse efetivada a citação deste. Essa decisão, todavia, foi reformada pelo acórdão proferido no AgR n. 471, e o curso da ação rescisória restabelecido.

"Fato que também merece ser considerado, por haver concorrido para a demora da citação, é a multiplicidade de endereços do réu, consoante esclarece o autor a fls. 1.417-TJ.

"Com efeito, a não citação nos 10 dias seguintes ao despacho que a ordenou, com o conseqüente término do prazo decadencial, deveu-se mais às razões inerentes ao mecanismo da Justiça e à multiplicidade de endereços do réu que propriamente por motivo imputável ao autor. Os incidentes posteriores, relacionados com o oferecimento do endereço do réu, para que este fosse citado, não deslocam para o autor a responsabilidade pela extrapolação do lapso decadencial e não eliminam as causas que efetivamente a determinaram. Ao meu ver, a desídia do autor, quando já decorrido aquele prazo por causas para as quais não contribuiu, poderia, eventualmente, ensejar outra penalidade: a extinção do processo sem julgamento do mérito, por não haver a parte promovido os atos e diligências que lhe competiam (art. 267, III, do CPC).

"É entendimento jurisprudencial que: 'Cabe a extinção do processo de conhecimento se o autor, intimado pessoalmente para que promova a citação do réu, deixa de a providenciar' (*RJTJSP* 96/205, maioria, quanto à necessidade de intimação pessoal do autor). Neste sentido: TFR-6ª Turma, Ag. 48.627-DF, rel. Min. Eduardo Ribeiro, j. 9.12.1985, deram provimento, *DJU* 20.2.1986, p. 1.547' (in Theotônio Negrão, *Código de Processo Civil e Legislação Processual em Vigor*, Ed. Saraiva, 30ª ed., nota art. 267:12).

"No presente caso, repita-se, o autor ajuizou a ação rescisória dentro do biênio legal, sendo este prazo extrapolado devido à demora da citação, decorrente, indubitavelmente, de razões inerentes ao mecanismo da Justiça e à multiplicidade de endereços do réu. Não pode, portanto, o autor ser onerado com a pesada pena de decadência" (fls .1.569-1.571).

Essa orientação, com o refere o acórdão, guarda conformidade com a Súmula n. 106/STJ, devendo ser confirmada.

3. Quanto ao juízo de procedência, foram os seguintes os fundamentos adotados pelo acórdão recorrido:

"Basicamente duas premissas serviram de fundamento para o acórdão rescindendo: o Procurador-Geral do Estado tinha competência para contratar, em face da autorização do Governador do Estado emanada no Ofício n. 417, de 30.9.1986, e a contratação foi efetivada sem licitação por se tratar de profissional de notória especialização.

"A competência do Procurador-Geral do Estado está delimitada na Lei estadual n. 4.280/1980, que estabelece: 'Art. 5º. Compete ao Procurador-Geral: I – receber citações, notificações e intimações nas ações propostas contra o Estado; II – desistir, reconhecer, transigir, firmar compromisso e confessar nas ações de interesse do Estado mediante autorização do Governador do Estado; III – propor ao Governador do Estado a declaração de nulidade ou anulação de atos administrativos quer da Administração centralizada, quer da descentralizada; IV – propor ao Governador do Estado a representação sobre inconstitucionalidade de leis, decretos ou atos normativos federais e estaduais para os fins previstos no art. (...); V – propor ao Governador representação sobre a inconstitucionalidade de leis, decretos ou atos municipais, por solicitação do Prefeito ou Presidente da Câmara Municipal (...); VI – aplicar penas disciplinares aos Procuradores do Estado (...); VII – exercer funções de Presidente do Conselho de Procuradores (...); VIII – propor ao Governador homologação dos concursos para ingresso na carreira de Procurador do Estado; IX – superintender os serviços jurídicos e administrativos da Procuradoria-Geral do Estado, procedendo à lotação; X – avocar a defesa de interesse do Estado em qualquer ação aforada (...); XI – receber e outorgar escrituras referentes a bens imóveis quando autorizado pelo Governador, promovendo os competentes registros; XII – propor as medidas necessárias à uniformização da jurisprudência administrativa (...); XIII – designar Procurador do Estado para funcionar em qualquer processo de interesse do Estado; XIV – exercer as demais funções que lhe forem atribuídas pelo Regimento Interno da Procuradoria-Geral da Estado ou de lei'.

"Consoante se observa, o Procurador-Geral, ainda que com autorização do Governador do Estado, não possuía competência para contratar serviços de advogado e fixar valor de honorários para o patrocínio de ação do ente estatal.

"Registre-se, ademais, que não existiu a referida autorização governamental, conforme concluiu o acórdão rescindendo. O Ofício n. 417/1986 (fls. 527-528-TJ), encaminhado pelo Procurador-Geral do Estado ao Secretário de Justiça, noticia a existência de dívida com o IAPAS no montante de Cz$ 400.000.000,00 (quatrocentos milhões de Cruzados), resultante de recolhimentos previdenciários irregularmente feitos para o IPEMAT, e pede ao Secretário para obter a autorização expressa do Chefe do Executivo para que o signatário (Procurador-Geral) pudesse tomar todas as medidas que se fizessem necessárias à defesa dos interesses do Estado. O simples 'De acordo' aposto pelo Governador naquela correspondência não significa autorização para que o Procurador-Geral firmasse contrato com advogado para ajuizar ações contra a União Federal e a FUNAI, visando a obter indenizações pelas terras reservadas aos silvícolas no Estado.

"Importante assinalar que, para tomar todas as medidas judiciais que se faziam necessárias à defesa dos interesses do Estado não precisaria o Procurador-Geral de autorização do Governador do Estado, uma vez que tal mister é atividade precípua da Procuradoria-Geral, segundo estabelecem o art. 1º, I, da Lei estadual n. 4.280/1980 (Lei Orgânica da Procuradoria-Geral do Estado) e a art. 12, I, do CPC.

"Dessa forma, ao considerar o Procurador-Geral do Estado competente para firmar contratos com advogado para ajuizar ar as sobreditas ações, o acórdão violou o art. 5º da Lei estadual 4.280/1980, ensejando a rescisão, segunda faculta o art. 485, V, do CPC. Isto porque 'viola-se a lei não apenas quando se afirma que a mesma não está em vigor, mas também quando se decide em sentido diametralmente oposto ao que nela está posto, não só quando há afronta direta ao preceito mas também quando ocorre exegese induvidosamente errônea' (STJ, AR n. 236-RJ, rel. Min. Sálvio de Figueiredo, ac. 31.10.1990, *DJU* 10.12.1990, p. 14.790).

"Vislumbra-se, igualmente, violação de literal disposição de lei quando o acórdão considerou regular a contratação sem licitação por ser o réu profissional de notória especialização.

"Estabelecia o então vigente Decreto-lei n. 2.300/1986, aplicável também aos Estados (art. 85): 'Art. 23. É inexigível a licitação quanto houver inviabilidade de competição, em especial: (...) II – para a contratação de serviços técnicos enumerados no art. 12, de natureza singular, com profissionais ou empresas de notória especialização'.

"A notória especialização que possibilita a inexigibilidade da licitação é assim definida por Hely Lopes Meirelles: '(...). Inexigível é a licitação somente para a contratação de serviços técnicos profissionais especializados de natureza singular, prestados por empresas ou profissionais de notória especialização. A lei acolheu, assim, as teses correntes na doutrina no sentido de que a notória especialização traz, em seu bojo, uma singularidade subjetiva e de que o caso da notória especialização diz respeito a trabalho marcado por características individualizadoras' (in *Direito Administrativo Brasileiro*, Malheiros Editores, 24ª ed., 1999, pp. 258-259).

"O demandado, embora pudesse ser um aguerrido profissional e estudioso das questões que envolviam os territórios indígenas, não poderia, apenas por essas razões, ser qualificado como notório especialista e o seu trabalho de natureza singular, para efeito de inexigibilidade de licitação. O patrocínio de algumas ações envolvendo o tema relacionado com terras indígenas e a especial menção, enaltecendo a sua cultura e combatividade, feita pelo também, à época, advogado Dr. Salvador Pompeu de Barros Filho na XI Conferência Nacional da Ordem dos Advogados do Brasil (fls. 404-TJ), ressaltando trabalhos que desenvolveram em conjunto, não é suficiente para a sua glorificação como profissional de notória especialização.

"Mais grave, ainda, é que todo o procedimento de contratação do demandado deu-se sem nenhuma motivação e publicidade, que são requisitos de eficácia de qualquer ato da Administração.

"No particular, determinava o Decreto-lei n. 2.300/1986:

"'Art. 24. As dispensas previstas nos incisos III a XI do art. 22, a situação de inexigibilidade referida nos incisos I, II e III do art. 23 necessariamente justificadas, (...) deverão ser comunicados, dentro de 3 (três) dias, à autoridade superior, para ratificação, em igual prazo, como condição de eficácia dos atos.

"'(...).

"'Art. 51. (...).

"'§ 1º. A publicação resumida do instrumento de contrato, ou de seus aditamentos no *Diário Oficial da União*, que é condição indispensável para a sua eficácia, será providenciada pela Administração na mesma data de sua assinatura, para ocorrer no prazo de 20 (vinte) dias, qualquer que seja o seu valor, ainda que sem ônus.'

"A propósito, sobre a dispensa e inexigibilidade de licitação, anota Hely Lopes Meirelles: '(...) a dispensa e a inexigibilidade de licitação devem ser necessariamente justificadas e o respectivo processo deve ser instruído com elementos que demonstrem a caracterização da situação emergencial ou calamitosa que justifique a dispensa, quando for o caso; a razão da escolha do fornecedor do bem ou executante da obra ou do serviço; e a justificativa do preço. Com esses elementos, a decisão da autoridade competente deverá ser submetida ao superior hierárquico para ratificação e publicação na Imprensa Oficial, no prazo de cinco dias, como condição de eficácia dos atos (art. 26 e parágrafo único)' (in *Direito Administrativo Brasileiro*, Malheiros Editores, 24ª ed., 1999, pp. 236-237 e 258-259).

"Com efeito, a contratação dos serviços profissionais do demandado sem a existência de um procedimento administrativo regular, onde ficassem patente a necessidade dos serviços contratados e justificado o valor da contratação – com a indispensável publicidade –, é ineficaz, não produzindo efeito jurídico, porque não observou tais regras legais. Em conseqüência, o acórdão rescindendo, ao atribuir validade ao ato e reconhecer a obrigação do Estado de pagar os honorários resultantes daquela contratação, violou literal disposição dos arts. 24 e 51, § 1º, do Decreto-lei n. 2.300/1986, uma vez que deu exegese induvidosamente errônea àqueles dispositivos legais" (fls.1.574-1.578).

Como se percebe, a rescisão da sentença ocorreu por três fundamentos, cada qual suficiente, por si só, para a conclusão adotada: (a) a violação a normas estaduais, sobre a competência do Procurador-Geral do Estado (Lei n. 4.280/1980); (b) a violação a normas federais (nacionais), que regulamentam os casos de inexigibilidade de licitação (art. 23, II, do Decreto-lei n. 2.300/1986); e (c) a violação a normas federais (nacionais), que regulamentam os requisitos formais indispensáveis à validade do ato administrativo de dispensa ou de inexigibilidade de licitação (arts. 24 e 51, § 1º, do Decreto-lei n. 2.300/1986).

Não procede a afirmação de que tenha o acórdão incorrido em indevido reexame dos fatos da causa. A constatação de violação da lei se deu, com o evidenciam os fundamentos do julgado, com base nos fatos tidos por demonstrados. Não há qualquer empecilho a que juízo dessa natureza seja promovido no âmbito de ação rescisória. Aliás, é a partir dos fatos ocorridos que se pode assegurar a existência ou a inexistência de violação da lei.

O que não se pode é, agora, no âmbito do recurso especial, pretender modificar o acórdão à base de formulação de questões fáticas. A instância extraordinária que enseja essa espécie de recurso, a teor do art. 105, III, da Constituição, é apenas a que diz respeito à aplicação ou à adequada interpretação das leis federais. Daí o enunciado da Súmula n. 07/STJ.

Por fim, conforme registrado, um dos fundamentos por si sós suficientes para o juízo de procedência da ação rescisória foi a violação a normas estaduais. Não cabe ao STJ, em recurso especial, infirmar esse fundamento, que demandaria, necessariamente, incursão sobre normas locais, extrapolando o domínio próprio desse recurso.

4. Ante o exposto, nego provimento. É o voto.

CERTIDÃO DE JULGAMENTO – 1ª Turma; número registro: 2004/0100188-2; REsp n. 703.656-MT; números origem: 1.903.597, 4.049.899; pauta: 9.3.2010; julgado: 9.3.2010; rel. Min. Teori Albino Zavascki; Presidente da Sessão Min. Benedito Gonçalves; Subprocuradora-Geral da República Dra. Regina Coeli Campos de Meneses; Secretária Bela. Bárbara Amorim Sousa Camuña.

Autuação: recorrente: Armando Conceição (advs.: Osmar Schneider e outro); recorrido: Estado de Mato Grosso (Procuradores: Jenz Prochnow Jr. e outro(s)).

Assunto: Direito administrativo e outras matérias de Direito Público.

Sustentação Oral: Dr. Wilson Alexandre des Essarts Barufaldi (pela parte recorrente, Armando Conceição) e Dr. Rogério Luiz Gallo (pela parte recorrida, Estado de Mato Grosso).

Certidão: Certifico que a egrégia 1ª Turma, ao apreciar o processo em epígrafe na sessão realizada nesta data, proferiu a seguinte decisão:

"A Turma, por unanimidade, negou provimento ao recurso especial, nos termos do voto do Sr. Ministro Relator.

"Os Srs. Mins. Benedito Gonçalves e Luiz Fux votaram com o Sr. Ministro Relator.

"Ausente, justificadamente, a Sra. Ministra Denise Arruda.

"Licenciado o Sr. Ministro Hamilton Carvalhido."

Brasília, 9 de março de 2010 – *Bárbara Amorim Sousa Camuña*, secretária.

VOTO – *O Sr. Min. Luiz Fux*: Sr. Presidente, pelo que pude verificar, há duas violações de literal disposição de lei: a primeira delas diz respeito à competência administrativa – a incompetência é o vício que torna nulo o ato administrativo, nem é anulável, torna-o nulo; e com relação à falta de publicidade é que, efetivamente, houve violação da lei.

Um único aspecto que eu poderia sopesar, em que a violação da lei seria tênue ou, talvez, se encartasse, ao invés, no violar para o interpretar, seria essa notória especialização, quer dizer, anular o contrato, porque havia ou não notória especialização. Isso realmente não seria uma violação frontal à lei, seria uma maneira de aferir, avaliar, a qualidade profissional; mas, de toda maneira, foram contratos firmados por autoridade competente e lavrados sob o signo do sigilo, o que não pode acontecer. O contrato administrativo tem que ter, necessariamente, a sua publicidade.

Por força desses fundamentos, também acompanho o voto do Sr. Ministro Relator e nego provimento ao recurso especial.

***